本书承蒙浙江大学中华译学馆与浙江大学董氏文史哲研究奖励基金

联合资助出版

中华译学倡言倡导

以中华为根 译与学并重

弘扬优秀文化 促进中外交流

拓展精神疆域 驱动思想创新

丁酉年冬月许钧撰罗卫东书

"十四五"时期国家重点出版物出版专项规划项目

中华译学馆·中华翻译研究文库

许 钧◎总主编

翻译研究基本问题

回顾与反思

冯全功◎著

ZHEJIANG UNIVERSITY PRESS
浙江大学出版社
·杭州·

图书在版编目（CIP）数据

翻译研究基本问题：回顾与反思 / 冯全功著. —杭州：浙江大学出版社，2023.9
（中华翻译研究文库/许钧总主编）
ISBN 978-7-308-24127-4

Ⅰ.①翻… Ⅱ.①冯… Ⅲ.①翻译－研究 Ⅳ.①H059

中国国家版本馆 CIP 数据核字（2023）第 158163 号

中華譯學館 真言題

翻译研究基本问题：回顾与反思

冯全功 著

出 品 人	褚超孚
丛书策划	陈　洁　包灵灵
责任编辑	张颖琪
责任校对	陆雅娟
封面设计	程　晨
出版发行	浙江大学出版社
	（杭州市天目山路 148 号　邮政编码 310007）
	（网址：http://www.zjupress.com）
排　　版	浙江大千时代文化传媒有限公司
印　　刷	杭州高腾印务有限公司
开　　本	710mm×1000mm　1/16
印　　张	24.25
字　　数	349 千
版 印 次	2023 年 9 月第 1 版　2023 年 9 月第 1 次印刷
书　　号	ISBN 978-7-308-24127-4
定　　价	88.00 元

总　序

改革开放前后的一个时期,中国译界学人对翻译的思考大多基于对中国历史上出现的数次翻译高潮的考量与探讨。简言之,主要是对佛学译介、西学东渐与文学译介的主体、活动及结果的探索。

20世纪80年代兴起的文化转向,让我们不断拓宽视野,对影响译介活动的诸要素及翻译之为有了更加深入的认识。考察一国以往翻译之活动,必与该国的文化语境、民族兴亡和社会发展等诸维度相联系。三十多年来,国内译学界对清末民初的西学东渐与"五四"前后的文学译介的研究已取得相当丰硕的成果。但进入21世纪以来,随着中国国力的增强,中国的影响力不断扩大,中西古今关系发生了变化,其态势从总体上看,可以说与"五四"前后的情形完全相反:中西古今关系之变化在一定意义上,可以说是根本性的变化。在民族复兴的语境中,新世纪的中西关系,出现了以"中国文化走向世界"诉求中的文化自觉与文化输出为特征的新态势;而古今之变,则在民族复兴的语境中对中华民族的五千年文化传统与精华有了新的认识,完全不同于"五四"前后与"旧世界"和文化传统的彻底决裂与革命。于是,就我们译学界而言,对翻译的思考语境发生了根本性的变化,我们对翻译思考的路径和维度也不可能不发生变化。

变化之一,涉及中西,便是由西学东渐转向中国文化"走出去",呈东学西传之趋势。变化之二,涉及古今,便是从与"旧世界"的根本决裂转向对中国传统文化、中华民族价值观的重新认识与发扬。这两个根本性的转变给译学界提出了新的大问题:翻译在此转变中应承担怎样的责任? 翻译在此转变中如何定位? 翻译研究者应持有怎样的翻译观念? 以研究"外译中"翻译历史与活动为基础的中国译学研究是否要与时俱进,把目光投向"中译外"的活动? 中国文化"走出去",中国要向世界展示的是什么样的"中国文化"? 当中国一改"五四"前后的"革命"与"决裂"态势,将中国传统文化推向世界,在世界各地创建孔子学院、推广中国文化之时,"翻译什么"与"如何翻译"这双重之问也是我们译学界必须思考与回答的。

综观中华文化发展史,翻译发挥了不可忽视的作用,一如季羡林先生所言,"中华文化之所以能永葆青春","翻译之为用大矣哉"。翻译的社会价值、文化价值、语言价值、创造价值和历史价值在中国文化的形成与发展中表现尤为突出。从文化角度来考察翻译,我们可以看到,翻译活动在人类历史上一直存在,其形式与内涵在不断丰富,且与社会、经济、文化发展相联系,这种联系不是被动的联系,而是一种互动的关系、一种建构性的力量。因此,从这个意义上来说,翻译是推动世界文化发展的一种重大力量,我们应站在跨文化交流的高度对翻译活动进行思考,以维护文化多样性为目标来考察翻译活动的丰富性、复杂性与创造性。

基于这样的认识,也基于对翻译的重新定位和思考,浙江大学于 2018 年正式设立了"浙江大学中华译学馆",旨在"传承文化之脉,发挥翻译之用,促进中外交流,拓展思想疆域,驱动思想创新"。中华译学馆的任务主要体现在三个层面:在译的层面,推出包括文学、历史、哲学、社会科学的系列译丛,"译入"与"译出"互动,积极参与国家战略性的出版工程;在学的层面,就翻译活动所涉及的重大问题展开思考与探索,出版系列翻译研究丛书,举办翻译学术会议;在中外文化交流层面,举办具有社会影响力的翻译家论坛,思想家、作家与翻译家对话等,以翻译与文学为核心开展系列活动。正是在这样的发展思路下,我们与浙江大学出版社合作,集合全国译学界的力量,推出具有学术性与开拓性的"中华翻译研究文库"。

积累与创新是学问之道,也将是本文库坚持的发展路径。本文库为开放性文库,不拘形式,以思想性与学术性为其衡量标准。我们对专著和论文(集)的遴选原则主要有四:一是研究的独创性,要有新意和价值,对整体翻译研究或翻译研究的某个领域有深入的思考,有自己的学术洞见;二是研究的系统性,围绕某一研究话题或领域,有强烈的问题意识、合理的研究方法、有说服力的研究结论以及较大的后续研究空间;三是研究的社会性,鼓励密切关注社会现实的选题与研究,如中国文学与文化"走出去"研究、语言服务行业与译者的职业发展研究、中国典籍对外译介与影响研究、翻译教育改革研究等;四是研究的(跨)学科性,鼓励深入系统地探索翻译学领域的任一分支领域,如元翻译理论研究、翻译史研究、翻译批评研究、翻译教学研究、翻译技术研究等,同时鼓励从跨学科视角探索翻译的规律与奥秘。

青年学者是学科发展的希望,我们特别欢迎青年翻译学者向本文库积极投稿,我们将及时遴选有价值的著作予以出版,集中展现青年学者的学术面貌。在青年学者和资深学者的共同支持下,我们有信心把"中华翻译研究文库"打造成翻译研究领域的精品丛书。

许 钧

2018 年春

前　言

　　文本细读与理论思考对翻译学者而言都是不可或缺的。回顾自己十多年来走过的学术研究之路,有对相关文本的细读,也不乏理论方面的思考。2009 年,在南开大学刚读博士的时候,对翻译理论颇有兴趣,尤其是以主体间性、文本间性与文化间性为代表的"间性"研究,也曾萌生过以此来做博士论文的想法。2010 年,许钧教授去南开大学外国语学院讲学,我向他请教,他说这个话题可以做三个博士论文。于是,我果断地放弃了这个念头,开始转向《红楼梦》翻译研究。在河南大学读本科时,曾通读过杨宪益与戴乃迭夫妇的《红楼梦》译本;博士期间由于撰写博士论文需要,花了整整一个暑假的时间把霍克思与闵福德的《红楼梦》译本也通读了一遍,并对霍克思的译笔由衷敬佩,自此便迷上了文本细读。通过阅读名家名译,我收获了不少乐趣,也发表、出版了一些成果,如 2016 年出版的《广义修辞学视域下〈红楼梦〉英译研究》(基于博士论文)、2018 年出版的《〈红楼梦〉翻译研究散论》等。2016 年,我申请到一个国家社科基金青年项目,题目为"文学翻译中的修辞认知研究"。这个项目需要阅读大量文本,以便从中寻找修辞认知现象。我的阅读对象主要是中国当代小说与中国古典诗词及其对应英译,也颇乐在其中,2020 年出版了国家社科基金结项成果《文学翻译中的修辞认知研究》。这些学术成果都是基于文本细读的,里面有大量的例子,很多直接移植到了我的翻译教学中,尤其是本科生课程的教学中,如"文学翻译""修辞与翻译""高级英汉互译"等。

学术研究能够直接服务于翻译教学,我觉得这是一件很幸福的事。

在从事翻译教学的过程中,我不只是讲例子,讲实践,也会穿插很多理论知识。我发现自己对很多翻译研究基本概念的认识并不是那么清晰,如忠实、形与神、归化与异化、中国特色翻译理论等。这些对高校翻译教师而言都是耳熟能详的概念,很可能随口就会说到,随时就会用到,然而,一旦对这些概念进行深入思考,就像走入了迷宫,很难走出来,有种越想越糊涂、越走越难走的感觉。近几年,我开始对这些基本问题进行了反思,试图通过梳理相关文献,深化对相关概念的理解,同时注入自己的思考。这些回顾与反思都是以学术论文的形式呈现的,目前也取得了一些成果,如发表在《中国翻译》上的《试论归化和异化的生成动因与三个层面》《翻译是一种符号转换活动——关于翻译定义的若干思考》,发表在《浙江大学学报(人文社会科学版)》上的《中国特色翻译理论:回顾与展望》,发表在《解放军外国语学院学报》上的《翻译忠实观:争议与反思》,发表在《天津外国语大学学报》上的《还形式以生命——文学翻译中形神之争的困境与出路》,发表在《上海翻译》上的《翻译研究学派的特征与作用分析——以生态翻译学为例》等。老话题很难出新意,不过我觉得这些探索还是有些成效的,至少自己对相关基本概念的理解更加深入、更加全面了,尽管有些还在"迷途"中,如对文学翻译中形与神的理解等。

其实,很多话题我在教学过程中也一直在讲,如翻译定义、翻译策略、翻译标准、翻译单位等,如果说自己对这些老问题有些新认识、新观点的话,也是逐步形成的,这种累积效应不容忽略。如关于翻译单位,我在河南大学求学时,杨朝军教授给我们做了个讲座,提出了把语篇作为翻译单位的设想。对此我印象很深。成为高校教师之后,我也会讲到这个话题,并把语篇视为理论层面的翻译单位,把句子视为操作层面的翻译单位,后来这种认识就融汇于我在《中国翻译》上发表的《原型理论观照下的翻译单位辨析》一文中。再如,关于归化与异化,2011 年临近博士毕业时,我去参加一个面试,试讲的话题就是关于归化与异化的,当时我就认为,没有文化差异就没有归化与异化，归化与异化之外还有等化的存在（如把"strike while the iron is hot"译为"趁热打铁"），归化与异化既可以作为翻译方法也可以作为翻译策略，在句子层面是方法，在语篇层面是策略。这些认识后来也融汇于自己的一篇文章中，只是又加了一个对异域文化态度的伦理层面，伦理层面的异化是韦努蒂最关心的。这样就形成了自己对归化和异化生成动因与三个层面的认识。关于翻译的定义、翻译忠实观、文学翻译中的形神之争、翻译理论与实践的关系、翻译研究学派的构成、中国特色翻译理论、跨学科翻译研究等，也都是自己在长期的教学与思考过程中逐渐加深认识的，近几年均把它们以论文的形式呈现了出来。当然，在文献梳理与写作过程中也会深化相关认识，尤其是思考的全面性与辩证性方面。对翻译研究基本问题的反思是没有终点的，论文只是阶段性思考的结果，思考一直在路上。随着时间的推移，相信以"今日之我否定昨日之我"的现象也会发生。

翻译研究基本问题之所以是基本问题，就在于其能生发出很多相关的小问题或拓展性话题。我对这些基本问题也有或多或少的拓展，尤其是对其中小问题的研究。如影响翻译忠实的因素有很多，包括译者的翻译观、翻译体裁、翻译方向、传播渠道、他译与自译、人工翻译与机器翻译、跨文化交流的阶段性等。这些影响因素我在《翻译忠实观：争议与反思》一文中都有所提及，也都可以进一步探索。目前我和学生就翻译方向（英译汉、汉译英）对翻译忠实度的影响有所探讨，从几百个中英文小说标题的翻译论证了翻译方向对翻译忠实度的影响，并对其原因进行了分析。再如，中国特色翻译理论是一个大话题，已经引发了很多争论与研究。我在《中国特色翻译理论：回顾与展望》一文中提出，中国特色翻译理论指的是基于中国传统理论和思想话语资源（包括传统哲学、美学、文论、修辞、画论、书论等）发展而来的翻译理论；如果没有这种文化底色，也就无所谓中国特色翻译理论。中国学者提出的独创性翻译理论以及在中国非常流行的翻译理论（研究热点），只要不是基于中国传统文化与思想资源的，都不属于中国特色翻译理论。我对这个话题还是很有兴趣的,也探讨过一些更加具体的话题,如《中国传统文化中的"气"在翻译研究中的应用》《翻译之大德曰——文学翻译及其研究中的生命意识》《刘勰的"六观说"与中国古典诗词翻译批评》等。这些都是基于中国传统文化与文论资源对翻译或翻译研究的思考,相信未来还会有更多的探索。还有跨学科翻译研究,这个话题更大,涉及很多大视角(具体学科)与小视角(具体学科中的具体理论)。我重点论述了翻译修辞学以及自己的研究经历。所写的文章《生态美学对生态翻译学的启发与拓展》属于跨学科翻译研究的拓展性话题,也不妨视为一种大视角(生态学与翻译学)中的小视角(生态美学对生态翻译学的启发)。其他如《文学翻译中的修辞认知研究》《旅游景区的翻译景观研究——以杭州西湖风景名胜区为例》也都汲取了其他学科中的理论资源,同样属于跨学科研究中的一些小视角。跨学科翻译研究是一座富矿,还有待深度,开发。

翻译学的发展离不开理论话语的丰富,新的翻译理论话语往往意味着新的研究对象或研究视角,有望为翻译研究注入新的活力。纵观中国翻译理论话语,其生成机制可主要分为内部生发机制、外部借鉴机制和概念组合机制,如直译与意译、归化与异化等属于内部生发机制,概念隐喻、深度翻译等属于外部借鉴机制,翻译能力、译者主体性等属于概念组合机制。这些机制在《中国翻译理论话语的生成机制与发展空间》一文中有集中论述。近几年,我对修辞认知、瘦身翻译、翻译景观、翻译文化、翻译家精神、元翻译话语等也有所探讨,这些概念有内部生发的,有外部借鉴的,也有通过概念组合生成的,也不妨视为新的翻译理论话语。关于瘦身翻译,我偶尔听同事何文忠博士提过"thin translation"这个概念,自己在阅读林语堂的 *Moment in Peking* 及其汉译时也遇到过这种现象,于是就将其命名为"瘦身翻译",并进行了相对深入的思考。"翻译景观"这个概念的提出则受同事尚国文博士的启发,他曾经申请到一个关于语言景观的国家社科基金项目,对之有比较深入的研究。语言景观主要研究公共标牌话语的信息价值与象征价值,但未必是双语或多语景观,基本上不涉及公共标牌的双语转换规律；在涉及双语转换时，我们也不妨借鉴语言景观的理论与理念来研究公示语，于是我将其命名为"翻译景观"。翻译景观是语言景观的下属概念，研究空间还是很大的。翻译文化与翻译家精神研究都是基于别人的研究的进一步深化，或赋予自己的新认识。元翻译话语则是我尝试提出的一个新概念，特指翻译作品中对翻译的论述，但也许只是一个很快就会被淹没的概念。翻译策略话语是翻译理论话语的有机组成部分，我从概念史视角探讨了中国翻译史上的三组翻译策略，即文与质、直译与意译以及归化与异化，试图梳理这三组概念的相互关系及其演变轨迹。同时，我也探讨过葛浩文翻译策略的历时演变，这一探讨可被视为翻译策略研究的一个拓展性研究。

对翻译研究基本问题的系统思考让我的翻译教学内容变得更加充实，尤其是翻译硕士与博士生课程的教学。针对这些基本问题的探讨对学生的批判思维、辩证思维、发散思维、创新思维等都是很好的训练与考验。关于青年学者如何做翻译研究，我曾访谈过许钧教授。我认为，对大多数青年学者而言，不妨走"先微观后宏观，先文本后理论"的学术道路。许钧教授说，"治学思路没有固定的模式，因人而异"。回顾自己走过的学术道路，我大体遵循了"先微观后宏观，先文本后理论"的原则。微观的文本研究很迷人，宏观的理论思考更深刻，将来我对这二者也许会有所偏重，但我坚信，这二者我都是不会放弃的，尤其是文本研究。如果能从文本细读与研究中引发出一些理论思考，那就更好不过了，瘦身翻译的提出就是如此。相信这种文本与理论相结合的思考与探索对翻译教学会更有帮助，不管是哪个阶段的翻译教学。

翻译研究的基本问题很多，基本问题的拓展与个案有更大的探索空间，甚至有无穷无尽的研究话题，如关于跨学科翻译研究的拓展、关于中国特色翻译理论研究的个案等。本书只是我对翻译研究基本问题进行反思与拓展的一个阶段性总结，将来还会有一些后续研究。希望本书对读者有所启发，也期待读者批评指正，让我们一起在学术道路上披荆斩棘，勇往直前。

最后,衷心感谢许钧教授把本书纳入"中华译学馆·中华翻译研究文库",感谢浙江大学出版社张颖琪先生对本书的悉心编校。本书的所有内容已在或即将在《中国翻译》《外国语》《上海翻译》《外语教学》《中国外语》《外语学刊》《解放军外国语学院学报》《外国语文》《东方翻译》《民族翻译》《外文研究》《当代外语研究》《外国语文研究》《天津外国语大学学报》《北京第二外国语学院学报》《浙江大学学报(人文社会科学版)》等学术期刊发表,在此,也对上述期刊以及匿名审稿专家谨致衷心谢意。

冯全功
2023 年 3 月 25 日

目　录

上　编

翻译研究基本问题:回顾与反思

中国翻译理论话语：生成机制与发展空间^①

  翻译学在国内已发展成为外国语言文学一级学科的五个主干学科之一。然而，作为一门年轻的学科，翻译学还有很多问题有待梳理与解决，其中，学科话语体系建设便是一项重要任务，也引发了一些学者的关注与探索，如贺爱军和范谊^②、刘建珠和穆雷^③等。在这些文献中，由于凸显的重点不同，有人用"翻译话语"，有人用"翻译理论话语"，也有人用"译学话语"。其他相似的概念还有翻译观、翻译经验、翻译思想、翻译理论等。近十多年，翻译话语之所以在国内受到青睐，主要在于其内涵相对宽泛，尤其是张佩瑶编著的 *An Anthology of Chinese Discourse on Translation：Volume 1：From Earliest Times to the Buddhist Project*（《中国翻译话语英译选集(上册)：从最早期到佛典翻译》）2006 年在国外出版之后（2010年又由上海外语教育出版社引进国内出版），翻译话语的使用变得更加广泛。翻译话语是一个复杂的概念。耿强认为，翻译话语包括三个层面的内容：1)指翻译事实，如各种活动、过程、产品、机构等；2)指对翻译事实的抽象或叙述，即有关翻译的知识与观念；3)指一种知识生产过程，在这个过程中作为一种知识的翻译话语和权力相互作用，衍生出生产、传播和消费的不同环节。^④ 笔者认为，这里的第二层所指才是话语的真正内涵，不

① 原载于《亚太跨学科翻译研究》第 13 辑（2022 年），原标题为《中国翻译理论话语的生成机制与发展空间》，独立撰写，收入本书时略有改动。

② 贺爱军，范谊. 翻译话语的演变与重铸. 外语教学，2008(6)：87-89＋93.
③ 刘建珠，穆雷. 中国翻译理论话语体系的构建及其划界. 上海翻译，2017(2)：1-5.
④ 耿强. 中国翻译理论话语：内涵与意义. 上海翻译，2020(3)：7-11.

宜无限制地扩大话语的所指,如把过程与机构也囊括进来。所谓翻译话语就是对翻译活动、翻译产品、翻译主体、翻译事件等一切翻译现象的叙述与表征,不管是学术的还是大众的、公共的还是个人的、抽象的还是具体的、系统的还是零散的。翻译理论话语是翻译话语的有机组成部分,但比西方意义上"重系统、重逻辑、重层次"的翻译理论更宽泛一些,一般也具有抽象化、学理化、系统化、社会化等特征。任何人都可以谈自己对翻译的看法,这些看法行诸语言文字之后便是翻译话语,但未必是翻译理论话语。蓝红军和许钧认为,"译学话语是主体对于翻译、翻译研究及翻译学科的理性认识的表达",或者说是"译学言说自我的方式"①,具有较强的元话语性质。其中,对翻译的"理性认识的表达"也不妨说就是翻译理论话语。由此可见,翻译理论话语同时属于翻译话语和译学话语这两个更大的范畴,是二者的核心组成部分,也是连接二者的重要纽带,在翻译学学科建设中占据重要地位。

学界对翻译理论的理解有"纯化"和"泛化"两种倾向②,用翻译理论话语来代替翻译理论本身就是一种泛化的表现。如此一来,有见地的翻译观、翻译思想以及对翻译经验的理性归纳也属于翻译理论话语,如许钧对翻译价值的总结,具体包括翻译的社会价值、文化价值、语言价值、创造价值和历史价值。③ 所谓中国翻译理论话语,即在中国译学界使用与流传的翻译理论话语,有历史传承的,也有中外共享的,有本土开发的,也有引自国外的。中国翻译理论话语包括但并不限于中国特色翻译理论,后者的理论资源具有典型的民族文化属性。鉴于翻译理论话语在翻译学学科建设中的重要性,本文通过对相关翻译理论话语的分析,探讨其生成机制与发展空间,以期为中国翻译理论话语的创新与发展提供参考。

---

① 蓝红军,许钧. 改革开放以来我国译学话语体系建设. 中国外语,2018(6):5,4.
② 覃江华. 翻译理论的本质、价值与危机. 外语学刊,2020(5):58-64.
③ 许钧. 翻译论. 武汉:湖北教育出版社,2003:378-395.

1 中国翻译理论话语的生成机制

中国翻译理论话语历史悠久,在佛经翻译时期形成了一次高潮,道安的"五失本,三不易"、玄奘的"五不翻"、彦琮的"八备"说、赞宁的"六例"说等都是典型的翻译理论话语。其他如明代徐光启提出的"翻译—会通—超胜"说,清代魏象乾的"正译"说、马建忠的"善译"说、严复的"信、达、雅",以及后来傅雷的"神似"说、钱锺书的"化境"说等都是影响深远的翻译理论话语。改革开放以来,尤其是进入 21 世纪之后,国内的翻译理论话语呈现出百花齐放、百家争鸣的局面,形成了庞大的翻译理论话语体系,各种话语在体系内部具有不尽相同的凸显度,有的早已进入公共学术空间,有的仅是学者的"私人话语",还未产生公众消费。早期翻译理论话语的生产者主要是译者,进入 21 世纪之后则主要是翻译研究者。纵观中国历代翻译理论话语,笔者把其生成机制归为三类,即内部生发机制、外部借鉴机制和概念组合机制。

1.1 内部生发机制

内部生发机制主要指译者或研究者基于对翻译的观察与思考提出或创造的翻译理论话语,并且这些话语只在翻译内部空间流通与使用,一旦溢出翻译空间便会失去其存在的意义或者其意义会发生严重的变异。内部生发的翻译理论话语相对比较固定,尤其是历时形成的关于翻译基本问题的话语,其内涵也往往较为复杂,具有较强的历史传承性,如复译(重译)、转译(重译)、自译、回译、零翻译、符际翻译、直译与意译、归化与异化、可译性与不可译性等。对某种特殊翻译现象的思考也会生发很多翻译理论话语,如王宏印等人提出的"无本回译"(早期也称"无根回译")①、

---

① 王宏印. 从"异语写作"到"无本回译"——关于创作与翻译的理论思考. 上海翻译,2015(3):1-9;王宏印. 朝向一种普遍翻译理论的"无本回译"再论——以《大唐狄公案》等为例. 上海翻译,2016(1):1-9.

冯全功等人提出的"瘦身翻译"(thin translation,也称"薄翻译")①、任东升和高玉霞等人提出的"国家翻译实践"②、任文和李娟娟等人提出的"国家翻译能力"③,由于其研究对象或适用领域比较特殊,流通性或社会化程度整体上不如关于翻译基本问题的理论话语。内部生发的新翻译理论话语往往需要对已经存在的特殊翻译现象具有敏锐的观察力和抽象的概括力,再用合适的话语予以命名与解说,因此,最能体现学术创新,有利于丰富翻译理论话语体系。

在内部生发的翻译理论话语体系中,有很多二元对立的话语,引发了很多争议,这往往需要辩证思维或连续体思维对之予以审视。如直译和意译,何种程度上是直译,何种程度上是意译,莫衷一是。这其实需要一种参照层面,如短语、句子、语篇等,在语篇层面,肯定是你中有我、我中有你的关系,只是主导倾向不同而已。再如归化和异化,如果没有文化差异的话,归化和异化是否就失去了存在的意义?文化差异又体现在哪些方面?是不是存在既不是归化又不是异化的译文?归化和异化是否在不同的层面运作,如方法层面、策略层面和伦理层面?冯全功对归化和异化的这些问题有所思考④,但还有待深入探索。其他还有:可译性与不可译性这两个概念(尤其是不可译性)是现实层面的问题还是哲学层面的问题?如何评价原创体与翻译体,翻译体与翻译腔是什么关系?如何评价同一原文的新译和旧译,二者的关系是或者应该是什么样的?这些都需要进行新的思考,而不是想当然地使用或盲目地接受这些话语。当然,有些话语本身未必具有理论性,如新译与旧译,但由此激发的理论思考就属于翻译理论话语了,如关于新译和旧译的"复译假设"、辜正坤提出的"筛选积

---

① 冯全功,侯小圆. 瘦身翻译之理念与表现——以 *Moment in Peking* 的汉译为例. 外语学刊,2017(5):105-110;Feng, Quangong. Thin translation:Its definition, application and some other issues. *Asia Pacific Translation and Intercultural Studies*,2022(1):59-72.

② 任东升,高玉霞. 国家翻译实践初探. 外语学刊,2015(3):92-97.

③ 任文,李娟娟. 国家翻译能力研究:概念、要素、意义. 中国翻译,2021(4):5-14.

④ 冯全功. 试论归化和异化的生成动因与三个层面. 中国翻译,2019(4):5-13.

淀重译论"①等。内部生发的理论话语往往有一个发展或确定化的过程,有的用多个术语同指一种翻译现象,如"thick translation"的汉译(深度翻译、厚翻译、丰厚翻译、厚重翻译等)以及由其逆向思维生发的理论话语"瘦身翻译"(由于其为修辞化命名,也有可能被"薄翻译"所取代);有的是同一个术语具有不同的所指,如零翻译、翻译文化;有的对相关话语前后有所调整,如王宏印把"无根回译"改为"无本回译"。中国翻译理论话语还常用缩略形式,尤其是在特殊的翻译领域,如佛经翻译时期道安提出的"五失本,三不易"、玄奘提出的"五不翻"、黄友义提出的外宣翻译的"三贴近"原则②、林克难提出的实用翻译"看易写"③等。这些理论话语往往是翻译经验的总结,对相关翻译实践具有较强的指导性。

国内还有一些比较系统化的原创翻译理论,也是内部生发的,如黄忠廉的变译理论、周领顺的译者行为批评、许渊冲的"美化之艺术、创优似竞赛"等。这些理论都有自己的话语系统,如译者行为批评中的"求真—务实"、语言性、社会性、角色化等,都有较强的学派性质。罗选民基于对典籍翻译的观察与思考提出的"大翻译"研究范式也是中国学者自主构建的译学理论话语("大翻译"概念本身也是内部生发的)④,很有见地,值得关注。大翻译研究范式着眼于对典籍的(集体)文化记忆,融合了语内翻译、语际翻译、符际(多模态)翻译以及互文写作等多种翻译形式,包括历时和共时两个维度,涉及源语文化和译语文化两个体系,是对文学和文化典籍经典化和全球化的全方位考察,具有跨学科性、人文传承性和可持续发展性等特征,对翻译定义的拓展、世界文学的形成、典籍翻译史的书写以及中国文化对外译介与传播都有很大的启发。总之,内部生发机制是整个

---

① 辜正坤. 中西诗比较鉴赏与翻译理论. 北京:清华大学出版社,2003:396.

② 黄友义. 坚持"外宣三贴近"原则,处理好外宣翻译中的难点问题. 中国翻译,2004(6):27-28.

③ 林克难. 从信达雅、看易写到模仿—借用—创新——必须重视实用翻译理论建设. 上海翻译,2007(3):5-8.

④ Luo, Xuanmin. Cultural memory and big translation. *Asia Pacific Translation and Intercultural Studies*,2017(1):1-2;罗选民. 大翻译与文化记忆:国家形象的建构与传播. 中国外语,2019(5):95-102.

翻译理论话语的生成基础,由此生成的翻译理论话语大多具有较强的历史传承性,如直译与意译等;随着翻译学科的深入发展,也有一些是从现有或历史上某些特殊翻译现象中归纳总结而来的,具有较强的现实指向性,如国家翻译实践(能力)等。

1.2　外部借鉴机制

外部借鉴机制主要指借用其他学科的相关术语或话语来描写、解释与预测相关翻译现象,或规范与指导翻译实践,这些跨学科话语的内涵很多已发生了变化。外部借鉴机制是翻译理论话语最具活力的生成机制,尤其是在跨学科研究越来越盛行的当代语境下。纵观中国翻译理论史,不难发现很多重要的翻译理论话语源自其他学科,如忠实在引入翻译之前更多是一个伦理学概念;"信、达、雅"原本是"文章正规",是文章学中的概念;佛经翻译中的文质之争或者说文质概念源自古典哲学与文论;傅雷的"神似"说主要是中国画论术语;钱锺书的"化境"说源自佛经或中国哲学与文论,或受其综合影响;刘士聪提出的"韵味"说源自中国古典文论;张佩瑶提出的"推手"理论源自太极功夫或阴阳哲学……这些理论话语移植到翻译中往往具有不同的内涵,如忠实本是一个表人际关系的伦理概念,在翻译中更多指的是文际关系,即译文要忠实于原文,伦理的要求变成了翻译的标准。翻译学最重要的母体学科是语言学,来自语言学及其各种分支学科的理论话语非常多,如意义(主要涉及语义学与语用学)、语篇(主要涉及语篇语言学)、风格(主要涉及文体学与修辞学)、语言元功能(主要涉及系统功能语言学)等。如果说大多源自语言学的理论话语和翻译研究有自成一体的倾向,那么源自其他学科的理论话语就属于典型的外部借鉴。

跨学科翻译研究是当下国内翻译理论话语体系最重要的生成来源,尤其是以"××翻译学"或"翻译××学"命名的,往往具有自己的话语体系,如生态翻译学、社会翻译学、认知翻译学、翻译伦理学、翻译修辞学等。胡庚申提出的生态翻译学颇有影响,自成一派,该学派通过概念移植、概念组合、隐喻同构等方法创设了一个相对自足的翻译理论话语体系,并且处于持续更新状态,如翻译生态环境、关联序链、适应选择、生态理性、生态整体主义、生态平衡、文本移植、翻译生态、文本生命、译者生存、翻译群落、适者生存、汰弱留强、绿色翻译、生态范式、新生态主义、生生之谓译、"四生"(尚生、摄生、转生、化生)观、翻译生命观等。如果没有其自身话语体系的支持,生态翻译学的影响势必大打折扣。社会翻译学也比较典型,其引进的西方社会学核心理论话语包括场域、资本、惯习、行动者、行动者网络、社会系统论等。社会翻译学更多是用社会学的研究方法与理论工具,自身的理论话语建设还有待加强。外部借鉴机制不见得是跨学科概念的系统移植,以试图建立翻译学的"分支学科",很多具体的理论在国内译学界也产生了很大影响,如西方文论中的互文性、副文本、文本细读等概念与方法。在对外部学科的思想话语进行借鉴时,既可以进行术语的直接移植,也可以对其进行适度改造以适应翻译研究,不管是在形式上还是内涵上,如借鉴人类学中的"深度描写"而生成的"深度翻译"、借鉴文论中的"创作个性"而生成的"翻译个性"。申丹基于英美新批评的"细读法"提出过"整体细读"的概念①,冯全功又基于"整体细读"提出了"整体细译"与"整体细评"的概念②,这在很大程度上体现了知识的传承性与变通性。跨学科概念要想在翻译中生根发芽,产生较大的影响力,往往需要相关学者对之进行持续深入的研究,主体(间)性、互文性(文本间性)、多模态、副文本、概念隐喻、场域理论等在翻译研究中的应用就比较典型。冯全功把广义修辞学中修辞认知的概念引入翻译研究中,从原型理论视角赋予其新的内涵,系统研究了文学翻译中修辞认知的转换模式、转换动因和转换效果以及具体的修辞认知(如隐

① 申丹."整体细读"与深层意义.外国文学研究,2007(2):31-42;申丹."整体细读"与经典短篇重释.四川外语学院学报,2008(1):1-7.
② 冯全功.文学翻译中的整体细译与整体细评——从霍译《红楼梦》分卷标题的汉译谈起.北京第二外国语学院学报,2016(6):60-70.

喻、拟人、夸张、通感、象征等)。① 这可以算是跨学科概念移植的一次
典型尝试。修辞认知有望成为翻译修辞学的重要理论话语。其他已
经引入翻译研究的重要修辞理论话语还有修辞情境(形势)、修辞劝
说、认同(同一)修辞、修辞技巧、修辞诗学、修辞哲学、修辞原型、修辞
能力、论辩修辞、形貌修辞等。外部借鉴的翻译理论话语贵在对相关
翻译现象有概括性与解释力,不管是直接移植的还是通过改造的,都
是丰富翻译理论话语的有效途径。翻译活动本身是非常复杂的,同一
翻译现象可以从不同的理论(学科)视角进行描述与解释,不同的理论
视角可能会有不同的观点与发现,它们共同丰富并促进对翻译本质与
翻译活动的认识。这也是外部借鉴机制非常活跃的重要原因。

1.3　概念组合机制

概念组合机制主要指借鉴其他学科或在多个学科以及日常生活
中常用的话语,用翻译或译者等概念与之进行组合,以形成新的翻译
理论话语,如翻译能力、翻译单位、翻译共性、翻译规范、翻译文化、翻
译价值、翻译补偿、翻译等值、翻译模因、翻译精神、翻译境界、译者风
格、译者个性、译者主体性、翻译家精神等。概念组合机制和内部生发
机制以及外部借鉴机制都密切相关,通过概念组合生成的翻译理论话
语有些也不妨归在内部生发的范畴(尤其是那些和日常概念进行组合
的概念),如翻译能力、翻译精神;有些也可归在外部借鉴的范畴(所进
行组合的概念有明显的学科渊源),如翻译境界、译者主体性等。概念
组合机制还可以"×译"或"译×"的形式表述,尤其是在其他学科有相
似术语的,如从"善说"到"善译"、从"误读"到"误译"、从"文笔"到"译
笔"等。很多通过概念组合生发的翻译理论话语引发了大量相关研
究,已经成为翻译研究的核心术语。

有些较新的概念组合也颇有价值,体现了学者对翻译的深入思考。

---

① 冯全功. 文学翻译中的修辞认知研究. 杭州:浙江大学出版社,2020;冯全功. 修
辞认知的移植与拓展:从修辞学到翻译学. 外文研究,2021(2):74-79 + 88.

许钧提出的"翻译精神"就很值得关注，他这样写道："当'本我'意欲打破封闭的自我世界，向'他者'开放，寻求交流，打开新的疆界时，自我向他者的敞开，本身就孕育着一种求新求异的创造精神。这种敢于打开封闭的自我，在与'异'的交流、碰撞与融合中丰富自身的求新的创造精神，我们可视为一种翻译精神。"[1]许钧又结合五四运动对翻译精神进行了进一步论述，凸显了翻译的多重价值。[2] 陈大亮提出的"翻译境界"也同样值得关注，其中的境界是取自中国哲学与文艺美学的术语，也不妨视为由外部借鉴机制生发的翻译理论话语。翻译境界具有双重内涵，既可以指译者境界，又可以指译作境界，前者指的是"译者对翻译的觉解程度、学养厚度、悟性大小与功夫高低"，后者指的是"存在于翻译作品里的精神内涵与审美特质，例如，译作蕴含的意味、神韵、意境等美学特征"。[3] 还有一些所指有争议或未定型的组合术语也值得关注，前者如翻译文化，后者如翻译家精神。翻译文化研究具有不同的内涵，如翻译中文化因素的处理、翻译研究的文化学派、翻译本身所形成的文化等。翻译家精神与许钧所谓的"翻译精神"有很大区别，主要指从古往今来的优秀翻译家身上所归纳出的有关为人与为学方面的特质，如求真精神、务实精神、奉献精神、爱国精神、进取精神、谦逊之心、求美之心等。[4] 这些由概念组合机制生成的较新的翻译理论话语无疑为翻译理论研究的健康发展提供了新的动力。总之，通过概念组合生成的翻译理论话语在译学话语体系中占有重要地位，拓展空间也很大。

2　中国翻译理论话语的发展空间

经过前辈学者几十年的不懈努力，目前翻译学科的独立性已不成问

---

[1]　许钧. 翻译论. 武汉：湖北教育出版社，2003：392.

[2]　许钧. 翻译精神与五四运动——试论翻译之于五四运动的意义. 中国翻译，2019（3）：5-12.

[3]　陈大亮. 何谓翻译境界论. 中国翻译，2021（2）：13-21.

[4]　冯全功. 翻译家精神：内涵分析与潜在价值. 外国语，2023（1）：96-103.

题。如果说 2000 年左右学界的焦点在于要不要以及如何建立翻译学的话,那么目前的焦点便是如何更好地发展翻译学的问题,中国翻译理论话语体系建设便是其中一项重要课题。

2.1 继承、借鉴与创新

杨自俭曾提出翻译学学科建设的 5 个支柱:1)中国传统译学的继承性研究;2)外国译学的借鉴性研究;3)翻译实践中新问题的探索性研究;4)相关学科的吸融性研究;5)方法论的多层次研究。① 这 5 个支柱对中国翻译理论话语建设具有很大的参考意义,尤其是在"理论焦虑"普遍存在的当下语境中。就中国传统译论(学)的继承性研究而言,要善于对有价值的传统译论进行现代转换,使其融入现代翻译理论话语体系之中。王宏印的专著《中国传统译论经典诠释——从道安到傅雷》(2003)在这方面做了可贵的探索,但深度挖掘的空间依然很大,需要有识之士加入。这里的"继承性"不只是继承中国传统译论,还包括中国传统哲学、文论等,以构建中国特色翻译理论。外国译学的借鉴性研究方面做得还比较到位,改革开放之后大量国外翻译理论话语涌入国内,成为中国翻译理论话语的有机组成部分,如目的论、改写论、功能对等、翻译共性等,目前甚至实现了"同步"。关于翻译实践中新问题的探索性研究,国内学者近十多年对中国文学与文化"走出去"有大量研究,但理论品位有待提升,还未形成有影响力的原创性翻译理论话语。在相关学科的吸融性研究(吸融也是借鉴)方面,通过外部借鉴机制产生的翻译理论话语大量存在,有的跨学科翻译研究还形成了相对自足的话语系统,如生态翻译学等。关于方法论的多层次研究,国内译学界也做了卓有成效的探索,如基于语料库的翻译研究、翻译认知研究方法等。方法和理论密不可分,很多理论本身就意味着思路与方法,如副文本、互文性、大翻译、主体间性、深度翻译、翻译生成研究等。杨自俭指出的"继承""借鉴""探索""吸融"不失为中国翻译理论话语的生成动力,也将继续为其开辟新的发展空间。

---

① 杨自俭. 我国译学建设的形势与任务. 中国翻译,2002(1):4-10.

　　中国翻译理论话语体系的丰富还有待新话语的生成与引入，但不能为引入而引入，为理论而理论，而是这些话语本身对相关翻译现象具有更强的概括性与解释力，更有利于解决现实中的翻译问题。新话语的生成可以基于对相关翻译现象的探索，对之进行合理命名。如通过对翻译家手稿修改痕迹以及前后不同版本的研究，不妨把翻译家在翻译过程中表现出来的不厌其改、精益求精、谦虚谨慎、吃苦耐劳、变通趋时、开放进取、诚实守信、刚正坚毅的品质也称为翻译家精神，或者说翻译家精神的重要表现。还可以通过对翻译家手稿的前后不同版本进行研究，把国外基于法国生成批评（genetic criticism）的"生成翻译研究"或"翻译生成研究"（genetic translation studies）①的概念引入，以发现译者在不同阶段的决策与选择，提升翻译手稿研究的理论品位，尤其是把译文视为一个不断生成过程的理念。翻译家精神是组合话语，也是内部生成的，翻译生成研究更多是由外部借鉴机制生成的，母体学科则是西方（法国）文论。中国古典文论和哲学是中国翻译理论话语的主要源头，也是中国特色翻译理论最为丰饶的生成土壤，值得挖掘与开拓的空间很大。古典哲学中有"生生之谓易"（《周易·系辞上》）之说，唐代贾公彦把翻译定义为"译即易，谓换易言语使相解也"（《周礼义疏》）。有学者将其融入自己创建的理论话语体系之中，提出了"生生之谓译"的理论命题②，颇有见地。笔者认为，这是一个非常重要的翻译理论命题，也可以生发出很多配套理论话语，其理论基础就是中国古典生命哲学。胡庚申的生态翻译学把译文视为一个生命化的存在就继承了古典生命哲学之要义，并且也有很多支持话语，如翻译生态、文本生命、译者生存、"四生"理念等。此外，把气本体论引入"生生之谓译"也非常必要。气是万物化生的本源，包括生命化

① Cordingley，A. and Montini，C. Genetic translation studies：An emerging discipline. *Linguistica Antverpiensia*，*New Series*：*Themes in Translation Studies*，2015（14）：1-18.

② 陈东成. 大易翻译学. 北京：中国社会科学出版社，2016：21-22；胡庚申. 文本移植的生命存续——"生生之谓译"的生态翻译学新解. 中国翻译，2020（5）：5-12.

的译文,具体表现在以下几个方面:在翻译本体上生之以气(作者与译者之精气);在翻译过程中达之以气(传达原文之文气与通达译文之文气);在翻译批评中观之以气(作者之志气、气之盛衰变易、译文之文气);在翻译伦理上养之以气(译者之浩然之气)。所以,气的引入是阐释"生生之谓译"的关键,充分体现了中国古典生命哲学的内涵,也丰富了中国特色翻译理论话语体系。当然,中国哲学、文论等传统文化中的很多理论话语和理论命题对翻译研究都有莫大的启发,也都可引进或进一步挖掘,如和、诚、神、韵、味、境、中庸、自然、情志等。在这一方面,潘文国的文章翻译学、吴志杰的和合翻译学、陈东成的大易翻译学、郑海凌的"和谐"说、陈大亮的翻译境界论等中国特色翻译理论可供参考。当然,新的翻译理论话语的引入或对已有翻译理论话语的开发与拓展不能只盯着中国传统文化资源与传统译论,即便这是提升文化自信和理论自信的重要举措,还应同样重视跨学科理论话语的吸融以及国外翻译理论话语的引介,唯有内外兼顾(国内国外、学科内学科外),多管齐下,才能建设更加合理的中国翻译理论话语体系。

2.2　批判、反思与发展

中国翻译理论话语的健康发展还需要对已有理论话语进行反思,或澄清其内涵,或批判其缺陷,或注入新思考,或引发新话语。笔者近几年对自己比较困惑的部分翻译理论话语也有所反思,深刻认识到很多基本问题并没有想象中那么简单或者说在学术共同体内部还远未达成共识,如翻译忠实观、归化和异化、翻译的定义、翻译单位、翻译家精神、翻译策略话语、翻译中的形神之争、中国特色翻译理论、翻译理论与实践的关系、翻译研究学派等。这里不妨以翻译文化为例进行简要说明。2019 年,由王克非任会长的"中外语言文化比较学会翻译文化研究会"在国内正式成立,并举办了一些专题会议,然而翻译文化到底指什么还没有定论。通过对相关文献进行梳理,不难发现,翻译文化具有不同的指向,如翻译中的文化因素、翻译研究的文化学派、翻译本身作为一种文化、译者置身其中的源语文化和译语文化的共享空间(也称文化间性)等。"翻译文化研究会"强调翻译在文化思想发展史中的地位与作用,尤其强调翻译对目的语文化的形塑作用,不妨视为翻译研究文化学派,但鲜有关注翻译本身乃一种文化的。翻译本身作为一种文化理应是翻译文化的主要内涵,或者应被视为其拓展方向。这种翻译文化主要包括哪些内容、价值与意义何在、如何进行翻译文化建设等,都值得进一步探索。如前所述,针对那些二元对立的翻译理论话语进行反思时还要多一些辩证思考,如文与质、忠实与叛逆、形似与神似、归化和异化、直译与意译等。翻译理论话语在学科发展过程中通常有个优胜劣汰的过程,如文与质、直译和意译、归化和异化这三组概念作为翻译策略话语具有相似的所指,也都有自己的鼎盛时期,目前则是归化和异化占绝对优势。优胜劣汰的结果并不意味着某些话语被完全淘汰,而是在和新话语的竞争中失去优势,使用频率或学术地位有所下降而已。针对同一或相似的翻译现象,也不妨使用多个理论话语进行解释或命名,让相似的理论话语存在竞争关系,如翻译补偿、thick translation、翻译中的副文本等。国外翻译理论话语的翻译有时也存在竞争,甚至还会出现长期并存的局面,如 thick translation 的译文有深度翻译、厚翻译、厚重翻译、丰厚翻译等。如果某一翻译理论话语有多重内涵,这些内涵之间也可能存在竞争关系,从历时而言,也有可能出现优胜劣汰的局面,如零翻译、翻译文化等。

中国翻译理论话语体系建设的资源是丰富的,空间是广阔的,古今中外以及跨学科的相关话语资源都可以利用。在翻译理论话语建构过程中要遵循问题导向原则,即"回归问题研究、坚持问题导向、树立问题意识"[1];在处理问题时不仅要对已有话语进行反思,还要善于提炼话语,进行话语创新。如果说"中国翻译理论史应该是各种翻译话语多声对话的世界",不能只有"大传统",还应该有"小历史"[2],那么中国翻译理论话语体系建设也不只是宏大理论,还包括众多微观理论,也不只是"大人物"的

---

[1]　蓝红军. 面向问题的翻译理论研究. 上海翻译,2018(6):1.

[2]　耿强. 副文本视角下20世纪中国翻译话语史的重写. 当代外语研究,2018(1): 64-67.

事,还需要众多"小人物"的参与,以构建一个"百花齐放,百家争鸣"的翻译理论话语体系。对于中国学者原创的有影响的翻译理论话语,也要注意其国际传播,以在国际译坛发出中国学者的声音,与国际翻译学者进行对话。

3　结　语

从历时而言,任何学科的理论话语体系都不是固定的,翻译学作为一门年轻学科,其理论话语体系尤为如此,目前还处于持续发展中。翻译的属性是多元的,翻译现象是极其复杂的,研究翻译的理论视角也注定是多元的、丰富的、流动的。已有的翻译理论话语体系主要是通过内部生发机制、外部借鉴机制和概念组合机制生成的,其中概念组合机制和前二者密切相关,很多通过概念组合生成的翻译理论话语也可归在前二者的范畴。从地位而言,内部生发的更为重要。从数量而言,外部借鉴的更为常见。就目前的中国翻译理论话语而言,国外引进的居多,本土生产的较少。最近十多年,国内学者在理论创新方面做了很多努力,产生了一些原创翻译理论话语体系,如译介学、变译理论、生态翻译学、译者行为批评等,一定程度上丰富了中国翻译理论话语体系。中国翻译理论话语体系的发展空间仍然很大,尤其是新话语的引入与生成,不管是内部生发的还是外部借鉴的。其中,中国特色翻译理论话语尤其值得挖掘,中国学者自创的翻译理论话语尤其值得提倡。我们还要善于对已有的翻译理论话语进行回顾与反思,以激发对相关话语的新认识、新思考。中国翻译理论话语体系建设是提高学科话语权与凸显度的重要途径,也是理论自信、文化自信、学科自信的重要表现,有待广大翻译学者共同参与。

中国翻译策略话语：概念史观照下的历时演变①

　　翻译实践的存在促发了人们对翻译活动本身的思考与争论，这些有关翻译的反思性话语往往就是翻译理论话语。翻译理论话语可以是系统化、逻辑化的理性认识，也可以是零珠碎玉般的经验归纳。中国历来注重实用理性，聚焦于现实生活中的实际问题以及解决问题的有效办法。就翻译而言，在实用理性的引导下，"如何译"（包括翻译技巧、翻译方法、翻译策略）历来是中国翻译史上思考与争论的重点。其中，翻译策略是宏观的，主要针对整个文本而言。如果译者在具体文本的翻译中采取了某一方法作为主导翻译方法，这种方法也就上升到了策略层面，如直译、意译等。纵观整个中国翻译理论史，翻译策略话语构成了整个中国翻译理论话语体系的核心，也是历来争论的焦点所在，如佛经翻译时期的文质之争、民国时期的直译与意译之争以及进入21世纪后的归化与异化之争。文与质、直译与意译、归化与异化是中国翻译理论史上的三组基本概念，共同构成了中国翻译理论史的一条主线。这三组概念的具体内涵是什么，在跨领域移植或长期使用过程中有没有发生变化？三组概念在不同的时代背景下有何区别，又有什么联系，各自有哪些与之相似或相关的概念？它们在国内引发了哪些争论，结果如何，最新又有哪些重要研究成果？在国内，这三组概念各自引发了大量研究，但鲜有把它们贯通起来

---

① 原载于《民族翻译》2022年第3期，原标题为《从概念史纵观中国翻译策略话语的历时演变》，独立撰写，收入本书时略有改动。

的。本文旨在基于已有研究,从概念史视角梳理这三组概念的主要内涵及其区别与联系,探讨中国翻译策略话语的历时演变。

经过几十年的发展,概念史(conceptual history, history of concepts)在西方已成为一种重要的历史研究范式,尤其是以德国历史学家科塞雷克(R. Koselleck)为代表的德国概念史传统,影响广泛。概念史的认识论前提为"历史沉淀于特定概念并凭借概念成为历史"①,科塞雷克主编的《历史基本概念——德国政治/社会语言历史辞典》(八卷本)则是这方面的代表性著作。在这部著作的导言中,科塞雷克提出了概念史研究的三个主要"命题":概念即历史(基本概念是历史进程的指示器,也是历史发展的推进器)、历史基本概念的"四化"标准(民主化、时间化、意识形态化、政治化)以及"马鞍时代"(国家发展的转型或过渡时代,也译为"鞍型期")。② 李宏图等也把剑桥学派的代表人物斯金纳(Q. Skinner)的观念史(history of ideas)纳入概念史范围之内③,引发了一定的争议,被视为"臆断生造的"④。两派的治学理路虽不尽相同,但无疑都是与概念打交道的,哪怕稳定的观念也需要通过易变的概念来表达。概念史主要是通过研究概念在时间和空间中的移动、接受、转移和扩散来揭示概念是如何成为社会和政治生活的核心的,讨论影响和形成概念的要素、概念的含义和这一含义的变化,以及新的概念是如何取代旧的概念的。⑤ 换言之,社会中主导性概念的生成、变化、消失以及被取代的现象成为概念史研究的重点。国内也出现了很多概念史方面的研究成果,并且已拓展到其他学科领域,包括翻译学,如王剑⑥、刘润泽⑦等。王剑的研究聚焦于外来概念的翻译史(如 civilization 的翻译),刘润泽强调的是概念本身的演变史

① 方维规. 什么是概念史. 北京:生活·读书·新知三联书店,2020:29.

② 孙江. 跨文化的概念史研究. 读书,2020(1):45-51.

③ 李宏图. 概念史与历史的选择(概念史笔谈). 史学理论研究,2012(1):4-21.

④ 方维规. 臆断生造的"剑桥学派概念史". 读书,2018(3):13-23.

⑤ 李宏图. 概念史与历史的选择(概念史笔谈). 史学理论研究,2012(1):5.

⑥ 王剑. 概念史视野对翻译史研究的启示. 东方翻译,2020(4):12-19.

⑦ 刘润泽. 面向中国传统译学话语构建的术语重塑——文质论话语转型实践与反思. 外语与外语教学,2012(5):121-128.

（如"文质"的内涵），对概念史视角下的翻译研究都有所启发。

　　概念史强调整个社会中的基本概念，具有科塞雷克所谓的"四化"特征，有些基本概念是通过翻译进入本土社会的，所以概念史与翻译（作为手段）密切相关，也不妨视为"翻译概念史"（history of translated concepts）的研究领域。① 概念史视角下的翻译理论话语研究主要是借鉴概念史的治学理念与相关观点来探讨基本理论话语的概念变迁与历时演变，如探讨这些概念的主要内涵、梳理相关概念群、探索概念之间的关联、确立概念运用的各种影响因素、通过主导概念透视相关翻译史等。以下就从文与质、直译与意译以及归化与异化三组基本概念来探讨中国翻译史上翻译策略话语的历时演变问题。

1　佛经翻译时期的文与质

　　"文质"是在中国本土形成的一组重要概念，最初是作为伦理哲学由孔子提出的，他在《论语·雍也》中说："质胜文则野，文胜质则史；文质彬彬，然后君子。"一般认为，这里的"质"指人内在的美德品质（仁为核心），"文"指外在的礼仪举止（礼为核心）。后来"文质"的概念进入了以董仲舒为代表的历史哲学领域，再后来才进入文学领域。扬雄提出了"文质相副"说，第一次把"文质"运用到文学领域，他的"基本看法是质决定文，文表现质，质待文而成，文附质而行，要求文质相副。他说的'质'包含了'情''道''事'三个方面"②，对刘勰的"文质"说（文附质、质待文）产生了很大影响。在文学领域，"文质"主要有两种内涵，一指文章的文采与情事，一指文章质朴与华丽的两种风格，这在《文心雕龙》中都有所表现。佛经翻译时期对"文质"的争论显然受文学理论（文章学）中文质观的影响（尤其是行文风格方面），但又有不尽相同的内涵。

---

① 胡开宝. 数字人文视域下现代中国翻译概念史研究——议题、路径与意义. 中国外语, 2021(1)：10-11.
② 束景南，郝永. 论扬雄文学思想之"文质相副"说. 文艺理论研究, 2007(4)：87.

三国时期支谦的《法句经序》开启了佛经翻译理论话语中的文质之争。支谦请维祗难的同道竺将炎翻译，"将炎虽善天竺语，未备晓汉，其所传者，或得胡语，或以义出音，近于质直。仆初嫌其辞不雅……是以自竭，受译人口，因循本旨，不加文饰"①。这里的"质"包含了音译，指质朴平实的语言风格，"文"指的主要是文雅与文饰，或者说是稍有文采的语言风格。梁代慧皎在《晋长安释僧叡》中举了一个很典型的例子："昔竺法护出《正法华经·受决品》云：'天见人，人见天。'什译经至此，乃言：'此语与西域义同，但在言过"质"。'叡曰：'将非"人天交接，两得相见"。'什喜曰：'实然。'"（56）十六国时期的僧叡在《小品经序》中写道，"胡文雅质，案本译之，于丽巧不足，朴正有余矣"（26）。这里的"丽巧"与"朴正"对应的也是"文质"两种语言风格。前秦道安在"五失本"中提到，"胡经尚质，秦人好文，传可众心，非文不合"（6）。道安不懂梵文，他强调佛经翻译要"贵本不饰""因本顺旨""了不加饰""案本而传"，但同时又意识到"达"的重要性（如评价安世高的经文"时有不达"），充分体现了文与质之间的张力。道安在《比丘大戒序》中写道："而嫌其丁宁，文多反复称，即命慧常，令斥重去复。常乃避席谓：'大不宜尔。……愿不刊削以从饰也。'"（11-12）慧常所谓的"刊削"也是"饰"或"文饰"的一种表现，道安"五失本"中的后三条都是关于刊削原文的，以达到"传可众心"的目的。东晋支敏度在《合首楞严经记》中写道，"越才学深彻，内外备通，以季世尚文，时好简略，故其出经，颇从文丽"（15）。这里的"尚文""简略""文丽"基本上是同义词。僧叡在《大智释论序》中写道，"胡、夏既乖，又有烦简之异，三分除二，得此百卷……以文求之，无间然矣"（31）；"法师以秦人好简，故裁而略之"（32）。从这里也可以看到"简"与"文"是相通的，"裁而略之"也就是"以文求之"。鸠摩罗什（上文中的"法师"）为佛经翻译的文派代表。由上述引文可知，"文"不仅指译文的语言风格（与文章学中的"文"基本同义），同时还指刊

---

① 朱志瑜，张旭，黄立波. 中国传统译论文献汇编（六卷本）. 北京：商务印书馆，2020：1. 本文后面会大量引用该编著中的文献，在直接引用时，均随文标注页码，不再另注。

削、裁略原文的手法，以迎合"秦人好简"的阅读心理。佛经翻译之所以会出现删繁就简的现象，除了胡秦(汉)诗学规范不同之外，还因为经文本身重复话语很多[经文多用梵语中的大众语口传或书写，也就是赞宁所说的"苏漫多，谓泛尔平语言辞也"(110)]，体量往往也非常大，所以才会出现"计所遗落，殆过参倍"(14)的情况，哪怕如此，"文藻之士犹以为繁"(14)。由此可见，"文质"的基本内涵还有简为文而繁为质的一面，这不妨视为佛经翻译中"文质"的独特内涵。

　　由于佛经翻译的神圣性，质派在佛经翻译理论话语中一直占据上风，大多反对删减性文饰，如道安所言，"诸出为秦言，便约不烦者，皆葡萄酒之被水者也"(12)。这从大量相关理论话语中也可略窥一斑，如"贵本不饰""案本译之""因循本旨，不加文饰""言准天竺，事不加饰""文质是时，幸勿易之""依实去华，务存其本""饰近俗，质近道""审得本旨，了不加饰""敬顺圣旨，不加文饰""依慧不文，朴则近本""意者宁贵朴而近理，不用巧而背源""烦而不简者，贵其事也。质而不丽者，重其意也"等。这里的"本"指佛经原本的面貌(质)，"饰"有文饰与删饰两重意义(文)。不管是何种类型的翻译，毕竟还是要照顾译文读者的，因而也有译者充分意识到了"文质"的张力，进而主张调和论，以达到孔子所谓的"文质彬彬"的效果。东晋慧远提出的"厥中"论不仅因为前人译经出现的"或文过其意，或理胜其辞"(13)的现象，更因为"若以文应质，则疑者众；以质应文，则悦者寡"(14)的矛盾。梁代僧佑也写道，"然文过则伤艳，质甚则患野，野艳为弊，同失经体"(40)，他还用"义理明析，文字允正，辩而不华，质而不野"(44)来褒评安世高的译文，提倡的同样也是一种调和论。唐代辨机也说，"文过则艳，质胜则野。说而不文，辩而不质，则可无大过矣，始可与言译也"(92)。在佛经翻译史中，理论上是质派取胜了，但实践中文派依然非常强势，包括支谦、鸠摩罗什等，玄奘在实践上则实现了"圆满调和"(930)的境界。总体而言，文质之争走的是一条类似于"正反合"(质—文—文质兼)的路线。

　　佛经翻译中"文质"的内涵在学界也引发了很大的争议，大多承认"文质"属于风格的范畴。如汪东萍和傅勇林就认为，"文质概念由文章学引入佛经翻译之后,其内涵是指译文语言的文丽和质朴,外延依然属于语言风格范畴"①。汪东萍和傅勇林还据此否认"文质"是翻译方法的范畴,与直译、意译不是一个层面的概念。朱志瑜等在《中国传统译论文献汇编》的"导论"中写道:"'质'要求尽量保留原文的语言特点,甚至包括不符合汉语句法和表达方式;'文'与'质'相反,务使译文接近汉语的语言习惯。佛经原文重复很多,汉语重简洁,这个矛盾也反映在翻译的理论上,就是所谓'烦简'的问题。按原文完全不变的是'质',尊重汉语习惯删减重复的被称为'文'。"(导论 21)。从以上分析可知,朱志瑜等人的观点颇有道理,但也不能否认"文质"指文丽与质朴的内涵。这在刘润泽根据应用语境对佛经翻译中"文质"的相关话语所做的聚类分析中也能得到印证,如"文"的相关批评概念包括华、丽、绮、艳、简、约等,相关译法术语包括减、削、斫、删、缀、阙等。② 总之,"文质"是佛经翻译的一条主线,其不只是语言风格方面的问题(文丽与质朴),更是翻译策略方面的问题(是完全"案本而传""唯惧失实",还是"裁而略之""非文不可"),即宏观上"如何译"的问题,是译者翻译之前首先要考虑并涉及全局的策略问题。

2 民国时期的直译与意译

明清时期也有很多翻译实践以及一些重要的翻译理论话语(如徐光启的"超胜"说、魏象乾的"正译"说、马建忠的"善译"说、严复的"信、达、雅"等),但鲜有讨论翻译策略的。晚清时期还出现了很多有关译名方法的探讨,但多限于具体的翻译方法(如译音、译义、创新语)。有关直译与意译的争论主要出现在新文化运动前后,相关争论甚至持续到新中国成立之后的很长一段时间,笔者在此之所以把其限定在民国时期,是因为这段时间的争论最为激烈,涉及的因素也更为复杂。晚清时期的翻译大多

---

① 汪东萍,傅勇林. 从头说起:佛经翻译"文质"概念的出处、演变和厘定. 外语与外语教学,2010(4):71.

② 刘润泽. 面向中国传统译学话语构建的术语重塑——文质论话语转型实践与反思. 外语与外语教学,2012(5):121-128.

有救亡图存的目的,注重的是"译其意不必译其辞"(544),严复、林纾的古文译笔大行其道。随着新文化运动(包括白话文运动)的开展,严、林(尤其是林纾)的译法饱受诟病,直译则开始备受推崇。

1918 年,刘半农在《复王敬轩书》中写道:"当知译书与著书不同,著书以本身为主体,译书应以原本为主体,所以译书的文笔,只能把本国文字去凑就外国文,决不能把外国文字的意义神韵硬改了来凑就本国文。"(603)刘半农的观点为直译定下了基调,后来他也说过,"我们的基本方法,自然是直译"(1784)。同年,周作人在《答张寿朋》一文中提出了"最好是逐字译,不得已也应该逐句译"(614)的观点。1919 年,傅斯年在《译书感言》中较系统地探讨了直译、意译的问题,他认为,"论到翻译的文词,最好的是直译的笔法"(629),把"用直译的笔法""用白话"等视为译书的基本原则,"直译没有分毫藏掖,意译却容易随便伸缩,把难的地方混过! ……直译便真,意译便伪;直译便是诚实的人,意译便是虚诈的人"(635)。傅斯年也提倡白话文(新文化)运动,正式拉开了尊崇直译、贬低意译的序幕。不过他并没有对直译、意译进行界定,严复的"达旨"法是他批判的,应该属于意译范围,其后译界也有"达旨之意译"(1042)的说法。很多人和傅斯年的观点大同小异,如邵力子也曾说,"意译可以偷懒、躲闪;有看不懂的地方,不妨用己意猜度、篡改,或者竟忽略过去"(729),这在很大程度上造成了意译的"污名化"。1920 年,周作人在《〈点滴〉序》中提到了"直译的文体"(737);沈雁冰也赞同"翻译文学之应直译"的观点,认为"直译的意义若就浅处说,只是'不妄改原文的字句';就深处说,还求'能保留原文的情调与文格'"(1014)。沈雁冰的直译观和周作人的比较相似,都强调再现原文的风格。1925 年,周作人在《〈陀螺〉序》中写道:"我的翻译向来用直译法……但是直译也有条件,便是必须达意,尽汉语的能力所及的范围内,保存原文的风格,表现原语的意义,换一句话,就是信与达。"(1635)同年,鲁迅在《〈出了象牙之塔〉后记》中写道:"文句仍然是直译,和我历来所取的方法一样;也竭力想保存原书的口吻,大抵连语句的前后次序也不甚颠倒。"(1676)不过这种"前后次序也不甚颠倒"的直译法很容易导致鲁迅自己所谓的"硬译"。鲁迅的"硬译"引来了梁实秋、赵景

深等人的批判,把其视为"死译",进而提出"宁顺而不信"的主张。新文化
运动的成员往往提倡直译,如刘半农、傅斯年、周作人、鲁迅、沈雁冰、瞿秋
白等,因为他们从事翻译的目的不只是要介绍外国文学与文化,还在于丰
富与改造国语,输入新的表现法(包括欧化语体),这在鲁迅身上表现得尤
为明显。

在民国时期,有人提倡直译,也有人提倡意译。1920年,沈子善提出
"主张意译不主张直译"的观点,认为"意译能够不违本意","直译是照书
中逐句的次序为次序,遇到文法和中文文法不一样的时候,也不来迁就中
文"(746-747)。一岑认为,新文化运动之后的译书很难被消化的"唯一病
根就是所谓'直译'"(972)。1923年,郭沫若写道,"我对于翻译素来是不
赞成逐字逐句地直译"(1299),认为"译诗于直译、意译之外,还有一种风
韵译"(1026)。梦华则提出译诗"直译不如意译"(1039)的主张。吴宓借
鉴德莱顿(J. Dryden)的说法把翻译分为直译(metaphrase)、意译
(paraphrase)和拟作(imitation),认为"唯意译最合中道,而可以为法"
(1128)。1929年,曾孟朴写道,"我是主张直译的,却不主张纯欧化的直
译,要顺着文字的国性去直译"(1994),这和鲁迅的硬译观显然是有区别
的。1929年,陈西滢在《论翻译》中认为,"直译注重内容,忽略文笔及风
格"(2036),并把其归为形似的翻译。陈西滢关于直译的理解与沈雁冰、
周作人、鲁迅等人的理解还是很不一样的,区别在于要不要把文笔、风格
纳入直译。

关于直译与意译的争论很大程度上在于人们对其仁者见仁、智者见
智的理解,体现了对"概念含义的竞争性解释"①,也一定程度上印证了斯
金纳所谓的"不存在所谓概念的历史,而只有如何使用概念的争论的历
史"②。由于概念界定不清,众说纷纭,莫衷一是,很难说清楚直译和意译
的界限到底在哪里。换言之,直译与意译的区分是相对的,不应当把二者
对立起来,并且还各有程度之别,往往是你中有我、我中有你的关系。这

---

① 李宏图. 概念史与历史的选择(概念史笔谈). 史学理论研究,2012(1):5.
② 孙江. 概念、概念史与中国语境. 史学月刊,2012(9):8.

也体现在对直译的不同分类上，如成仿吾把其分为"形式的直译"（根据字典逐字翻译）与"内容的直译"（1202），雷海宗也有"灵活的直译""逐字逐句的直译""硬性的直译""过度直译"①等不同的说法。这些分类也体现了基本概念的衍生性特征。

直译、意译之争的结果往往是走向调和论，如朱复钧所言，"当用意译的时候便用意译，当用直译的时候便用直译"（2356），或者用王佐良的话说则是"一部好的译作总是既有直译又有意译的：凡能直译处坚持直译，必须意译处则放手意译"②。当然，还有另辟蹊径的，如林语堂认为直译、意译的命名不妥（如模糊性大，很容易流向死译、胡译），便提出了"字译"与"句译"的翻译方法，并认为"译文须以句为本位"（2450）。总体而言，受新文化运动等社会环境影响，直译在民国时期的翻译策略争论中具有压倒性优势，哪怕其本身并没有一个公认的明确定义。

关于直译与意译的概念，无疑也受西方译论的影响，如吴宓所谓的直译与意译源自德莱顿的话语，（逐字）直译与意译和哲罗姆所谓的"word for word"与"sense for sense"翻译方法也比较相似。然而，纵观民国时期有关直译与意译的论述，不难发现这对概念更多是本土生发的，是出于描述与指导国内翻译实践的需要。1921年，梁启超还用这对概念来描述佛经翻译，把从汉到唐的佛经翻译文体的历时演变称为未熟的直译、未熟的意译、直译、意译以及玄奘的"意译直译，圆满调和"（930）。梁启超把"文质"问题置换为"意译直译"未必准确（如"文"涉及删削，意译则未必），但很大程度上说明了翻译策略的相通性，也一定程度上促进了这对概念的"民主化"或普及性。值得说明的是，直译和意译通常被视为翻译方法，本文之所以把其视为翻译策略，是因为民国时期对直译和意译的探讨更多是宏观层面的理念问题，而不仅仅是具体的翻译方法。

---

① 罗新璋，陈应年．翻译论集（修订本）．北京：商务印书馆，2009：641-643．本书会多次引用《翻译论集》（修订本）中的文献，在引用时只注明《翻译论集》（修订本）及页码，不标注具体文献的作者与标题。

② 王佐良．词义·文体·翻译．读书，1979（5）：131．

3 2000 年后的归化与异化

归化与异化的概念在国内出现得比较晚,但目前俨然已成为国内翻译策略的代名词,甚至还包括了直译、意译。[①] 这种局面的出现和国外韦努蒂(L. Venuti)等人的影响密不可分,也是国内翻译研究健康发展的一种表现。如果不究其名但论其实的话,道安提出的"五失本"是典型的归化翻译(包括语言与诗学层面),早期的"格义"也是典型的归化翻译。晚清民国时期的归化现象也非常频繁,如严复把《天演论》中所引西方的"古书古事"改为"中事中人",傅东华把《飘》中的人名、地名"中国化"等。1897 年,梁启超在《论译书》中写道:"译书有二蔽:一曰徇华文而失西义;二曰徇西文而梗华读。"(200)梁启超的言论不仅体现了意译与直译之间的张力,也体现了归化与异化之间的张力。1935 年,鲁迅在《"题未定"草》中写道,(翻译《死魂灵》)"动笔之前,就先得解决一个问题:竭力使它归化,还是尽量保存洋气呢? ……凡是翻译,必须兼顾着两面,一当然力求其易解,一则保存着原作的丰姿"(2873)。这是"归化"二字在中国翻译界较早的一次露面,鲁迅虽然没有直接提"异化"二字,但其中的"保存洋气""保存着原作的丰姿"何尝不是异化翻译的表现呢? 沈雁冰、郑振铎、周作人、傅东华等对"语体文欧化"(1921—1922)的大讨论也反映出了异化翻译的理念,只是他们用的是"欧化"二字,聚焦于句法层面而已。也不妨认为欧化就是早期的异化,但作为翻译策略,欧化的使用频率(包括其近义词"洋化""西化"等)远远不如直译,后来随着异化概念的突起,欧化等概念逐渐淡出了人们的视野。

对归化与异化的探讨集中在 2000 年之后,之前也有一些零星的论述。1987 年,刘英凯发表了一篇题为《归化——翻译的歧路》的论文,探讨了归化的定义、归化的原因以及归化译文的具体表现等。刘英凯认为,

---

① 熊兵. 翻译研究中的概念混淆——以"翻译策略""翻译方法"和"翻译技巧"为例.
中国翻译,2014(3):84-85.

"'归化'的翻译，归根结蒂，是意译的极端"①，把归化与意译结合了起来。在这篇文章中，他也提到了"异化"二字（"以旧诗词的体式翻译外国诗歌其结果难免是对出发语言的异化"），但使用的是马克思主义意义上的异化，并不是翻译理论界常用的内涵。刘英凯反对归化翻译的思想在当时是超前的（相对其后的翻译思想而言），可惜并未引起太大的反响。吴泽林较早地使用"异化"二字，他认为："在翻译活动的历史过程中，引入与求异的要求和传统文化对异己物的抗拒通过引入与抗拒、异化与归化的相互斗争，保持着民族文化发展的平衡态势。"②这是目前笔者读到的文献中首次并列使用"异化与归化"的，之后也有洋化、欧化等与归化并用的，如刘禹轩③、刘重德④等。郭建中的《翻译中的文化因素：异化与归化》是较早地专门论述归化与异化的文章，他还指出韦努蒂可以说是异化的代表人物。⑤ 进入 21 世纪后，郭建中又多次深入介绍与诠释韦努蒂的异化翻译思想⑥，促成了目前"言异化必称韦努蒂"的局面。谭惠娟也是论述归化与异化较早的一位学者，她指出，"异化还是归化一直是翻译界直译派和意译派争论的焦点"⑦，进而从不同文化之间的交流与渗透角度肯定了异化的价值。郭建中、谭惠娟的论文的标题中都含有"归化"与"异化"，属于此类论文中（标题中含"归化"与"异化"）引用最高的 10 篇（都超过了 230次）之二，其他都是 2000 年之后发表的，其中有两篇的引用高达 2300 余次。这也在很大程度上说明了归化与异化在这 20 余年的影响力。

孙致礼基于对中国近现代翻译史的考察认为，21 世纪的文学翻译将

---

① 刘英凯. 归化——翻译的歧路. 现代外语，1987(2)：59.
② 吴泽林. 中西移译与文化交融. 北京师范大学学报，1989(4)：74.
③ 刘禹轩. 在"归化"和"洋化"之间——评《英汉翻译教程》. 山东外语教学，1990(3)：35-39
④ 刘重德. "欧化"辨析——简评"归化"现象. 外语与外语教学，1998(5)：47-51.
⑤ 郭建中. 翻译中的文化因素：异化与归化. 外国语，1998(2)：12-19.
⑥ 郭建中. 韦努蒂及其解构主义的翻译策略. 中国翻译，2000(1)：49-52；郭建中. 韦努蒂访谈录. 中国翻译，2008(3)：43-46；郭建中. 异化与归化：道德态度与话语策略——韦努蒂《译者的隐形》第二版评述. 中国翻译，2009(2)：34-38.
⑦ 谭惠娟. 从文化的差异与渗透看翻译的异化与归化. 中国翻译，1999(1)：45.

进一步趋向异化,也就是以异化为主调。他还认为,中国翻译界在 20 世纪后期对归化与异化进行重新思考,是受西方翻译理论的影响;同时结合施莱尔马赫、韦努蒂对这对概念的理解,把异化和归化视为不同的翻译策略,"异化法要求译者向作者靠拢,采取相应于作者所使用的源语表达方式,来传达原文的内容;而归化法则要求译者向目的语读者靠拢,采取目的语读者所习惯的目的语表达方式,来传达原文的内容"①。孙致礼主要是针对外译汉而言的,未能注意到翻译方向对采取何种翻译策略的影响。针对孙致礼的观点,蔡平提出了翻译方法应以归化为主而异化处于从属地位的观点。② 蔡平主要是从语言(形式)方面立论的,针对的是翻译方法,认为文化内容的归化与异化不属于翻译方法的范畴。暂且不论蔡平的观点是否准确,从他的文章中至少可以得出归化与异化在不同的层面(语言、文化)运作的观点。王东风简要总结了国内外关于归化与异化的概念界定、历史缘起和理论现状(尤其是韦努蒂的观点),认为相对于直译与意译而言,归化与异化把语言层次的讨论上升到了文化、诗学和政治层面。③ 由此可见,归化与异化的内涵要比直译与意译丰富得多,这很大程度上得益于西方学者的相关著述,尤其是韦努蒂的《译者的隐身》(*The Translator's Invisibility*)。归化与异化在国内外往往被视为翻译策略,针对这种倾向,韦努蒂甚至说,"异化不是一种策略","归化和异化是道德态度问题,而不是词语选择和话语策略问题"。④ 显然,韦努蒂强调的是异化作为一种伦理,但这并不能否定其作为翻译策略,何况他自己在《译者的隐身》中也多次把异化作为翻译策略来论述,也正是策略的选择体现了译者的伦理。冯全功认为,文化差异(包括语言、诗学、意象、思维等多个方面)是归化与异化的生成动因,没有文化差异,也就无所谓归化与异化,并把归化与异化分成三个层面,即句子上的方法层面、语篇上的策略层面和

---

① 孙致礼. 中国的文学翻译:从归化趋向异化. 中国翻译,2002(1):40.
② 蔡平. 翻译方法应以归化为主. 中国翻译,2002(5):39-41.
③ 王东风. 归化与异化:矛与盾的交锋?. 中国翻译,2002(5):24-26.
④ 郭建中. 韦努蒂访谈录. 中国翻译,2008(3):43-44.

对待异域文化态度上的伦理层面。① 冯全功关于文化差异是归化与异化生成动因的观点比较新颖。然而，何谓文化？文化差异到底表现在哪些方面？如果语言差异属于文化差异的话，是不是所有的翻译都是归化翻译？这些问题还需要进一步思考。

进入21世纪后关于归化与异化的探讨很多，更有大量应用研究，包括对某部作品或某位译者归化与异化的策略分析。从目前来看，理论上异化翻译具有压倒性优势，实践上似乎也占了上风，尤其是接受语境相对成熟的外译汉。在中国文学"走出去"的时代背景下，有学者提出目前的汉译外应以归化为主，如胡安江②等。胡安江的观点不无道理，他关于如何根据形势选择翻译策略的思考体现了归化与异化的复杂性，尤其是涉及不同的翻译方向与文化地位时。换言之，文化交流的不平等性也是影响翻译策略选择的重要因素，如弱势文化在译介强势文化时往往倾向于直译或异化的翻译策略。

4 翻译策略话语的历时演变与概念体系

相对于翻译方法而言，翻译策略是一种更加宏观的翻译理念，是针对语篇整体而言的，并贯彻到具体的翻译实践中。文与质、直译与意译、归化与异化都可视为翻译策略，前后存在继承与发展的关系。其中，直译与意译、归化与异化也可作为翻译方法，表现在文本片段（如句子）的翻译上，在此不赘述。梁启超在《翻译文学与佛典》中把佛经翻译的文与质和直译与意译联系起来（924）；孙致礼认为，"异化大致相当于直译，归化大致相当于意译"③；王东风认为，"归化与异化之争，是直译与意译之争的延伸"，"归化异化之争的雏形是佛经翻译中的'文质'之争"。④ 这些观点都

① 冯全功. 试论归化和异化的生成动因与三个层面. 中国翻译, 2019(4)：5-13.
② 胡安江. 中国文学"走出去"之译者模式及翻译策略研究——以美国汉学家葛浩文为例. 中国翻译, 2010(6)：10-16.
③ 孙致礼. 中国的文学翻译：从归化趋向异化. 中国翻译, 2002(1)：40.
④ 王东风. 归化与异化：矛与盾的交锋？. 中国翻译, 2002(5)：24.

证明三组概念是一脉相承的关系,虽然其内涵不尽相同,如"文质"不仅指翻译策略,同时也是译文风格。"'概念'总是高度复杂的、高度竞争性的。"①针对中国翻译策略话语而言,这种竞争性主要体现在三个方面:1)某一概念不同内涵的竞争,源自概念本身的歧义性或多义性,如对文、直译、异化的解释;2)同一组概念的共时竞争,如直译与意译以何为主导翻译策略;3)三组概念的历时竞争,如目前归化与异化几乎已成为翻译策略的代名词,直译与意译通常仅被视为翻译方法,文质已基本上被尘封在历史之中。特定概念的内涵和翻译对象以及当时的社会文化思潮密切相关,这也是"历史沉淀于特定概念"的一种表现。佛经翻译理论话语中文表删削时与佛经的大体量、重复话语多等特征密切相关,目的是对佛教的有效传播;异化与当代尊重差异的伦理思潮有关,目的在于求真与保存差异;"五四"前后的直译更加复杂,对直译的提倡与对晚清时期以林纾、严复为代表的自由式与文言化翻译的反抗直接相关,与新文化(白话文)运动以及当时的拿来主义思潮也密切相关,主要目的在于改造汉语与引进西方文学与文化。其中,文学研究会与创造社成员之间关于直译、意译的争论很大程度上源自他们各自信奉的文学理念(再现主义与表现主义)。②这一定程度上体现了翻译策略基本概念的历史"指示器"作用。

概念的内涵需要通过与其他相似(相关)概念的对比与互动获得,"对概念的历史研究,不单单是考察一个概念,还要研究在同时代其他与此相近或相邻的一些概念","所有这些就一起构成了概念群,形成一种概念结构,或一种概念的谱系"。③ 这种概念群就是一个语义场,为全面地理解特定概念提供了场域参照。通过通读《中国传统译论文献汇编》《翻译论集》以及其他一些相关论著,笔者在此尝试梳理出文与质、直译与意译、归化与异化这三组翻译策略的概念话语体系或概念语义场,见表1。

---

① 周保巍. 概念史研究对象的辨析(概念史笔谈). 史学理论研究,2012(1):9.

② 胡翠娥. 表现与再现——论创造社与文学研究会之间关于直译、意译的争论. 中国翻译,2013(4):22-27.

③ 李宏图. 概念史与历史的选择(概念史笔谈). 史学理论研究,2012(1):6.

表1　文与质、意译与直译、归化与异化的概念话语体系

文	加饰、从饰、删削、刊削、裁斥、删烦、斥重去复、裁而略之、裁以笔削、省文略说、约本、以文应质、颇从文丽、颇丽其辞、曲从方言、每存莹饰、斫巧由文
质	出音、转音、音译、径达、不饰、贵朴、即实、委本从圣、敬顺圣言、案本而传、依实去华、以质应文、务存典骨、烦而不简、质而不丽、得本关质、五不翻
意译	文、达、雅、达旨、达意、顺达、句译、歪译、胡译、曲译、删译、豪杰译、猜度、篡改、忽略、任意删改、自由译、不违本意、适当、创造、意似、顺而不信、神韵
直译	质、信、达、达意、逐字译、逐句译、硬译、死译、呆译、字典译法、口吻、语气、风格、意味、形貌与神韵、情调与文格、白话、欧化、文法、语法、次序、字比句次、表现法、(原作的)精神、晦涩、形式、形似、拘泥原文、信而不顺、忠实
归化	文、意译、达、雅、易解、神似、化境、神韵、透明、流畅、通顺、地道、削鼻剜眼、入籍、隐身、目的语读者、目的语规范、目的语导向、可接受性、自然化、功能(动态)对等、交际翻译、文化殖民主义、求同
异化	质、直译、信、忠实、欧(西/洋)化、洋气、异国情调、(原作的)丰姿、陌生感、翻译体(腔)、抵抗式翻译、原文、作者、异域文化、源语规范、语言形式、异常写作手法、充分性、存异、求真、语义翻译、后殖民主义、道德态度、差异伦理

　　由以上概念话语体系不难发现,中国翻译策略话语体系经历了一个动态演变的过程,后面的往往以前面的为参考,同时结合时代思潮赋予其新的内涵,如直译与意译强调语言与句法层面,归化与异化则注重文化与伦理层面。这体现了斯金纳对概念史研究的两条线索:概念内涵的变化与概念名称的变换。[①] 在翻译研究文化转向的背景下,归化与异化取代了直译与意译,成为翻译策略的代名词。关于这些概念的争论,由于历来对某一个概念很难有精确或公认的定义(概念往往只能被诠释),最后往往走向调和。关于文与质,北凉道梴在《毗婆沙经序》中写道,"考文详义,勿存本旨,除烦即实,质而不野"(35)。这里的"除烦"是"文"的要求,"即实"是"质"的表现,体现的也是一种调和论,不妨视为文与质"圆满调和"的先声。关于直译与意译,都以"达意"为要求,也都强调传达原文的"神韵",这很大程度上体现了概念本身的争议性。关于归化与异化,概念所指的

---

① 刘徽. 概念史:当代课程研究历史回顾的新路径. 全球教育展望,2008(11):25.

多层面性(如语言、文化、伦理、政治)更是让这两个概念纠缠不清。另外，除了归化与异化，是否还有等化存在(即不存在文化差异的情况，如把"strike while the iron is hot"译为"趁热打铁")？这也体现了概念本身的复杂性。孙致礼认为："如果我们可以笼统地把直译算作异化，把意译算作归化的话，那么就会发现：两千多年来，中国的翻译史跟其他国家的翻译史一样，整个也是一部异化与归化此起彼伏、竞相辉映的历史。"①纵观整个中国翻译理论史，尤其是这三组概念的历时演变关系，可知此言不虚矣。

5　结　语

受实用理性的影响，有关翻译策略的争论一直是中国翻译理论话语的核心。中国翻译策略话语从古至今经历了文与质、直译与意译、归化与异化的演变，相关概念的内涵既有继承又有发展，总体上是一个扬弃的过程。如佛经翻译中的文有删减刊削以及文饰的内涵，晚清林纾、严复的翻译有时也被视为"达旨之意译"，这种意译与古代的"文"基本上是相通的，也是民国时期直译派人物所反对的，如鲁迅所言，"任情删易，即为不诚"(451)。把这种"任情删易"的色彩去掉，意译与归化就很相似了，这也不妨视为一种内涵的扬弃。每组概念都是竞争性的，在历代争论中，基本上都是质、直译、异化占据了上风(至少从理论层面上而言)，体现了译者或翻译理论家对求真的追求，同时也是译者伦理的重要体现。不过在实践层面，文、意译、归化似乎依然比较流行(在晚清等历史时期还占主导地位)，尤其是归化的语言形式，如严、林二人的文言翻译，许渊冲提出的"发挥译语优势"②等。这主要是基于务实的考虑，是为了照顾或迎合译文读者的需求，或者试图超越原文、与原文(作者)展开竞赛的一种表现。此外，傅雷的"神似"说、钱锺书的"化境"说、许渊冲的"美化之艺术、创优似

---

①　孙致礼. 翻译的异化与归化. 山东外语教学，2001(1)：32.
②　许渊冲. 新世纪的新译论. 中国翻译，2000(3)：2-6.

竞赛"等都有很强的意译或归化倾向,对国内翻译实践产生了很大影响。

　　中国翻译策略话语中文与质、直译与意译、归化与异化的争论体现的基本上是求真(作者、原文、源语文化导向)与务实(译文读者、译文、译语文化导向)之间的张力与较量。求真与务实也不妨视为历久不变的翻译观念史。翻译策略争论的结果往往是一种调和,得出类似"直译意译融于译、归化异化归于化"①的结论。这种调和论体现的正是东方的和谐思维与中庸之道,类似于孔子所谓的"文质彬彬"说。这也意味着要打破二元对立的思维模式,综合考虑翻译目的等各种内外因素,辩证地认识与灵活地运用直译与意译、归化与异化等翻译策略,把概念转化为行动,提高跨文化交流的有效性。

---

① 赵彦春. 归化异化的学理思辨. 英语研究,2012(2)：38.

翻译的定义：翻译是一种符号转换活动①

  周领顺在其专著《译者行为批评：理论框架》中提出了译与非译两个概念，即"依赖原文、再现原文意义的语码转换是翻译"，"改造原文、部分再现原文意义的语码转换并加入译者自己私念的翻译是'半翻译'"，"完全摆脱原文意义的'翻译'是'非译'"。② 这里周领顺把译和非译视为连续体的关系，把是否"再现原文意义"作为衡量标准。这两个概念在周领顺的译者行为批评体系中毫不起眼，却在笔者的脑海中翻腾了好几年。到底什么是翻译？我们又该如何界定翻译？"完全摆脱原文意义"的语码转换真的就不是翻译吗？意义是界定翻译不可或缺的因素吗？中文电影篇名《金陵十三钗》和其对应英语篇名 *The Flowers of War* 到底是"译"还是"非译"的关系？语篇在界定翻译中有什么作用？换言之，在界定某个语篇要素（如标题、句子）是不是翻译时需要在语篇的观照下进行吗？这些问题都涉及对翻译的界定，值得深入思考。

  其实对翻译定义或翻译本质的思考与探讨一直没有停止过，历史上多以比喻的方式出现，如翻译似临画、翻译是竞赛，译者是奴隶、译者是桥梁等。谭载喜对中西翻译比喻曾做过系统的探索，认为其有助于领悟翻译活动的多面性，增进对翻译本质的认识。③ 翻译比喻虽能生动形象地揭示翻译的某一或某些属性，但算不上严格意义上的翻译定义。从 20 世纪

---

① 原载于《中国翻译》2022 年第 3 期，原标题为《翻译是一种符号转换活动——关于翻译定义的若干思考》，独立撰写，收入本书时略有改动。

② 周领顺. 译者行为批评：理论框架. 北京：商务印书馆，2014：225.

③ 谭载喜. 翻译比喻中西探幽. 外国语，2006(4)：73-80.

至今，翻译的生态发生了重大变革（如出现了职业化翻译、机器翻译等），翻译研究的范式发生了多次转变（如语言转向、文化转向等），翻译的定义"遍地开花"，给人一种难以适从的感觉。有人强调翻译的规定性（理想性），也有人强调翻译的描写性（现实性）；有人强调翻译的忠实性，也有人强调翻译的叛逆性（改写性）；有人强调翻译的经验性，也有人强调翻译的超验性；有人认为翻译的本质是唯一的，也有人认为翻译的本质是多元的。

　　鉴于此，谢天振在国内发起了三次有关"翻译的重新定位与定义"高层论坛，其中的代表性成果在《中国翻译》《东方翻译》设有专栏发表，在国内产生了积极影响，也引发学界进一步思考新时代翻译的定义问题。正如蓝红军所言："论坛的召开并非要寻找一个放之四海而皆准、历经万世而不破的翻译定义，更不是试图将新的阶段性的认识装点成毫无破绽的完美的'真理'去规定所有人对翻译的理解和阐释，而是希望通过从各种不同角度切入对翻译本质、功能和在新形势下翻译形态的变化的讨论，来触发译学界对翻译基本问题的深入思考，引导人们深化对翻译的发展性、复杂性和历史性的认识，进而调整当今社会的翻译理念和翻译教学理念，回应翻译现实发展对翻译研究所提出的描写和解释新的翻译现象的需要，拓展翻译认识的维度，延伸译学理论的发展空间。"[①]这种观点很大程度上体现了翻译定义的历史性，也昭示了对之进行深入探讨的必要性。那么，翻译有没有一个历时而不变的本质属性呢？如果有的话，其与翻译的其他属性是什么关系？在新时代语境下，我们又该如何定义翻译？这些问题都值得深入思考与探索。

1　符号转换性——翻译的本质属性

　　在漫长的翻译历史中，人们大多从语言层面从事和认识翻译，这被王

---

① 蓝红军. 翻译本质的追寻与发现——"何为翻译？——翻译的重新定位与定义"高层论坛综述. 东方翻译,2015(2)：93.

宁视为"语言中心主义"①的思维模式。王宁强调"读图的时代"对翻译定义的突破与拓展,并试图从七个方面重新界定翻译:1)作为一种同一语言内从古代形式向现代形式的转换;2)作为一种跨越语言界限的两种文字文本的转换;3)作为一种由符码到文字的破译和解释;4)作为一种跨语言、跨文化的图像阐释;5)作为一种跨越语言界限的形象与语言的转换;6)作为一种由阅读的文字文本到演出的影视戏剧脚本的改编和再创造;7)作为一种以语言为主要媒介的跨媒介阐释。② 雅各布森(R. Jakobson)提出过翻译的三分法,即语内翻译、语际翻译和符际翻译,并把语际翻译视为正宗的翻译(translation proper),把符际翻译界定为用非语言符号系统中的符号对语言符号的解释。③ 雅各布森的三分法也有"语言中心主义"的倾向,其开创性意义在于提出了符际翻译的概念,扩大了翻译的外延。王宁继承与发展了雅各布森的三分法思想,对翻译的分类更加详尽,也拓展了其关于符际翻译的概念,但他提出的七种翻译形式归根结底都是包括语言符号在内的广义的符际翻译,即不同符号或符号变体之间的转换。不妨认为,翻译的对象就是符号的所指,以语言为代表的符号在界定翻译上具有不可替代的作用。

1.1 翻译的本质属性

历来有很多翻译定义,哪种属性才是翻译的本质属性呢? 换言之,哪种属性是翻译的区别性特征,从而把翻译和其他活动区分开来呢? 笔者认为是符号转换性,没有符号转换就不足以言翻译,也会消解翻译的存在。唐代贾公彦提出过一个经典定义——"译即易,谓换易言语使相解也"(《周礼义疏》)。所谓转换,即贾公彦所说的"易"或"换易",也是谭载

---

① 王宁. 走出"语言中心主义"囚笼的翻译学. 外国语,2014(4):2-3.

② 王宁. 重新界定翻译:跨学科和视觉文化的视角. 中国翻译,2015(3):12-13.

③ Hatim,B. and Munday,J. *Translation:An Advanced Resource Book*. Shanghai:Shanghai Foreign Language Education Press,2010:124.

喜在界定翻译中所谓的"跨界"。①

在规定性翻译定义中，忠实或对等往往是其关键词。张培基等认为："翻译是运用一种语言把另一种语言所表达的思维内容准确而完整地重新表达出来的语言活动。"②这里的"准确而完整"类似于忠实，"重新表达"也就是语言转换。翻译研究的语言学途径经常把对等或等值作为界定翻译的核心话语，如卡特福特把翻译定义为"用另一种语言（目的语）中对等的文本材料来替代一种语言（原语）中的文本材料"③。如果把忠实（准确而完整）或对等视为翻译定义的重要特征，那么不忠实于原文、不完整地再现原文内容的就不是翻译了吗？现实中的节译、编译又该在何处安身呢？勒菲弗尔把翻译视为一种重写（rewriting）④，很大程度上说明了翻译的复杂性。所以忠实性或对等性不足以成为翻译的区别性特征。翻译研究出现文化转向之后，翻译定义的描写性得以凸显，也就是从现实现象来界定与描述翻译，如描写学派的代表人物图里把翻译视为目的语文化中的事实，不管基于何种理由，在目的语文化中作为或被视为翻译的所有话语都是翻译，哪怕是伪翻译。⑤ 笔者不认同把伪翻译也视为翻译，毕竟伪翻译没有原文，不存在文本之间的符号转换，但不妨把伪翻译作为研究对象。很多学者把文本视为界定翻译的关键词，如纽伯特等把翻译视为"由文本诱发的文本生成"（translation as text-induced text production）⑥。一般而言，文本只限于语言符号，很难囊括其他非语言符号之间的转换。难道不足以构成语篇的话语片段之间的相互转换就不是翻译了吗？所以

---

① 谭载喜. 翻译的界、两界与多界：一个关于翻译的界学阐释. 外语教学与研究，2021(6)：937-946.

② 张培基，等. 英汉翻译教程. 上海：上海外语教育出版社，1980：绪论1.

③ Catford，J. C. *A Linguistic Theory of Translation*. London：Oxford University Press，1965：20.

④ Lefevere，A. *Translation，Rewriting and the Manipulation of Literary Fame*. Shanghai：Shanghai Foreign Language Education Press，2004.

⑤ Toury，G. *Descriptive Translation Studies and Beyond*. Shanghai：Shanghai Foreign Language Education Press，2001.

⑥ Neubert，A. and Shreve，G. M. *Translation as Text*. Kent & London：The Kent State University Press，1992：119.

把语篇作为界定翻译的核心词主要是出于理论的需要,并不能囊括现实中所有的翻译现象。不妨认为忠实的全译是翻译的原型,但这并不能排除其他广泛存在的翻译形态,包括各种形式的变译与符际翻译。所以,翻译定义中不宜强调翻译的应然要求或规定性特征(如忠实、等值、完整),而应从实然(实际翻译现象)出发去寻找翻译的本质属性。

人是使用符号的动物,符号转换也是使用符号的一种表现。许钧认为:"要认识翻译、理解翻译,有必要先谈符号问题。符号的创造,是人类最重要的创造或者是最伟大的创造,如果没有符号,人类无法认识自身、认识世界、表达世界与创造世界。语言符号仅仅是符号的一种……而翻译,最本质的特征,就是符号的转换性。因此,要对翻译有本质的认识,必须正确认识符号创造在人类社会中的地位以及对于人类自身发展与社会发展的重要贡献。……符号的创造、使用与转换,是人类存在的一种根本性的方式。"①笔者非常认同这些观点,尤其是把"符号的转换性"视为翻译"最本质的特征"。许钧对翻译也有一个经典定义——"翻译是以符号转换为手段,意义再生为任务的一项跨文化的交际活动",并归纳出翻译的五个"本质特征"——社会性、文化性、符号转换性、创造性和历史性。② 在这五个本质特征中,许钧是并列论述的,似乎也没有轻重之分。2015 年,他把"符号的转换性"视为翻译"最本质的特征",这要比之前定义中的"以符号转换为手段"更具合理性,一定程度上体现了他对翻译本质思考的逐渐深入。笔者认为,翻译的本质属性只有一个,即符号转换性,其他属性皆可视为符号转换的衍生属性。如果给翻译下定义的话,不妨说"翻译是一种符号转换活动"。这里没有说是"跨文化的交际活动"主要在于并非所有的翻译都是跨文化的,如语内翻译(也包括方言与方言之间的转换)、符际翻译等。也有学者认为:"当我们重新思考翻译的定位与定义时,一定要把翻译的本质及其使命(也即其目标和功能)纳入翻译的定义中

---

① 许钧. 关于新时期翻译与翻译问题的思考. 中国翻译,2015(3):9.
② 许钧. 翻译论. 武汉:湖北教育出版社,2003:69-75.

去。"①把翻译的本质纳入定义之中,这点毋庸置疑,但笔者并不认同一定要把翻译的目标和功能也纳入其中,因为翻译的目标与功能具有多面性,哪怕是贾公彦的"使相解"也不能全面概括翻译的所有功能。亚里士多德提出过事物生成和发展的"四因"说,即质料、形式、动力和目的,也可归结为"二因",即"质料因"和"形式因",其中"形式"(包括动力因和目的因)是事物的本质规定。②针对翻译,也不妨把"符号转换性"视为翻译的"形式因",把"符号"视为翻译的"质料因",符号转换就是"质料的形式化",是翻译存在的"本因"。亚里士多德所谓的"形式创造差异"说明符号转换是翻译唯一的区别性特征,至于其"动力因"(翻译主体)和"目的因"(翻译目的)则没必要进入翻译的定义。

翻译有多重内涵,如可以指翻译主体、翻译过程、翻译产品、翻译职业等,为什么要用活动作为翻译的属概念或上位概念呢? 张柏然认为:"翻译正是在一种特殊的人类的'生命—精神'的活动中方才显现其身,这种活动虽然不是实体性的在者,但却是翻译作为一种对象存在的终极根据。"③如果没有翻译活动,就没有翻译主体,也不会有翻译产品,翻译职业更不会存在,所以活动相对于翻译的其他意义更具本体性。这也是本文把翻译界定为"一种符号转换活动"的根本原因。这里对符号也需要说明一下,符号根据是否有物质介质可分为有形符号和无形符号。贾洪伟认为,"具有物质承载介质的载意符号为有形符号,不具有物质承载介质而存在的符号为无形符号",从翻译符号学视角看,符号活动有三种转换,即"有形符号转换为有形符号、有形符号转换为无形符号,以及无形符号转换为有形符号"。④把无形符号纳入翻译之中,从学理层面看,这种探讨很有启发意义,不过笔者倾向于把上述定义中的"符号"理解为可见的有形

---

① 谢天振. 翻译巨变与翻译的重新定位与定义——从 2015 年国际翻译日主题谈起. 东方翻译,2015(6):8.

② 参见:赵宪章. 西方形式美学:关于形式的美学研究. 上海:上海人民出版社,1996:48-49.

③ 张柏然. 翻译本体论的断想. 外语与外语教学,1998(4):48.

④ 贾洪伟. 论翻译符号学的符号分类与转换. 山东外语教学,2018(1):113,117.

符号,但保留向无形符号开放的可能性。首先,无形符号主要是心智运作的载体,是人们用来思考、思辨、构思的东西,目前还有一定的不可知性;其次,无形符号的介入会无限度地扩大翻译的外延,如写作变成了翻译(把无形符号转换为有形符号),拈花一笑式的心领神会也变成了翻译,就现阶段的翻译学科建设而言,似乎也没必要如此"超前"。从这里对翻译定义中符号的分类也不难发现,定义越简洁,越能保留阐释的开放性。

1.2　翻译的衍生属性

翻译的其他属性是由翻译的本质属性衍生而来的,是符号转换带来的结果或伴随出现的特征。翻译的衍生属性很多,如许钧在《翻译论》中提到的社会性、文化性、创造性、历史性等,也很大程度上体现了翻译的多重价值。蓝红军认为,翻译的本质不是非此即彼的单一性存在,而是一种由多种属性特征构成的复杂性存在,在不同历史阶段以不同的现象或面貌呈现,从某一层面或角度去剖析翻译的本质,都会呈现出亦此亦彼的多维性。他还提出了发生维的翻译新定义,即"为跨语信息传播与跨文化交流过程中遭遇异语符号理解与表达障碍的人们提供的语言符号转换与阐释服务"[①]。蓝红军的观点体现了翻译的历史性、复杂性与辩证性,但笔者并不认同他把翻译本质归为"由多种属性特征构成的一种复杂性存在"的观点,笔者认为,只有符号转换性才是翻译的本质属性,翻译的本质属性是"单一性存在"。蓝红军把"服务"作为翻译的属概念,其实服务也是由符号转换活动引发的,或者说服务属性(或称之为经济属性)是符号转换的衍生属性。陈大亮基于翻译定义的多元性或多层次性认为,翻译的本质具有"不可定义性",或者说"翻译是一个大家族,其中每一个成员只有家族的相似性,没有共同的本质"[②]。陈大亮的观点具有明显的反本质主义倾向,一方面认为翻译"没有共同的本质",一方面又声称其反对的"不是要取消本质"。如果这样的话,翻译的本质属性还是本质属性吗?翻译

① 蓝红军. 何为翻译:定义翻译的第三维思考. 中国翻译,2015(3):29.
② 陈大亮. 翻译本质的形而上反思. 天津外国语学院学报,2007(1):25.

的定义可以多元化,翻译的本质则是唯一的,也是翻译大家族所有成员共享的根本属性,多元化的定义只是包括或凸显了一些衍生属性而已。

翻译的衍生属性包括但并不限于以下属性——社会属性、语言属性、文化属性、交流属性、创造属性、审美属性、历史属性、经济属性、认知心理属性、人工智能属性等。这些属性依附于符号转换性,反映了翻译的复杂性,也都从某个角度揭示了翻译的重要特征。社会属性主要体现翻译涉及各种社会关系,包括各种人际关系和群体关系,很大程度上是一种社会化的行为,社会翻译学或翻译社会学的兴起也很大程度上说明了翻译的社会属性。语言属性主要体现在翻译本身主要是一种语言符号转换活动,翻译对民族语言的革新、丰富与发展具有重要作用,也是保护语言多样性的重要手段。翻译的文化属性指翻译作为一种跨文化交流行为,在目的语文化的丰富与发展、世界各民族文化的交流与融合以及人类文明的互学与互鉴方面发挥着重要作用.同时翻译也是保护文化多样性和促进世界和平文化建设的重要手段。翻译的交流属性是翻译存在的主要目的或者说是翻译的主要功能,即贾公彦所谓的"使相解也"。这种交流经常是跨语言、跨文化、跨地域、跨时空的,如果不是交流的需要,翻译基本上也就没有存在的必要了。翻译的创造属性主要体现在意义层面,翻译往往不是被动地传达原文的"客观意义",文本的意义是主客体相互作用的产物,译文会不可避免地存在译者创造的成分,尤其是文学翻译,这也许是许钧把"意义再生"而不是意义再现作为翻译任务的主要原因。从自我与他者的关系而言,翻译"本身就孕育着一种求新求异的创造精神"①,如通过翻译对民族语言文化以及自我精神世界的丰富与革新。翻译的审美属性不只是体现在文学翻译领域,也体现在其他符际翻译尤其是各种艺术形式之间的符号转换之中,译者的审美转换也伴随着审美创造,或者说翻译的审美属性与创造属性往往是相伴而生的。翻译的历史属性主要指人们对翻译的认识会随着社会的发展逐步深入,翻译的形态会随之变得更加丰富(如符际翻译、机器翻译),人类的翻译能力也会变得越来越强

---

① 许钧. 翻译论. 武汉:湖北教育出版社,2003:392.

大。在全球语言服务行业快速发展的今天,翻译的经济属性主要体现在绝大部分的翻译活动是作为语言服务或无形商品存在的,翻译的经济价值造就了翻译的职业化与职业化译者。翻译的认知心理属性主要体现译者在进行翻译时必然会伴随着认知心理活动,如注意、记忆、直觉、想象、思维、推理、问题解决、信息加工等。西方关于译者的大脑如何运作的实证研究以及格特(E. Gutt)从关联理论视角来研究翻译也在很大程度上体现了翻译的认知属性。翻译的人工智能属性主要体现在现代科技发展所带来的翻译工具的革新上,如机器翻译(口译)、计算机辅助翻译等,翻译工具的革新很好地体现了翻译的历史性,可以扩大翻译的外延,丰富翻译的形态,但并不能改变翻译的本质属性。

翻译的衍生属性还有很多,如政治属性、伦理属性、生态属性、娱乐(休闲)属性等,此不赘述。这些衍生属性围绕本质属性相互交织在一起,共同组成了翻译的多元属性。对于这些属性,也可从不同的学科视角进行深入探索,故学界也出现了很多翻译学的"分支学科",如翻译美学、翻译符号学、翻译经济学、社会翻译学、文化翻译学、认知翻译学等。翻译的衍生属性很大程度上体现了翻译的功能与价值,如许钧就根据他对翻译本质特征的认识论述过翻译的社会价值、文化价值、语言价值、创造价值和历史价值。① 不管是翻译的衍生属性还是翻译的多元价值,都是由符号转换性引发与生成的。

2 符号转换的相关问题

翻译的符号转换性还引发了诸多翻译研究的基本问题,如谁来转换、转换什么、如何转换、转换单位、转换目的、转换效果、转换价值等,这些问题涉及翻译主体、翻译对象、翻译方法、翻译策略、翻译单位、翻译批评等研究领域,也需要深入思考。

---

① 许钧. 翻译论. 武汉:湖北教育出版社,2003:378-395.

2.1　符号转换的主体

关于翻译主体，学界引发过一定的争议与讨论，有人认为译者是唯一的翻译主体，也有人认为作者、译者和读者都是广义的翻译主体。这里的争议主要是由不同的翻译观引起的。如果承认翻译涉及有形符号和无形符号之间的转换，那么作者的写作与读者的阅读就都变成了翻译，因此，把这二者视为广义的翻译主体也未尝不可。我们暂时搁置这个问题，从另一角度来思考翻译主体的问题，也就是除了人（如译者、作者和读者）之外还有其他翻译主体吗？在科技快速发展的今天，机器能作为翻译的主体吗？其他动物能作为翻译的主体吗？黄忠廉认为："翻译是人或/和机器将甲符文化变化为乙符，以求信息量相似的智能活动和符际活动。"①这里黄忠廉显然也把机器作为翻译主体了。笔者并不认同这种观点，毕竟机器本身不会主动翻译，其执行翻译的过程必须由人来操作，所以与其说机器是翻译主体，不如说机器是翻译工具。蓝红军提到过"狗语翻译机"以及翻译的"跨物种"问题。② 当然，就像机器翻译一样，狗语翻译机的翻译主体也是人，这里值得思考的是翻译的"跨物种"问题。试想，人和动物之间的交流是不是翻译？不同动物之间的交流是不是翻译？如果是的话，翻译的主体也就不限于人了。其实也有学者开始思考把各种各样的动物交流纳入符际翻译③，甚至把翻译视为"宇宙存在、运行的基本行为和过程"④。对这些问题的思考要基于对符号的理解，由于我们无法彻底认识动物所使用的符号，暂时只能存而不论了。

2.2　符号转换的对象

翻译对象也是一个非常复杂的问题。在进行翻译或符号转换的过程

---

① 黄忠廉. "翻译"定位及其名实谈. 东方翻译，2015(3)：17.

② 蓝红军. "理论之后"的翻译理论研究：问题与挑战. 东方翻译，2016(4)：16-18.

③ Cronin, M. Translation and posthumanism. In K. Koskinen and N. K. Pokorn (eds.). *The Routledge Handbook of Translation and Ethics*. London & New York：Routledge，2021：291.

④ 周红霞，谢予. 宇宙现象中人类"Translation"行为再思考. 中国翻译，2020(2)：98.

中,我们转换的到底是什么？意义、信息、内容、形式、风格、神韵、文化、知识等都被视为转换的对象。奈达的名言"翻译就是翻译意义"(Translating means translating meaning)①要求译者正确理解原文和有效再现原文的意义；纽马克也强调"传达文本的意义"(rendering the meaning of a text)②；许钧对翻译的定义也有以"意义再生为任务"的说法。从(文本)意义视角来界定翻译是比较通行的做法。翻译也经常被视为信息传递的过程,尤其是符号学视角,"信息"在翻译定义中的出现频率不次于"意义",甚至有过之而无不及,如方梦之主编的《译学辞典》就把翻译界定为"传递信息的语言文化活动"③。学界定义翻译时经常以文学翻译为主要参照,所以,内容、形式、风格、神韵、意境、文化等也经常会出现在翻译定义中。李瑞林从知识论视角认为:"知识是统合多元翻译观的主导概念,是翻译行为作用的核心对象。"④杨枫认为:"翻译是跨语言的知识加工、重构和再传播的文化行为和社会实践。"⑤杨枫、李瑞林等提出的知识翻译学不仅把知识作为翻译的对象,同时也认为跨语言知识加工、知识迁移、知识传播、知识生产等是翻译的本质。这些观点都有一定的道理,毕竟信息、意义、内容、文化、知识的所指都比较模糊,相互之间有很大的重叠,你中有我,我中有你,只是不同的学者强调的角度不同而已。也有在自己的定义中同时强调两个或多个对象的,如奈达同时强调意义与风格,黄忠廉同时强调文化与信息等。但必须明确的是,不管以什么作为翻译对象,其载体都是符号(包括知识),如果没有符号,翻译的对象也就无所依附。本文之所以在定义中未标明翻译对象,也是有意保留对其解释的开放性。

---

① Nida, E. A. *Language and Culture*: *Contexts in Translating*. Shanghai: Shanghai Foreign Language Education Press, 2004: 103.

② Newmark, P. *A Textbook of Translation*. Shanghai: Shanghai Foreign Language Education Press, 2001: 5.

③ 方梦之. 译学辞典. 上海:上海外语教育出版社,2004:9.

④ 李瑞林. 关于翻译终极解释的知识论探索. 东方翻译,2015(3):10.

⑤ 杨枫. 知识翻译学宣言. 当代外语研究,2021(5):卷首语.

2.3 符号转换的方法与方式

符号转换过程涉及翻译技巧、翻译方法、翻译策略、翻译伦理、翻译单位、翻译工具、翻译方式等问题，包括直译与意译、归化与异化以及一些具体的翻译技巧等。其中，归化与异化在最近二三十年引发了很大争论，也发展成为翻译研究的一对核心术语。归化和异化主要涉及三个层面，即句子上的方法层面、语篇上的策略层面和对待异域文化态度上的伦理层面①，这三个层面都涉及如何转换的问题。在翻译过程中处理语言差异、文化差异、诗学差异、思维差异不只是方法与策略问题，也体现了译者的伦理。译者对同异关系的处理（尤其是对待异的态度）是如何转换的重要问题，也是翻译（译者）伦理的有机组成部分，对此学界也一直在思考与探索。语篇常作为界定翻译的关键词，也常被视为重要的翻译单位。冯全功从原型理论视角对翻译单位进行过探讨，认为句子是操作层面的翻译单位原型，语篇是理论层面的翻译单位原型，操作层面侧重于转换，理论层面侧重于分析，二者统一于具体的翻译行为之中；就翻译转换单位而言，句子的典型性大于语篇，也不妨把句子视为翻译转换单位的原型。②对这些问题的思考都有一定的语言（文本）中心主义倾向，基本上没有关注符际翻译。这不足为怪，毕竟人们对翻译的理解大都从经验出发，语际翻译是翻译的原型，最为常见。试想，在"读图的时代"，如果符际翻译更为常见，变成翻译研究的中心话题，会不会有新的有关符号转换的话语来取代目前具有语言中心主义特点的译学话语呢？"翻译的重新定位与定义"的发起人谢天振认为，之所以要重新定义翻译，是因为职业化时代的翻译发生了巨大的变化，包括翻译的主流对象、翻译的方式、翻译的工具与手段、翻译的方向、翻译的内涵与外延等。③ 这里的翻译方式、翻译工具与手段也都涉及如何进行符号转换的问题，如采用机器翻译与译后编辑、

---

① 冯全功. 试论归化和异化的生成动因与三个层面. 中国翻译,2019(4)：5-13.
② 冯全功. 原型理论观照下的翻译单位辨析. 中国翻译,2021(1)：21-29.
③ 谢天振. 现行翻译定义已落后于时代的发展——对重新定位和定义翻译的几点反思. 东方翻译,2015(3)：14-15.

计算机辅助翻译、团队协同翻译、机器口译、众包翻译等工具与方式。但这些理由不足以改变翻译的本质属性，只能说翻译的外延扩大了，不宜视为重新定义翻译的直接动因。

2.4　符号转换的效果评价

符号转换的效果涉及翻译批评，译文的效果评价是翻译批评的重要任务。如何评价在学界争议较多，大多以是否忠实于原文(意义)为评价标准，从而导致了评价标准的单一性。忠实标准之所以非常流行，源自人们根深蒂固的认识——忠实是译者的天职。这在很多翻译定义中也有所体现，包括"等值""确切""准确而完整"等一些变体说法。翻译定义的忠实要素很大程度上预设了翻译以及翻译批评的忠实观，就像王理行所言，"全面忠实于原作，既应是译者追求的目标，也应当是批评者评判译作的标准"①。这种观点值得商榷，毕竟"翻译批评的标准并不限于忠实，还应该考虑译者的翻译目的、翻译观以及外部环境因素对译文面貌的影响"②。值得一提的是，转换目的(翻译目的)在评价翻译效果时极其重要，以目的论为代表的德国功能主义把目的原则(*Skopos* rule)视为翻译的首要法则③，这不无道理，尤其是在语言服务行业内。所以，关于翻译转换效果的评价要持多元批评观，不能把是否忠实于原文作为唯一的评判标准，唯有如此，才能真正体现翻译的多重价值，如林纾翻译的西洋小说、严复翻译的《天演论》，以及广泛存在的各种"变译"作品。此外，在评价译文效果时，不管采取何种标准(也包括信、忠实)，要尽量从语篇视角出发，看译文的整体效果如何、独立存在的价值如何、在具体的历史语境中发挥了什么作用，而不应斤斤计较于译文片段(如字词、句子)对原文是否严格忠实。这就是语篇翻译批评观，也是部分学者把语篇纳入翻译定义的重要原因。

---

① 王理行. 忠实是文学翻译的目标和标准——谈文学翻译和文学翻译批评. 外国文学,2003(2)：99.

② 冯全功. 翻译忠实观：争议与反思. 解放军外国语学院学报,2019(3)：116.

③ Nord，C. *Translating as a Purposeful Activity：Functionalist Approaches Explained*. Shanghai：Shanghai Foreign Language Education Press，2001：29-31.

语篇翻译(批评)观本质上是一种整体观,整体质大于局部质,局部也会染上整体的性质,类似于格式塔心理学中的完形组织法则。就这种意义而言,周领顺所谓的"译"与"非译"从语篇视角来界定会更具合理性,如果这样的话,《金陵十三钗》的英语标题(*The Flowers of War*)又何尝不是翻译呢?何况这个英文标题也是由原标题诱发的符号转换行为,只是表层语义上不对等,二者存在一定的符号转换性而已。还有零翻译,即直接移植原文而不加任何处理的形式,从局部而言,其并不涉及符号转换,但从语篇整体而言,其也染上了整个语篇的翻译性质,故也可归在翻译的范畴。彭利元把零翻译归为"非翻译"的范畴,称之为"直接挪用"。① 如果从语篇整体或格式塔心理学来看零翻译归属的问题,零翻译又何尝不是翻译呢!再回到前面提到的伪翻译,伪翻译之所以不是翻译是因为其不存在语篇层面的符号转换,而零翻译却是针对语篇的话语片段而言的。所以,语篇在翻译定义中不一定要出现,在翻译批评中却是一个极端重要的考量因素。

3 结 语

翻译的形态随历史的发展而丰富,翻译的外延也不断扩大,各种形式的符际翻译(包括手语翻译)、机器翻译与译后编辑、职业化口笔译、字幕翻译、创译与变译、本地化翻译等都是翻译大家族的成员。然而,无论翻译的形态如何丰富,无论翻译的外延如何扩大,翻译的符号转换性是历时不变的,至少在可预见的未来不会发生变化。这是本文把符号转换性视为翻译的本质属性的重要原因,其他属性,如社会属性、语言属性、文化属性、交流属性、创造属性、历史属性、经济属性、认知心理属性等,则被视为翻译的衍生属性,衍生属性没必要进入翻译的定义。遵循奥卡姆剃刀"如无必要,勿增实体"的原则,本文尝试这样定义翻译:"翻译是一种符号转换活动。"在任何时代语境下,这个定义也许都是适用的。这里之所以把

---

① 彭利元. 零翻译非翻译——兼与译界同仁商榷. 中国翻译,2017(5):86-91.

"活动"作为上位概念是因为活动更具本体性,"翻译"一词的其他含义(如表示译者、产品、服务)都是由翻译作为活动生成或引发的,其中"一种"是修饰"活动"的,翻译和"一种符号转换活动"是等同而非隶属关系。"符号转换"既体现了翻译的本质属性,又保留了阐释上的开放性,主要涉及谁来转换、转换什么、如何转换、转换单位、转换目的、转换效果等翻译研究的基本问题,本文对此也略有论述。这个定义的开放性还体现在对符号的分类与界定上,尤其是无形符号的介入,贾洪伟①的探讨可供参考。但针对目前的翻译学科建设而言,研究对象不宜一味地扩大,笔者倾向于把符号限定在有形符号以及人类交流的范围之内,但保留其开放性。综上所述,本文提出的翻译定义克服了以往定义中的规定性与片面性,通过最简化原则增强了定义的开放性,同时也能衍生出翻译的其他属性以及翻译研究的基本问题,为翻译研究提供了广阔的探讨空间。

---

① 贾洪伟. 论翻译符号学的符号分类与转换. 山东外语教学,2018(1):111-118.

翻译忠实观:争议与反思①

　　2018 年 6 月 16 日,浙江大学中华译学馆举办了"新时代文学翻译的使命——文学翻译名家高峰论坛",邀请了国内 11 位著名作家、翻译家、翻译理论家畅谈各自的文学翻译理念与感悟。

　　当日下午,上半场的主持人许钧首先抛出了一个话题:"你心目中的好翻译是什么?"毕飞宇强调一种"腔调"和"氛围"的呈现;林少华强调的是"调调"和"文体"(语言风格);王理行提到了自己的"全面忠实观",认为"不忠实,非翻译"。随后毕飞宇表示对王理行的观点"存疑":首先,翻译过程中完全的忠实究竟是不是可行的? 其次,翻译是一种特殊的写作,作为写作者,译者可不可以有自己的个性化风格? 毕飞宇以傅雷翻译的《约翰·克利斯朵夫》为例肯定了译者个性的存在,以吴宇森导演的电影(周润发演行刺场景时的慢镜头)为例肯定了"不忠实"(与现实不相符)的美学效应。针对译者个性,林少华认为,翻译是译者和作者文体相互融合的过程,他翻译的村上春树、东山魁夷、夏目漱石等肯定不是一个调调,但各自不同的同时,又带有"林某人的调调"。许钧总结道:"你自己是一个没有风格的人,你怎么样能够还作品以风格? 你自己都是一个没有自我的人,你怎么可能让作者在你面前立起来?"②毕飞宇、林少华等都承认与正视了译者风格或译者个性的存在,并不认为这是译者的失败。

①　原载于《解放军外国语学院学报》2019 年第 3 期,标题未变,独立撰写,收入本书时略有改动。
②　许钧,谢天振. 新时代文学翻译的使命——"浙江大学文学翻译名家高峰论坛"纪要. 东方翻译,2018(5):8.

下半场的主持人谢天振抛出了第二个话题:"你怎么看待翻译?"袁筱一谈到别人评价她的"译作比原作要精彩"时,她觉得那是她的失败,即使她能感受到原作者的缺点在哪里,还是会选择尊重原作。谢天振认为,评判一个好的翻译文学作品时,还要判断翻译文学作品是否能够帮助读者走进原作的文学世界,这并不是靠百分之百的忠实所能达到的。吴笛认为,译者必定要最大可能地逼近原作,逼近不了的话可以采用别的翻译手段(如创造性翻译等),目的是使译文富有生命,能够起到文化传承的功能。郭国良非常赞同王理行的"全面忠实观",强调"老老实实地把原作还原出来",甚至连标点符号都要保留。朱振武表示赞同郭国良的"文本中心论",但强调一定要考虑目的语读者。

不管什么是好的翻译抑或如何看待翻译,都涉及翻译的标准与评价问题。从嘉宾的发言中不难看出,翻译忠实派是主流,以王理行和郭国良为代表,但也出现了不同的声音,如毕飞宇和林少华,二者都肯定了译者个性的存在。谢天振所言,"主观上可以追求尽可能百分之百的忠实,但客观的形态会有不同的形式表现"①,道出了理想与现实的落差。这次论坛很大程度上体现了学界对"忠实"的认识与争议,也为深入思考提供了契机。如何全面地理解翻译忠实观? 从理想出发还是从现实出发,抑或二者兼顾? 译者能否做到全面地忠实? 忠实的对象是什么?"译作比原作精彩"真的就是失败的译作吗? 如何客观、公正地评价翻译? 忠实对翻译批评的意义何在? 忠实观有没有过时? 有没有其他可能的翻译(批评)标准? 这些问题都需要进一步反思,以深化对翻译忠实观的认识。

1 翻译忠实观的争议

翻译忠实观古已有之,早期佛经翻译中就有所论及,如支谦《法句经序》中的"因循本旨,不加文饰"、道安《鞞婆沙序》中的"案本而传"等,文质

---

① 许钧,谢天振. 新时代文学翻译的使命——"浙江大学文学翻译名家高峰论坛"纪要. 东方翻译,2018(5):10.

之争与忠实也有很大的关系。严复的"信、达、雅"，林语堂的"忠实、通顺、美"等，也都标举忠实（基本等同于信），使翻译忠实观在国人心中根深蒂固，影响深远。不管是翻译标准的一元观还是多元观，基本上都离不开最为根本的忠实（如严复所谓的"为达，即所以为信也"）。然而，针对翻译忠实观，学界至今还远未达成共识，众说纷纭，这正是忠实本身的复杂性以及翻译现象的多样性导致的。

翻译忠实观目前最大的争议就是其有没有过时的问题。"文学翻译名家高峰论坛"的嘉宾基本上认可翻译忠实观，只是理解有所不同。谢天振主要是从比较文学视角来研究和评价翻译的，注重创造性叛逆及其影响，他在发言中曾反问："是不是忠实地字对字、句对句地翻译原文，就是优秀的翻译呢？"[①]显然，这是对僵硬翻译忠实（批评）观的一种质疑。在中西翻译思想史上，忠实观一直是主流，主要是从译经实践（佛经和《圣经》等宗教文本）中生发的。有时实践上虽有叛逆，理念上依然秉持忠实观，如严复提出的"信"与他的翻译实践并不完全相符，这也很大程度上体现出翻译活动的复杂性。20世纪中后期，西方的翻译等值论还方兴未艾之时，各种各样的翻译理论思潮席卷而来，如描写翻译研究、德国功能派翻译研究、解构主义翻译研究、女性主义翻译研究、后殖民翻译研究等，尤其是描写翻译研究，逐渐占据上风，成为翻译研究的主流模式。描写翻译研究的主要目标是描写经验世界中的翻译与翻译作品，建立解释和预测这些现象的普遍规律[②]，把如何评价翻译基本上排除在研究视野之外，虽然其学科构架中也含有翻译批评。西方描写学派、文化学派、解构主义等翻译理论的兴起使翻译忠实观受到很大冲击，人们开始怀疑其作为翻译标准的正当性，在国内表现得尤为明显，以谢天振的译介学为典型代表。

谢天振的译介学在国内颇有影响，译介学的理论基础为创造性叛逆。文学翻译中的创造性叛逆现象具体包括个性化翻译、误译与漏译、节译与

---

① 许钧，谢天振. 新时代文学翻译的使命——"浙江大学文学翻译名家高峰论坛"纪要. 东方翻译，2018(5)：8.

② Holmes, J. S. *Translated！ Papers on Literary and Translation Studies*. Beijing：Foreign Language Teaching and Research Press，2007：71.

编译、转译与改编,不管是有意识的还是无意识的。① 这些现象与忠实翻译显然是格格不入的。尽管谢天振一再强调,"译介学研究并不负有指导翻译实践的任务,它是对跨语际传递中的既成的文学现象或文化现象的描述和分析"②,走的是一条类似于描写翻译研究学派的路子,但还是有很多人把创造性叛逆视为翻译或翻译批评的标准。胡东平和魏娟认为,创造性叛逆是"一种深度忠实",忠实于翻译主体、忠实于文化交流和传播、忠实于翻译自身的发展。③ 胡东平和魏娟的文章似乎悬置了对原文的忠实,把忠实的概念扩展到其他方面,不见得具有说服力,但也引发我们进一步思考创造性叛逆和忠实的关系。王向远分析了"叛逆派"和"忠实派"的争论,指出前者是对翻译文学的客观描述,后者是对文学翻译的实践要求,但二者都倾向于将自己的主张绝对化,尤其是"叛逆派",将翻译中的一切"叛逆"视为理所当然并加以肯定,没有看到"创造性叛逆"之外还有"破坏性叛逆"的存在。④ 王向远的分析还是很透彻的,谢天振对"创造性叛逆"的界定也失之宽泛,并且没有注意到或把握好(创造性)叛逆和忠实的辩证关系。这种辩证关系值得深入思考,尤其是就原文和译文之间的关系而言,局部的创造性叛逆往往是为了整体的忠实。

许渊冲 2000 年在《中国翻译》上发表了《新世纪的新译论》,强调发挥译语优势,并和其他译文甚至原文展开竞赛,看哪种文字能更好地表达原文的内容。⑤ 宋学智很快就发表了一篇评论文章,认为"忠实是译者的天职",对"竞赛论"和"优势论"提出了批评。⑥ 许渊冲回应道,他也强调"表达原作内容",不能说不忠实,他和宋学智的主要分歧在于后者强调要尽

① 谢天振. 译介学导论. 北京:北京大学出版社,2007:69-95.
② 谢天振. 译介学导论. 北京:北京大学出版社,2007:16.
③ 胡东平,魏娟. 翻译"创造性叛逆":一种深度忠实. 湖南农业大学学报(社会科学版),2010(1):82-86.
④ 王向远. "创造性叛逆"还是"破坏性叛逆"?——近年来译学界"叛逆派""忠实派"之争的偏颇与问题. 广东社会科学,2014(3):141-148.
⑤ 许渊冲. 新世纪的新译论. 中国翻译,2000(3):2-6.
⑥ 宋学智. 忠实是译者的天职——兼评《新世纪的新译论》. 中国翻译,2000(6):49-53.

可能地保留源语的表现形式。① 宋学智认为，不顾源语形式，就等于差不多消解了原作的艺术魅力；许渊冲认为，如果保留源语形式能够保持原作魅力，自然可以保留形式，如果保留形式而不能保存魅力，或不保留形式也能保存魅力，那就应该舍形式而取内容，舍源语形式而取艺术魅力。许渊冲的观点类似于傅雷的传神说，在形、神不能兼顾的情况下舍形而取神。二者的争论涉及"忠实于何"的问题，更具体地说是忠实于原文形式到底有多重要的问题，并且还会进一步引发形式和内容的关系问题（如内容和形式能否相互转化，内容和形式是一对一还是一对多的关系等）。胡德香针对宋学智和许渊冲的争论发表了自己的看法，指出忠实并非翻译的最高标准，翻译标准应因目的、读者等多种因素而易，仅用一个忠实标准来衡量是远远不够的，忠实本身也不仅指语言文字表现形式上的忠实，还有个幅度或层次问题。② 胡德香的观点还是很有道理的，尤其是她指出的翻译标准的多元性（不仅仅是忠实）以及忠实的幅度和层次问题，但也仅仅是点到为止。

2004 年，王东风发表了《解构"忠实"——翻译神话的终结》一文，认为从根本上讲忠实是一个伦理判断，伦理的忠实只承认绝对的忠实，绝对的忠实不符合翻译实际。他从解构主义、新批评的观点来论证原文并不存在"恒定不变的原意"以及"作者意图"的不确定性，试图对忠实进行解构，证明"所谓忠实其实是一个永远无法实现的乌托邦"。王东风还指出，翻译忠实不仅涉及人际关系，更是一种文际（intertextual）关系。③ 然而，在论述过程中，他把人际（伦理）上的绝对忠实转移到了文际上的绝对忠实（其实伦理上也未必是绝对忠实），以此来解构忠实，未免有点牵强。马可云和罗思明对王东风的观点进行了针锋相对的反驳，包括王东风提到的"近真""意义不确定性""身份的错位"，以及"忠实"和"通顺"的不可调和，并在此基础上强调"辩证的翻译观"，即合理地把结构主义翻译观和解构

① 许渊冲. 再谈《竞赛论》和《优势论》——兼评《忠实是译者的天职》. 中国翻译，2001(1)：51-52.
② 胡德香. 也谈"竞赛论"和"忠实论". 外语教学，2001(5)：28-31.
③ 王东风. 解构"忠实"——翻译神话的终结. 中国翻译，2004(6)：3-9.

主义翻译观统一起来,正确运用并发扬翻译"忠实"和"通顺"的原则。① 王东风的观点尽管新颖,但论证过程中有逻辑漏洞,不足以服人,马可云和罗思明的商榷文章中也有所指出。忠实涉及文本的意义,解构主义、结构主义等都有自己的意义观,采取哪种意义观也许是两家论争带来的最大启发。

司显柱从翻译活动的文化层面,如源语文化与目的语文化的相对地位、审美观的差异、伦理道德的影响以及翻译研究中以"文化转向"为特征的一些翻译理论[如图里(G. Toury)的"翻译规范论"、提莫泽克(M. Tymoczko)的"部分翻译观"],剖析了翻译本质之"忠实""对等"观的缺陷。② 司显柱从翻译的"实然"出发,否定忠实为翻译的本质属性,但忽视了忠实的"应然"属性。刘季春针对传统翻译忠实观的不足,提出了"独立成篇"的标准,认为好的译文必然是一个不依赖原文的独立存在、一个新的和谐的有机体。③ 刘季春提倡译文作为独立的文本,还是比较有洞见的,但把"独立成篇"视为翻译标准,视为"超越'忠实'的忠实"就值得商榷了。刘亚猛认可学界对忠实观的批判和解构,即所谓"'忠实原则'之薨",然后把"对源语文化负责"视为放弃忠实之后重构的规范。④ 刘亚猛的观点其实是一种弱化版的忠实观,体现了他并非"摧毁"而是"改造"忠实的意图。也有论者承认翻译忠实的存在与必要性,但认为忠实是有限度的。如段红鹰从意识形态、语言文化差异、时代和社会效益等方面证明了绝对忠实的不切实际性,强调翻译的忠实性限度是客观存在的事实。⑤ 马会娟也否定了忠实的绝对性,提出了文学作品汉译英的标准为"有条件的忠

---

① 马可云,罗思明. "解构'忠实'"之解构——与王东风教授商榷. 外语教学,2006 (4):55-59.

② 司显柱. 译作一定要忠实原作吗?——翻译本质的再认识. 上海科技翻译,2002 (4):44-46.

③ 刘季春. 独立成篇:超越"忠实"的忠实. 上海翻译,2010(1):41-45.

④ 刘亚猛. 从"忠实于源文本"到"对源语文化负责"——也谈翻译规范的重构. 中国翻译,2006(6):11-16.

⑤ 段红鹰. 忠实与现实的矛盾——论翻译的忠实性限度. 中国外语,2008(4):95-99.

实",译者要"根据具体情况来确定忠实于原文的度"。① 马会娟的观点不但适用于汉译英,也同样适用于英译汉,毕竟忠实不是盲目的绝对忠实,也需要灵活变通的处理,局部的叛逆未必就会影响到整体的忠实。吕世生认为,译出与译入是两种不同的翻译实践,中国文学(文化)"走出去"翻译是典型的译出实践(主要针对本土译者而言),基于译入实践生成的忠实概念具有历史局限性,无法解释和指导译出实践。② 吕世生指出的译入与译出的差异以及两种实践模式和忠实的关系值得我们进一步思考。黄勤和刘红华基于沙博理的文学翻译实践,提出了"忠实性叛逆"的概念,认为叛逆是为了达到更大程度的忠实,叛逆于原文的(部分)内容与形式是为了忠实于原文思想和译文读者。③ "忠实性叛逆"的概念很大程度上意味着叛逆与忠实之间是辩证统一的关系。

在对翻译忠实观的质疑与解构声中,也有很多学者坚决维护忠实观,并且持忠实观的依然是主流,这从"文学翻译名家高峰论坛"的嘉宾发言中也不难看出。王理行提出了自己的"全面忠实观",认为文学作品是一个有机整体,译者应尽其所能、全面忠实地再现原作有机整体中的一切因素,包括题材、思想、意义、意境、风格、技巧、手法、遣词造句、段落篇章结构、阅读效果、审美效果等,强调全面忠实于原作是文学翻译的唯一目标和标准,也应当是批评者评判译作的标准。④ 王理行的"全面忠实观"是忠实观的强化版,不妨认为是文学译者乌托邦式的追求,但以此来评价译作并不见得合适,毕竟译者在翻译时往往会受各种因素的影响与制约,并且有的未必是译者所能左右的,如意识形态因素等。曹明伦认为,以忠实为取向的翻译标准从来都是译者主观上的自律准则,也是人们评判译作质量的客观准绳,以忠实为取向的翻译标准永远不会过时,要求译者放弃翻

①　马会娟. 论汉译英的标准:有条件的忠实. 解放军外国语学院学报,2008(2)：63-68.
②　吕世生. 中国"走出去"翻译的困境与忠实概念的历史局限性. 外语教学,2017(5)：86-91.
③　黄勤,刘红华."忠实性叛逆":沙博理之文学翻译观. 外国语文,2016(4)：111-115.
④　王理行. 忠实是文学翻译的目标和标准——谈文学翻译和文学翻译批评. 外国文学,2003(2)：99-104.

译忠实标准的主张缺乏真正的理论依据。① 何瑞清和马会娟认为,翻译目的论和西方文艺批评理论的滥用导致翻译理想主义屈从于实用主义和功利主义,有必要维护"信"或"忠实"在翻译标准、翻译服务质量规范和翻译质量评估标准中的首要地位,以减少乱译和译作评价的乱象,他们还对此进行了多方论证。② 曹明伦、何瑞清和马会娟看到的基本上是忠实的"应然"属性("自律准则"或"翻译理想主义"),相对缺乏对非忠实翻译现象合理存在的深入思考,有"执其一端"的倾向。当然,也有从哲学视角来维护翻译忠实观的,其论述显示出较高的思辨能力与理论深度,如龙明慧③、张冬梅④等。

由以上分析可知,国内学者对翻译忠实观的主要争议在于:1)忠实观有没有过时,是否需要抛弃,涉及忠实的伦理属性(认为忠实观过时的如王东风、谢天振;坚持忠实观的如王理行、曹明伦);2)忠实观的绝对性与相对性,涉及忠实的幅度(胡德香、段红鹰);3)忠实的应然性和实然性,涉及忠实的本质(司显柱、张冬梅);4)忠实于什么的问题,原文的内容还是形式抑或涉及译文读者等人的因素,涉及翻译的层次性(许渊冲、宋学智);5)忠实与叛逆的关系,涉及译文局部与整体的关系(胡东平和魏娟、黄勤和刘红华);6)忠实的适用范围问题,涉及翻译方向(外译中还是中译外)、翻译体裁(文学翻译还是非文学翻译)以及标准尺度(翻译标准还是翻译批评标准)等(吕世生、何瑞清和马会娟)。这些争议为我们深入反思忠实提供了契机,有利于我们全面理解翻译忠实观。

---

① 曹明伦. 论以忠实为取向的翻译标准——兼论严复的"信达雅". 中国翻译,2006 (6):49-53.

② 何瑞清,马会娟. 忠实始终是第一标准——评目的法则和《翻译质量保证标准指南》. 天津外国语大学学报,2015(3):29-35.

③ 龙明慧. 翻译的形而上——论"忠实"之于翻译的本体论意义. 安徽大学学报(哲学社会科学版),2008(1):72-75.

④ 张冬梅. "忠实"命题的元伦理学审视. 湖南社会科学,2015(2):32-36.

2　翻译忠实观的反思

　　关于翻译标准，学界有一元论者（信或忠实），有二元论者（忠实与通顺），也有三元论或多元论者（信、达、雅或忠实、通顺、美等）。二元论或多元论归根结底都可视为一元论，也就是忠实。试想，原文通顺而译文不通顺或原文美而译文不美的译文算忠实吗？这也是翻译忠实观在学界久盛不衰的原因。翻译的衍生性决定了翻译忠实观不会过时，但不同的人、不同的时代会赋予忠实不尽相同的内涵。所谓衍生性，就是说译文的生成必须有所本、有所据，这本、据便是原文，描写翻译研究学派把"伪译"（pseudotranslation）也纳入研究对象，但"伪译"本质上并不是翻译，而是创作。忠实标准主要指译文和原文之间的关系而言的，二者只能是近似关系而非等同关系，绝对的忠实是不存在的，以绝对忠实来否定忠实也是不切实际的。忠实与其说是一种标准，不如说是一种理想、一种伦理诉求，或者说其作为伦理与理想的分量理应大于其作为标准与现实的分量。龙明慧认为，忠实对翻译具有本体论意义，是"翻译之所以是翻译"的内在理据；对忠实的解读包括"是其所能是"和"是其所当是"两个方面，前者属于经验层面，即实际的翻译行为，后者是超越经验的，是理想标准的指向。① 龙明慧强调的是"是其所当是"的维度，认为如此对翻译的认识才能进入更高的层次。张冬梅认为，"忠实"命题承载的是翻译之"应然"（是其所当是），而非翻译之"实然"（是其所能是）。② 王理行所谓的"全面忠实观"就属于"应然"范畴，但实际上是根本无法实现的。翻译家所追求的往往是忠实的"应然"属性，翻译理论家看到的则往往是忠实的"实然"属性，尤其是强调对翻译事实进行描写与解释的西方描写翻译研究的兴起更是加剧了忠实"应然"与"实然"之间的矛盾。忠实在本质上是"应然"的，是

① 龙明慧. 翻译的形而上——论"忠实"之于翻译的本体论意义. 安徽大学学报（哲学社会科学版），2008（1）：72-75.
② 张冬梅."忠实"命题的元伦理学审视. 湖南社会科学，2015（2）：33.

规定性的,是理想化的,更多的是一种伦理诉求,主要表现在原文与译文之间的关系上。这也是众多译者和翻译研究者维护忠实的重要原因。不过忠实的"应然"属性并不排斥其"实然"属性。笔者更认同龙明慧的观点,承认忠实的双重属性(张冬梅似乎只承认忠实的"应然"属性),也认同作为翻译标准,忠实的"应然"属性比"实然"属性更为根本的观点。坚持或维护忠实者看到的往往是其"应然"属性,注重的是翻译过程,尤其是文学翻译家,如"文学翻译名家高峰论坛"的嘉宾王理行、郭国良等,批判或解构忠实者看到的往往是其"实然"属性,注重的是翻译结果,尤其是翻译理论家,如论坛嘉宾谢天振等。忠实既是"应然"的(根本属性),又是"实然"的(不可忽略的属性),不宜拿理想来僵硬地规定现实,也不宜拿现实来武断地否定理想,"执其两端"的中庸做法不失为更明智的选择。

忠实于什么也是翻译忠实观的主要争议,涉及忠实的层次性问题。伦理上的忠实主要涉及人际关系,翻译的忠实主要涉及文际关系。很多研究者把忠实的对象扩大化,包括忠实于原文、忠实于作者、忠实于译文读者、忠实于原文文化,甚至是忠实于跨文化交流、翻译自身的发展等。笔者认为,不宜无限扩展翻译忠实的对象,最好把忠实框定在译文和原文之间的文际关系上。换言之,忠实就是要忠实于原文。如果说"翻译就是翻译意义"[1]的话,忠实于原文就是要忠实于原文的意义。西方学者对忠实的定义大多也是从意义着手的,如忠实指在目的语文本中切实再现原文的意义,符合目的语中无意义增损的要求。[2] 然而,意义也是一个复杂的概念,正是意义的复杂性(如有字面所指意义、文化联想意义、情感褒贬意义、搭配反映意义等)导致了翻译的复杂性。各种各样的意义观对翻译(研究)产生了很大影响,如很多人根据解构主义意义观(强调意义的延异性与播撒性)来解构忠实。维特根斯坦认为,"意义取决于使用",即所谓

---

① Nida, E. A. *Language and Culture*: *Contexts in Translating*. Shanghai: Shanghai Foreign Language Education Press, 2004: 103.

② Munday, J. *The Routledge Companion to Translation Studies*. New York: Routledge, 2009: 188.

的"意义即用法"。① 许钧也提出过"在交流中让意义再生"的观点,强调在语境中理解原文词句的意义以及作品意义的生成性与有机整体性。② 笔者认为,维特根斯坦等人的意义语用观注重语境(包括文本/交际语境、社会文化语境等)或生活形式对意义生成的制约甚至是决定作用,强调意义的动态生成性,对翻译实践更具指导意义。所以,"翻译学意义研究应紧扣'用'字","紧贴实际生活","意义探索本身不是目的,目的是翻译(包括口译和笔译)中有效的双语交流和文化传播"。③ 意义不是纯粹客观的,也不是纯粹主观的,而是主客观(译者与作者、文本等)互动的结果,是在交际过程中产生的。与其说翻译要忠实于原文的意义,不如说要"忠实"于翻译的跨文化交际过程,或者说在翻译过程中动态地、辩证地看待原文的意义,修辞立其诚,以诚事译,让动态生成的意义符合跨文化交际的目的。

何种类型的翻译需要忠实也是需要澄清的问题。黄忠廉曾指出,翻译分为全译和变译两种类型,其中全译求极似,轴心在于转换,变译求特效,轴心在于摄取。变译又分为很多具体的形式(方法),如摘译、编译、缩译、译评、译写等。④ 学界也有很多学者以变译的各种形式来否定忠实,认为忠实观并不能有效解释这些翻译现象。笔者认为,忠实标准主要适用于全译,针对原文整体而言,变译注定是不忠实的。变译根据的是"特定条件下特定读者的特殊需求",目的性更强,译者的权力(权利)也更大,类似于以目的论为代表的德国功能派的翻译主张。德国功能派认为,文本间连贯(忠实原则)从属于文本内连贯,二者都从属于翻译的目的原则。⑤ 不管是黄忠廉的变译理论,还是德国功能派翻译理论,忠实原则都不是第一位的。只有全译时,尤其是文学作品的全译,忠实才往往被奉为"译者的天职"。何况全译也不是在真空中进行的,受各种外部因素(如意识形

---

① Wittgenstein, L. *Philosophical Investigations*. Beijing: Jiuzhou Press, 2007: 52.
② 许钧. 翻译概论. 北京:外语教学与研究出版社,2009: 93-103.
③ 刘宓庆. 中西翻译思想比较研究. 北京:中国对外翻译出版公司,2005: 378.
④ 黄忠廉. 翻译方法论. 北京:中国社会科学出版社,2009.
⑤ Nord, C. *Translating as a Purposeful Activity: Functionalist Approaches Explained*. Shanghai: Shanghai Foreign Language Education Press, 2001: 32-33.

态、赞助人、目的语诗学、目的语社会文化语境等)的制约和影响,译者各种或主动或被动的操纵现象在所难免,忠实的"应然"与"实然"之间存在巨大的落差。

忠实是针对文本整体而言的,并不排除局部的创造性叛逆,要辩证地看待整体忠实与局部叛逆的关系。谈论忠实离不开对翻译单位的界定,以便对整体与局部进行区分。不妨把语篇(文本)视为理论层面的翻译单位,把句子视为操作层面的翻译单位,翻译过程一般遵循自上(文本)而下(词句)的原则。所谓语篇,就是满足文本性七大特征的交际事件。文本性七大特征包括意图性、信息性、可接受性、衔接、连贯、情景性和互文性。[①] 语篇的判断标准不在于话语的长度,而是看其是不是一个语义整体,有没有独立的交际价值。一般而言,语篇是由次级的语言单位构成的,包括字词、短语、句子等。对任何语言层面而言,都可以看其是否忠实于原文,很多时候局部的叛逆可能恰恰是为了整体的忠实,或者某一层面(如信息内容)的叛逆是为了另一层面的忠实(如风格审美),所以忠实与创造性叛逆的关系是互补而非对抗的,但二者还是有主次之分与轻重之别的。判断译和非译(有些学者认为,话语之间没有语义对应关系就不是翻译)也要在语篇层面考虑。由于语言文化的差异,局部叛逆(意义变形)是不可避免的,正如钱锺书所言,"彻底和全部的'化'是不可实现的理想,某些方面、某种程度的'讹'又是不能避免的毛病"[②]。西方翻译研究文化学派认为,翻译是一种重写行为,重写者会在一定程度上改写、操纵原作以使之迎合当时的主流意识形态和诗学潮流。[③] 不管是"讹"还是"重写",相对于文本整体而言一般都是局部的,都改变不了译者对忠实的诉求。许诗焱和许多在分析了葛浩文和林丽君翻译毕飞宇的《推拿》时的往来邮件后指出:"在对翻译进行评价时,有必要深入翻译过程,包括翻译过程中

---

① Neubert, A. and Shreve, G. M. *Translation as Text*. Kent: The Kent State University Press, 1992.

② 罗新璋,陈应年. 翻译论集(修订本). 北京:商务印书馆,2009:776.

③ Lefevere, A. *Translation, Rewriting and the Manipulation of Literary Fame*. Shanghai: Shanghai Foreign Language Education Press, 2004:8-9.

译者与作者的交流与互动,探究在翻译过程中影响译文文本生成的诸多因素。"①他们的观点对辩证地看待翻译忠实观不无启发。很多学者也认为忠实是有幅度的、有限制的,进而提出了"忠实度"的概念。忠实度在语篇层面运作,忠实度的提出正视了翻译中的叛逆现象,尤其是创造性叛逆(包括重写行为),有利于更加深入地理解忠实与叛逆的辩证关系,对译者的选择以及翻译批评也颇有启发。霍克思(D. Hawkes)翻译《红楼梦》中的诗词就有很多"因韵设意"(尤其是意义的变更与增添)和"据情创韵"(根据小说情节创设韵脚)的现象②,这种创造性叛逆现象就不能单凭语义是否忠实来评判译文的优劣,更多的是根据其对译文整体文学性与艺术性的贡献。

翻译个性很大程度上影响甚至是决定语篇忠实的程度。翻译个性指"翻译家基于自己对翻译活动的独特认识与体验而形成的独特的审美心理结构,主宰着他们的翻译观及其译作风格的形成",其"不仅体现在译者对作者创作个性的再现上(表现为再现原作风格),更体现在对作者创作个性的创造性偏离上,是译者再现作者创作个性与表现自我创作个性的辩证统一"。③"文学翻译名家高峰论坛"上毕飞宇所说的接受和喜欢傅雷赋予罗曼·罗兰的风格以及林少华对"林某人的调调"的论述都是译者翻译个性的具体表现。毕飞宇认为,翻译是一种特殊的写作,这种写作不可避免地会或多或少地融入译者自己的风格。马爱农在"文学翻译名家高峰论坛"上强调译者角色切换的重要性,但再怎么切换,译文中总还会有自己的固有"调调"存在。综观译界,大多翻译家和翻译理论家基本上反对译者过多地表现自己的个性,所谓"一切照原作,雅俗如之,深浅如之,口气如之,文体如之"④,就是翻译忠实观使然。许渊冲的翻译个性很强,

① 许诗焱,许多. 译者—作者互动与翻译过程——基于葛浩文翻译档案的分析. 外语教学与研究,2018(3):444.

② 冯全功. 霍克思英译《红楼梦》中诗体押韵策略研究. 外语与翻译,2015(4):17-24.

③ 冯全功. 论译者的翻译个性——以霍克思英译《红楼梦》为例. 上海理工大学学报(社会科学版),2016(1):22.

④ 王佐良. 新时期的翻译观. 中国翻译,1987(5):2.

提出了翻译的"三美论""竞赛论""优势论"等,他的中国古典诗词英译有很多内容层面的语义偏离,表现出浓重的许译风格。庞德以及翁显良的古诗英译强调译文作为独立文本的价值,意象突出,意境显豁,内容信息层面增删频繁,也很难用传统的"忠实"二字概括。笔者认为,译者的翻译个性越强,对原文的创造性偏离往往也越明显,忠实程度往往也就越低,尤其是风格审美层面。个性化译者与译文被经典化的可能性往往比缺乏个性的高,主要在于个性化赋予译文更多的(再)创作性,审美感染力往往不输原文。翻译个性较强的译文也有审美损失,但更有审美补偿,在总体文学性方面有可能超越原文。因此,译文本身具有更高的独立存在价值,影响力也有可能超越原文在母语文化中的影响。这种超越现象不见得就是王理行、袁筱一等认为的译者的"失败"。王理行所谓的"忠实就是文学翻译的唯一目标和标准"①也不见得就具有合理性。理想的译者与作者关系应该是平视(平等交流与对话),而非传统的仰视(译者的奴隶说、隐身说就是典型),但也不能为俯视(任意宰割原文,对原文和原作者缺乏必要的敬意)。在进行翻译批评时,个性化译者的译文就不宜局限在忠实上(如还要看其对目的语文学形成与发展的贡献等),多元标准更有利于翻译事业的健康发展。

　　语篇忠实度还和其他很多因素密切相关,如翻译体裁、翻译方向、传播渠道、他译与自译、人工翻译与机器翻译、跨文化交流的阶段性等。周领顺认为文本的经典化程度愈高,受人的因素干扰愈少,并把各种体裁按经典化程度从高到低排列如下:考古类>宗教类>科技类>公文类>哲学类>文化类>文学类>宣传类>娱乐类。② 整体而言,文本的经典化程度愈高,对语篇忠实度的预期与要求也愈高。就翻译方向而言,强势文化译介弱势文化中的作品时,对忠实度的预期和要求相对较低,弱势文化对强势文化中的作品往往奉若神明,亦步亦趋的更多。就传播渠道而言,笔

---

① 王理行. 忠实是文学翻译的目标和标准——谈文学翻译和文学翻译批评. 外国文学,2003(2):101.

② 周领顺. 翻译认知与提升. 南京:南京大学出版社,2018:17.

译对语篇忠实度的预期与要求往往比口译高,主要在于口译的时间限制不允许译者"字斟句酌"。自译者对自己的作品享有更大的权利和自由,所以自译对语篇忠实度的预期和要求比他译低,哪怕自译者进行的是二度创作,也不会因此受到批评,如林语堂对自己很多最开始用英语写的小品文的汉译。由于机器翻译不具有人的属性,受翻译伦理的约束相对较小,人们也更容易容忍其中语义层面的"不忠"行为,甚至错译、漏译现象。在跨文化交流初期,往往盛行归化译法(如佛经翻译中的格义现象以及道安所谓的"五失本",清末民初严复、林纾等的西学翻译),语篇忠实度相对较低,各种形式的变译也更为常见。随着跨文化交流的逐渐深入,异化受重视,强调尊重差异和保留差异,对语篇忠实度的预期与要求会越来越高,正如王向远所言:"纵观中外翻译文学史,随着翻译水平的提高,翻译中的'叛逆'逐次递减,叛逆中的'破坏性'逐次递减,这是人类翻译发展进步的基本趋势。"①这种趋势更多的是基于对翻译事实的直观描述。总之,诸多因素相互作用,共同影响语篇忠实的程度。

在很多学者眼中,忠实既是翻译标准又是翻译批评标准,但翻译批评的标准并不限于忠实,还应该考虑译者的翻译目的、译者的翻译观、外部环境因素对译文面貌的影响。忠实作为翻译标准,毋宁说是译者的一种伦理诉求,尤其是所谓的"全面忠实观",与现实中的翻译往往相距甚远。许钧、刘云虹分别指出了翻译批评标准的四大特征,即合理性、互补性、历史性和发展性。② 其中,合理性要求考虑到任何翻译批评标准都是一定翻译观和翻译价值观的体现,在进行翻译批评时尤其不能忽略译者本人的翻译观,一味地拿忠实去衡量;互补性指翻译批评标准不是忠实的天下,要考虑到其他批评标准,如目的论认为的实现了翻译目的就是好翻译的标准尤其适用于经典化程度较低的文类;历史性要求翻译批评坚持历史观,对译文的评价要从特定的历史环境出发,充分关注不同的历史文化因

①　王向远. "创造性叛逆"还是"破坏性叛逆"? ——近年来译学界"叛逆派""忠实派"之争的偏颇与问题. 广东社会科学,2014(3):146.

②　许钧. 翻译概论. 北京:外语教学与研究出版社,2009:244-246;刘云虹. 翻译批评研究. 南京:南京大学出版社,2015:185-187.

素,如对严复或鲁迅翻译的评价就要充分考虑当时的外部环境;发展性指翻译批评的标准处于不断修订、不断丰富、不断完善的动态发展过程中,关于忠实标准的争议与反思就是明证。周领顺提出的译者行为批评的"求真—务实"连续统模式,具有很强的辩证性与说服力,很好地体现了翻译批评标准的发展性。其中,"求真""务实"两端相互牵制,"求真为本,务实为上",译者行为总是在二者之间滑动,或译者的语言性发挥主导作用,倾向于文本间的求真(类似于忠实)关系,或译者的社会性发挥主导作用,倾向于译文本身的社会效用。① 翻译有学理上的理想层面(如王理行的"全面忠实观"),有受制于各种主客观因素的现实层面(翻译行为或翻译活动)。译者是一个活生生的人,翻译活动不可能在真空中进行,所以在现实层面,忠实都是或多或少打了折扣的,正如周领顺所言,"译文忠实度的变化,反映的是译者从语言性求真到社会性务实的社会化过程"②。因此,在翻译批评中要兼顾规定与描写,当现实与理想存在落差时,还要对这种落差进行充分的解释。周领顺提出的译者行为批评很大程度上融合并超越了翻译批评的忠实观,具有更强的理论解释力。辜正坤提出过"翻译标准多元互补论",其中的最高标准"最佳近似度"比较类似于忠实标准,具体标准不妨认为是"忠实于何"的多元阐释。③ 辜正坤还设置了翻译的"绝对标准",那就是原作本身,这很大程度上意味绝对忠实是不可能的,同时也预设了忠实度的存在。翻译标准不能简单地等同于翻译批评标准,与其说翻译标准是多元互补的(忠实作为一种伦理诉求是永远不会过时的),不如说翻译批评标准是多元互补的,唯有持多元批评互补观,才能真正发现与评估各类译作的多重价值(如语言价值、文化价值、社会价值、创造价值、历史价值等),比较公正地评价译作与译者。

忠实作为翻译标准主要是针对原文和译文之间的关系而言的,忠实的对象主要是原文的意义,但有必要把人的因素也纳入翻译(批评)标准

① 周领顺. 译者行为批评:理论框架. 北京:商务印书馆,2014.
② 周领顺. 译者行为批评:理论框架. 北京:商务印书馆,2014:125.
③ 辜正坤. 中西诗比较鉴赏与翻译理论. 北京:清华大学出版社,2003:338-355.

之内。很多学者在谈论忠实时,确实也有人的因素,如忠实于作者、忠实于译文读者等,其他甚至还有忠实于源语文化、翻译本身等,但给人一种让忠实"不堪重负"的感觉,也很难体现翻译过程中的矛盾与张力。忠实意味着等级关系,本身已经预设了人际交流的不平等性,很难实现人与人之间的"平视"(平等)交流。冯全功提出过(文学)翻译的"诚信"观,并用翻译研究中的三大间性对之进行了现代转换,也不妨认为是对忠实翻译观的一种融合与超越。诚信翻译观的提出基于中国传统文论与哲学,并融入了现代哲学思想,尤其是以"间性"为代表的关系本体论。译者"修其内则为诚,修其外则为信。诚指诚于人,主要表现为主体间性;信指信于文,主要表现为文本间性和文化间性。对话是诚信翻译的手段,和谐是诚信翻译的目的"①。诚信翻译观具有很强的内部张力,译者要么向作者、原文和源语文化倾斜,要么向译文、译文读者和目的语文化倾斜(类似于周领顺提出的"求真—务实"模式),只要译文本身是和谐的有机体,各方关系处理得比较得体,都不失为诚信翻译。诚讲求"诚心正意"与"修辞立其诚",强调译者怀中正之心与敬畏之情,处理好与他者(包括所有直接或间接参与翻译活动或受其影响的人)的关系,对译者具有较强的道德约束力。诚信在《说文解字》中是可以互训的(诚,信也;信,诚也),是一个相对独立又密不可分的整体,诚于内则必信于外,信以诚立,诚以信显。从形式而言,翻译中的诚信将来也不妨写为"诚—信",以凸显二者之间相对独立而又不可分割的关系。诚信不仅可作为翻译标准,也可作为翻译批评的标准,同时因兼顾了文本和人的因素,具有更强的(潜在的)理论解释力。笔者认为,诚信作为翻译(批评)标准具有更强的可行性,至于诚信翻译(批评)观能不能被广泛接受,还有待理论本身的发展与完善,尤其是如何结合中西(哲学)思想对之进行转换的问题。

---

① 冯全功. 论文学翻译中的诚信观. 西安外国语大学学报,2013(4):113.

3 结 语

忠实翻译观已成为国内译者与翻译研究者的集体无意识,甚至到了言翻译必谈忠实的地步。但很多学者对忠实的认识还是模糊的,也引发了不少争议,解构派声称忠实翻译观已经过时,维护派则认为忠实是译者的天职,始终是第一标准。本文围绕学界对忠实的争议进行了进一步的思考,主要观点如下:1)忠实在本质上是"应然"的,是理想化的,但也要从事实出发,兼顾其"实然"属性;2)忠实主要指忠实于原文意义,但意义是动态生成的,是主客观互动的产物,要"在交流中让意义再生";3)忠实主要是针对全译而言的,编译、译写等变译形式并不适合用忠实来指导与评判;4)忠实是有幅度的,整体的忠实并不排斥局部的叛逆,要认识到忠实与叛逆的辩证关系;5)语篇忠实度还受其他很多因素影响,如翻译体裁、翻译方向、传播渠道、跨文化交流的阶段性等;6)翻译个性很大程度上影响甚至决定语篇忠实度,个性较强的译文往往具有较高的独立存在价值,很难用忠实二字进行评价;7)忠实既可作为翻译标准,又可作为翻译批评的标准,但翻译批评标准更应该是"多元互补"的,不能简单地拿忠实来衡量一切译作;8)在现代语境下,忠实的概念似乎有点不堪重负,因此也不妨提出其他翻译与翻译批评的标准,如"诚一信""求真一务实"等。翻译研究中忠实的概念由来已久,错综复杂、众说纷纭,有必要对其中的争议进行梳理和反思,本文权当是引玉之砖,期望看到更多、更加深入的思考与研究。

归化与异化:生成动因与三个层面①

　　归化和异化是翻译研究的一对核心术语,引发了不少争论。19 世纪初,德国哲学家施莱尔马赫(F. Schleiermacher)提出了翻译的两条路径(两种方法):译者要么尽可能地不去打扰作者,让读者走向作者;要么尽可能地不去打扰读者,让作者走向读者。② 这不妨视为归化和异化的理论源头,对后人影响颇深。20 世纪末,美国翻译理论家韦努蒂在《译者的隐身———一部翻译史》中对归化和异化进行了深度剖析,表达了自己提倡异化的立场,之后,两个术语开始风靡学界。2000 年左右,这对术语曾引发国内学界大讨论,主要针对归化与异化的关系梳理、评价与走向等问题,如郭建中③、孙致礼④、王东风⑤等,目前还有讨论的余波,包括其在中国文学与文化"走出去"的应用问题。学界对归化和异化的认识还有一定的模糊性,如:什么因素导致了归化和异化的存在? 归化和异化之间到底是什么关系? 归化与异化具体可分为哪几个层面,不同层面之间是什么关系? 这些都是本研究旨在回答的主要问题。

　　如果说任何翻译不是归化就是异化,就会陷入二元对立的思维泥潭。

---

① 原载于《中国翻译》2019 年第 4 期,原标题为《试论归化和异化的生成动因与三个层面》,独立撰写,收入本书时略有改动。

② 参见:Lefevere, A. *Translation / History / Culture*: *A Sourcebook*. Shanghai: Shanghai Foreign Language Education Press, 2004:149.

③ 郭建中. 翻译中的文化因素:异化与归化. 外国语,1998(2):12-19.

④ 孙致礼. 中国的文学翻译:从归化趋向异化. 中国翻译,2002(1):40-44.

⑤ 王东风. 归化与异化———矛与盾的交锋? 中国翻译,2002(5):24-26.

然而,对归化与异化的认识,二元对立的思维模式历来起主导作用。施莱尔马赫就认为,两条路径(走向作者或走向读者)迥然不同,译者必须尽力地遵循其中的一条,如有混用,将会产生极端不利的后果,以至于作者与读者根本无法相遇。① 这意味着要么归化,要么异化,不宜混用。在经验层面,这种说法显然经不起推敲,尤其是针对整个语篇而言。在理论层面,这种说法也显得比较武断,试想有没有既非归化又非异化的翻译现象呢? 中西思维方式很大程度上是相通的,并且也有很多几乎相同的语言表达。如把"strike while the iron is hot"译为"趁热打铁",这到底是归化还是异化呢? 事实上,不妨认为这既不是归化,又不是异化,而是处于二者的中间地带,张智中称之为"等化"②。等化的存在主要在于原文和译文在表达和认知上没有差异或差异很小。然而,翻译中到处都是差异,如何处理各种差异便涉及归化和异化的问题了。韦努蒂曾引用过布朗肖(M. Blanchot)的言论:"翻译是纯粹的差异游戏:翻译总得涉及差异,也掩饰差异,同时又偶尔显露差异,甚至经常突出差异。这样,翻译本身就是这差异的活命化身。"③如果没有差异的存在,也就不会有归化和异化的存在,"掩饰差异"是归化,"显露差异"或"突出差异"是异化,如何对待翻译中的差异也值得深思。

1　归化和异化的生成动因:文化差异

翻译本质上是一种跨文化交流活动,在"翻译是纯粹的差异游戏"论断中,差异更具体地说应该是文化差异。文化本身是一个很复杂的概念,具有不同的层面,文化差异亦然。笔者认为,文化差异是归化和异化的生成动因,没有文化差异,就无所谓归化和异化。为了方便讨论,本文暂把文化差异分为语言、诗学、意象和思维四个层面。

① 参见:Lefevere, A. *Translation / History / Culture: A Sourcebook*. Shanghai: Shanghai Foreign Language Education Press, 2004: 149.
② 张智中. 异化·归化·等化·恶化. 四川外语学院学报,2005(6):124.
③ 转引自:罗选民. 论文化/语言层面的异化/归化翻译. 外语学刊,2004(1):103.

1.1　语言上的文化差异

语言不只是文化的载体，语言本身就是文化的核心组成部分，所以语言差异也是文化差异的重要表现。鲁迅曾说过，"中国的文或话，法子实在太不精密了"，"要医这病，我以为只好陆续吃一点苦，装进异样的句法去，古的，外省外府的，外国的，后来便可以据为己有"。[①] 这是从句法层面而言的，在现代汉语的初创期，翻译被鲁迅视为改造汉语的手段。历史证明，每种语言都有自己的发展规律，这种"异样的句法"很难通过翻译被彻底地"装进"来；现代汉语受外语影响是不可避免的，但彻头彻尾的改变似乎并不现实。在文学翻译实践中，有人提倡再现原文的句法特征，有人提倡顺应目的语的句法特征，前者为异化，后者为归化。针对语言上的文化差异，归化论长期占上风，如傅雷的"神似"说、钱锺书的"化境"说等，林语堂的"一语有一语之语性，语法句法如何，皆须跟从一定之习惯"[②]。归化论强调译文读起来应该像目的语中的原创作品一样流畅与自然。若非特殊原因，如句法本身就是作者独特风格的表现，语言层面的异化容易造成翻译腔的存在，历来饱受诟病，但也不乏争议。

连淑能曾总结过英汉对比的十大差异：综合语与分析语、刚性与柔性、形合与意合、繁复与简短、物称与人称、被动与主动、静态与动态、抽象与具体、间接与直接、替换与重复。[③] 当然，这些都是针对英汉语的主导特征而言的，或者说是英汉语相对而言的。任何一对主导特征之间的转换（如形合与意合之间的转换、静态与动态之间的转换、物称与人称之间的转换等）都可以看到归化和异化的影子。任何不顾英汉语差异的翻译，都有可能造成"异化"现象，即有悖于目的语的话语表达习惯。翻译中的语言（负）迁移和翻译腔很多时候也是异化的结果，如译文中各种代词的滥用（尤其是英译汉）、对原文语序的粗暴移植等。一般而言，由语言之间的

---

① 　罗新璋，陈应年．翻译论集（修订本）．北京：商务印书馆，2009：346．

② 　罗新璋，陈应年．翻译论集（修订本）．北京：商务印书馆，2009：503．

③ 　连淑能．英汉对比研究（增订本）．北京：高等教育出版社，2010．

差异引起的异化译法是没有生命力的,很容易被淘汰掉。所以,有论者建议,"在文化内容上,采取以异化翻译为主、归化或淡化翻译为辅的翻译策略;在语言形式上,采取以归化翻译为主、异化翻译为辅的翻译策略"①。这种论断不失为一种真知灼见。然而,语言的进化是一个漫长的过程,需要有异质因素的刺激与输入,异化翻译很多时候有利于丰富目的语,所以语言上适度异化也是值得提倡的。不过学界在讨论归化和异化时,注意力往往不在纯语言层面(主要指语法与语用层面),而是把视野扩展到诗学、思维等更为宏观的层面。

1.2 诗学上的文化差异

诗学是一个很复杂的概念,在现代语境下基本上等同于文学理论。本文用诗学特指文学作品创作的主流规范,类似于中国古代文章写作的技法与规范。这种现象古已涉及,但鲜有把其与归化和异化联系起来的。前秦道安提出的"五失本"基本上属于诗学层面的内容,原文如下:"译胡为秦,有五失本也。一者,胡语尽倒,而使从秦,一失本也。二者,胡经尚质,秦人好文,传可众心,非文不合,斯二失本也。三者,胡经委悉,至于叹咏,叮咛反复,或三或四,不嫌其烦,而今裁斥,三失本也。四者,胡有义说,正似乱辞,寻说向语,文无以异,或千五百,刈而不存,四失本也。五者,事已全成,将更傍及,反腾前辞,已乃后说,而悉除此,五失本也。"②道安的"五失本"一方面描述了当时佛经翻译的归化做法,另一方面也表达了对原文诗学规范的尊重,体现了归化和异化之间的张力、现实与理想之间的矛盾。诗学层面的归化或异化表现在很多方面,包括文体风格、叙事方式、篇章结构、段落组合、句子逻辑等。在翻译实践中,诗学上的归化现象不胜枚举,如严复在翻译赫胥黎的《天演论》时把原文的第一人称叙事改为第三人称,霍克思在翻译《红楼梦》时添加了很多类似英语中段落主题句的内容,张振玉翻译林语堂的《京华烟云》时添加的章回标题,葛浩文

---

① 张智中. 兼容并蓄　双层操作——异化归化之我见. 语言与翻译,2005(2):47.
② 罗新璋,陈应年. 翻译论集(修订本). 北京:商务印书馆,2009:25.

翻译中国当代小说时所作的内容删减与结构调整等。这些诗学上的归化处理旨在迎合目的语读者的审美期待，使译文更加易于接受，在跨文化交流初期出现得更为频繁。其他如在句子层面，英语常用句首焦点，汉语常用句尾焦点，若把英语的句首焦点改为汉语的句尾焦点，其实也是一种归化处理，反之亦然。这种用法扩展到段落层面便是英语常用段落主题句，先总后分或者说先评后述，汉语则往往是先分后总，汉译英时有经验的译者也会调整分总或述评的顺序。这也不妨视为诗学层面的归化。翻译目的对诗学差异的处理方式也有很大的影响，旨在引介某种创作手法的翻译会更注重对其中诗学差异的保留，即采取异化手法，如中国译者对西方意识流小说的译介等。其他如译者的翻译观与翻译目的、目的语读者的审美期待、翻译在目的语国家所处的地位、源语文化和目的语文化的相对地位、目的语文化的开放性与包容性以及跨文化交流的阶段性等都是影响诗学归化或异化的重要因素。中西诗学有一个相互借鉴、相互融合的过程，也有逐渐趋同（包括相互认同）的倾向。鉴于这种趋同倾向，未来诗学层面的差异反而会变得越来越重要，也会引起翻译家的高度重视，反其"道"而译之，设法在翻译中予以保留。

1.3　意象上的文化差异

很多意象具有深厚的文化意蕴，凝缩着特定民族的文化渊源与审美心理，这类意象往往被称为文化意象，包括特殊的人名、地名、事物、事件等。文学翻译并不是简单的语言转换，语言背后往往蕴含着大片的文化信息，集中体现在文化意象上。这就对译者的翻译策略提出了很大的挑战，归化处理（包括删除或置换意象等）易于读者接受，但不利于引介异域文化；异化处理（包括直译或加注补偿等）也无法完全移植其中的文化信息，译文读者往往难以接受和消化，尤其是文化个性较强的意象，同时还会影响阅读的流畅性。中国古典诗词中的文化信息最为丰富，尤其是其中的各种意象，包含着各种各样的互文关系与文化意蕴。地名意象如金昌绪的"啼时惊妾梦，不得到辽西"中的"辽西"，林升的"暖风熏得游人醉，直把杭州作汴州"中的"杭州""汴州"等；人名意象如李清照的"至今思项羽,不肯过江东"中的"项羽",李白的"蓬莱文章建安骨,中间小谢又清发"中的"小谢"(谢朓)等。古典诗词中的这些人名和地名蕴含的历史文化信息并不是三言两语能够充分说明的,如果只是直译(简单异化)的话,一般读者势必难以理解,更不用说引发共鸣了。文学作品中很多意象的文化联想意义差别很大,译者的归化处理也十分常见,如"龙""狗""红""天""云雨""破鞋""东风""青衫"等。还有很多汉语成语,本身就是文化典故,语言背后基本上都有一段故事,处理起来也比较棘手,如"叶公好龙""请君入瓮""庆父不死,鲁难未已""司马昭之心,路人皆知"等。这些文化意象植根于特定的文化之中,没有培育的土壤,很难在异域文化中生存成长。刘英凯在《归化——翻译的歧路》一文中所批判的归化译法大多也和意象的增添删减有关,所以,他呼吁,(意象)移植法在翻译中应占主导地位。① 意象差异在跨文化交流中最为显著,所以学界对归化和异化的探讨多集中在意象上。文学语言很大程度上是意象化的语言,文化个性越强,就越容易引起归化和异化之争,如果中西特定话语中的意象本身并不存在什么文化差异或差异很小,也就无所谓归化和异化了,如把"如履薄冰"译为"walk on thin ice"、把"赴汤蹈火"译为"go through fire and water"等。对文化意象的处理还要看其在具体语篇建构中的作用,越重要的就越需要在翻译中进行移植与保留,如《红楼梦》中含"红"的核心意象话语。很多异域的文化意象也有一个逐渐被接受的过程,汉语中目前就出现了很多典型的西方意象,如鳄鱼的眼泪、达摩克斯之剑等。

1.4 思维上的文化差异

语言和思维的关系非常复杂,我们不妨认为,二者是相互影响、协同进化的关系。特定的思维往往表现在语言上,语言的反复使用又会强化这种思维。中西思维方式差异很大,如中国人重悟性,悟性思维具有直觉性、形象性、主观性、整体性、模糊性、偶然性等特征;西方人重理性,理性

---

① 刘英凯. 归化——翻译的歧路. 现代外语,1987(2): 58-64 + 57.

思维具有逻辑性、抽象性、客观性、分析性、确定性、必然性等特征。① 意象思维在中国古典诗词中表现得最为充分,尤其是意象并置的古典诗词,更是把这种思维方式发挥到了极致。马致远的《天净沙·秋思》就是典型,大多译者采取归化译法,把意象之间的逻辑关系明晰化,也有译者采取异化译法,再现了原诗中的意象并置手法。庞德在翻译中国古典诗词以及自己创作英语诗歌时,对这种意象并置的译法有所再现或借鉴,对美国的意象派诗歌运动有一定的推动作用。针对意象思维,不同的处理方法体现了归化与异化、熟悉与陌生、精确与模糊之间的审美张力。模糊思维在中国古典诗词中也非常典型,包括人称代词的省略、名词单复数同形等。省略的人称一般为第一人称,但也有可能是第二人称和第三人称。翻译时,译者一般会把原诗中隐匿的人称显化出来,这也不妨视为一种归化处理。但也有少部分译者不惜打破英语语法,(偶尔)尝试再现这种模糊思维的做法,不过这种异化处理的审美效果就不得而知了。汉语古诗中的名词基本上不区分单复数,译为英语时则往往要对之进行区分(综合语使然),这就有化模糊为明晰的倾向,对诗意或意境的生成有一定的影响。还有中国古典诗词中的比兴思维,如果说比在中西具有认知共性的话,兴则更具中国特色,体现了中国古人特殊的思维方式,具有较大的直觉性和主观性。针对中国古典诗词中的兴,绝大多数译者采取的是移植法(异化法),鲜有化兴为比的归化处理,这很有可能因为目的语读者对中国古人这种独特的思维方式也不难理解。潘文国曾总结过汉语语序的几大规律,包括时序上的先后律、空间上的大小律、心理上的重轻律、事理上的因果律②,这些规律很大程度上反映了中国人的思维逻辑。英语由于有形态变化和形合机制,语序就相对灵活一些,英汉互译过程中就往往会出现归化或异化的现象。如英语中由 because 引导的原因状语从句既可以放在前面也可以放在后面(后面的更为常见),翻译英语中的这些从句时,由于语言(语序)迁移的影响,很多译者就把英语中后置的原因也放在了句子

---

① 连淑能. 英汉对比研究(增订本). 北京:高等教育出版社,2010:346.
② 潘文国. 汉英语对比纲要. 北京:北京语言大学出版社,1997:257-273.

的后面,违背了汉语的"事理上的因果律"(先说原因,后说结果),这也不妨视为异化处理。

这四个层面的文化差异都以语言为载体,通过源语和目的语表现出来,往往是交叉并存的。文化差异还有一个度的问题,在翻译过程中如何处理这些大小不一的文化差异还受中西是否具有认知通约性的影响。一般而言,具有认知通约性的话,译者倾向于异化,或归化和异化并重;认知通约性较小的话,译者往往倾向于归化处理。文化差异是归化和异化存在的根据,文化差异有大小之分,所以归化和异化也有程度之别。换言之,文化差异越大,归化或异化的程度就越大。绝对的归化和绝对的异化是不存在的,任何翻译都处在二者的中间地带,或以归化为主,或以异化为主,或二者均衡使用。翻译策略的取舍取决于很多因素,如译者的翻译观与翻译目的、翻译文本的类型、当时的社会文化语境、跨文化交流的深入程度等。同样,对译者所采取翻译策略的评价也要考虑这些因素。

2 归化和异化的三个层面:方法、策略与伦理

生成动因解决的是归化和异化出现的原因,或者说其存在的依据的问题。不同层面在很大程度上解决的是归化和异化的本质,即到底什么是归化和异化的问题,前者类似于哲学中的本体论,后者类似于本质论。笔者认为,归化和异化既是一种翻译方法,又是一种翻译策略,更是一种翻译伦理。在强调差异、尊重差异的后现代语境中,归化和异化作为伦理的层面得以凸显,存异伦理得到翻译理论家的普遍关注与认可。

2.1 方法层面

刘勰在《文心雕龙·章句》中写道:"夫人之立言,因字而生句,积句而成章,积章而成篇。篇之彪炳,章无疵也;章之明靡,句无玷也;句之清英,字不妄也。"这段文字说明了语篇各个层次之间的实现与控制关系。翻译过程也是这样,都是从字句开始然后汇聚成篇章的。相对于宏观的策略而言,方法是局部的、具体的。归化和异化作为翻译方法也是在局部运作

的,我们不妨把句子视为翻译方法的操作层面。句子之下语言单位也可用归化或异化来衡量,包括字词、短语、小句等。句群是由几个在意义和结构上有密切联系的各自独立的句子组成的言语交际单位,是句子之上的层面。这个层面上的归化和异化也不妨称为翻译方法。没有句子,就没有句群,词汇短语也无所依附,所以句子是归化和异化作为翻译方法的主要操作层面。林语堂在《论翻译》中曾提出"译文须以句为本位"①的理念,在语言层面反对"欧化"(异化)做法。这种翻译中的句本位观也更多的是从方法或操作层面而言的。张智中认为:"作为两种对立的翻译策略,异化和归化可以共存于同一次翻译行为之中。"②所以即便在一句(短语)之内,归化与异化也可能是并存的,如对有的意象做归化处理,有的做异化处理,或者意象差异上是归化,思维差异上是异化等。我们探讨某个句子的翻译属于归化还是异化,主要是针对其中的核心差异而言的,或者是针对其主导倾向而言的。如杨宪益和戴乃迭把《红楼梦》中刘姥姥说的"谋事在人,成事在天"译为"Man proposes, Heaven disposes"③,在语言形式上是归化(英语中有类似的表达——Man proposes, God disposes),在意象(天)处理上是异化,不过这句话的核心差异表现在文化意象上,所以我们会自然地把这种译文视为异化译文。鉴于翻译目的的多样性与复杂性,哪个方面为核心文化差异,语言、诗学、意象还是思维等,有时不免有仁智之分。一般而言,文化意象的归化和异化最容易识别,也最容易引起读者的注意。当然,归化和异化作为方法各自还有更加具体的子方法,前者如仿译、意译等,后者如音译、直译等。需要说明的是,归化和异化作为翻译方法与传统上直译和意译的概念基本上是相通的,但也不是完全重叠的,如不涉及文化差异的直译法就说不上是异化翻译。

---

① 罗新璋,陈应年. 翻译论集(修订本). 北京:商务印书馆,2009:503.

② 张智中. 异化·归化·等化·恶化. 四川外语学院学报,2005(6):123.

③ Yang,Hsien-yi and Yang,Gladys (trans.). *A Dream of Red Mansions* (vol.1). Beijing:Foreign Languages Press,1978:90.

2.2 策略层面

归化和异化作为翻译策略,是在语篇层面运作的。语篇之所以是语篇,要满足语篇的七大特征,具体包括意向性、信息性、衔接、连贯、可接受性、情景性与互文性。① 语篇可以是一个单词(字),也可以是一部长篇小说。一般而言,语篇是由句子构成的,是比句子更大的交际单位。策略是由具体的方法实现的,所以语篇层面的翻译策略离不开句子层面的翻译方法,或者说翻译策略是翻译方法的集中呈现。策略也可以指导或决定具体方法的运用,如果选择了归化翻译策略(主观上也认可),在具体翻译过程中就会有意识或无意识地运用更多的归化翻译方法;异化亦然。如果说在句子层面,归化和异化可以同时呈现的话,在语篇层面,归化和异化往往是不得不同时呈现的,只是主导倾向有所不同而已。所以,任何由众多句子构成的语篇的翻译都是归化和异化的杂合体。如果说某个译文采取了归化或异化策略,往往针对的是其主导倾向。译者在翻译过程中会有意识或无意识地选择归化或异化作为自己的主导翻译策略(受自身翻译观影响很大),读者通过阅读译文也可认定译者采取了何种主导翻译策略。学界通常认为霍克思英译《红楼梦》采取了归化策略,这是针对其主导倾向而言的,或者说霍克思的归化处理引起了更多的注意,尤其是其对一些核心意象的归化处理,如"神仙"、含"红"的象征话语等。受各种内外因素的影响,译者的翻译策略前后也有可能发生调整或转变,如冯全功发现,葛浩文英译莫言小说异化策略一直占主导地位(针对意象话语的翻译而言),且"后期更加注重保留原文的意象,传达源语文化的异质性"②,异化策略更加凸显。这就意味着不应僵硬地使用和评价归化和异化策略,确定译者的主导翻译策略时要持一种整体观和历史观。

---

① Beaugrande, R. and Dressler, M. *Introduction to Text Linguistics*. London: Longman, 1981.

② 冯全功. 葛浩文翻译策略的历时演变研究——基于莫言小说中意象话语的英译分析. 外国语,2017(6):74.

2.3 伦理层面

　　归化和异化作为翻译方法和翻译策略都是针对如何处理文本语言的，或者说是如何处理由文本语言承载的文化差异的，其中方法是针对局部语言的（句子），策略是针对整个文本语言的（语篇），宏观策略由具体方法来实现。归化和异化作为翻译伦理则更多的是指译者的态度——对待异域文化和文化差异的态度，需要通过翻译方法和策略来付诸实践。许钧认为："无论从翻译的沟通与交流的根本属性来看，还是就翻译维护文化多样性的历史使命而言，对他者的尊重、对异质性的保留与传达，都是翻译伦理的本质诉求。"①古人云，"同则相亲，异则相敬"（《礼记·乐记》），同是交流的基础，异是交流的目的。在翻译等跨文化交流中，唯有尊重差异、保留差异，用贝尔曼（A. Berman）的话说就是"把异域的作为异域的来接受"（receiving the Foreign as Foreign）②，才能更好地维护文化多样性。归化和异化的三个层面是逐级实现的关系，方法实现策略，策略体现伦理。在韦努蒂的《译者的隐身——一部翻译史》中，归化和异化也是在这三个层面上使用的，只是没有明显区分开来而已，但他的重点在伦理层面。韦努蒂声称，异化翻译由于彰显异域文本差异和阅读体验而偏离目的语规范，所以在美国并不受欢迎，但他却提倡异化翻译，认为英语中的异化翻译是一种文化干预策略，是对种族中心主义、文化自我主义和文化帝国主义的一种抵抗形式。③异化翻译就是一种抵抗策略，抵抗归化，抵抗翻译的流畅性与透明性，抵抗种族中心主义暴力等。在《翻译的丑闻——走向差异的伦理》中，韦努蒂声称，"我提倡的伦理立场便是敦促在

---

① 刘云虹，许钧. 异的考验——关于翻译伦理的对谈. 外国语，2016(2)：74.

② Munday，J. *Introducing Translation Studies：Theories and Applications*. 4th ed. London and New York：Routledge，2016：230.

③ Venuti，L. *The Translator's Invisibility：A History of Translation*. Shanghai：Shanghai Foreign Language Education Press，2004：20.

翻译实践、翻译阅读和翻译评价过程中给予语言和文化差异更多的尊重"①。异化是尊重文化差异的重要途径,更有利于实现跨文化交流的终极目的。

学界对归化和异化的探讨大多集中在翻译方法和策略层面,尤其是策略(也有很多把具体方法当作整体策略的),相对忽视比较形而上的伦理层面。针对这种片面的理解,韦努蒂甚至强调说,"异化不是一种策略","归化和异化是道德态度问题,而不是词语选择和话语策略问题。词语的选择和话语的策略可以产生道德的影响,但还有一个外语文本选择的问题"。② 对于韦努蒂"异化不是一种策略"的观点,郭建中认为,"他是要强调异化是一种道德态度,而不仅仅是一种翻译策略"③。很明显,郭建中的"体会"更加符合实际,更何况翻译策略的选择本身就体现了译者的伦理。文本的选择也可以产生道德影响。韦努蒂认为,归化和异化作为翻译策略不能涵盖这一点,但如果承认不同层次存在的话,这个问题不难理解了,毕竟文本的选择本身就体现了对异域文化的态度,如鲁迅选择对当时被压迫的弱小国家中的文学作品进行译介等。卢巧丹对归化和异化上升到了"让人耳目一新"的伦理层面,并提出过一些困惑:"在实际操作层面,是否只能采取上述两种道德态度中的一种呢? 假如二者可以兼收并蓄,那么从道德的角度似乎讲不通?"④这种困惑本身也体现出二元对立的思维模式,就像施莱尔马赫认为归化与异化不能兼容一样。事实上,不管是作为翻译方法还是翻译策略,归化和异化都是同时存在的(包括语言、诗学、意象、思维等多个维度),只是主导倾向不同而已,作为翻译伦理,也应当作如是观。

① Venuti, L. *The Scandals of Translation*：*Towards an Ethics of Differences*. London and New York：Routledge, 1998：6.
② 郭建中. 韦努蒂访谈录. 中国翻译,2008(3)：43-44.
③ 郭建中. 异化与归化:道德态度与话语策略——韦努蒂《译者的隐形》第二版评述. 中国翻译,2009(2)：35.
④ 卢巧丹. 跨越文化边界:中国现当代小说在英语世界的译介与接受. 杭州:浙江大学出版社,2018：8.

在后现代语境下,异化的翻译伦理受到重视,至少在理论层面。任何翻译,只要变换了语言,便有归化的存在,异化也都是以归化为基础的,所以韦努蒂才说"归化的翻译不是异化,但异化的翻译只能用归化的语言"①。然而,"归化的语言"往往也有异化的痕迹,不然也就不会有翻译腔或翻译体的存在了。不管是作为方法、策略抑或伦理,归化和异化基本上是一种你中有我、我中有你的关系,并不能截然分开,尤其是从语篇层面而言。在翻译中全面呈现与传达各个方面的文化差异是不可能的,所以,针对异化的伦理层面,还有一个聚焦或凸显的问题。聚焦哪一方面进行异化或者说为了凸显原文哪一方面的异质因素是译者需要重点考虑的问题。聚焦式异化往往能体现译者对异域文化的尊重,但也有可能是为了实现为我所用的单向目的。所以,归化和异化的伦理层面是复杂的、多元的,我们也只能采取"相对主义的翻译伦理观念"②。古人云,"和实生物,同则不继"(《国语·郑语》),动态地、合理地把握好归化和异化之间的张力,处理好不同文化之间的关系,以平等对话的立场维护文化多样性,是译者义不容辞的责任。

3 结　语

作为翻译研究的核心术语,归化和异化需要重新梳理与思考。本文认为,文化差异是归化和异化的生成动因,包括语言、诗学、意象、思维等多个维度。归化和异化可以分为三个层面,即句子上的方法层面、语篇上的策略层面和对待异域文化态度上的伦理层面。在不受外界影响的理想情况下,三者是实现和控制的关系:方法实现策略,策略实现伦理;伦理控制策略,策略控制方法。不管属于哪个层面,归化和异化的关系都是动态的、辩证的,而非二元对立、截然分明的。学界经常探讨其策略层面,相对

① 郭建中. 韦努蒂访谈录. 中国翻译,2008(3):44.
② 王大智,于辉. 中国传统翻译伦理思想的基本特点及其启示. 外语与外语教学,2012(2):73.

忽略其伦理层面,这也很容易理解,策略层面可以从译文中归纳总结(包括具体方法),伦理方面就比较飘忽不定,毕竟翻译活动涉及的因素太多了,译者的伦理观也不见得能在译文中充分体现。关于归化和异化还有很多问题需要思考,如归化和异化的历时转化(历史上的异化变成了目前的归化)、归化和异化在理论和现实中的交锋(理论上往往强调异化,现实中归化还是主流)、文化差异度对归化和异化存在的影响(差异小到什么程度就消解了归化和异化的存在)、如何认定具体文本翻译中的主导翻译策略(有没有量化的可能)、归化和异化与译入和译出(强势文化和弱势文化)的关系、异化翻译伦理的哲学渊源等。作为翻译研究的核心术语,归化和异化需要重新审视,需要我们更多、更系统、更深入的思考。

理论与实践:翻译理论与实践的互动关系探索①

翻译学是一门实践性很强的学科,翻译理论与实践的关系在译学界一直是个颇具争议的话题。2003 年《上海科技翻译》编辑部发起了一场"翻译理论与实践关系的讨论",诸多学者与翻译家发表了自己的见解,影响深远,后来还被作为专门词条收录在方梦之主编的《中国译学大辞典》中。时隔多年,周领顺对这场讨论进行了回顾与反思,认为再次组织有关主题的讨论会更有助于提高真理性认识,深化译学研究。②

高校翻译教师指在高等院校从事翻译教学的教师,包括翻译专业(专门)从事翻译教学的师资以及非翻译专业(如英语、法语)但也从事翻译教学的师资。他们是翻译理论的主要生产者,也是各种翻译活动的践行者,从事翻译学术研究最理想的状态莫过于理论与实践充分结合,实现"理论可以修正实践,实践也可以反哺以及修正理论"③的双赢局面。然而,由于种种原因,目前高校教师在从事翻译实践与理论研究的过程中呈现出种种矛盾,如专注理论研究的可能无暇顾及实践,导致自身的经验积累不足;专注实践的可能很难获得职称晋升机会或满足各种考核要求。相对于翻译理论研究而言,翻译实践成果在学术界长期得不到应有的认可,尤其是在高校的各种考核与职称评聘中,导致翻译教师从事实践的积极性

---

① 原载于《外文研究》2023 年第 2 期,原标题为《翻译理论与翻译实践的互动关系研究——兼谈高校翻译教师职业发展的困境与建议》,独立撰写,收入本书时略有改动。
② 周领顺."翻译理论与实践关系的讨论":回顾与反思.上海翻译,2019(6):13-17.
③ 文军.翻译理论与实践互动模式:一种研究变译的视角.外文研究,2021(2):70.

普遍不是太高。广大高校翻译教师对翻译理论与实践的相互关系是如何认识的？针对理论研究与翻译实践，高校翻译教师对自身是如何定位的，相关成果如何？他们从事翻译实践的主要动机是什么，有哪些具体作用？应该如何理解翻译理论与实践之间的互动性，二者之间的有效互动是否需要特定的中介环节？如何提高翻译教师从事翻译实践（尤其是翻译图书出版）的积极性？高校翻译教师的职业发展面临着哪些困境，我们应该如何面对与解决这些困境？针对这些问题，笔者设计了一个问卷，旨在调研高校翻译教师对翻译理论与实践的认识及其在现行体制内所面临的一些困境以及可能的出路。作为对"翻译理论与实践关系的讨论"的一种回应，希望对青年翻译教师发展以及翻译学科建设有所启发。

　　围绕翻译理论与实践的关系，笔者共设计了 57 道选择题（包括单选和多选）和 1 道简答题（选做），调查对象为高校翻译教师。在"问卷星"上共收回 306 份有效问卷，涉及高校多达 192 所。调查对象的基本信息如表 1 所示。

表 1　调查对象的基本信息

性别	所占比例	年龄	所占比例	职称	所占比例	学位	所占比例
男	52.94%	25—34	12.09%	助教	0.98%	学士	1.96%
		35—44	49.35%	讲师	29.08%	硕士	23.53%
女	47.06%	45—54	30.39%	副教授	42.81%	博士	58.50%
		55 及以上	8.17%	教授	27.12%	博士在读	16.01%

　　由表 1 可知，参与调查的以 45 岁以下的青年翻译教师居多、讲师与副教授居多、已获得或正在攻读博士学位的居多。其他基本信息还包括：从事翻译教学时间在 20 年以内的占 84.64%；主要授课群体为本科生和硕士生，占比分别为 86.93% 和 56.86%（多选题）；承担的课程主要为口笔译实践类和口笔译理论类，占比分别为 70.26% 和 51.63%（多选题）。由此可见，大多高校翻译教师处于职业的起步与发展期，正确认识与处理翻译理论与实践的关系对其职业发展不无裨益，也有望与翻译教学形成良性互动的局面。

1　翻译理论与实践互动关系分析

　　翻译学科建设需要理论与实践的双重介入，翻译教师的职业发展同样如此。就教师而言，理论研究与翻译实践很大程度上都是为翻译教学服务的。许钧说过："自己这一辈子，会一直以翻译为生，做翻译、教翻译、研究翻译，三位一体，实为至福。"①这种融会贯通的境界是大多青年翻译教师的梦想，虽然也有很多并不奢望成为像许钧那样知名的翻译家或翻译理论家，如在问卷调研中，有 55.88% 的受调查者想成为知名翻译家，有 50.00% 的受调查者想成为知名的翻译理论家。就高校翻译教师对自己的定位而言，尽管有所偏重，但大多数将自己定位为理论与实践兼顾型的。目前把自己定位为纯实践型的仅占 8.82%，定位为纯理论型的仅占 4.58%，定位为偏重理论兼顾实践型的占 53.59%，定位为偏重实践兼顾理论型的占 33.01%。对自己的未来定位也大同小异，只是理论型的和偏重理论兼顾实践型的略有增加，占比分别为 6.54% 和 55.56%，均提高了两个百分点。这种微妙的变化在一定程度上体现了高校翻译教师对理论的重视与追求。其中，66.34% 的受调查者也认可"职业理论家的诞生是一个学科独立发展的标志"②。针对高校教师"对翻译理论是否有兴趣"的五级量表调研中，有高达 85.95% 的受调查者选择了"非常有兴趣"或"有兴趣"，也有 76.80% 的受调查者有意成为翻译理论的"生产者"而不仅仅是"消费者"。由此可见，翻译理论是高校翻译教师的重头戏，理论与实践兼顾是绝大多数翻译教师的选择。如果说早期很多人对翻译理论怀有偏见，"翻译理论与实践关系的讨论"有为翻译理论辩护或争夺话语权的意味，目前翻译理论（研究）已成为大多翻译教师的自觉追求，如 69.93% 的受调查者把兴趣与自我实现视为发表学术论文的主要动机，同时也是为了满足职称评聘（71.90%）与各种考核（53.92%）的需要（多选题）。在调

---

① 　许钧."三位一体"实为至福.文艺报,2017-03-16(07).
② 　王宏印.翻译学建设中理论与实践的关系之我见.上海翻译,2003(1):9.

研中,还有 43.46% 的受调查者出版过翻译研究方面的专著;有 96.08% 的受调查者发表过翻译研究方面的论文,其中发表 10 篇以上的占 44.12%;有 45.75% 的受调查者的论文发表态势为历年持续性发表。翻译理论研究需要阅读大量文献,翻译类或语言类期刊以及翻译研究专著成为高校翻译教师最常看的文献,占比分别为 90.52% 和 83.99%(多选题)。这很大程度上体现了翻译教师比较注重通过阅读专业期刊来了解研究的前沿与热点,通过阅读翻译专著来积累自己的专业知识。翻译理论与实践兼顾不仅对翻译教师的职业发展有利,对整个翻译学科的健康发展也至关重要。

　　对翻译理论特征与功能的了解有助于充分认识翻译理论与实践之间的互动关系。何谓翻译理论这个看似简单的问题也存在一定的争议,覃江华认为,"对于什么样的知识总结可被视为理论,存在着泛化和纯化两种倾向"①。从调查结果看,74.51% 的受调查者认为翻译理论必须具有系统性特征。这在很大程度上体现了翻译理论的纯化倾向,即对翻译与翻译现象的系统化的理性认识便构成了翻译理论。这种理性认识可以是归纳的,也可以是演绎的,可以是规定的,也可以是描写的。翻译理论还具有多层面性,94.77% 的受调查者同意这种观点,如根据不同的标准可分为纯理论层面、应用理论层面,或宏观层面、中观层面、微观层面,或哲学层面、跨学科层面、翻译本体层面等。蓝红军曾把翻译学理论分为规范性的、哲学性的、分析性的和描写性的四种类别②,在一定程度上体现了翻译理论的多层面性。关于翻译理论的功能,曹明伦认为其与翻译实践结合的方式包括"规范和指导实践、描述和解释实践、启发和预测实践"③。笔者把这三种功能融入问卷,调查翻译教师对翻译理论主要功能的理解,具体包括四个选项,分别为:理解与认识翻译本身、指导与规范翻译实践、描

---

① 覃江华. 翻译理论的本质、价值与危机. 外语学刊,2020(5):59.
② 蓝红军. 译学理论何为——对我国翻译学理论研究的思考. 上海翻译,2015(1):16-20.
③ 曹明伦. 翻译理论是从哪里来的?——再论翻译理论与翻译实践的关系. 上海翻译,2019(6):5.

述与解释翻译实践、启发与预测翻译实践，受调查者的选择占比分别为
95.75%、82.35%、92.81%和74.51%（多选题）。由此可见，大家对这四
种功能都是认可的。其中理解与认识翻译本身是笔者在曹明伦观点的基
础上增添的一项功能，这种功能在哲学层面表现得尤为突出。值得说明
的是，翻译理论和实践的关系以往经常被限定在指导与被指导上，在这次
调查中，这种关系（指导与规范翻译实践）并不是最突出的，认可度不如理
解与认识翻译本身和描述与解释翻译实践这两项功能。这说明翻译理论
有不同的类别与层次，其功能也是多样化的，不宜一提到翻译理论就理所
当然地认为其有或必须发挥指导实践的作用。

　　翻译理论与实践的互动关系还体现在理论的来源上。曹明伦认为，
"没有翻译实践就没有对翻译的认识（包括感性认识和理性认识），而没有
对翻译的认识就不可能有翻译理论"，或者说"虽然翻译实践并不依赖翻
译理论而生存，但翻译理论却必然产生于翻译实践"。① 针对曹明伦的这
种观点，笔者在问卷中设计了这样一个问题："翻译实践是翻译理论的唯
一来源吗"，81.70%的受调查者持否定观点。如果追根溯源的话，以曹明
伦为代表的观点颇有道理，毕竟没有翻译活动（实践）本身就不可能产生
对翻译的理性思考与系统认识，但为什么大多受调查者反对这种观点呢？
首先可能是因为翻译实践有直接和间接之分，即很多翻译理论并不是从
自己的直接经验中提炼出来的；其次可能是因为翻译理论与实践还有一
个中介环节，正如穆雷所言，"翻译理论与翻译实践中间还可能隔着翻译
经验，翻译经验才是直接来源于翻译实践的"②；最后可能是因为翻译理论
不仅仅是从翻译实践、翻译经验、翻译批评或翻译赏析中归纳出来的，也
会有演绎出来的，穆雷就持这种观点，"翻译理论并不完全来自翻译实践，
理论本身有推导出新理论的功能，相关学科的理论也具有借鉴意义"③。
这些因素都有可能是受调查者反对翻译实践是翻译理论唯一来源的原

---

① 曹明伦. 翻译理论是从哪里来的？——再论翻译理论与翻译实践的关系. 上海翻
　 译,2019(6):3-5.
② 穆雷. 也论翻译研究之用. 中国翻译,2012(2):7.
③ 穆雷. 也论翻译研究之用. 中国翻译,2012(2):7.

因。我们不妨这样认为,并不是所有的翻译理论都直接源自翻译实践,但如果没有翻译实践或翻译活动的存在,也就从根本上消解了翻译理论的存在,即便是演绎推导出来的或受其他学科理论启发建构出来的翻译理论都需要翻译(实践)本身作为前提与参照。所以,翻译理论归根结底是从翻译实践中来的,但我们也要认识到,翻译实践有直接与间接之分,从事翻译理论研究的人未必要基于自身的翻译实践,67.65%的受调查者同意这种观点。切身翻译经验的重要性毋庸置疑,其对翻译理论的构建与研究有利无害,但不能因此否定间接经验(他人实践)的重要性,就像翻译理论的来源一样,不见得一定直接源自翻译实践。

翻译理论与实践的互动作用也体现在相关中介环节上,尤其是翻译批评,对高校翻译教师更为重要。在问卷调研中,有77.12%的受调查者认为翻译理论和翻译实践中间需要有一个中介环节。针对哪个中介环节是最理想的这一问题,50.33%的受调查者选择了翻译批评,19.28%选择了翻译经验,7.84%选择了翻译技巧,13.40%选择了翻译思想。由于笔者设置的是选做题,所以也有9.15%未做选择。这个问题比较复杂,首先,翻译理论的确可以直接从翻译实践中提炼出来,不见得一定需要中介环节,但大部分情况下,这种中介环节还是必要的;其次,中介环节可以是多样化的,也不见得一定要局限在翻译批评或翻译经验上。这里翻译批评之所以更受青睐,很有可能和高校翻译教师作为研究者或批评者的显著身份相关;如果让翻译家来选择的话,也有可能翻译经验或翻译思想更受青睐;如果让本科翻译专业学生来选择的话,还有可能是翻译技巧更受青睐。这也很大程度上反映了"角色化对翻译理论和实践关系认识的影响"[①]。王宏印认为:"从翻译实践到翻译评论到翻译理论是一个连续的不断升华的过程,其中具有阶段性和层次性,但不能完全割断。相反,从理论思考到评论鉴赏到实践操作也是一个连续体,是由形而上到形而下的落实过程,其中三个维度或层面也是互为条件互相依存的关系,而不是舍

---

① 周领顺. "翻译理论与实践关系的讨论":回顾与反思. 上海翻译,2019(6):16.

此可以求彼或顾此必然失彼的问题。"①温秀颖也持类似的观点，认为翻译批评是翻译理论与实践之间的纽带，"理论通过批评制约实践，实践也通过批评来校正理论的内容"②。这两位学者的观点源自"翻译理论与实践关系的讨论"。此外，刘云虹也认为，"就其本质而言，翻译批评兼具实践性和理论性，实践性在于翻译批评的对象总是具体的翻译作品和翻译现象，理论性在于任何科学的翻译批评都必须依赖于一种理性的目光"，翻译批评能否真正成为沟通翻译理论与翻译实践的推动力"取决于翻译批评自身理论的构建，同时也取决于翻译批评的实践在场与介入"。③ 这种观点很有道理，翻译批评的理论导向性与实践介入性意味着其可以成为翻译理论与翻译实践中间的"纽带"与"推动力"。这就要求优化翻译批评建设，以翻译文本与翻译现象为中心强化理论的批评化和批评的理论化两方面的工作。其中，"理论的批评化，意味着理论暂且抛弃指导一切的自尊，把自己'下降'为具体文本的批评，在批评中重新建构自我"④；批评的理论化指在批评过程中提炼相关理论，或者说以批评为触发点进行相关理论建构。就翻译批评而言，理论的批评化强调翻译理论自觉地为翻译批评服务，为之提供视角与思路，批评的理论化强调翻译批评要善于走出自身，在批评的基础上自觉地进行翻译理论建构，二者皆需理论与(批评)实践的双重介入。

翻译理论与实践的互动关系还体现在翻译教学上，三者是相辅相成的关系。就高校翻译教师而言，教书育人是其神圣的使命，翻译教学理应成为其从事翻译实践和翻译研究的主要动力和目的。如果翻译教师的翻译研究与翻译实践对教学没有任何作用，很难想象做这些事情的真正价值到底何在，尤其是翻译研究。当然，其他目的也是存在的，但绝不能忽视二者对翻译教学的促进作用。高校教师要善于把自己的翻译实践和翻

---

① 王宏印. 翻译学建设中理论与实践的关系之我见. 上海翻译，2003(1)：9.
② 温秀颖. 翻译理论与实践之间的纽带——翻译批评. 上海翻译，2003(4)：7.
③ 刘云虹. 新时期翻译批评的理论探索与实践介入. 中国翻译，2018(6)：16.
④ 王一川. 修辞论美学：文化语境中的20世纪中国文艺. 北京：中国人民大学出版社，2009：64.

译研究运用在翻译教学中,做到理论与实践兼顾,教学与科研相互促进,提升翻译教学的质量与内涵。在问卷调研中,97.71%的受调查者认为自己的翻译实践对翻译教学有一定的促进作用,94.44%的受调查者认为自己的翻译(理论)研究对翻译教学有一定的促进作用,66.01%的受调查者把教学研究需要视为自己从事翻译实践的主要动机之一,87.25%的受调查者在翻译教学中会用到自己翻译的已出版或未出版的译文,88.56%的受调查者认为实践教学应该贯彻到翻译教学的各个层次(本硕博),98.37%的受调查者认为翻译教学的不同层次对理论的介入有不同的要求。相对于本科和 MTI 翻译教学而言,翻译学博士和硕士培养更加注重理论的输入,但也不能因此抛弃实践,翻译实践能力的培养也应该体现在高层次翻译研究人才的培养上,只有把翻译理论与实践以合理的比重贯彻到翻译教学的各个层面,才能更好地实行二者的互动,培养出更加优秀的翻译与翻译研究人才。在调研中,69.28%的受调查者主要从事笔译图书出版类实践,71.24%的受调查者有翻译图书出版经历,14.38%的受调查者出版过 5 本以上的翻译图书;72.55%的受调查者在从事相关翻译活动时会遵循一定的翻译理论或翻译理念。高校教师要善于把自己翻译图书出版的经历(包括翻译项目、翻译要求、翻译过程、翻译审校、翻译产品、读者反映以及翻译时所遵循的理论或理念、所使用的翻译技术等)运用在翻译教学中,使之成为优质的教学资源。把翻译理论与实践的互动关系落到切身经历上无疑会使其翻译教学更有说服力与亲和力。

2 高校翻译教师的职业发展:困境与建议

针对自己的职业,每人都有自己的理想,但现实是复杂的,实现理想的过程中可能会面临很多挑战与困境,翻译教师也不例外,包括翻译成果的认定问题、翻译理论与实践如何互动的问题等。以下根据问卷调研,尝试总结一些困境,并提出相关建议。

第一,翻译成果未被充分认可的困境。翻译实践对翻译教师的重要性毋庸置疑,不仅可以加深其对翻译的理解,提高其翻译实战能力,还可以为其翻译教学与理论研究提供感性经验与切身素材。绝大部分翻译教师会多多少少从事一些翻译实践，尤其是翻译图书出版，在受调查群体中，甚至有 3.27% 的受调查者出版过 20 本以上的翻译图书。但现实是残酷的，翻译实践成果目前还未被高校评价机制充分认可，如某知名大学一位退休教师，已出版各类译著 100 余部，包括一些入选"大中华文库"和"新中国 70 年百种译介图书"的译作，退休时还是副教授。这对专注于翻译实践的教师未免有失公允。在调研中，85.29% 的受调查者认为各种非出版的翻译活动在高校教师的各和考核与职称评聘中无法发挥作用，88.56% 的受调查者认为主要靠译著无法获得职称晋升的机会，49.02% 的受调查者认为译著（基本上）得不到所在高校评价机制的认可，43.79% 的受调查者所在高校对翻译成果的认定没有一定的标准，75.49% 的受调查者所在高校没有出台关于翻译成果认定的专门文件，85.62% 的受调查者认为相关翻译资格证书［如全国翻译专业资格考试（CATTI）一级］在职称评聘中无法发挥作用。问卷的最后一题是选做题："您认为高校翻译教师目前面临的主要困境表现在哪些方面？针对高校翻译教师的职业发展，您有哪些好的建议？"这道题也得到了 100 多位受调查者的反馈，其中大部分涉及翻译实践成果（尤其是译著）未被高校评价体制（充分）认可的问题，尤其是在职称评聘中，如"翻译作品不被认可""译著难作学术成果""翻译实践方面没有得到学校的各种认可，导致翻译教师不太愿意从事翻译实践""在评职称和考核中翻译成果不算或很少算学术成果，一流译文比不上三流论文"等。针对"翻译实践的学术地位边缘化，翻译实践成果被轻视"[①]的普遍现象，许钧充分肯定了翻译成果的学术价值，并从学科建设、学科评估、人才培养和社会服务四个方面探讨了翻译和翻译研究的重要性，为翻译成果的认定提供了可参照的路径。[②] 具体如何操作，还需要学界与相关部门高度重视与充分落实。在调研中，69.28% 的受调查者认为高质量译著的学术价值应该等于专著，83.33% 的受调查者认为应该区

---

① 傅敬民，袁丽梅. 新时期我国译学体系化的思考. 外语学刊，2017(3)：83.
② 许钧. 关于外语学科翻译成果认定的几个问题. 中国翻译，2017(2)：5-11.

别对待译著的学术价值。针对翻译成果未被充分认可的问题,根据问卷反馈,建议:1)高校以及其他相关部门出台认定翻译成果的专门文件,区别对待各种译著的学术价值(如中华学术外译、文学名著首译、一般社科翻译、畅销书翻译、典籍或文学名著复译等),根据具体情况,确定译著的学术价值,增加各种译著在职称评聘以及各种考核中的分量,同时尽可能把各种非出版类的翻译实践成果纳入考评范围之内;2)相关部门做好翻译师资分流,实行多元化考核体系,如可分为研究型师资和实践型师资等,在职称评聘或其他考核中采取不尽相同的标准,如实践型师资主要看译著或其他实践成果,这样有助于提升教师从事翻译实践的积极性,提升翻译本科教学以及翻译硕士/博士专业学位(MTI、DTI)教学的效果;3)高校根据自身情况,尽量把翻译教师职称评聘(尤其是实践型师资)与全国翻译专业资格考试或其他国内、国际重要的翻译认证对接,如译审与教授对接,一级口笔译与副教授或高级讲师对接。关于翻译职称改革,中国人力资源和社会保障部、中国外文局 2019 年印发过《关于深化翻译专业人员职称制度改革的指导意见》的文件,各省不妨根据自己的情况进行落实,如广东省人力资源和社会保障厅 2021 年印发过《广东省深化翻译专业人员职称制度改革实施方案》的文件,值得效仿,为翻译成果的认定以及翻译教师的利益提供制度保障。

第二,翻译理论(研究)与实践不能有效互动的困境。高校翻译教师毕竟不是职业翻译家,就大多数教师而言,理论研究是必要的,对职称评聘与各种考核至关重要,这也是 86.60% 的受调查者把自己定位为理论与实践兼顾型师资的原因。大部分高校教师都有翻译实践的经历,62.42%的受调查者针对自己的翻译实践也做过相关研究,有些还很具典范性。翻译实践与翻译研究相结合的模式值得借鉴,如徐彬等就基于自己的图书出版经历(案例)写过多篇与计算机翻译技术或出版翻译中的项目管理相关的论文。[①] 在文学翻译理论与实践的互动方面,许钧早期基于自己译

---

① 徐彬,郭红梅. 出版翻译中的项目管理. 中国翻译,2012(1):71-75;徐彬,郭红梅. 基于计算机翻译技术的非技术文本翻译实践. 中国翻译,2015(1):71-76.

文的系列研究也值得借鉴。翻译教师不仅可以对自己的翻译实践进行研究,也可以对他人的翻译实践进行研究。71.57%的受调查者表示曾经深入系统地研究过别人的译文并有相关科研产出,如发表论文、出版专著等。不过在调研中,很多受调查者表示"理论与实践分离严重""理论与实践两张皮""理论实践脱节严重""理论联系实际找不到切入点""翻译实践为译论研究提供了问题,但二者目前分裂很严重"等,这说明翻译理论与实践整体上并未形成有效互动的局面,还有待进一步探索与改善。如果说从整体与理论层面而言,"理论(系统化的理性认识)与实践之间的互动关系是与生俱来的"①,但从个体与现实层面而言,却未必如此。翻译教师不妨从以下几个方面着力解决这方面的问题:1)加强自身的理论素养,就像一位受调查者所言,"细读原作,理清脉络(翻译理论发展史),联系实际,勤于思索",把翻译理论和现实中存在的翻译现象紧密地结合起来;2)带着研究意识从事各种翻译实践,尤其是翻译出版类的,从自己的实践中发现值得研究的问题,并持续深入地做下去,实现实践与研究互动、双赢的局面;3)带着研究意识去研读名家译文,从中发现值得研究的问题,如有可能,以此为切入点构建相关翻译理论,实现批评的理论化;4)充分发挥自己的特长与优势,给自己合理定位,实践型、理论型、理论与实践兼顾型翻译师资都有自己存在的价值,理论与实践能够兼顾最好(不妨有所偏重),但由于种种原因而无法兼顾的情况下,把自己打造成翻译家或单纯的翻译理论家也都未尝不可。

第三,相关知识得不到及时更新以及论文发表的困境。翻译学是一门新兴学科,知识更新的速度很快,对其他学科知识资源具有较强的依赖性,这对还需要从事实践的高校翻译教师而言,无疑是个不小的挑战。在调研中,99.02%的受调查者认为面对复杂多变的翻译现象与日新月异的翻译技术以及跨学科翻译研究的时代潮流,有必要更新自己的知识体系;也有很多受调查者表示"知识陈旧""教授内容比较滞后""需要跨学科"

---

① 曹明伦. 翻译理论是从哪里来的?——再论翻译理论与翻译实践的关系. 上海翻译,2019(6):6.

"需要和企业联手""需要学习翻译技术""需要中外文史哲兼通""需要不断学习翻译理论,不断进行翻译实践,还应掌握翻译技术""理论研究,需要学习汉学、哲学、西方文论知识"等;也有很多表示论文发表困难的,尤其是在高水平的翻译类期刊上;还有一些表示翻译学科的地位有待提高。翻译学科很大程度上属于人文学科,对翻译的深刻认识以及自由地从事翻译理论研究需要文史哲打通,至少要有所了解。当然,不可能每个高校翻译教师都能成为文史哲打通的通才式翻译理论研究者,我们不妨选择某个学科作为观察与研究翻译的主要视角,如哲学、语言学、文论、社会学、心理学、传播学、生态学等,结合相关实际问题,持续深入地耕耘下去,相信还是会有所收获的。对其他学科的深入了解其实也是更新自己知识体系的一种表现,不过这方面还有待加强,如仅有 38.24%的受调查者把其他学科论著列为自己最常看的与翻译或翻译研究相关的文献(多选题,其他四个选项翻译研究专著、翻译类或语言类期刊、翻译教材、名家译作的比例都在 50.00%以上)。针对近十多年来非常强势的翻译技术,也不可能要求每位翻译教师都是这方面的专家,但不妨主动地去了解,积极关注翻译技术与全球语言服务行业的发展动态,有兴趣的老师也不妨以此作为自己的主攻方向,既应用又研究翻译技术,如王华树、崔启亮、李梅、徐彬、何文忠、王少爽等在(教学)实践与(或)研究方面做出了很大的成绩。针对翻译教师知识更新与论文发表的困境,"于己,定好位"(一位受调查者所说)非常重要。总体而言,不妨从以下几个方面着力:1)培养自己对翻译实践、翻译教学、翻译(理论)研究的兴趣,像许钧那样"对翻译始终抱有一腔热情,一份挚爱,愿意为翻译事业贡献自己的力量"①;2)定位自己的研究方向,广泛而深入地阅读相关(学科)文献或掌握相关(翻译)技术,为持续发力打下坚实基础,尽量打造自己的品牌研究领域,形成自己相对清晰的学术面貌;3)切忌浮躁,稳扎稳打,克服各种价值焦虑(如翻译实践、理论研究的价值),长远地规划自己的职业生涯,力图做好每个阶

---

① 冯全功,许钧.青年学者如何做翻译研究——许钧教授访谈录.中国外语,2018
(4):109.

段的事情(尤其是青年翻译教师)，包括如何平衡翻译理论与实践的比重、如何把自己的研究从点向面再向体拓展，树立自主学习、终身学习、泛在学习的理念；4)呼吁相关专业期刊重视有价值的实践研究，尤其是要鼓励翻译教师基于自身实践的研究，加大对青年翻译学者的支持力度。

3 结　语

　　理论与实践的关系是一个永恒的问题，翻译理论与实践也不例外。就翻译学科建设而言，翻译理论与实践同等重要，73.20%的受调查者持这种观点，毕竟没有实践就没有理论，没有理论也不会有学科。83.01%的受调查者反对"会翻译的，做翻译；不会翻译的，教翻译；不会教翻译的，教翻译理论"这种歧视理论的观点。在当代学术语境下，翻译理论固然重要，因为理论的发展会丰富学科的内涵，但这并不意味忽视或轻视翻译实践。翻译批评与翻译教学有助于翻译理论与实践的互动，是二者的两个重要中介环节。然而，由于种种原因，并不是所有翻译教师都能做到有效兼顾理论与实践，实践型师资与研究型师资都应该鼓励，相关部门也不妨采取多元化考核与评聘措施。翻译学科要想健康发展，不能对理论型师资抱有偏见，更不能忽视实践型师资(尤其是其实践成果)，就像一位受调查者所言，"于己，定好位""于学科，占好位(争取同等地位)"，这是每个翻译学人需要思考的问题。自我定好位需要突破自我发展的困境，主要靠个人努力；学科占好位需要突破学科发展的困境，包括合理评价翻译实践成果的问题，需要译界学人的共同呼吁与努力。

翻译单位:原型理论观照下的
翻译单位辨析①

  翻译单位是国内外翻译研究的一个基本话题,翻译单位研究对翻译实践、翻译批评以及翻译教学都有重要启示。经过几十年的发展,翻译单位研究形成了产品和过程两种指向,"产品指向研究认为翻译单位是源语语言单位,主要从理论上对翻译单位的性质、理想翻译单位的大小以及翻译单位在文本类型、翻译策略等因素影响下的语言结构特征等方面进行探讨";"过程指向研究视翻译单位为译者认知/注意力单位,开展翻译实验研究,在分析译者有声思维、击键记录和/或眼动跟踪等翻译过程数据基础上,重点探讨翻译单位与翻译过程诸变量之间的关系,界定译者常用翻译单位大小及变化特点,描述翻译单位选择与加工时译者的认知特征"。② 国内翻译单位研究绝大多数是产品指向的,侧重理论层面的探讨,鲜有实证研究,也引发了很多争议。巴尔胡达罗夫(L. Barkhudarov)把翻译单位界定为"源语在目的语中最小的等值单位"③。如果说这个定义侧重"最小"的话,那么国内翻译单位研究更侧重最适宜或最理想的单位,包括操作和理论两个层面。最适宜的未必是最小的,这就不免有仁智之分。针对翻译单位,国内外有哪些典型的观点,出现了哪些争议? 翻译单

---

① 原载于《中国翻译》2021 年第 1 期,原标题为《原型理论观照下的翻译单位辨析》,独立撰写,收入本书时略有改动。

② 王福祥,郑冰寒. 60 年翻译单位研究述评. 外语学刊,2019(2):103.

③ Shuttleworth,M. and Cowie,M. *Dictionary of Translation Studies*. Shanghai:Shanghai Foreign Language Education Press,2001:192.

位是固定不变的吗？有没有被学界相对认可的翻译单位？其在理解与表达上是否有不同的侧重？针对产品指向型的翻译单位，本文尝试从原型理论视角对这些问题进行梳理与反思，希望对翻译实践与翻译批评有所启发。

1　翻译单位的多元性与动态性

刘勰在《文心雕龙·章句》中写道："夫人之立言，因字而生句，积句而为章，积章而成篇。"这明确指出了语篇建构的三个基本单位，自下而上依次为：字（词）、句和章（段落）。这些基本单位还可以衍生出一些其他语言单位，如词素、词组（短语）、小句、句群等。诸如此类的单位以及语言学或哲学中的其他术语都曾被视为可能的翻译单位。

字词是任何文本最基本的构筑材料，在要求逐字翻译的文本中（如《圣经》），或者倡导逐字翻译理念的译者那里，字词无疑是最基本的翻译单位。袁筱一就认为，"文字是个最大的单位，而非最小的单位"，"文字可能会容纳一切"，并希望自己能够在文字层面"贴近原文"。① 这种观点可能受中国语言学界"字本位"观的影响。字词是可能的翻译单位，但鲜有学者把其视为唯一的翻译单位。陶源立足于语用层面，以语料库语言学的意义单位理论为基础，提出短语是翻译的基本单位，并在平行语料库中对之进行了验证。② 甄凤超基于相关语料库从配价结构探索英译汉中的翻译单位，认为"词语及其配价结构共同构成理想的翻译单位"③。如果从"最小的等值单位"来看，不管是把字词还是短语（词语）作为"理想的"翻译单位，都有一定的道理，但是否适宜，就不能一概而论了。贝克（M. Baker）主编的《翻译研究百科全书》收录了翻译单位这一词条，认为学界

---

① 参见：许钧，谢天振. 新时代文学翻译的使命——"浙江大学文学翻译名家高峰论坛"纪要. 东方翻译，2018（5）：8.
② 陶源. 基于俄汉平行语料库的翻译单位研究. 外语教学，2015（1）：108.
③ 甄凤超. 从配价结构探索英汉翻译单位——基于语料库的考察. 外语教学与研究，2016（3）：442.

一般倾向于把小句视为理想的翻译单位。① 小句作为翻译单位引起了很多共鸣,很多学者也支持这种观点。贝尔(R. T. Bell)就认为,有很好的心理和语言证据表明,翻译过程中的(处理)单位倾向于是小句②;朱修会和李家玉认为,小句应该是最佳的语篇翻译单位,并从系统功能语法论证了小句作为语篇翻译单位的恰当性③;宁志敏也认为,"翻译的操作最终应该以小句为基础"或者说译者应以小句单位为中心④。如果从翻译过程中译者的认知(注意力)聚焦单位来看,小句作为以过程为指向的翻译单位还是颇有道理的,也相对经得起实证检验。不过在表意的完整性方面,小句就显得捉襟见肘了,这就需要引入更大的语言语用单位,如句子、句群等。

句子是语言运用和语言研究的基本单位,能够表达完整的(命题)意义,把句子视为翻译单位在学界更为常见。朱纯深⑤、赵冬梅⑥、袁筱一和邹东来⑦等就把句子视为重要的功能翻译单位,或者翻译的操作单位,或者翻译实践的基本单位。句子是语篇的核心构筑材料,在翻译过程中具有承上启下的作用,往下对小句、短语和字词具有控制功能,往上对句群、段落和语篇具有实现作用,所以把句子视为翻译的操作单位是比较适宜的。为了照顾句子之间的衔接以及语义和逻辑上的连贯,也有很多学者提出以句群(语段)作为翻译单位,如方梦之⑧、吕俊⑨、高芳⑩等。韩孟奇

① Baker, M. *Routledge Encyclopedia of Translation Studies*. Shanghai: Shanghai Foreign Language Education Press, 2004: 287.
② Bell, R. T. *Translation and Translating: Theory and Practice*. Beijing: Foreign Language Teaching and Research Press, 2001: 29.
③ 朱修会,李家玉. 语篇翻译单位的再思考. 信阳农林学院学报,2016(4): 86.
④ 宁志敏. 翻译单位的动态规律. 上海电力学院学报,2017(S1): 76.
⑤ Zhu, Chunshen. UT once more: The sentence as the key functional unit of translation. *Meta: Journal des traducteurs*, 1999(3): 429-447.
⑥ 赵冬梅. 译者主体性观照下的翻译单位研究. 四川师范大学学报(社会科学版),2017(2): 111-115.
⑦ 袁筱一,邹东来. 意义单位与翻译单位. 外语研究,2008(2): 90-92.
⑧ 方梦之. 关联·向心·匹配·调整——谈以语段为翻译单位. 山东外语教学,1991(3): 26-28.
⑨ 吕俊. 谈语段作为翻译单位. 山东外语教学,1992(Z1): 32-35.
⑩ 高芳. 句段意识与翻译单位. 外国语,2003(4): 75-80.

认为,在汉英翻译实践中,以词、词组、小句或句子作为翻译单位容易导致译文衔接不自然,甚至意义不匹配;以段落或篇章作为翻译单位可能导致操作不便;而以句群作为翻译单位,翻译时通过合句、语法和词汇等手段,不仅可按照句子的语义关系、结构和逻辑关系对句子进行重新组合,还可照顾到句子间的自然衔接和连贯,使译文符合目的语的行文习惯。① 这也是句群作为翻译单位的优越性。句群作为翻译单位虽也是在操作层面探讨的,但显然已经超越了最小的对应单位之说,具有明显的产品指向性。一般而言,句群比自然段要短小,句群内句子之间的联系在意义和结构上要比自然段中的紧密一些,不过句群的切分也是一个很棘手且不乏争议的问题。鉴于此,也有以自然段为翻译单位的观点,如郭建中就提出过以自然段落作为汉英翻译过程中的分析和操作单位的观点。② 然而,汉语段落的划分相对比较随意,有的段落很长,甚至横跨几页,有的则独句成段,所以以段落为翻译的操作单位稍显牵强。

　　自从语篇语言学兴起之后,也有很多学者把翻译单位放在语篇层面考虑,或者说把语篇视为翻译的单位,尤其是国内,持此观点者甚多。司显柱提出了以语篇作为翻译的基本单位的观点,并从忠实、通顺两个角度进行了验证。③ 李莉认为,翻译时应以语篇作为参考和思维的背景,译者只有从语篇层次进行操作,以语篇为单位,才能把原文的信息恰如其分地传达给译语读者,达到交际的目的,实现翻译忠实、通顺之标准。④ 周秀英和欧阳俊林从语言学角度论述了翻译单位"句本位"的局限性以及"篇本位"的合理性。⑤ 从理论上而言,语篇作为翻译单位具有更强的解释力和说服力,更能体现一种整体意识,有利于原文整体意义的传达,但不宜排斥其他可能的翻译单位。杨朝军也认为,语篇是翻译单位,不过在翻译过

① 韩孟奇. 句群作为 C/E 翻译单位的探讨. 外国语文,2017(6):124-128.

② 郭建中. 汉译英的翻译单位问题. 外国语,2001(6):49-56.

③ 司显柱. 翻译单位多元互补性理论探析. 山东外语教学,2001(3):34-37.

④ 李莉. 语篇、语境和翻译单位. 北京第二外国语学院学报,2006(4):10-13 + 9.

⑤ 周秀英,欧阳俊林. 论翻译单位的两个阶段——"句本位"和"篇本位". 西南农业大学学报(社会科学版),2008(3):147-150.

程中应该动态地使用翻译单位的概念,在不同的语篇层级中因人而异地找到适合译者的最具操作性的翻译单位。① 杨朝军在强调语篇作为翻译单位的同时并不排斥语篇之下的操作性单位,强调翻译单位的多元性与动态性,强调"因人而异"的主观性,颇有见地,也比较符合事实。换言之,语篇是翻译单位之一,也可能是最重要的,尤其是在理论层面,但并不是唯一的翻译单位。

学界还有以其他语篇结构作为翻译单位的观点。刘士聪和余东提出过以主/述位作为翻译单位的观点,因为主/述位对句子有建构意义,还能很好地照顾到语篇衔接,所以,有时以主/述位作为翻译单位对原文进行分析和转换是有效的。② 这种观点类似于以句群作为翻译单位,但更强调句子之间的信息安排与逻辑结构,不过也只是把主/述位视为可能的翻译单位。国内外学者还有提出以逻辑素作为翻译单位的,但对其界定失之宽泛,从字词到语篇似乎都可以是逻辑素。高宁对之进行过批判,同时也指出逻辑素一定程度上强化了人们对翻译单位动态性的认识。③ 杨坚定和钟莉莉认为,修辞结构理论中的结构段是一种较为理想且易于操作的动态翻译单位,因为结构段本身是一个多层次的动态语义单位。④ 结构段和逻辑素都强调翻译单位的层级性与动态性,这是二者的主要共同点。巴斯奈特和勒菲弗尔曾指出,如果是文化而非词或语篇作为翻译的操作单位,区分文化内翻译与文化间翻译则是明智的。⑤ 文化作为翻译的操作单位只是一种设想,毕竟文化本身这个概念太复杂了,不过其对翻译单位的深入思考也不无启发。

就产品指向的翻译单位而言,其多元性与动态性特征基本上已经形成了共识。其中多元性主要指翻译单位不应该局限于某一个语篇单位或

---

① 杨朝军. 翻译单位——动态的语篇单位. 安阳师范学院学报,2008(6):98-104.

② 刘士聪,余东. 试论以主/述位作翻译单位. 外国语,2000(3):61-66.

③ 高宁. 逻辑素与翻译单位研究. 外国教学理论与实践,2017(3):72-79.

④ 杨坚定,钟莉莉. 动态翻译单位探讨. 中国翻译,2004(5):20-24.

⑤ Bassnett, S. and Lefevere, A. *Translation, History and Culture*. London & New York: Cassell, 1990: 8.

语篇本身或其他的语义、逻辑、结构方面的单位,字词、小句、句子、句群、段落、篇章等都是潜在的翻译单位,它们在理论和操作层面都应该是多元共存的。动态性主要指译者在具体的翻译过程中要根据实际情况选择适合自己的翻译单位,如有必要,在翻译同一语篇时还要适时地进行单位转换或上下移动。很多学者对翻译单位的动态性有所论述,即使他们也承认有基本的翻译单位,不管是句子还是语篇抑或其他。把语篇视为翻译基本单位的学者,大多也承认多元化操作性翻译单位的存在。翻译单位的影响因素很多,如译者的翻译观、翻译经验、翻译策略、知识背景,翻译的交际目的,翻译的媒介类型(口译、笔译),翻译的文本类型(表情、信息、感召),翻译的形态类型(全译、变译),语言对(亲缘关系)和翻译方向,源语文化和译语文化的相似度以及强弱关系,跨文化交流的深入程度(阶段性)等。这些因素很大程度上预设了翻译单位的多元性与动态性。如果承认翻译单位是多元的,就不妨认为翻译单位是一个范畴概念,具有自己的家族成员,原型理论为深入地认识翻译单位提供了一个很好的视角。

2 翻译单位的原型:句子和语篇

原型是认知心理学的一个重要概念。原型理论以维特根斯坦的家族相似性为基础,通过系列实验对界限分明的经典范畴理论提出了挑战,获得了学界的广泛认可,已发展成为最有影响力的范畴化工具。所谓原型是指范畴中最具代表性、最典型的成员,是最佳样本或范畴的原型成员,也可视为范畴中的无标记性成员,可作为范畴中其他成员(标记性成员)在认知上的参照点。[①] 根据原型理论,范畴中的成员具有非对称性特征,有典型与边缘之分,或者说这些成员在同一范畴内的隶属度是不一样的,其中原型成员的隶属度最高。如果把翻译单位视为一个范畴概念的话,那么其中的成员也有典型与边缘之分,也存在隶属度的问题。薛海滨认为,翻译单位应该是个原型范畴,具有不确定性,各种语言单位均为范畴

---

① 王寅. 认知语言学. 上海:上海外语教育出版社,2006:109-110.

成员,究竟哪个语言单位在翻译过程中被视为翻译单位主要取决于译者的解读。① 唐雪也认为,翻译单位是个原型范畴,语篇以及语篇的各种组成成分是其家族成员。② 薛海滨、唐雪还都提出了以句子作为翻译单位原型成员的观点,颇有见地。不过笔者认为,要从不同的层面来确立翻译单位的原型成员,就像周领顺把翻译单位分为宏观(以篇章为单位)和微观(以句子为单位)两个层次一样③,笔者将其分为操作和理论两个层面。翻译单位在操作层面的原型是句子,侧重于转换,在理论层面则是语篇,侧重于分析,二者共存于具体的翻译过程之中。在操作和理论两个层面,各种可能的翻译单位的典型性或隶属度也不尽相同,很大程度上体现了翻译单位的动态性与辩证性。

2.1 操作层面的翻译单位原型:句子

翻译单位是多元共存的,句子无疑是其典型的范畴成员之一。王德春很早就注意到了翻译单位的多元性,他认为,从音位(字位)到话语(语篇)都可作为翻译单位,在翻译同一语篇时,翻译单位可以经常转换,时而以词为单位,时而以词组为单位等;翻译的难点之一正在于按照具体情况寻找合适的翻译单位;不过从翻译理论和大量翻译实践中可以得出一条行之有效的规律:把句子作为基本翻译单位,句子内部考虑音位(字位)、词素、词、词组的适当对应,句子外部考虑句际关系的协调、句群的衔接、话语的连贯和风格的统一。④ 句子作为基本的翻译单位得到了翻译家与翻译理论家的广泛认可,毕竟翻译单位首先是翻译过程中的具体转换单位,是实践性的,句子层面易于辨认,易于操作,对小句、短语、字词等具有控制作用,对句群、段落、语篇等具有实现作用,并且在语篇中能够传达完整的命题意义。如果不考虑翻译单位形形色色的影响因素,句子不失为最适宜的翻译操作单位。在过程指向的翻译单位研究中,由于人的短时

① 薛海滨. 原型范畴与翻译单位. 语文学刊(外语教育教学),2013(2):52-54.
② 唐雪. 原型范畴理论与翻译单位. 镇江:江苏科技大学硕士论文,2015.
③ 周领顺. 译者行为批评的理论问题. 外国语文,2019(5):120.
④ 王德春. 论翻译单位. 中国翻译,1987(4):10-12.

记忆容量以及注意力的聚焦单位有限，实证研究得出的结论一般是以句子以下的单位如小句、短语等为操作单位。本文主要是对产品指向的翻译单位的进一步思考，认为句子作为翻译单位在操作层面比小句、短语、字词等更具典型性，这也在很多翻译家与翻译理论家的观点中得到了支持。

林语堂在《论翻译》一文中提出了字译和句译的区分，对字译进行了批判，认为忠实非字字对译之谓，提倡"以句为本位"的翻译观，即"译者必将原文全句意义详细准确的体会出来，吸收心中，然后将此全句意义依中文语法译出"①。林语堂认为，句子的意义不是逐个字义的叠加生成的，句子中的字义是活的，互相连贯、互相结合生成了句子的"总意义"，这种总意义才是译者需要领会与传达的。如果说翻译就是翻译意义的话，译者应该传达的首先是句子的意义。语篇的意图或整体意义也是由众多句子意义的联合互动实现的。句子是连接字词、短语、小句以及句群、段落、篇章最核心的一环，虽然说语篇的整体意义是一级一级逐层实现的，但句子毕竟是语篇中相对完整、相对稳定、具有交际价值的基本语义单位。刘士聪认为，"再现原文的自然，从实际操作上看，首先是译好句子"②，包括恰当地处理句子的开头与结尾、节奏与语气、比喻与修辞、轻重与缓急以及句子之中词义的选择、句与句之间的衔接等，句子处理好了，译文整体才可能有生气，有魅力。刘士聪基于大量翻译实践提出的写好句子、译好句子的观点与林语堂的句本位翻译观趋于一致，同时也反映了句子作为翻译操作单位的必要性与合理性。朱纯深把翻译单位界定为"相对文本的其他片段而言原文中能够被译成独立的、完整的意义实体的最小片段"③。由于句子是语篇语言学中最小的、完整的文本片段，还是句法和信息的载体、风格的标记，所以他把句子视为翻译的基本功能单位。把句子视为翻译的主要单位颇有道理，不过朱纯深强调的是最小而非最适宜的翻译单

---

① 罗新璋，陈应年．翻译论集（修订本）．北京：商务印书馆，2009：503．
② 刘士聪．译好句子．中国翻译，2015（3）：116．
③ Zhu, Chunshen. UT once more：The sentence as the key functional unit of translation. *Meta：Journal des traducteurs*，1999（3）：433．

位,这就有较强的排他倾向,与当下强调翻译单位的动态性与多元性稍有出入。

在翻译操作层面,句子虽是最主要、最典型的翻译单位,或者说是翻译单位的原型,但并不是唯一的,根据实际情况,翻译操作单位也可以上下移动,从字词乃至语素到篇章都可以成为转换的焦点,从而成为临时的翻译单位。严复在《〈天演论〉译例言》中写道,"新理踵出,名目纷繁,索之中文,渺不可得,即有牵合,终嫌参差。译者遇此,独有自具衡量,即义定名";进而感叹道,"一名之立,旬月踟蹰"。① 可见很多棘手的名词或术语也可单独构成临时的翻译单位,即注意力聚焦的语言片段。术语可以是字词,也可以是短语,语篇中的术语翻译,尤其是负载大量文化信息的术语,对译者是很大的挑战。中国古人非常强调炼字,炼字的审美效果主要在于其陌生化的搭配,这些所炼之字以及字在句中的搭配(短语)也常常令译者费尽心力。所以,字词、短语在特定情况下都是可能的翻译单位。句子往往由小句构成,在比较长的复合句中,小句往往会成为注意力聚焦的单位。句内的措辞搭配与信息安排很重要,句间的衔接与连贯同样重要。句群由于"结构上密切联系,意义上有向心性"②,把句群作为翻译单位更能照顾句子之间的衔接与逻辑推进。在翻译实践中,也经常会遇到句子重组的情况,这种重组就是在句群的观照下进行的,或者说是以句群为翻译单位的。段落、章回(小说)、篇章甚至文化也都是操作层面可能的翻译单位,尽管其典型性不是很强。值得说明的是,文化作为翻译单位似乎有点大而无当,但翻译一些文化蕴含特别浓厚的文本时(如某些中国古典诗词),其背后的文化就是译者需要聚焦的对象,也不妨视之为潜在的翻译单位。

综上所述,在翻译操作层面,句子是最典型的翻译单位,即翻译单位

---

① 罗新璋,陈应年. 翻译论集(修订本). 北京:商务印书馆,2009:203.
② 方梦之. 关联·向心·匹配·调整——谈以语段为翻译单位. 山东外语教学,1991(3):26.

的原型。暂不考虑逻辑素、主/述位、结构段、配价结构、"心智单位"①等相对特殊的翻译单位，其他可能的翻译单位还包括语素、字词、短语、小句、句子、句群、段落、章节、语篇、文化等。如果不考虑翻译单位的各种主客观影响因素，即在理想或一般情况下，笔者把这些翻译单位在操作层面的典型性或隶属度从大到小排列为：句子、小句、句群、短语、段落、字词、章节、语篇、语素、文化。当然，这种排列顺序有一定的主观性，也未必能进行实证检验。在现实或特殊情况下，由于各种因素的影响，这些翻译单位的隶属度无疑具有一定的流变性，尤其是句子之外的其他翻译单位，如小句和句群都是离句子相对较近的语言单位，在不同的译者那里可能具有不同的隶属度。

2.2 理论层面的翻译单位原型：语篇

王充在《论衡·正说》中有言："文字有意以立句，句有数以连章，章有体以成篇，篇则章句之大者也。"刘勰在《文心雕龙·章句》中有类似的论述，"篇之彪炳，章无疵也；章之明靡，句无玷也；句之清英，字不妄也"，又曰，"启行之辞，逆萌中篇之意；绝笔之言，追媵前句之旨；故能外文绮交，内义脉注，跗萼相衔，首尾一体"。这里有两点值得注意：1）语篇是统领，对次级的章（段落）、句、字等具有控制作用，即王充所谓的"篇则章句大者也"；2）语篇是一个言意契合的有机整体，表现在"外文"和"内义"两个方面。清代唐彪在《读书作文谱》中也有言："文章大法有四：一曰章法，二曰股法，三曰句法，四曰字法。四法明，而文始有规矩矣。四法之中，章法最重，股法次之，句法、字法又次之。重者固宜极意经营，次者亦宜尽心斟酌也。"值得说明的是，这里的"股法"相当于段落之法（王充、刘勰所谓的"章"），"章"相当于刘勰所谓的"篇"。唐彪的观点类似于刘勰《文心雕龙·章句》中的观点，都强调语篇整体的重要性，所谓"章法最重"，需要"极意经营"，同时也强调了局部的不可忽略性，字、句等亦需"尽心斟酌"。

---

① 刘彬，何庆庆. 翻译单位的理论意义与实践意义——意向性视域下翻译单位的研究. 上海翻译，2019（6）：18-23.

中国传统思维方式注重整体性，"在这种思想文化氛围中，中华古典文论所极力标举的气、神、韵、境、味等审美范畴，都具有整体流动性、不可分割性的特点"①。亚里士多德也曾提出过"整体大于部分之和"的观点，但直到 19 世纪才出现了以整体论为特征的结构主义、系统论、现象学、格式塔心理学等，这些理论对西方整体主义文论观也有很大的影响。不过相对于西方而言，中国更强调文章或作品的有机整体性，把文章视为一个生机灌注的整体；中国古典文论很大程度上也是生命化的，强调文章本身的和谐性与圆融性，强调整体和局部的互动与关联，或者说一种控制与实现关系。

语篇作为翻译单位与语篇翻译观也密切相关。冯全功认为："语篇翻译观的最主要内涵就是要把语篇（包括原文和译文）视为一个有机整体，翻译时要有强烈的语篇意识，遵循整体性与和谐性两大原则。"②语篇翻译观预设了要把整个语篇作为翻译单位，唯有如此，才能"纵观统筹、全局策划"，实现"句无玷也"与"字不枉也"的文章胜境。很多翻译名家的言论也体现了语篇翻译观，如马建忠在《拟设翻译书院议》中说的"一书到手，经营反复，确知其意旨之所在"③；严复在"《〈天演论〉译例言》中说的"将全文神理，融会于心，则下笔抒词，自善互备"④；傅雷在《论文学翻译书》中说的"事先熟读原著，不厌求详，尤为要著。任何作品，不精读四五遍决不动笔，是为译事基本法门"⑤。朱生豪在翻译莎士比亚戏剧的时候也说过，"尝首尾研诵全集至十余遍于原作精神，自觉颇有会心"⑥。这些都是语篇翻译观的要求，也是把语篇作为翻译单位的表现。语篇之所以是语篇，就在于语篇是个和谐的有机整体，需要满足语篇（文本）的七大特征，即意向

① 童庆炳. 现代视野中的中华古代文论系统. 北京：北京师范大学出版社,2016：72.
② 冯全功. 语篇翻译与语篇翻译教学整合论. 当代外语研究,2015(2)：67.
③ 罗新璋,陈应年. 翻译论集(修订本). 北京：商务印书馆,2009：192.
④ 罗新璋,陈应年. 翻译论集(修订本). 北京：商务印书馆,2009：202.
⑤ 罗新璋,陈应年. 翻译论集(修订本). 北京：商务印书馆,2009：773.
⑥ 罗新璋,陈应年. 翻译论集(修订本). 北京：商务印书馆,2009：538.

性(目的性)、可接受性、情境性、信息性、连贯性、衔接性和互文性。① 这七大特征也是相互关联的，不只是体现在语篇内部，同时还指向作者、读者以及其他相关文本。众多翻译家强调熟读文本很大程度上也在于抓住文本七大特征之间的关系，尤其是文本的意向性和信息性，从而更加深刻地理解原文，更加有效地再现原文的(审美)特质。文学翻译尤其如此。文学作品标题的重拟最能体现语篇翻译观，标题重拟的根据则是整部作品的主旨和内容，只有把"全文神理，融会于心"才能拟出一个在新的文化语境中更加合适的标题，中国现当代文学作品的外译以及影视片名翻译中就出现过大量标题重拟的现象。此外，还有宏观结构的调整、诗学规范的变更、具体内容的增删、文化因素的调适、互文关系的再现与重构等，也都是在整个语篇的观照下进行的，即把语篇作为翻译单位了。所以，在理论层面，语篇是翻译单位的原型，语篇作为原型更有利于译者进行整体细译，通过"整体着眼、局部着手"实现整体与局部的良性互动，创造出一个连贯、和谐的译文有机体。

在文学翻译中，语篇作为理论层面的翻译单位，也要照顾语篇以上的层面，尤其是文化语境，所以，把文化作为翻译单位也有一定的合理性。很多中国古典诗词，脱离了文化语境就无法进行有效解读(如曹植的《七哀》、张籍的《节妇吟》、朱庆余的《近试上张水部》)，更不用说移植到一个陌生的文化中了。换言之，文化作为翻译单位的典型性在理论层面理应比其在操作层面大一些。章节、段落也是如此，在理论层面二者之所以更加重要，不仅在于段内、段际以及章内、章际的关系处理，更在于其能为字、句翻译提供相对充分的文本语境。相对于宽泛的文化而言，段落、章节和语篇原型靠得更近一些。在理想或一般情况下(如一部长篇小说的翻译)，笔者把各种翻译单位在理论层面的典型性或隶属度从大到小排列为：语篇、章节、段落、句群、句子、文化、小句、短语、字词、语素。在理论层面，除文化单位之外，其他语篇组构单位离语篇越近，其作为翻译单位的

---

① Neubert，A. and Shreve，G. M. *Translation as Text*. Kent & London：The Kent State University Press，1992：70.

典型性也就越大,体现更多的是整体对局部的控制作用,其中的整体是相对的、层级化的,如句子相对于小句、字词等是整体,相对于句群、语篇等则是局部。翻译是一种跨文化交际活动,但文化飘忽不定,只是在具体的语篇层面才有作为翻译单位的价值,也仅限于那些文化信息非常丰富的文本,所以,文化作为翻译单位在理论层面仅处于句子之下的位置。这只是在理想或一般情况下的一种排序,现实翻译中会复杂得多,各种影响因素都有可能合力把某一单位推到原型或离原型较近的位置。

不同文化中的人对原型的界定也并非完全一样,这和人们的经验密切相关,也有一定的相对性。比如鸟,在有的文化中麻雀可能是原型,在有的文化中可能是知更鸟或燕子,对某些群体来说鸟的"边缘成员",如鸵鸟、企鹅则更具典型性。所以,翻译单位不管是在理论层面还是在实践层面都不是固定不变的。就个体译者而言,翻译单位都具有一定的主观性,不过就大多译者而言,也不乏共识的存在。这种共识很大程度上体现在很多学者把句子或语篇作为基本的翻译单位。国内也有一些学者把翻译单位分为翻译转换单位和翻译分析单位。① 这很有道理,转换着眼于表达,分析着眼于理解。就这点而言,操作层面更侧重翻译转换单位,以句子为原型,理论层面更侧重翻译分析单位,以语篇为原型,二者在翻译的理解和表达过程中实现统一。

3　结　语

翻译单位分为过程指向和产品指向两种类型,过程指向的翻译单位指具体翻译过程中的认知聚焦单位,一般在句子或句子以下的层面进行,往往通过实证研究得出相关结论。本文则主要是对产品指向的翻译单位进行回顾与思考。笔者认为,翻译单位未必是翻译过程中最小的语言转

---

① 高宁. 逻辑素与翻译单位研究. 外国教学理论与实践,2017(3):72-79;赵冬梅. 译者主体性观照下的翻译单位研究. 四川师范大学学报(社会科学版),2017(2):111-115.

换单位，而是最适宜的语言转换单位，尤其是产品指向型的翻译单位，从字词到语篇，即语篇的任何构成单位，都是潜在的翻译单位。所以，翻译单位是多元的、动态的，译者在翻译过程中可以根据实际情况选择合适的翻译单位。鉴于翻译单位的多元性和动态性，从原型理论来观照翻译单位会更有解释力。笔者把翻译单位分为操作和理论两个层面，在操作层面，句子是最典型的翻译单位，即翻译单位的原型，小句、句群、短语的隶属度也很高；在理论层面，语篇是翻译单位的原型，离之较近的语言单位（章节、段落、句群）的隶属度更高一些，强调的是整体对部分的控制作用，和语篇翻译观的理念比较相似。翻译单位在理论层面和实践层面并不是截然分开的，而是相互交织的，共同存在于具体的翻译行为中。如果说实践层面侧重翻译转换单位的话，理论层面更侧重翻译的分析单位，实践层面要求"一句如一篇"，侧重精细表达，理论层面要求"一篇如一句"，侧重整体分析。把翻译单位分为理论和实践两个层面更能体现"整体细译"的要求，同时也预设了"整体细评"的必要性。

形神之争:文学翻译中形神之争的困境与出路①

形式是西方哲学与美学史中的一个核心概念,极具争议,"或被规定为美和艺术的组成要素,或被规定为单纯的操作技术;它有时被推崇为美和艺术的本质或本体存在,有时又被贬抑为无足轻重的附庸、外表或包装"②。在哲学层面,形式可以是毕达哥拉斯的"数理形式"、柏拉图的"理式"、亚里士多德的"形式因",也可以是康德的"先验形式"以及黑格尔哲学体系中与"内容"相对的"形式"等。西方哲学家眼中的形式一般是抽象的,具有本源性的,为形式美学提供了理论上的源头活水。在文艺美学或文学理论层面,形式也往往具有本体地位,如俄国形式主义、英美新批评、结构主义、原型批评、格式塔美学等。在这些文艺流派看来,艺术(文学)之所以是艺术(文学)就在于形式本身,形式与语言、文本、结构、原型、格式塔基本画上了等号,形成了西方 20 世纪众声喧哗的多元形式观。其中,俄国形式主义影响深远,尤其是其提出的文学性概念与陌生化理论,与英美新批评都强调"作为语言艺术的文学,其独特性首先表现在语言之上"③。这里有必要区分一下"艺术形式"(艺术作为一种形式)和"艺术的形式"(艺术的构成形式),前者主要涉及艺术哲学层面的问题,后者很大程度上是一个操作层面的问题。在文学理论领域,英美新批评主要涉及

---

① 原载于《天津外国语大学学报》2022 年第 3 期,原标题为《还形式以生命——文学翻译中形神之争的困境与出路》,独立撰写,收入本书时略有改动。
② 赵宪章. 西方形式美学:关于形式的美学研究. 上海:上海人民出版社,1996:3.
③ 赵宪章. 西方形式美学:关于形式的美学研究. 上海:上海人民出版社,1996:299.

语言或文本的操作层面,俄国形式主义、结构主义等在注重操作层面的同时也兼顾文学的本体层面。受西方哲学(美学)影响,王国维在国内首倡"一切之美,皆形式之美",宗白华认为"美是丰富的生命在和谐的形式中",李泽厚也提出美是"自由的形式"的命题。① 从这些学者的观点来看,"'形式'概念是'舶来品'"②的说法也不无道理。

中国文艺美学关于形的探讨集中在形神关系上,受哲学影响很大,整体上形成了贵神轻形的文化传统。荀子较早论述了形神关系,"形具而神生"(《荀子·天论》),这里的"神"指的是人的精神,依附于人的形体。荀子的思想直接影响了范缜《神灭论》中的形神关系,包括"形存则神存,形谢则神灭","形称其质,神言其用,形之与神,不得相异"等。《淮南子·原道训》有言,"夫形者生之舍也,气者生之充也,神者生之制也",这里的"神者生之制也"很大程度上体现了神对形体生命的制约或主宰作用,即所谓"以神为主者,形从而利;以形为制者,神从而害"。文艺美学中的重神论是道家、佛家贵无贱有思想的具体反映,与言意之辨中的"得意忘言"说也相互呼应。古代哲学家关于形神的观点主要集中在人的形体与精神方面,形神不是中国美学的元范畴。从本体论层面而言,中国的"道"和西方的"形式"具有相似的地位,不失为各自的元范畴。中国古典文艺美学还有强烈的泛生命化倾向,强调"气"的周流化生。文艺美学中的形神观念与哲学中的形神观念密切相关,或者说是人之形神在艺术上的投射。画论中顾恺之的"传神写照"说、谢赫的"气韵生动"说以及文论中王昌龄的"三境"说(物境、情境和意境)、严羽的"妙悟"说、王士禎的"神韵"说等都助推了神相对于形的主导地位。中国画论中的形主要指摹写外物(包括人物),文论中的形不仅包括对外物的摹写,还包括文章的篇法、句法、字法、文体、风格、韵律、辞藻等,具有强烈的经验性和实践性。神以及与之相似的概念(气、韵、境、味)在中国传统文论中虽占核心地位,但为了实现以形写神、以言达意的目的,形的作用也从未被忽视。

---

① 张旭曙. 关于构建中国形式美学的若干思考. 天津社会科学,2014(3)：109.

② 赵宪章. 西方形式美学:关于形式的美学研究. 上海:上海人民出版社,1996：9.

由此可见,中国古代哲学、美学中"形"的概念与西方的"形式"不尽相同,二者的定位有不同的传统。这就造成了中国当代语境下形式的多元性与复杂性,给学界带来了不少困惑,包括中国翻译史上的形神之争。在当代翻译研究领域,我们该如何借鉴与利用中西有关形式的理论话语?如何重新激活大家对形式的认识?如何处理形与神的关系?如何为形神之争找到可能的出路?这是本文思考的一些问题。刘宓庆提出过"还形式以生命"①的理论命题,王东风也从诗学角度论述过文学翻译中"形式的复活"②。本文沿着这种思路对上述问题进行探析,与其说是为了解决形神之争的问题,不如说是为形式"正名",重审文学翻译中形式的重要性。

1 文学翻译中形神之争的困境

形式在西方具有形而上的本体地位,也是具体操作层面的概念,在操作层面和中国的形式观基本上是相通的。不同的艺术形态有不同的形式,翻译涉及的主要是语言形式,即本文论述的焦点。凡是关于翻译的探讨,基本上会涉及形式问题。

1.1 原文语言形式的传达

中国佛经翻译时期的文质之争与形式相关,涉及原文的形式或风格如何传达的问题,主要观点包括"因循本旨,不加文饰"(支谦《法句经序》)、"文质是时,幸勿易之"(道安《鞞婆沙序》)、"胡文雅质,案本译之"(僧叡《小品经序》)以及"令质文有体,义无所越"(慧远《大智论钞序》),这些主张都强调传达佛经本来的形式面目与风格特征。道安的"五失本"讨论的也是佛经文本的形式问题,其中"胡经尚质,秦人好文,传可众心,非文不合"(道安《摩诃钵罗若波罗蜜经钞序》)涉及文质之争,"失本"意味着形式的改变,反映了理念与实践之间的张力与矛盾。佛经翻译强调的是

---

① 刘宓庆. 中西翻译思想比较研究. 北京:中国对外翻译出版公司,2005:180-231.
② 王东风. 形式的复活:从诗学的角度反思文学翻译. 中国翻译,2010(1):6-12.

经义的传达，论及文质和其他形式问题，神的概念还没有正式登场。到晚清时期，形神也没有形成真正对立，不过著名的译论中也都会涉及语言的形式问题，如马建忠"善译"说中的"务审其音声之高下，析其字句之繁简，尽其文体之变态"①是形式问题；严复"信、达、雅"中的"达、雅"主要也是形式问题，包括词汇、句法、风格等方面。

鲁迅的"硬译"也着眼于语言形式，实乃"改造中国语言文字的一种文化策略"②，对白话文的形成与发展具有深刻意义。他认为，采取硬译的译本"不但在输入新的内容，也在输入新的表现法"，因为"中国的文或话，法子实在太不精密了"，"要医这病，我以为只好陆续吃一点苦，装进异样的句法去，古的，外省外府的，外国的，后来便可以据为己有"。③ 鲁迅的"硬译"刻意保留原文的语言形式，严复则"用汉以前字法句法"来实现"达旨"，或者说前者在语言上是异化，后者在语言上是归化。鲁迅和严复进行翻译的目标读者都是受过教育的中国人，为什么会采取不同的翻译策略呢？实乃翻译目的使然，一个旨在改造中国文字（至少与输入文化并重），一个旨在改造国民思想。由此可见，在不同的历史时期，译者出于不同的翻译目的，对待原文形式的态度不尽相同，尤其是句法层面。鲁迅的"硬译"与直译基本等同，或者说是严格意义上的直译，与西方的"逐字译"比较类似，所以直译法常被视为保留原文语言形式的有效手段。然而，中国的主流翻译思想，如傅雷的"神似"说、钱锺书的"化境"说等，特别强调译文的通顺流畅，读起来如原创作品一般。这也是语言形式受排挤的重要原因。

1.2 形神之争的滥觞与发展

陈福康认为，茅盾1921年2月发表的《新文学研究者的责任与努力》一文最早明确地提出翻译要保留原文"神韵"的观点，强调"文学作品最重要的艺术色就是该作品的神韵"④。同年，茅盾在《译文学书方法的讨论》

---

① 罗新璋，陈应年. 翻译论集（修订本）. 北京：商务印书馆，2009：192.

② 贺爱军. 鲁迅"硬译"的文化解读. 上海翻译，2009(4)：73.

③ 罗新璋，陈应年. 翻译论集（修订本）. 北京：商务印书馆，2009：346.

④ 陈福康. 中国译学理论史稿（修订本）. 上海：上海外语教育出版社，2000：236.

中明确地重审了这一观点,并且和原文的"形貌"并提,正式开启了中国翻译史上的形神之争。在该文中,茅盾提倡"与其失'神韵'而留'形貌',还不如'形貌'上有些差异而保留了'神韵'",同时提出二者相反相成的观点,并建议从"单字"和"句调"两个形貌要素来传达原文的"神韵"。① 茅盾既看到了形和神对立的一面,又看到二者相反相成的一面,并提出以形传神的做法(单字的翻译正确与句调的精神相仿),颇有见地。1929 年,陈西滢在《论翻译》中提出了形似、意似和神似的观点,把形式与内容归在形似上,把文笔与风格归在意似上,对神似或神韵则语焉不详。鉴于陈西滢提出的神韵(神似)是"一个极缥缈的目标",曾虚白把神韵界定为"读者心灵的共鸣作用所造成的一种感应",承认神韵的相对性,强调"把原书给我的感应忠实地表现出来",②并希求这种表现能得到译文读者同样的感应。陈西滢提出的三分法超越了形神之二元对立的思维模式,但其中要素的归属有待商榷,如把文本和风格归在意似的范畴。曾虚白把神韵视为读者的感应有"仁者见仁,智者见智"的问题。林语堂在《论翻译》中提出了"忠实须求传神"的观点,强调"忠实于原文之字神句气与言外之意"③,并提出翻译时要以句为本位,要完全根据中文之心理或行文习惯。林语堂的"传神"说继承了中国古代强调"言有尽而意无穷"的诗学传统,很有见地。他提出的句本位翻译观以及强调遵循中文的行文心理则是对僵硬的形式移植(字译)的一种反拨,也体现了他对"通顺"的理解。

茅盾、陈西滢等人的形神观并未引起过多的反响,是傅雷把形神之争推向了高潮。傅雷在《〈高老头〉重译本序》的开篇提出:"以效果而论,翻译应当像临画一样,所求的不在形似而在神似。"④傅雷作为翻译家的影响更大,提出的译论更是基于自己的文学翻译实践,所以他提出的"神似"说是其翻译思想的精髓,也广受关注。那么,到底什么是"神似"的译文呢?傅雷没有明说,不过从他对"理想的译文"的界定中可略窥一斑——"不妨

---

① 罗新璋,陈应年. 翻译论集(修订本). 北京:商务印书馆,2009:408-409.
② 罗新璋,陈应年. 翻译论集(修订本). 北京:商务印书馆,2009:484,486.
③ 罗新璋,陈应年. 翻译论集(修订本). 北京:商务印书馆,2009:500.
④ 罗新璋,陈应年. 翻译论集(修订本). 北京:商务印书馆,2009:623.

假定理想的译文仿佛是原作者的中文写作。那么原文的意义与精神,译文的流畅与完整,都可以兼筹并顾"①。换言之,神似的译文应该用流畅的语言把原文的意义与精神传达出来。神似要以语达(流畅)为条件,所以他反对"按照原文句法拼凑堆砌",反对"破坏本国文字的结构与特性"。②他在《致林以亮论翻译书》中写道,"我并不说原文的句法绝对可以不管,在最大限度内我们是要保持原文句法的,但无论如何要叫人觉得尽管句法新奇而仍不失为中文",这"不光为传达原作的神韵,而是为创造中国语言,加多句法变化等等"。③ 由此可见,傅雷的形似主要表现在句法层面,"所求的不在形似"并不是要完全抛弃原文句法,而是反对盲目因袭,合理保留原文句法也是传达原文神韵的一种手段,并且也能起到改造中国语言的作用。傅雷在后来的《论文学翻译书》中重申了"重神似不重形似"的观点,强调"译文必须为纯粹之中文,无生硬拗口之病;又须能朗朗上口,求音节和谐;至节奏与 tempo,当然以原作为依归"④。问题是这里的音节与节奏属于形式还是神韵呢? 抑或是形式所蕴含的神韵? 傅雷也没有明说。

文学翻译中的形式之争表现在两个层面:第一是形与神谁处于主导地位,一般而言都是神压倒形的,如傅雷、陈西滢的翻译观;第二是不同学者针对形神关系的论争,如江枫和神似派的交锋。江枫把许渊冲的译论归纳为"但求神似,不求形似",自己主张"形似而后神似",认为"译诗,不求形似、但求神似而获得成功者,断无一例",因为"文学是语言的艺术,没有形式便没有艺术,艺术总是借形以传神"。⑤ 其实,不管是强调神似的还是强调形似的,都认为理想的翻译应该是形神皆似,争论的焦点在于形和神发生矛盾时应该如何处理、形式改变了是否还能传达原文之神韵。丰华瞻认为,汉诗英译在形神不能兼顾的情况下应舍形似而取神似,即所谓"为了传神,'形'的方面往往需要作较大的变动,这是不可避免的,也是应

---

① 罗新璋,陈应年. 翻译论集(修订本). 北京:商务印书馆,2009:624.
② 罗新璋,陈应年. 翻译论集(修订本). 北京:商务印书馆,2009:623.
③ 罗新璋,陈应年. 翻译论集(修订本). 北京:商务印书馆,2009:613.
④ 罗新璋,陈应年. 翻译论集(修订本). 北京:商务印书馆,2009:772.
⑤ 江枫."新世纪的新译论"点评. 中国翻译,2001(3):21-26.

该容许的"①。江枫反对丰华瞻的观点,认为"神以形存,得形方可传神"②,要先形似才能取得神似的效果。许渊冲、丰华瞻的观点和傅雷的比较相似,都强调形神不能兼顾的情况下舍形取神,同时也预设了形神是可以分离的,不同的形式可以表达相同的神韵。江枫的观点更强调形神一体,以形传神,认为形神是不可分离的,类似于范缜《神灭论》中的观点。但在文学翻译中,语言的形变是绝对的,关键是用什么样的形式(似或不似)来传达原文的神韵。此外,翻译方向(如汉译英与英译汉)对形神观的理解似乎也有一定的影响。关于形神的论争还有很多,此不赘述。

1.3　形神之争的困惑与思考

翻译研究中形神之争最大的困惑便是概念界定问题。哪些因素属于形的范畴,哪些因素属于神的范畴,或语焉不详,难以捉摸,或众说纷纭,莫衷一是。这种困惑大概源自中西哲学与文艺美学对形式的模糊认识与多元化界定。然而,文学翻译毕竟是语言的艺术,所以其中的形式基本上就是语言形式。前期大家对形式的认识主要集中在句法层面,后期则越来越复杂了,尤其是对诗歌翻译中形式的探讨。江枫认为,形式的概念大于韵式,大于节奏,诗歌形式更重要的部分是和风格密切相关的结构和修辞手段,特别是诉诸形象的修辞手段,进而认为,"借以包含或表达内容的一切媒介都属于形式范畴"③。江枫的观点类似于英美新批评,特别注重文本本身的结构和修辞,同时也注意到形式与内容的相互转换,一定程度上扩大了形式的内涵,所以他才反复强调"形似而后神似"的译诗观。许钧对形神关系也有思考,提出过这样一个问题——"原文的遣词造句方式,原文的语言风格是属于'形'的范畴还是'神'的范畴?"④这个问题就涉

---

① 丰华瞻. 也谈形似与神似——读汉诗英译随感. 外国语,1981(2):18.

② 江枫. 形似而后神似——在 1989 年 5 月全国英语诗歌翻译研讨会上的发言. 中国翻译,1990(2):15.

③ 江枫. 形似而后神似——在 1989 年 5 月全国英语诗歌翻译研讨会上的发言. 中国翻译,1990(2):18.

④ 许钧."形"与"神"辨. 外国语,2003(2):62.

及概念界定,涉及如何理解形式的问题。许钧把"形"分为三个层次:"一是语言层次,即巴赫金所说的'材料';二是言语层次,即运用语言所提供的一切可能性的具有主体创造性的建构形式;三是文体层面,即不同类型文本的不同的布局形式。"①不难发现,第一层次类似于"艺术作为一种形式",第二和第三层次类似于"艺术的构成形式"。许钧把风格归在了"形"的范畴,与江枫的观点比较相似,但也有很多人把风格相似归在神似的范畴,如徐盛桓就认为,"所谓'神似',无非是要如实地表现出原文的特点和风格"②。

形神之争的困惑还表现在缺乏辩证性,片面夸大形神的矛盾性或不可调和性,把特殊情况看成了一般情况,或者片面夸大形神的统一性,强调神以形存的单一性。不管是傅雷还是许渊冲、丰华瞻等人,都是在形神不可兼顾的情况下选择了神似,形神皆似也是他们的追求和目标。不过这很容易给人造成一种错觉:特殊情况下的"舍形取神"变成了一般意义上的翻译要求。江枫在批评许渊冲"但求神似,不求形似"的观点时就很大程度上忽略了二者不可兼得的前提条件。江枫认为,"形似和神似"的矛盾多半是"神似派"的虚构,因为只有"神似派"主张"但求神似不求形似",却没有任何一个译者主张"但求形似不求神似"的。③ 所以,"形神皆似"是两派的共同追求,这是从形神统一层面而言的。从矛盾层面而言,"神似派"舍形而取神,以江枫为代表的"形似派"却没有给出明确的答案。我们有理由认为,"神似派"片面夸大了形神的矛盾性与不可调和性,"形似派"片面夸大了形神的统一性与不可分离性。这里还涉及不同形式能否表达相同神韵的问题,如果能的话,"神似派"不求形似也就名正言顺了。我们不妨说神主要是指一部文学作品独特的艺术魅力,问题是形神能囊括文学作品的全部意义吗? 如果不能的话,形神之间是否还需要一个中介环节? 这些问题也很大程度上造成了形神关系的复杂性。

① 许钧."形"与"神"辨.外国语,2003(2):64.
② 徐盛桓."形似"中的"神似".中国翻译,1984(2):18.
③ 江枫."新世纪的新译论"点评.中国翻译,2001(3):21.

2　文学翻译中形神之争的出路

翻译研究中的形神之争存在困境也意味着要走出困境,至于如何走出,不同的人选择的道路也许是不同的。在当代语境下,借鉴中西文艺美学的理论资源,本文尝试从以下三个方面进行思考:1)界定形式的内涵、层次与构成要素;2)突破二元对立,采取"一分为三"的思维方式;3)赋予形式生命气息,实现以形传神的目的。

2.1　厘清形式的构成要素

文学翻译中形神之争的根源在于不同的人对形似的理解不尽相同,或者说他们着眼于不同的形式因素。厘清形式的构成层次与因素是走出形神之争的第一步。张旭曙把西方美学中的形式意蕴分为四个层面,即材料媒介层、技术手法层、艺术审美层和形而上学本质层。[1] 文学是一种艺术形式,是艺术大家族的重要成员,其质料是语言,对语言进行特殊的加工与组合便构成了文学作品。文学作品是否有一个亚里士多德意义上的"形式因"促使其成为文学作品? 这属于"形而上学本体层"的问题,不在本文的探讨范围之内,暂且不论。关于材料媒介层,文学作品与文学翻译的主要媒介是语言符号,但在科技高度发达的当代语境下,也会涉及其他符号,如图片、音频、视频等。网络文学翻译的多模态化就充分利用了语言之外的其他符号形式的优势,取得了良好的传播效果。这里重点探讨一下文学翻译中技术手法层和艺术审美层中的形式要素。暂且不考虑其他符号。形式要素其实也就是语言形式及其具体组构。江枫认为:"所谓语言形式,应该包括使诗得以成为一种审美对象的全部媒介和手段,特别是和营造诗歌形象和诗歌意境密切相关的语言成分、结构和修辞手段。"[2]江枫对语言形式的认识还是比较深刻的,只是他仅局限于对诗歌翻

---

① 　张旭曙. 西方美学中的"形式":一个观念史的理解. 学海,2005(4):109.
② 　江枫. 再论形似与神似. 重庆大学学报(社会科学版),1995(3):105.

译的探讨，但也不妨扩展至整个文学翻译，对两个层面（技术手法与艺术审美）的形式要素进行充实与勾勒。结合中西文论资源的汇总如表 1 所示。

表 1　文学翻译中形式的两个层面与构成要素以及主要相关学科

形式层次	形式的构成要素	主要相关学科
技术手法层	标点符号；炼字与字法，字词的组合与搭配；炼句与句法，句型与语序；段法、章法与篇法；声响、韵律与节奏；意象；修辞格；修辞认知；形貌修辞；象似性；文体（文章体裁）与风格；叙述结构、叙事话语与人物话语；……	文论、修辞学、文体学、叙事学、语言学、文艺学
艺术审美层	语篇整体与语篇结构；陌生化的字词句；意象、象征、神话与原型；情节与叙事；文体与风格；多模态媒介；……	哲学、美学、文论、文艺学

　　文学作品中语言形式的构成要素是开放的，技术手法层面的要素也可成为审美对象，所以二者有一定的重叠。原文本身（语篇整体）作为艺术形式是一种审美对象，译者的任务就是在反复阅读品味的基础上通过利用目的语的各种符号手段重新创造一种艺术形式，即通常所说的还艺术以艺术，使译文的总体文学性和原文的总体文学性相当。译者要善于模仿原作者的技术手法，再现原文典型的、有意味的艺术特征。由于原文的形式因素是多方面的，且不同的语言文化存在诸多差异，所谓的"形似"不可能做到面面俱似，也没必要如此，不顾双语差异句栉字比式的机械对等更不可取。"美是有表现力的形式"①，在具体的文学作品中，并不是所有的形式要素都有表现力，或者说，这些形式要素的表现力有大小之分。所以，译者只能抓重点，像顾恺之绘画一样，找到原文中形式因素的"阿堵"，再设法移植到译文中，使之成为译文的重点审美对象。一般而言，"阿堵"在于原文风格，诞生于作者对语言的独特使用，属于形式范畴，风格的整体效果是原文神韵的重要表现，所以，实现风格相似是绝大多数翻译家的不懈追求与毕生目标。

---

① 苏珊·朗格. 情感与形式. 刘大基，等译. 北京：中国社会科学出版社，1986：460.

2.2　突破二元对立的思维方式

二元对立是西方典型的思维方式,通常强调一方压倒另一方,从而成为事物的主宰,如肉体与灵魂、现象与本质等。中国翻译史上的形神之争也表现在神对形的压制上,如二者不能兼顾时,大家的选择基本上都是舍形取神,即放弃形似保留神似。翻译界对形的界定难以统一,对神的界定也是众说纷纭。许钧曾总结如下:"按照翻译界流行的说法,'神似'中的'神'不仅包括神韵、情调、气势、风格等,还包括我们通常所说的'意义'、'精神'和'内容'。"①如果这样的话,"神"似乎无所不包了,也很难具有操作性。庞秀成②、庞秀成和冯智强③提出过"一分为三"的思维方式来反思和建构现代翻译理论话语,对形神之争的出路不无启发。《道德经》中有言,"万物负阴而抱阳,冲气以为和",这里的阴、阳、和便是一种"一分为三"(类似于正、反、合)的思维方式。古代的言意之辨通过加入象之中介也是如此。其实,陈西滢关于形似、意似和神似的论述已经体现了"一分为三"的思维方式,只是后来演化为形神的二元对立。很多学者也注意到了形神的辩证关系,但二者未必能涵盖文学翻译的所有因素,有必要加入一个中介环节。这个中介不妨设定为意义。陈大亮也有类似的观点。④在形似、意似和神似三元关系中,意义主要指原文内容层面的意义,毕竟文学作品的艺术魅力(文学性)不仅体现在形式方面,也体现在内容层面,体现在作者所表达的情志方面,俄国形式主义把文学性全部归在形式方面是失之偏颇的。关于意似,陈西滢探讨的主要是风格的相似,风格在本文中则被视为形式的范畴,所以有必要对这里的意似进行解释。

在文学翻译中,意义是一个很棘手的概念,也很难有统一的认识,不妨视之为一个综合的整体,或称之为文本意义。如果说文本意义是一个

①　许钧. "形"与"神"辨. 外国语,2003(2):63.

②　庞秀成. 翻译理论"一分为三"的视域. 外国语,2010(3):80-88.

③　庞秀成,冯智强. 一分为三翻译观何以可能?——一个元思维方法论的构想. 上海翻译,2020(1):7-13.

④　陈大亮. 何谓翻译境界论. 中国翻译,2021(2):13-21.

整体，那么对意义的解读与传达就与很多因素相关。本文暂且把意义大致分为两种：形式意义与内容意义。前者主要在审美层面运作，附着于语言形式；后者主要在概念层面运作，附着于语言所指。内容通过独特的形式完美地表现出来就产生了神韵。奂言之，神韵不是内容自带的，而是内容通过特殊的形式体现出来的。钱谷融认为："内容如果不包括在形式里，不能有定型的存在；形式也只有在帮助内容的显现和成形的时候才有意义。"①这里不妨说，内容意义是先在的，类似于作者的"构思"，体现了作者的"情志"。语言在给内容赋形的过程中获得了形式意义，形式意义和内容意义共同构成了文本的整体意义，形式意义是内容意义的语象化和审美化。"艺术效果是一种整体效应"②，在于内容与形式的巧妙组合，在于主观之情与客观之物的完美契合。文学作品的神韵很大程度上源自这种整体效应，源自内容的形式化，源自文本的整体意义。值得说明的是，本文说意似或形意并举时，其中的意主要指内容意义，说与神似相关的意义时，主要指内容意义与形式意义的结合。如果说翻译就是翻译意义的话，这里的意义也应该是文本的整体意义。

神韵与形式意义更为相关。形式因素是一个集合，神韵不可能在每一个因素上都有所附着，所以在翻译过程中要识别出其中的主导形式因素，然后通过目的语语言手段建构一种相似或不同的语言形式予以传达或再造。刘宓庆提出过"着眼于内容、着手于形式、着力于功效"③的功能主义形式观。理想情况下，文学翻译的审美功能就是其主要"功效"，而审美在于形式，因此，传达原文形式意义具有重要意义。然而，由于中西语言、文化以及诗学规范、美学传统等方面的差异，形似不见得是取得形式意义的唯一出路。刘宓庆提出过翻译审美再现的两种主要类型：模仿和重建④，其中模仿类似于形似，重建就是在目的语中换一种形式来再现原文的审美效果。哲学上关于人的形和神是不可分的，具有"形谢则神灭"

---

① 钱谷融. 关于艺术性问题——兼评"有意味的形式". 文艺理论研究，1986(1)：3.

② 王东风. 形式的复活：从诗学的角度反思文学翻译. 中国翻译，2010(1)：12.

③ 刘宓庆. 中西翻译思想比较研究. 北京：中国对外翻译出版公司，2005：187.

④ 刘宓庆. 翻译美学导论(修订本). 北京：中国对外翻译出版公司，2005：311-336.

的特征,文艺创作则未必如此,不同的形有潜力表达相同或相似的神。从理论上而言,文学翻译中"形似"(模仿)和"形不似"(重建)都是传达原文神韵的途径,二者都有可能削弱或强化原文的总体意义。所以,只能说形似是实现神似的重要方式之一,而不是全部,形变神依旧可存。从这个角度而言,笔者并不赞同江枫所谓的"形似而后神似"的观点。总之,在内容意义保存不变的情况下(意似),形神皆似只是一种理想情况,是译者孜孜以求的境界,也有形不似而神似的情况。其实,译文之神胜过原文之神的情况也存在,神似与神胜都不失为文学翻译的胜境。

2.3　赋予形式以生命气息

中国古人把文章视为类似于人的生命有机体,曹丕在《典论·论文》提出过"文以气为主"的经典命题,不妨认为人之精气投射到文章中便形成了文气。刘勰在《文心雕龙·附会》也说:"夫才童学文,宜正体制:必以情志为神明,事义为骨髓,辞采为肌肤,宫商为声气。"这段文字也是以人喻文的经典论述,其中的"情志"是作者发出的,即所谓"情动于中而形于言";"事义"指文章的思想内容,类似于文章的内容意义;"辞采""宫商"以及对"事义"的叙述方式则属于形式方面的东西,是文章总体意义的重要组成部分。作者通过文意来表达自己的情志,是"因内而附外"的,文章所有的语言形式都被赋予了作者的生命气息,形成了文气。文气不仅体现在内容层面,更体现在形式层面,尤其是那些与作者情志和写作意图紧密相关的形式要素,也可以说是"有意味的形式"。宗白华的生命美学就赋予艺术以生命的特征,他认为,"美是丰富的生命在和谐的形式中",在他看来,"生命是艺术的本体,也是美的本体"。[①] 西方以厄恩斯特·卡西尔和苏珊·朗格为代表人物的符号论美学也特别注重艺术形式的情感与生命特征,如朗格把艺术界定为"人类情感的符号形式的创造"[②],强调艺术

[①]　李衍柱. 生命艺术化　艺术生命化——宗白华的生命美学新体系. 文学评论,1995(3):126-127.

[②]　苏珊·朗格. 情感与形式. 刘大基,等译. 北京:中国社会科学出版社,1986:51.

与生命的同构，与中国传统文艺美学把艺术生命化具有相通之处。文学作品尤当如是观，如果没有作者的生命气息投入，作品就会了无生气，也会失去其存在的价值。文学之美在于其是作者生命的符号显现。

庞秀成和冯智强也认为："形似/神似之争具有中国文艺学观照，其统一体是生命体。"①生命或生命体不失为解决文学翻译中形神之争的一条路径，也体现了"一分为三"的思维方式。本文之所以把形似、意似、神似作为"一分为三"的解决方案，主要在于三者与生命都息息相关，都可归于生命，归于生命的元气。不管是人还是文本，气聚则生，气散则死。文学翻译需要译者全身心地投入，寻找原文的气象、气韵与气脉，在译文中传达原文之气，同时设法通达译文之气（如形式的重建），保证译文本身是个生气灌注的整体。就形式而言，译者首先要知道原文是作者生命的外化，是一个生命有机体，整体上是一个"有意味的形式"；其次还要识别原文的哪些形式因素作者刻意赋予了强烈的生命气息，承载着作者的情意志趣与创作目的。译者对原文形式要有这样的敏感性。文学译者也是有生命、有情感的，不仅要善于识别原文中生命化的形式因素，更要在译文中通过移情等手段模仿这种生命化的形式，或重建一种生命化的形式来容纳作者的情志。正如许钧所言："形可似，也可不似，但译者都不能不投入自己的创造个性，不然，形合神离，形似神散，都是不可避免的。"②译者的"创造个性"就是译者生命气息的具体表现。文学翻译过程中，形式被赋予了生命，作品的思想内容也会跟着活起来，形式与意义（内容）契合无间了，神韵也就呼之欲出了，以形写神的要义也许就在于此。换言之，不管是文学创作还是文学翻译，神韵都是形意结合的产物，是人之生命外化的一种表现，即蔡新乐所谓的"生命作用于生命，才会产生它的力量"③，才会体现"生生不息"的翻译本质。

---

① 庞秀成，冯智强. 一分为三翻译观何以可能？——一个元思维方法论的构想. 上海翻译，2020(1)：11.
② 许钧. "形"与"神"辨. 外国语，2003(2)：65.
③ 蔡新乐. 翻译理论的中庸方法论研究. 上海：上海外语教育出版社，2019：199.

3　结　语

　　不管是形似、意似还是神似,其实都预设了一种忠实翻译观,涉及忠实于什么以及忠实的层次性问题。在翻译研究中,"忠实就是要忠实于原文","忠实于原文就是要忠实于原文的意义"。① 如果把意义分为形式意义和内容意义两个层次的话,对内容意义的忠实基本上都会认可,一般也不会发生太大的变化,争议主要聚焦于形式意义,即如何忠实的问题。神似派在特殊情况下放弃形似并不是放弃了形式意义,而是在目的语文化中重建了一种形式,重新生成了一种形式意义;形似派则以原文的形式为依据,亦步亦趋。形式意义具有较强的文化个性,与各民族的语言、文化、诗学、美学、历史等密切相关,再加上形式是个多因素的集合,所以在翻译过程中操作起来就比较棘手。译者只能"着力于功效",选择原文的重要形式因素(如风格、结构)加以再现或重建,保证主导形式因素的作用得以实现,不可能也没必要做到面面俱似。在形、意、神三元关系中,意似主要指再现原文的内容意义,内容意义连接外部世界,与作者的创作目的密切相关;形式意义体现了作家对语言形式的个性化运用,是文学作品之所以是文学作品的区别性特征,具有一定的自指性与自足性,但不见得要靠模仿或形似取得。形式意义是文学翻译能否传神的关键,不可等闲视之。文学译者要"还形式以生命",着力于原文形式意义的传达或重建,辩证地处理形、意、神之间的关系,保证译文本身是一个生气灌注的整体,争取达到神似或神胜的境界。文学翻译批评也要善于"通过形式阐发意义"②,通过形式发掘神韵,充分展现译文形式本身以及译文中形式因素的审美价值。

① 冯全功. 翻译忠实观——争议与反思. 解放军外国语学院学报,2019(3):114.
② 赵宪章. 形式美学与文学形式研究. 中南大学学报(社会科学版),2005(2):162.

翻译伦理:文学名著复译的伦理原则与伦理目标^①

文学名著指在世界范围内或某一国别区域内具有较高艺术价值和影响力的文学作品。这样的作品往往经历了时间的考验,获得了历代读者的认可,在世界或民族文学体系中具有自己的一席之地。其中,民族文学名著(尤其是非英语作品)要想成为世界文学名著,就必须经过翻译,拓展其在世界各地的生存空间,促使其在异域他国焕发出新的生命力。名著由于自身内在的文学价值,具有很大的可阐释空间,这也是名著复译的主要原因。常言道,名著不厌百回译,名著反复被译介的过程也是其在世界范围内被经典化的过程,有助于其跻身世界文学之林,或巩固其在世界文学中的地位。一般而言,世界文学名著在同一语言中会有不同的译本,如莎士比亚的《哈姆雷特》在中国就有二十多个汉译本,知名度较大的译者包括朱生豪、梁实秋、孙大雨、卞之琳、方平、黄国彬等。在众多译者翻译《哈姆雷特》等世界文学名著时,很多伦理问题得以凸显。译者如何对待语言和文化差异,即译者对他者文化的态度是什么?译者的翻译目的是什么,采取的翻译策略是什么?后译者对前译者的态度如何,是否存在贬低别人、抬高自己的倾向?后译者有没有借鉴前译,如果有的话,借鉴的幅度多大,是否存在抄袭情况?译者对原文的相关研究是否有参考,如果有的话,是否在译本或其他相关副文本中有所体现?面对复杂的文际关

---

① 原载于《翻译研究》2023 年第 1 辑,原标题为《文学名著复译的伦理原则与伦理目标》,独立撰写,收入本书时略有改动。

系和人际关系,译者在复译过程中应该遵循什么样的伦理原则,应该追求什么样的伦理目标? 学界关于文学复译以及翻译(译者)伦理的研究很多,但二者相结合的复译伦理研究还比较罕见。在名著复译热潮持续存在的时代背景下,本文旨在对上述问题进行思考,通过分析名著复译过程中的译事与译例,尝试建构以"诚"与"和"为核心的复译伦理。

1 文学名著复译伦理述评

复译也称重译,一般是就文学作品而言的,尤其是文学名著。早在1935 年,鲁迅在《非有复译不可》一文中指出,复译的作用不只是"击退乱译",还在于"译得更好"(相对已经很可观的译文),译者要"取旧译的长处,再加上自己的新心得,这才会成功一种近于完全的定本"。① 这里鲁迅公开鼓励"取旧译的长处",通过复译者与前译者的"强强联合"来打造精品译文。萧乾和文洁若合译了《尤利西斯》,在接受许钧采访时,萧乾曾说过:"如果我们译笔偶有'神来'之处,我们欢迎未来译本采用,绝不乱扣'抄袭'的帽子……文化本身(包括翻译)是积累的,后来者应居上,它会在已出现的译本基础上产生。倘若为了怕前面的译者扣'抄袭'的帽子,就绕弯子译,那样受损失的是读者。"②萧乾也鼓励后译对前译的借鉴,指出这是文化积累的一种表现。辜正坤提出过"筛选积淀重译论",即"在合理利用一切已经产生的译本的基础上,去粗取精,并注入新的更好的表达法,最终合成翻译出最佳度近似于原作的译作"③。其中,筛选积淀指:1)筛选旧译的长处,如好的句子、好的风格、好的处理技巧;2)筛选值得重译的作品。筛选积淀重译的好处包括:1)尊重了旧译者的成果;2)利用了旧译的长处;3)保障了推陈出新能在持续提高的前提下进行,可大大减少误译、劣译、略译等;4)节约了新译者的劳动;5)给新译者提供了合法发挥

① 罗新璋,陈应年. 翻译论集(修订本). 北京:商务印书馆,2009:370.
② 许钧,等. 文学翻译的理论与实践:翻译对话录(增订本). 南京:译林出版社,2010:72.
③ 辜正坤. 中西诗比较鉴赏与翻译理论. 北京:清华大学出版社,2003:396.

才华的空间和机遇,使得译业能后继有人地越来越兴旺发达。[①] 辜正坤的"筛选积淀重译论"不乏争议(尤其是他关于抄袭的论述),但无疑为新译借鉴前译提供了理论支持。合理适度的借鉴是有必要的,名副其实的抄袭就另当别论了。其实,原作的不同译作之间是互文关系,新译借鉴前译也是"互文翻译观"[②]的一种表现。这里的关键是如何借鉴,尤其是复译者对前译者的态度问题。许钧也认为,复译者"应该勇于借鉴",并提倡在译序或译后记中大胆地标明对前译的借鉴和参考。[③] 这种光明正大的借鉴既是对前译的肯定与尊重,也是对自己和读者负责的一种表现。

关于复译研究,国外探讨较多的是"复译假设"(retranslation hypothesis,主要指后译比前译倾向于更接近原文)以及复译动因[④],鲜有专门涉及复译伦理的,如 2019 年劳特里奇出版社出版的论文集《复译的视角:意识形态、副文本与方法》(*Perspectives on Retranslation: Ideology, Paratext, Methods*)就未涉及复译伦理问题。玛萨迪耶-肯尼(F. Massardier-Kenney)认为,复译之所以重要是因为复译充分展现了文学作品的潜能(文学性),复译之所以产生未必是因为前译有缺陷或不足,而是因为复译构成了文学文本的力量。[⑤] 换言之,翻译是原作生命在空间上的拓展,复译则是原作生命在时间上的延续,复译会让原作生命变得更加丰盈,文学名著尤其如此。科斯基宁(K. Koskinen)和帕罗波斯基(O. Paloposki)探讨过首译者在复译中的声音,认为首译者会对复译过程产生影响,这就迫使所有复译者对前译者形成某种立场。[⑥] 任何立场都蕴含伦

---

① 辜正坤. 中西诗比较鉴赏与翻译理论. 北京:清华大学出版社,2003:398.

② 冯全功. 论文学翻译中的互文翻译观及其应用——以《红楼梦》复译为例. 北京第二外国语学院学报,2015(8):21-27 + 13.

③ 许钧. 重复·超越——名著复译现象剖析. 中国翻译,1994(3):5.

④ 田传茂. 国外重译理论研究的新进展. 解放军外国语学院学报,2014(3):102-110.

⑤ Massardier-Kenney, F. Toward a rethinking of retranslation. *Translation Review*, 2015, 92(1):73.

⑥ Koskinen, K. and Paloposki, O. Anxieties of influence: The voice of the first translator in retranslation. *Target: International Journal of Translation Studies*, 2015(1):25-29.

理的成分,主要涉及复译者对前译者采取什么样的态度以及如何处理前译者的声音或影响,正如波克(P. V. Poucke)所言,"复译者处理前人作品的方式最终是个人伦理问题"①。拉奇(G. J. Racz)探讨了诗歌复译中的伦理问题,认为复译的首要伦理问题并不是发现对前译文抄袭的欺骗行为,而是对复译者的道德要求,即如何致力于生成一个新的审美版本。②此外,拉奇还引用其他学者的观点对复译过程中借鉴前译的行为表示认可。韦努蒂(L. Venuti)也探讨过复译问题,包括复译与互文性、历史等话题,认为复译意味着重新和更加紧迫地面对译者的伦理责任,阻止目的语语言和文化泯灭原文所包含的语言和文化差异以及原文的陌生性。③韦努蒂对复译的研究也反映了他一贯坚持的差异伦理,表现在文本处理层面就是采取异化或抵抗式翻译策略。阿尔夫斯塔德(C. Alvstad)在探讨文学译者的伦理时也简要论及了复译与前译的关系问题,指出对现行法律和伦理问题的清醒认识至关重要,因为其可以帮助复译者决定何种程度上重复利用前译者的作品在伦理上是可以接受的。④ 由此可见,复译者对前译的利用不仅涉及伦理问题,也涉及法律问题,如知识产权法中规定的抄袭或剽窃问题。这意味着有必要厘清借鉴与剽窃的关系。国外还有很多关于翻译伦理或译者伦理的研究,但鲜有专门论及文学复译伦理的。总之,国外复译伦理研究主要聚焦于复译与前译的关系,并且大多为附带论述,罕见专题论文。

　　国内则有个别专门研究复译伦理的文章,这可能和中国持续不断的

———————————

① Poucke,P. V. The effect of previous translations on retranslation:A case study of Russian-Dutch literary translation. *Transcultural*:*A Journal of Translation and Cultural Studies*,2020(1):12.

② Racz,G. J. No anxiety of influence:Ethics in poetry retranslation after analogical form. *Translation Review*,2013(1):42-58.

③ Venuti,L. *Translation Changes Everything*:*Theory and Practice*. London and New York:Routledge,2013:96-115.

④ Alvstad,C. Literary translator ethics. In K. Koskinen and N. K. Pokorn (eds.). *The Routledge Handbook of Translation and Ethics*. London & New York:Routledge,2021:188.

外国文学名著复译热潮有关。刘全福认为，语言表达以及风格再现的独
创性与超越性是复译的生命，复译者可以参考、借鉴前译，但必须具有独
创性或超越性，同时还要操之有度，如果过分依赖前译，或假借鉴之名，行
剽窃之实，复译就失去了存在的理据与价值。① 吴新红探讨过翻译伦理与
文学名著复译的关系，尤其是复译参与者（翻译决策者和译者）的道德规
范，重点论述了译者对原作、翻译本身以及已有译本的态度。② 复译伦理
涉及复杂的关系网络，吴新红把翻译决策者也列为参与者的做法颇有道
理。胡东平和黄秋香指出，复译的伦理内涵包括复译行为的"经济为先"
（不要浪费人力或其他资源）、复译主体的"信、借、通为重"以及复译结果
视角的"认同为本"（强调各个译本之间的平等性与对话性）。③ 胡东平和
黄秋香也强调互文翻译观，鼓励复译者对前译本的借鉴，并积极利用原文
的研究成果等相关互文资源。不过，他们对各个译本无差别的认同是值
得商榷的，毕竟复译过程中的剽窃现象以及粗制滥造的译文还是存在的。
换言之，名著的诸多译本不见得具有同等的价值和地位。李双玲从翻译
伦理视角探讨了儿童文学名著重译，提出了"贴近原作者、爱护读者、尊重
原译者"三个原则，并鼓励借鉴前译，从而超越前译。④ 窦娟和刘书梅探讨
了重译的再现伦理，认为社会伦理要素影响并制约着重译本在语言维度
以及作者创作意图维度上的再现，评价重译本时"忠实"的伦理要求不应
是唯一的标准，还要将其置于翻译行为的动态的历史进程中加以考察。⑤
窦娟和刘书梅的研究一定程度上展现了翻译（复译）伦理的复杂性、动态
性与历史性。以上论文是国内专题研究复译伦理的成果，其他则为附带
论述，它们共同开启了复译伦理研究的先河。总体而言，这些研究大多是

① 刘全福. 在"借"与"窃"之间：文学作品重译中的伦理僭越现象反思——以《呼啸
山庄》两个汉译本为例. 东南大学学报（哲学社会科学版），2010（4）：93-96＋105.
② 吴新红. 翻译伦理与文学名著的复译. 长沙大学学报，2010（6）：114-115.
③ 胡东平，黄秋香. 复译的伦理. 山东外语教学，2012（3）：105-109.
④ 李双玲. 从翻译伦理看儿童文学名著的重译. 湖南社会科学，2012（5）：190-192.
⑤ 窦娟，刘书梅. 重译的再现伦理研究——以傅东华、李美华《飘》的两部汉译本为
例. 淮海工学院学报（人文社会科学版），2018（4）：64-67.

基于某一名著具体译本的探索,对复译伦理的思考还不够深入与系统。

2 诚:文学名著复译的伦理原则

进入 21 世纪以来,翻译研究中的伦理视角从翻译伦理走向了译者伦理,研究焦点也随之从文本走向了人。传统翻译理论中的信、忠实等核心概念基本上是指向文本的,带有很强的伦理意味。所谓忠实也就是忠实于原文,或者说忠实于原文的意义,意义本身的复杂性很大程度上导致了翻译中忠实的复杂性。曹明伦曾写道:"信者,言真也;言真者,语不伪也。"①这里的"语不伪"其实就是忠实于原文,所以信和忠实在翻译研究中很多时候是可以互换使用的。中国佛经翻译中的很多话语也是"信"的具体表现,如"因循本旨,不加文饰""案本而传,不令有损言游字""令质文有体,义无所越"等。如果说翻译伦理更多是基于规范(如信、忠实等)的,那么译者伦理则更多是基于美德的。译者伦理包括复译者伦理,只是后者的情况更加复杂而已。面对文学名著复译的"诱惑",复译者应该具备或遵守哪种美德作为自己的伦理原则呢? 笔者认为,诚可作为文学名著复译的伦理原则,也不妨视为所有翻译的伦理原则。当然,诚主要表现为主体之诚,诚作为伦理原则主要是针对(复)译者而言的,实乃译者的一种美德。

诚是中国古典哲学(本质上就是伦理学)中的一个核心概念,本身也具有很强的伦理意味,尤其是涉及人时。《中庸》有言:"诚者,天之道也;诚之者,人之道也。"诚首先是天之德行,所谓"天行有常,不为尧存,不为桀亡"(《荀子·天论》),借用朱熹的话说就是"诚者,真实无妄之谓,天理之本然也"(《中庸章句》)。真实无妄的天道既可以投射到人上,也可以投射到物上,前者表现在"诚之者,择善而固执之者也",后者表现在"诚者物之终始,不诚无物",二者贯穿起来便是"唯天下至诚,为能尽其性;能尽其性,则能尽人之性;能尽人之性,则能尽物之性"(《中庸》)。不妨认为,天

---

① 曹明伦. 论以忠实为取向的翻译标准——兼论严复的"信达雅". 中国翻译,2006
(4):17.

之诚和物之诚是大道运行的两翼，核心还在于人之诚，诚乃人修身养性之根本，所谓"君子养心莫善于诚，致诚则无它事矣"（《荀子·不苟》）。《中庸》又言："诚身有道：不明乎善，不诚乎身矣。"所以，就人而言，只有"明乎善"并"择善而固执之"，才能做到心诚意诚。《大学》也把正心、诚意作为修身的根本，把"明明德""止于至善"作为"大学之道"。由此可见，诚与善是不可分割的，诚不只是成己，还要成人（尽人之性）、成物（尽物之性）。《周易·文言传》中提出的"修辞立其诚"把诚与辞（言辞文教）也联系了起来，成为千古不变的修辞原则。这里的诚和信基本上是互训的，言辞之信是内心之诚的外在表现，所谓"诚于中，形于外"是也。总之，诚以善为导向，是人之修身与言行的至上标准。

在翻译研究中，张思洁和李贵荣指出要"事译事以诚"①，"诚"乃译者之为译者之操守，译者事译之本根，也是译者所应具备的修养境界。吴志杰从伦理学视角提出了"以诚立译"以及"修辞立诚"的学术命题，认为"诚"是翻译活动能够有序而健康地进行所必须遵守的态度预设与伦理前设。② 冯全功把"诚信"（其中诚指诚于人，表现为主体间性；信指信于文，表现为文本间性和文化间性）视为文学翻译以及文学翻译批评的标准。③ 陆颖曾建议"从主体间性角度思考复译各主体，通过以'诚'为基础的翻译伦理协调复译中各主体关系，完成'忠诚'的复译"④。由此可见，诚作为修养境界、伦理预设以及翻译标准都是应然的，也就是译者所应该具备或达到的；诚可作为译者从事任何翻译活动的伦理要求。在文学名著复译中，诚具体表现在哪些方面呢？以下尝试从诚于己、诚于人以及诚于译三个方面予以简要论述。

诚于己主要指名著复译者本人基于内心之诚的翻译人格，这种翻译人格也是对所有译者的伦理要求。"所谓诚其意者，毋自欺也"（《大学》），

---

① 张思洁,李贵荣. 论译者之诚及致诚之道. 外国语,2008(2)：62-67.
② 吴志杰. 和合翻译学. 北京:外语教学与研究出版社,2018：97-109.
③ 冯全功. 论文学翻译中的诚信观. 西安外国语大学学报,2013(4)：112-115.
④ 陆颖. 描述翻译研究视域下复译"贵在超越"论的内在悖论. 外语与外语教学, 2014(3)：76.

"勿自欺"是译者人格的一个重要方面。文学名著复译需要极高的翻译水平以及相关素养,译者要对自己现阶段的能力水平有清晰的认识,不宜率尔操觚,更不能对别人的译文改头换面之后当成自己的。文学名著复译强调超越性与独特性,如果不能译出一个超越前译或比较独特的译本,复译也就失去了价值。这就对复译者提出了很高的要求。2012 年,王国振的英语编译本《红楼梦》,大幅度抄袭霍克思和闵福德的译本,同时也抄袭杨宪益的文字,文字雷同率极高,整个编译本基本上没有任何创新性,也没有在相关副文本中提及前译者(该编译本根本没有前言、后记等副文本)。这样的抄袭行为不但对原文不尊重,对前译者不尊重,对读者不尊重,对自己也不尊重。① 这样的复译者不但"自欺",也在"欺人"。"明乎善"也是翻译人格的内在要求,复译者要清楚什么是该做的、什么是不该做的、什么样的翻译(包括复译)是有益于文学与文化交流以及人类社会与文明进步的、什么是有害的等。换言之,复译者要有强烈的正义感与责任感,要有"铁肩担道义"的使命感。其他与翻译人格相关的美德还包括坚持真理、自强不息、宅心仁厚、信守承诺、敢于担当、谦虚谨慎等。总之,诚于己以"修身"为本,需要"博学之,审问之,慎思之,明辨之,笃行之"(《中庸》)。名著复译者也是人,对人的伦理要求对复译者也是适用的,只是具体表现形式有所不同而已,诚如聂珍钊所言,"伦理选择是在特定环境或语境中对如何做人的选择,也是对人的身份的建构和确认"②。

诚于人主要指名著复译者用真实的内心和真诚的态度对待与复译相关的所有直接或间接参与者。文学名著复译涉及复杂的人际网络,包括项目赞助者、发起者、出版者、原作者、原文研究者、前译者、前译研究者、译文读者、批评者等。诺德(C. Nord)把译者对其他翻译活动参与者的责任称之为"忠诚"(loyalty),并把"功能+忠诚"作为德国功能主义翻译理

---

① 赵长江. 改编乎? 抄袭乎? ——评王国振《红楼梦》英文改编本. 华西语文学刊,2015(1):120-126.

② 聂珍钊. 文学伦理学批评的价值选择与理论建构. 中国社会科学,2020(10):77.

论的两大支柱。① 这里的忠诚并未预设一种等级关系，而是基于平等对话、以诚相待的人际关系。换言之，不只是(复)译者对其他参与者承担责任，其他参与者同样也要对译者承担责任，这种责任关系应该是相互的。有些出版者在译者不知情的情况下在复译本上做虚假营销，有悖"忠诚"之伦理。2019 年，读客文化(江苏凤凰文艺出版社)推出了周克希翻译的普鲁斯特的巨著《追寻逝去的时光》，封面上标有"全三册"的字样，腰封上赫然印着"本书曾有一个错误的译名——《追忆似水年华》"。其中的"全三册"有极强的误导性(读者会以为是小说的全部，其实普鲁斯特的原著共有七册，周克希由于种种原因公开放弃了其他四册的翻译)，可被视为一种虚假营销。腰封上的关于原译名错误的文字也过于绝对(《追忆似水年华》的译名是诸多译者以及译林出版社反复斟酌、慎重选择的结果)，也是对诸多前译者的不尊重，一定程度上否定了前译的价值。这种不良营销立刻引起了轩然大波，复译者周克希对此营销行为也并不知情，他认为"全三册""错误译名""法语翻译界泰斗"等宣传语非常不妥，要求读客文化撤回此腰封。后来读客文化也对此进行了公开道歉，并声称全面召回该图书。这里读客文化的营销话语就没有做到真诚待人，蒙蔽了译文读者，对前译者不够尊重，也欺骗了复译者周克希本人。针对名著复译而言，诚于人主要还是复译者与众多他者的伦理关系，尤其是前译者，这也是名著复译区别于一般文学翻译的主要特征。青年翻译家李继宏与果麦文化合作重译了很多西方文学名著，如《小王子》《傲慢与偏见》《老人与海》《了不起的盖茨比》等。他的重译本被果麦文化在腰封上宣传为"迄今为止最优秀译本"(《小王子》《了不起的盖茨比》)、"最优秀的《老人与海》中文译本"以及"159 年来，最好的《瓦尔登湖》中文译本"等，并通过挑前译之"错"来抬高他的译本，如"纠正现存 50 个版本的 1000 多处错误"(《老人与海》)、"纠正现存其他 56 个《小三子》译本的 200 多处硬伤、错误"等。由于时代、条件等各方面的局限，前译的"错误"(有些也不见得一定是错

---

① Nord，C. *Translating as a Purposeful Activity：Functionalist Approaches Explained*. Shanghai：Shanghai Foreign Language Education Press，2001：123-128.

误)难免存在,也不妨写学术或其他评论性文章予以专门探讨,但把这些作为宣传与营销话语印在腰封上就不见得合适了。这也是李继宏多年前在豆瓣上遭遇"一星运动"的主要原因。这些是出版商的营销话语(编辑添加的,所谓的"错误"也是编辑对比出来的),但与周克希不同的是,对这些营销话语李继宏本人似乎也是认可的,或者说他也认为自己的译文是最好的。虽说名著复译的生命在于超越性和独创性,但这不是出版商或译者自吹自擂出来的,而是众多或历代读者鉴别出来的,往往需要经过时间的冲刷与洗礼。进行名著复译必须对前译者有最起码的尊重,自我宣称"最优秀""最好的""最纯正、最优美、最准确"的营销伎俩是极其不负责任的,有悖于"成己""成物"的伦理要求。总之,诚于人要求复译者有一种"君子坦荡荡"的处世态度,不宜对前译者"扬恶隐善",要实事求是地展现真实的自己,通过"至诚无息""唯天下至诚为能化"的道德力量,竭力营造一种和谐的翻译人际关系。

　　诚于译主要指复译者发自内心的对文学翻译以及整个翻译事业的热爱与敬畏。古代彦琮的"八备"说在很大程度上体现了诚于译的要求,如"诚心爱法,志愿益人,不惮久时,其备一也"①。佛经翻译如此,文学名著翻译亦然,都需要译者"诚心爱之"。霍克思翻译《红楼梦》也是出自对这部小说的真爱,为此他辞去了牛津大学的教职,专心致志地翻译《红楼梦》,在译文的前言中还写道,"我不敢说处处翻译得都很成功,但如果能向读者传达这部中文小说给我的哪怕是一小部分乐趣,我就算没有虚度此生了"②。许钧在评价傅雷时曾说道,"在翻译中,他融入了自己深沉的爱,有了爱就有了理解,有了理解就会产生共鸣",并认为"翻译是爱,是理解,是历史的奇遇"。③ 所以也不妨认为,对原作本身以及文学翻译的热爱是文学名著复译的前提,如果没有爱的注入,复译就很难出精品。除了热

① 罗新璋,陈应年. 翻译论集(修订本). 北京:商务印书馆,2009:62.
② Hawkes, D. (trans.). *The Story of the Stone* (vol. 1). London: Penguin Group, 1973: Introduction 46.
③ 许钧,等. 文学翻译的理论与实践:翻译对话录(增订本). 南京:译林出版社, 2010:290.

爱,复译者还应有敬畏意识,敬畏原作,敬畏前译,敬畏翻译本身等。敬畏原作意味着要对原作进行深入研究,以为翻译服务。文学名著的可阐释空间很大,对原作往往已有大量的研究(尤其是源语文化圈内),复译者要广泛参考,择优利用。针对前译,敬畏意识也不可或缺,尤其是在参考了前译的情况下,更要对前译者公开表示尊重。敬畏前译就要充分认识前译的作用与价值,不能通过贬低前译来抬高自己的译本。翻译活动本身是非常复杂的,复译者也要敬畏翻译本身,充分认识到翻译在历史上以及当下的价值,培养合理的翻译观、价值观以及精益求精的翻译家精神,助力于构建和谐的翻译生态环境。总之,诚于译是复译者在翻译语境下进行伦理选择的结果,是诚于己和诚于人的具体化。

3 和：文学名著复译的伦理目标

如果说文学名著复译的伦理原则是诚,包括诚于己、诚于人以及诚于译,那么其伦理目标便是和,包括主体之间、文本之间以及文化之间的和。西方文化自古强调对立、竞争、冲突、斗争等,而中国文化历来强调中和、太和、和合、和谐等。从现实层面而言,正是因为对立与冲突的存在,才引发了人们对和谐的追求与向往。西周末期思想家史伯提出的"和实生物,同则不继"(《国语·郑语》)的命题奠定了中华和文化的基础。史伯认为,"以他平他谓之和",即把不同性质的事物均匀、合理地结合起来便是和,差异只是和的前提而非目的本身。古代还有很多其他经典论述或命题共同构建了中华和文化,使其成为中华文化的根本特色,如《易传》中的"乾道变化,各正性命,保合太和,乃利贞",《道德经》中的"万物负阴而抱阳,冲气以为和",《论语》中的"君子和而不同,小人同而不和",《中庸》中的"和也者,天下之达道也",董仲舒《春秋繁露》中的"天地之道,虽有不和者,必归之于和"等。鉴于中华文化以和为贵的思想渊源,和文化已广泛渗透到很多学科,如社会学、美学等。在翻译研究中,和或和谐的思想也经常被引入,如郑海凌提出过翻译标准的"和谐说"①,冯全功提出过"和谐翻译"②的概念。其中,冯全功提出的"和谐翻译"表现在主体间性、文本间性、文化间性等方面,也具有强烈的伦理意味。间性意味着平等对话,和谐共存,所以追求不同的文本之间、主体之间、文化之间的和谐,构建和谐的翻译生态环境,也不妨视为文学名著复译的伦理目标。

在文学名著复译中,和首先指不同主体之间的和谐,尤其是复译者和其他参与者之间的和谐。如果诚于人是伦理原则与要求,那么人际和谐则是目标与归宿。复译者以及其他参与者都有责任构建一个和谐的生态翻译环境,杜绝违和因子的出现。复译者的竞争意识是有必要的,竞争也容易产生精品,但竞争要正当有度,不能刻意地污蔑前译者,也不能毫无根据地自吹自擂。针对那些劣质、大幅度抄袭的名著复译现象以及对相关复译不合理的营销现象,读者也要积极去批评或揭发,决不姑息类似的"译弊"。复译者只有先诚于己,才能诚于人;只有诚于人,才能达到和谐的人际关系。由此可见,文学名著复译的伦理原则和伦理目标是密不可分的。复译活动中和谐主体关系的营造不只是复译者的伦理责任,还需要其他所有行动者的共同参与,并遵循各自的伦理规范以及做人的基本原则。赵瑞蕻曾说过:"一个好的译者必须具有崇高的道德感、使命感和艺术良心。"③作为文学名著的复译者,先要从我做起,把追求和谐作为翻译的崇高使命。

和其次指不同本文之间的和谐,这与赵瑞蕻所说的"艺术良心"也密不可分。复译本和前译本未必都是超越关系,尤其是经典前译,试想朱生豪译的莎士比亚作品又有多少人可以超越呢?但这并不妨碍有大量复译本出现。所以,复译和前译应该是一种"和而不同"的关系,原作的诸多译本共同拓展了原作的生命空间和流传时间,共同展现了原作的经典性和文学力量。如果纯属抄袭或大面积抄袭或东拼西凑的抄袭,这样的复译本和前译本就

---

① 郑海凌. 翻译标准新说:和谐说. 中国翻译,1999(4):2-6.
② 冯全功. 试论和谐翻译. 天津外国语学院学报,2010(4):38-43.
③ 许钧,等. 文学翻译的理论与实践:翻译对话录(增订本). 南京:译林出版社,2010:111.

是一种"同而不和"的关系，也失去了其存在的价值。这意味着文学名著复译本应该具有自己的创造性和生命力，本身是一个生机灌注、气韵生动的和谐整体，有独立存在的交际价值。任何有价值的译文和原文也应该是一种隔而不隔的和谐关系，隔的是语言载体，不隔的是精神姿致。所以，"和而不同"应是原文和译文以及诸多译文之间共同的理想存在状态。不管是参考前译还是其他相关研究文本，复译者有必要通过相关副文本（如译者前言、译后记等）将其明示出来，以示尊重，以便营造良好的文本之间的关系。

和还指源语文化和目的语文化之间的和谐，包括宗教、诗学、意识形态等方面。在不同的跨文化交流阶段，需要采取不同的翻译策略，或者说对文化差异采取不同的态度，这就要求译者坚持"时中"或"时措之宜"原则。西方的复译假设很大程度上也是"时中"的具体表现，即越是后来的复译，越靠近原文，对源语文化越是尊重。翻译是维护文化多样性的重要手段，文学名著是民族文化的缩影，名著复译也要贡献自己的力量，在不同的历史时期辩证地对待文化差异，把不同文化之间的和谐共存作为自己的终极目标。

和谐不是一桩事物，而是一种理想的存在状态或关系结构。和谐作为文学名著复译的伦理目标，涉及不同主体、文本和文化之间相互交织的复杂关系网络。以贝尔曼（A. Berman）和韦努蒂为代表的西方翻译伦理强调差异，对中国翻译伦理研究有莫大的影响。有差异才会达到和谐的状态，但差异本身并不是目的。所以，针对文学翻译伦理，与其对差异过分强调，不如强调和谐。和谐不是绝对的，而是依附于特定时空的存在状态。和谐在不同的时空可能有不同的表现，文学名著复译中的和谐亦然。这就要求复译者"唯变所适"，灵活而又扎实地践行和谐翻译。和谐也不是纯粹的，在整体和谐的环境中肯定会有违和因子存在。哈利发（A. Khalifa）甚至认为，复译通常是象征性或隐藏的暴力行为，也是相关翻译行动者的斗争场所。① 复译中冲突与象征性暴力的存在也从反面说明了和谐的珍贵以及人们对和谐的向往。针对文学名著复译中的违和因子，

---

① Khalifa，A. The hidden violence of retranslation：Mahfouz's Awlād Hāratinā in English．*The Translator*，2020(4)：1-18.

如抄袭(需要界定抄袭的标准以及操作机制)、粗制滥造、虚假营销、自我吹捧、恶意诋毁、人身攻击等"译弊"或失和现象,相关人士要充分发挥翻译批评的"介入性与导向性"①,不管是专业的还是网络化或大众化的翻译批评。和谐作为文学名著复译的伦理目标归根结底是由人实现的,是伦理选择的结果,而"伦理选择是关于如何做人的选择"②,所以,诚于己和诚于人是实现文学名著复译伦理目标的关键,其包括但并不限于复译者的伦理选择,需要诸多参与者共同努力。

4 结 语

文学名著一般都是经过时间考验的,大多也过了版权保护期,所以同一原著在同一国家或语言范围内有不同的译本是很常见的事。经济利益或商业因素的驱动进一步推动了文学名著复译在世界范围内的频繁发生。这就涉及同一名著不同的译者与译本之间在特定出版环境下错综复杂的关系,文学名著复译伦理研究主要就是探讨这些关系的,这也是复译伦理和一般的翻译伦理或译者伦理的不同之处。在对国内外复译伦理研究进行述评的基础上,本文主要探讨了文学名著复译的伦理原则和伦理目标。笔者把诚作为名著复译的原则,具体包括诚于己、诚于人和诚于译,把和作为名著复译的伦理目标,主要包括不同的主体之间、文本之间和文化之间的和谐。诚是对复译者的伦理要求,也需要其他参与者具有诚之品质;和是复译者所应追求的,也需要其他参与者贡献力量。换言之,文学名著复译伦理并不限于复译者,还涉及更多的相关主体以及主体之外的因素(如文本、文化、意识形态等),这些主体与其他相关因素共同组成了名著复译的生态环境。营造一个健康、和谐的复译生态环境是每位复译者以及其他相关主体的共同责任与使命。

① 许钧. 论翻译批评的介入性与导向性——兼评《翻译批评研究》. 外语教学与研究,2016(3):432-441+480.
② 聂珍钊. 文学伦理学批评的价值选择与理论建构. 中国社会科学,2020(10):73.

翻译文化研究:概念辨析与拓展方向①

2019 年 12 月 16 日,"中外语言文化比较学会翻译文化研究会"成立大会暨首届全国翻译文化研讨会在浙江大学隆重召开。自此,"翻译文化研究会"作为"中外语言文化比较学会"的二级学会正式成立,由王克非担任会长。2020 年 10 月 25 日又在上海外国语大学召开了翻译文化研究会首届理事会学术研讨会。顾名思义,翻译文化研究会主要是研究翻译文化的一个学术团体。然而,翻译文化指的到底是什么? 又该如何进行翻译文化研究? 这两个问题并没有想象中的那么简单,需要我们深入思考。王克非在翻译文化研究会成立大会上指出:"所谓翻译文化就是两种或多种文化周旋的产物。翻译文化研究一方面在于考察翻译在文化思想发展史上的价值和作用,另一方面,翻译本身就是一种文化。"②王克非 1997 年还在其编著的《翻译文化史论》中指出:"翻译文化史重在研究翻译对于文化(尤其是译入语文化)的意义和影响,它在文化史上的作用,以及文化对于翻译的制约,特别是在通过翻译摄取外域文化精华时,翻译起到什么样的作用,达到什么样的目的,发生什么样的变异。"③不难发现,王克非前后对翻译文化的认识既有继承又有拓展。如果说"考察翻译在文化思想发展史上的价值和作用"是王克非一贯的学术思想的话,那么认为"翻译本

① 2022 年被《中国翻译》录用,刊期待定,标题未变,独立撰写,收入本书时略有改动。

② 高淑贤,杜兰兰,枣彬吉."中外语言文化比较学会翻译文化研究会"成立大会暨首届全国翻译文化研讨会会议综述. 东方翻译,2020(1):93.

③ 王克非. 翻译文化史论. 上海:上海外语教育出版社,1997:2-3.

身就是一种文化"则其思想的新拓展。遗憾的是,他本人对这种新思想也只是提及而已,并未进行系统阐发。在国内外翻译学科以及全球语言服务行业快速发展的时代背景下,翻译文化这个概念至关重要,有待我们重新审视,以彰显其新的内涵,拓展翻译文化研究的方向。本文基于王克非等人的研究,旨在归纳翻译文化的几个不同指向,深入探讨"翻译本身就是一种文化"的学术理念,并将其视为翻译文化研究的拓展方向,以凸显翻译文化本身的理论意义和应用价值。

1 翻译文化的不同指向

语言是文化的载体,也是文化的重要表现。翻译主要是和语言打交道的,翻译和文化相互交织,密不可分。就这点而言,翻译就是翻译文化也不无道理。还有很多学者认为,翻译本质上是一种跨文化交流,翻译在目的语文化的发展、丰富、更新、变异等方面发挥着关键作用,同时影响翻译的外部文化因素也很多,如诗学、意识形态等,这很大程度上引发了翻译研究的文化转向。当然,对翻译本身、翻译伦理、翻译职业、翻译行业等方面的认识与浸润也是一种文化,不妨称之为翻译文化。以上论述涉及翻译文化的三种主要指向,即对翻译中文化因素的处理、翻译研究的文化学派以及围绕翻译本身所形成的文化。

1.1 翻译中文化因素的处理

翻译文化如果指对翻译中文化因素的处理的话,那么这里的翻译可被视为动词,不过其更为常用的名称为文化翻译,以王秉钦的《文化翻译学——文化翻译理论与实践》、杨仕章的《文化翻译学》等著作为典型代表。对文化因素的处理是译学界持续不衰的一个话题,尤其是在文学翻译界。以《红楼梦》的翻译为例,探讨其中文化翻译的论著就有很多,涉及方向包括宗教文化、诗词文化、戏剧文化、饮食文化、中医文化、建筑文化、服饰文化、游戏文化、礼仪文化、称谓文化等。文化负载词的翻译研究也比较常见,尤其是其翻译策略研究。格义与正名(音译)、归化和异化、丰厚(深度)翻译、多重定义法都是比较常见的文化负载词翻译策略。王佐良曾指出，"翻译者必须是一个真正意义的文化人"，因为"他处理的是个别的词，他面对的则是两大片文化"。① 中国古典哲学和文论术语的翻译尤其如此，如道、气、天、和、有无、阴阳、自然、仁、礼、诚、性、心、情、理、韵、味、神、意、境等。这些核心哲学文论术语承载着悠久厚重的中华文化。陈寅恪曾说，"凡解释一字即是作一部文化史"②。对类似文化术语的透彻理解的确需要"一部文化史"的分量，对其翻译更是要面对"两大片文化"选择合适的策略。文化往往具有很强的民族个性，离开了文化母体，很多文化术语就很难理解，这也是文化负载词翻译比较复杂的重要原因。当然，翻译文化并不限于文化负载词或文化术语的翻译，翻译中的文化因素还包括很多内容，如思维方式、生活方式、宗教信仰、意识形态、诗学观念、话语表达方式(包括敬辞、谦辞、委婉语)等。中国佛经翻译史上的很多论述与文化因素相关，如道安的"五失本"、玄奘的"五不翻"等。文化翻译强调的是文化之间的差异，包括对待文化差异的态度以及处理文化差异的策略，尤其是对归化与异化的探讨。奈达(E. A. Nida)认为，就成功的翻译而言，双语文化知识(biculturalism)比双语知识(bilingualism)更加重要，因为具体词语只有置身于其发挥作用的文化之内才有意义。③ 由此可见，译者作为"真正意义的文化人"，在双语习得基础上还要对源语文化和目的语文化都有透彻的理解。文化翻译的最大挑战也许在于如何让译文读者也能像译者或原文读者那样理解原文中的文化因素，从而实现有效的跨文化交流。这就要求译者有高度的文化自觉意识，善于根据具体情况(如翻译目的、跨文化交流的阶段性、目的语文化对异域文化的容忍度与接受性、文化因素在特定文本中的重要性)选择合适的翻译策略。

---

① 王佐良. 翻译中的文化比较. 中国翻译，1984(1)：2.

② 侯旭东. 字词观史——从陈寅恪"凡解释一字即是作一部文化史"说起. 北京大学学报(哲学社会科学版)，2020(4)：88.

③ Nida，E. A. *Language and Culture：Contexts in Translating*. Shanghai：Shanghai Foreign Language Education Press，2001：82.

1.2 翻译研究的文化学派

翻译研究的文化学派是个比较宽泛的说法,从 20 世纪 90 年代开始流行,主要是从文本外部的文化、社会视角来研究翻译活动或翻译产品的一种范式,即翻译研究的"文化转向",是对翻译研究语言学派的一种反拨。文化学派涵盖的内容比较丰富,包括翻译改写论、描写翻译研究、多元系统理论、女性主义翻译研究、后殖民翻译研究等。王克非的《翻译文化史论》、谢天振的《译介学》、胡翠娥的《文学翻译与文化参与——晚清小说翻译的文化研究》等是国内这种研究范式的代表作。由于文化学派的主要研究对象是目的语文化中既定的翻译事实与现象(如翻译产品、翻译活动、翻译事件、翻译机构、译者群体等),因此,这种范式的研究一般具有史的性质,并且强调对相关翻译现象的描写与解释。黄焰结指出:"翻译文化作为时代的产物,它的历史嬗变既反映了社会文化语境对翻译活动的操控,也彰显了翻译事业对文化发展的作用与影响。"[1]这说明翻译研究的文化学派强调"翻译活动与社会文化的互动关联"[2]。中国古代佛经翻译与汉语语言文化的革新、晚清时期翻译与救亡图存、"五四"时期文学翻译与汉语白话以及现代诗学的形成等,都可以从翻译与外部社会文化的"互动关联"着手去研究。翻译研究的文化学派把翻译放在了一个更加宏阔的社会文化背景下去考察,不再把微观的语言转换视为翻译研究的核心内容,拓展了翻译研究的视野,也很大程度上提升了其理论品位,形成了翻译研究的语言学派和文化学派双峰并峙的局面。当然,这两派也不是截然分开的,"以大观小"(从社会文化视角解释翻译选择,包括翻译文本的选择、文本的语言选择等)以及"以小见大"(从各种翻译选择透视社会文化的影响)的研究思路很大程度上说明了二者的融合性与互动性。在翻译研究文化学派的启发下,译者"要进一步树立翻译的文化观,认识翻译的文化本质,从文化交流与发展这个高度来理解翻译活动,对翻译活

---

① 黄焰结. 翻译文化的历史嬗变:从清末至 1930 年代. 语言与翻译,2014(1): 51.
② 黄焰结. 翻译文化的历史嬗变:从清末至 1930 年代. 语言与翻译,2014(1): 47.

动作出正确的历史定位"①。刘宓庆曾呼吁，"中国翻译界应该树立翻译的文化战略观以应对世界大局的发展态势以及我国经济、文化转型的历史性需求"②。如果说许钧的翻译文化观是对翻译的理性认识的话，刘宓庆的翻译文化战略观则多了很多现实考量，尤其是把翻译事业与中华民族复兴联系起来，体现了他一贯坚持的功能主义翻译观。

1.3 翻译本身所形成的文化

翻译和文化密切相关，翻译产品(译文)是一种特殊的文化现象，翻译本身很大程度上也是一种文化实践，正如应远马所言，"翻译传递文化、丰富文化、创造文化并且应该拥有属于翻译自身的文化"③。翻译中文化因素的处理以及翻译研究的文化学派在学界已经屡见不鲜，但专门探讨翻译本身所形成的文化的并不多见。骆贤凤提出过建构翻译文化的观点，并把翻译文化分为表层结构和深层结构两部分，前者包括翻译标准、概念、技巧、规范和翻译组织机构及设施，后者包括翻译意识、心理以及翻译思想体系，认为翻译文化具有渗透性、传承性和民族性三大特征。④ 李同良把翻译文化界定为围绕翻译这一社会文化现象而形成的趋同性反应或态度、普遍的社会认知或普遍的价值认同，或者说翻译文化是围绕翻译活动而产生的一种社会氛围，并对翻译文化建设提出了一些针对性的建议，如培养翻译文化建设人才、发挥政府职能部门和社会组织的作用。⑤ 应远马认为："翻译文化是指在各种翻译活动中形成的所有翻译互动者所应该遵循的规范和所创造的价值，以及这种规范和价值对社会和历史所产生的影响。"⑥这三篇文章是专门探讨翻译文化建设的，研究重点与翻译研究

① 许钧. 翻译研究与翻译文化观. 南京大学学报(哲学·人文科学·社会科学)，2002(3)：224-225.

② 贺爱军. 翻译文化战略观考量——刘宓庆教授访谈录. 中国翻译，2007(4)：51.

③ 应远马. 试论翻译文化的构建. 译苑新谭，2012：51.

④ 骆贤凤. 翻译文化的建构与特点. 西北第二民族学院学报，2006(1)：134-136.

⑤ 李同良. 翻译文化建设浅释. 长春理工大学学报(社会科学版)，2012(4)：112-113 + 158.

⑥ 应远马. 试论翻译文化的构建. 译苑新谭，2012：40-41.

的文化学派以及翻译中文化因素的处理迥然有别,代表着翻译文化研究的新方向,尤其是李同良和应远马对翻译文化的理解,具有一定的代表性。国外也有类似的研究,如德国翻译学者普伦茨(E. Prun)在 1997 年就提出过翻译文化的概念,并对之进行了持续的思考与研究,认为翻译文化由特定文化中翻译相关行动者所共享的一系列规范、规约、期待、价值和习惯性行为方式组成,提出了构建民主翻译文化应遵循的四个原则,即合作性、忠诚性、透明性和生态性。① 由于普伦茨是用德语写作的,其关于翻译文化的系列论文在西方影响并不大,但不乏洞见。韦努蒂(L. Venuti)也展望过翻译文化的问题,特别强调译者对翻译本身的思考以及翻译作品的评论,译者同时还要善于和读者分享自己对翻译的认识,以提高译者和译作的地位。② 国内外这些研究共同构成了翻译文化研究的第三种指向,值得深入挖掘。

翻译文化之所以有这三种不同的指向,主要还是因为汉语的模糊性。翻译文化可以同时指翻译的文化研究(翻译研究的文化学派)、翻译中的文化(翻译中文化因素的处理)和关于翻译的文化。张思永曾区分过三种类型的翻译文化研究,即翻译实践的文化研究(翻译中文化因素的处理及其转化规律)、翻译活动的文化研究(翻译研究的文化学派)和翻译理论的文化研究(研究对象为翻译理论本身)。③ 如果加上张思永所谓的翻译理论的文化研究的话,翻译文化(研究)则有四种不同的指向。皮姆(A. Pym)认为,翻译文化也可指译者置身其中的源语文化和译语文化共享的

---

① Hebenstreit, G. Functional translation theories and ethics. In K. Koskinen and N. K. Pokorn (eds.). *The Routledge Handbook of Translation and Ethics*. London & New York: Routledge, 2021: 66-68.

② 郭建中. 异化与归化:道德态度与话语策略——韦努蒂《译者的隐形》第二版评述. 中国翻译,2009(2):34-38;Venuti, L. Towards a translation culture. *Iowa Review*, Fall, 2011. 全文可参见:https://mdash-ahb.org/the-translation-forum/1-towards-a-translation-culture/.

③ 张思永. 论翻译文化研究的三种类型及其文化转向. 燕山大学学报(哲学社会科学版),2018(5):43-50.

空间,又称文化间性(interculturality)。① 皮姆的文化间性为学界所熟知,文化间性被其视为翻译文化的观点却鲜被提及。笔者认为,翻译文化可涵盖这几种不同的指向,但有优先顺序,轻重之别。翻译文化首先指翻译本身作为一种文化,其次是翻译的文化研究视角或对翻译中文化因素的处理,再次是文化间性意义上的翻译文化,最后是翻译理论的文化研究。值得说明的是,翻译理论的文化研究指向稍显牵强,毕竟翻译和翻译理论并非一回事,翻译文化研究似乎很难与"从社会文化的角度对已有的翻译理论进行的研究"②挂上钩。

2 翻译文化研究的拓展方向

对翻译尤其是文学翻译中文化因素的处理历来都有探讨。翻译研究的文化学派在近三四十年发展迅猛,取得了丰硕的成果,从外部切入的研究思路与范式也得到广泛认同。中外语言文化比较学会翻译文化研究会的主要任务也是从宏观的社会文化视角对相关翻译活动进行研究,尤其是翻译史研究,采取的主要是翻译研究文化学派的研究范式。王克非也注意到"翻译本身就是一种文化"的事实,但并未进行系统探索。作为翻译文化研究的拓展方向,第三种指向的翻译文化(此后简称翻译文化)有其自身的内涵。

2.1 翻译文化的主要内涵

翻译文化的内涵是多重的,结合普伦茨、李同良、应远马等人对翻译文化的理解,笔者把翻译文化的主要内涵归纳如下:1)指大众或学界对翻译活动本身(尤其是翻译价值)以及与翻译密切相关的其他活动的认知;2)指有关翻译立法、翻译政策、职业规范、翻译标准、伦理规约等知识体系

① Pym,A. *Method in Translation Theory*. London & New York：Routledge,2014：177.
② 张思永. 论翻译文化研究的三种类型及其文化转向. 燕山大学学报(哲学社会科学版),2018(5)：44.

的总和;3)指相关社会团体、组织机构所建构的以及译者本人所展现的译者形象以及习惯性行为方式。如果说文化可分为物质文化、制度文化和精神文化的话,翻译文化主要是一种精神文化,涉及的因素很多,如译者、其他翻译活动参与者、翻译作品、翻译事件、翻译伦理、翻译批评、翻译教育、翻译组织、语言服务行业等。

　　韦努蒂之所以提倡翻译文化,很大程度上是因为他遇到的图书与期刊编辑等对翻译抱有偏见,哪怕这些编辑本人就是译者。他强调,译者本人应对翻译进行反思并通过各种形式(如研究论著、翻译评论、前言后记、翻译访谈、博客译评)发出声音,要把译文视为相对独立的文本而不是原文的衍生品,以提高公众对翻译的认知,尤其是翻译对目的语文化发展以及跨文化交流的重要性。① 韦努蒂的翻译文化观强调的是公众对翻译价值的认同问题,提高这种认同感是翻译学界和广大译者义不容辞的责任。许钧基于他本人对翻译的定义,即"翻译是以符号转换为手段,意义再生为任务的一项跨文化的交际活动",建立了比较系统的翻译价值观,具体包括翻译的社会价值、文化价值、语言价值、创造价值和历史价值,体现在交流、传承、沟通、创造与发展五个方面,这五个方面正是翻译的本质价值之所在,也是翻译精神之体现。② 许钧对翻译价值的概括比较全面,充分体现了翻译的建构力量和开放精神。在全球化时代,以翻译为核心的全球语言服务行业蓬勃发展,翻译的经济或服务价值也非常突出,与许钧所谓的社会价值、文化价值等密切相关。翻译的娱乐(休闲)价值同样值得关注。翻译的游戏性(主要由作者、文本、译者和读者构成的四方游戏)决定了翻译的娱乐(休闲)价值,翻译游戏可以起到悦心悦意、悦情悦志的作用,尤其是文学翻译。此外,翻译在维护文化多样性、促进文明互鉴以及人类命运共同体建设方面也发挥着重要作用。翻译的多元价值很大程度上意味着翻译在目的语文化中具有独立存在的地位,所以研究者不应只盯着译文对原文是否忠实。当然,这只是学界对翻译价值的思考,如何用

---

① Venuti, L. Towards a translation culture. *Iowa Review*, Fall, 2011.

② 许钧. 翻译论. 武汉:湖北教育出版社,2003:378-395.

通俗的语言、生动的实例、典型的译者向大众介绍这些价值值得思考。

关于翻译的本质问题，学界也一直在讨论。冯全功认为，翻译是一种符号转换活动，符号转换性是翻译的唯一本质属性。① 这样的最简化定义具有阐释上的开发性，涉及谁来转换、转换什么、如何转换以及转换效果等翻译研究的基本问题。开放式、非规定性的定义有利于拓展对翻译的理解（如囊括了口译、符际翻译、机器翻译），深化对翻译本身的认识（如不限于忠实的全译）。翻译价值与翻译本质研究是社会对翻译活动认知的前提，其中翻译价值的普及更是公众对翻译产生认同的基础。与翻译密切相关的其他活动包括创作与编辑、翻译（译者）培训、翻译教学、翻译传播、翻译出版、本地化与国际化、翻译项目（资产）管理、翻译技术研发与应用、机器翻译与译后编辑等。对这些相关活动的了解也是翻译文化不可或缺的组成部分，此不赘述。

翻译文化还指翻译立法、翻译政策、职业规范、翻译标准、翻译伦理等知识体系。翻译的产业化加速了翻译的职业化，翻译作为一种职业，目前国内还没有硬性的准入机制，也没有专门的翻译法律，翻译市场总体上比较混乱。鉴于此，黄友义曾在全国两会上呈交关于翻译立法的提案，积极推动翻译立法，并认为："只有在翻译行业建立相关法律法规，才能从根本上规范翻译市场，提高翻译质量，保证翻译行业的健康可持续发展，从而提高我国对外交流的整体水平，维护国家形象和国家利益。"②翻译立法在国内虽有人提议，但还未真正实施，有待继续努力。不同的时代有不同的翻译政策，目前国家特别强调中国文化（文学）"走出去"、对外译介与传播中的国家形象建设、国家翻译能力建设等，这些也不妨视为国家翻译政策，基本导向便是从翻译世界到翻译中国的转变，建构与展现可信、可爱、可敬的中国形象。2019 年，中国翻译协会颁布了《译员职业道德准则与行为规范》，有助于规范翻译人员的职业行为，提高译员的职业道德水平，维

---

① 冯全功. 翻译是一种符号转换活动——关于翻译定义的若干思考. 中国翻译，2022(3)：11-19.
② 黄友义. 推动翻译立法，促进翻译行业的健康发展. 中国翻译，2011(3)：30.

护译员的职业声誉,营造健康和谐的行业生态。然而,这种规范只是指导性的,还需要不同的翻译组织根据自己的实际情况去落实与实施。关于翻译标准和翻译伦理,也要辩证地看待。习惯性翻译行为一般是符合普遍认同的翻译规范和标准的,如忠实流畅的全译等,也符合大众对翻译的期待。然而,在现实世界没有一成不变的翻译标准,也没有放之四海而皆准的翻译伦理。所以对相关翻译产品、翻译活动或翻译现象的评价应该是情景化的,把各种影响因素考虑进来,做到具体情况具体分析。翻译伦理尤其是译者伦理至关重要,是翻译文化的重要组成部分,代表着翻译伦理研究的主流方向,也体现了翻译研究"以人为本"的思想。译者要做到"三诚"——诚于己、诚于人、诚于译,通过自己的努力和表率作用,为建设和谐的翻译文化做出贡献。换言之,唯有树立健全的译德,才有可能形成良好的译风。

译者形象以及相关翻译机构的内部文化也是翻译文化的有机组成部分。译者或翻译家形象是建构出来的,需要相关媒体或媒介向外传播译者信息。相对于作者而言,译者往往是隐形的,有人试图通过异化或抵抗式翻译策略在译文中彰显译者①,也有人呼吁加强翻译家研究,以重新认识翻译家的在场,积极评价翻译家的历史贡献,深入探索翻译家的精神世界②。译者或翻译家研究,尤其是历史上的翻译家,目前已成为国内翻译研究的战略性课题之一,是系统构建译者形象的前提。方梦之和庄智象主编的三卷本《中国翻译家研究》(历代卷、民国卷、当代卷)便是这方面的集大成之作,有利于学界系统地认识入选的翻译家,建构翻译家群体形象。许钧和郭国良总主编的开放性文库"中华译学馆·中华翻译家代表性译文库"则通过代表性译文来构建翻译家形象,受众对象更倾向于大众读者,也有利于构建翻译家集体形象。方梦之和庄智象认为,使命感和责

---

① Venuti, L. *The Translator's Invisibility*: *A History of Translation*. Shanghai: Shanghai Foreign Language Education Press, 2004.

② 刘云虹,许钧. 走进翻译家的精神世界——关于加强翻译家研究的对谈. 外国语, 2020(1): 75-82.

任感、经世致用、多语种与跨学科和精益求精构成了中国翻译家的特质①，这是译者形象的具体表现，也很大程度上体现了翻译家精神。中国翻译史研究理应以译者为中心和线索，挖掘历史上的翻译家，凸显其历史贡献与集体形象。历史上的译者研究至关重要，当下的译者形象也不可忽略，其媒体曝光度往往更大，更容易受到大众读者的关注。2021 年去世的许渊冲由于其译笔不辍，翻译成就巨大，通过各种媒体宣传（如中央电视台《朗读者》节目）成为公众人物。这种公众人物翻译家对大众心目中译者形象构建的影响是不可估量的。最近十多年，外交部翻译司多位口译员（如张璐、张京、姚梦瑶等）的出色表现也在大众心目中构建出了不可磨灭的优秀译者形象。还有一些文学与影视作品，如《翻译风波》《亲爱的翻译官》（根据缪娟的小说《翻译官》改编）等，对译者形象的建构也有莫大的影响。译者形象研究应是学界的一个重要课题，如何通过有效的途径建构积极正面的译者形象值得探讨。翻译或相关机构的内部文化也是翻译文化的有机组成部分，主要通过其成员（包括译者）的习惯性行为方式来体现，如翻译公司、翻译（家）协会以及高校的翻译（系）学院等。

2.2　翻译文化建设的路径

翻译本身作为文化也是比较宽泛的，涵盖的内容很多，核心要素包括翻译价值、翻译政策、职业规范、翻译伦理、译者形象等。经过几十年的酝酿与发展，翻译学在国内形成了本硕博一体化的教育体系，并成为外国语言文学一级学科的支柱性学科之一。中国文化"走出去"的时代背景也为翻译学的发展带来了前所未有的机遇，翻译文化建设需要明确地提上日程，以营造良好的翻译氛围，为国家和社会培养更多具有责任感和使命感的翻译人才。王克非曾把翻译文化作为 21 世纪译学研究的课题之一，建议做好文化翻译史研究，发掘翻译的文化意义，从文化角度来理解和解释

---

① 　方梦之，庄智象. 中国翻译家研究. 上海：上海外语教育出版社，2017：前言.

翻译。① 王克非当时所说的翻译文化研究更多的是从文化视角来研究翻译活动与翻译作品,这项工作需要继续强化。翻译文化研究的拓展方向也应纳入研究范畴,以丰富翻译文化研究。这里简要探讨一下翻译文化的建设路径。

第一,从学术到大众。翻译文化强调社会公众对翻译的整体认知,形成一种有利于翻译的社会氛围,强化整个社会对翻译的认同感。学界对翻译文化已有所研究,对其中的核心要素,如翻译价值、翻译伦理、翻译家等,也有比较深入的探讨。如何把这些学术知识转化为公共知识,或者说扩大这些学术知识对社会公众的影响,值得我们深思。翻译文化从学术走向大众可采取的措施包括:1)学术出版通俗化,这里并不是把所有翻译学术著作通俗化,而是有重点地打造一些通俗化的翻译读物,结合具体的译人、译例和译事,把翻译文化的核心要素有机地融入其中,或者出版通俗的翻译家传记,走进翻译家的精神世界,以争取更大的读者群,如外语教学与研究出版社推出的"译家之言"丛书就很有代表性,汇集了傅雷、余光中、王佐良、董乐山、许渊冲、庄绎传、金圣华、思果、童元方等翻译大家对翻译的感悟与苦乐轶事,适用性与趣味性很强,有利于走向大众读者。2)翻译宣传大众化,充分利用各种媒体优势,包括报刊、电视、电影以及各种新媒体(如微信、微博、抖音),展现译者与翻译家风采,构建正面的译者形象。微信公众号的传播力量值得一提,很多官方或个人公众号对翻译文化的构建影响很大,如王文华创建的"翻译教学与研究"拥有几十万粉丝,推送的文章大多与翻译和翻译家相关。其他如"浙大译学馆""翻译学研究"等微信公众号也颇有影响力。2021 年 7 月中旬,凤凰卫视在晚间黄金时间连续播放了 5 集《译者人生——笔尖下的文化奇遇》专访片,系统展现了 5 位翻译家的翻译事迹(分别是德语翻译家杨武能、法语翻译家许钧、英语翻译家朱振武、日语翻译家林少华、西班牙语翻译家范晔)。这是电视媒体关注和重视翻译家的良好开端,有利于构建译者形象,展现翻译

---

① 王克非. 翻译文化——21 世纪译学研究课题之一//张柏然,许钧. 面向 21 世纪的译学研究. 北京:商务印书馆,2002:565-574.

家风貌。① 2022 年 1 月 17 日，《杭州日报》的《倾听·人生》栏目报道了青年翻译家金晓宇（患有狂躁抑郁症）的动人事迹，题为《我们的天才儿子》（其父金性勇口述），两天之内在各类新媒体的阅读量高达数千万，后还被央视等国家主流媒体报道，这也从侧面宣传了翻译，揭示了翻译的潜在力量。3）翻译讲座网络化，这里主要指一些重要的公开的文化型翻译讲座，可在现代网络平台（如腾讯会议、钉钉、哔哩哔哩）的支撑下同步直播或转播，然后永久地放在相关网络平台上，以供更多的人学习。在网络化的今天，这种局面已经初步形成。从学术到大众的措施还有很多，只要有利于公众获得翻译认同的措施都可以采取。当然，一定程度上的学术大众化也有个前提，就是高校和学界必须高度认可翻译的地位与翻译成果。目前的形势并不乐观。如果说学术是精英化的，翻译文化建设既需要精英化的学术支持，又需要广泛的大众参与，其中后者是翻译被社会普遍认同的关键，理想的状态为精英翻译文化和大众翻译文化和谐并存的局面。

第二，从译者到他者。译者是翻译文化建设的主要对象（尤其是译者形象），同时也理应是翻译文化建设的主要行动者。然而，很多译者并未意识到这一点，没有对翻译本身进行深思，更没有积极主动地为翻译发声。这就是韦努蒂强调翻译文化的重要原因。高校的翻译研究者或翻译教师会或多或少地从事翻译实践，往往兼有译者身份，这个群体也不妨纳入译者的范畴。所有译者（包括翻译研究者和翻译教师）要主动扛起这面旗帜，为翻译文化建设贡献力量。除了译者之外，其他相关的行动者（也包括组织化的行动者），如赞助人、委托者、翻译图书编辑、作者、出版社、政府、高校、翻译协会、翻译公司等，也要积极参与其中，以共同打造一个和谐的翻译生态环境。主要由译者构成的组织化行动者，如翻译协会、翻译公司等，在构建翻译文化方面非常关键。国际翻译家联盟举办的国际翻译日（包含翻译日主题）、"北极光"杰出文学翻译奖及其出台的译者职业规范等文件就是国际翻译文化的重要组成部分。中国翻译协会在这方面也发挥了积极作用，如主办学术期刊、出台相关政策、规范行业管理、培

---

① 李景端. 展现翻译家风貌的好开端. 中华读书报,2021-08-25(08).

训翻译师资、举办翻译赛事(如韩素音国际翻译大赛)以及表彰突出翻译家(如翻译文化终身成就奖、资深翻译家、翻译中国外籍翻译家)等。在语言服务领域,翻译公司要有自己的企业文化,客户第一、质量为上、信息保密、诚信经营、服务社会等都是企业文化的组成部分,有利于建构正面的翻译公司形象。其他相关机构亦然,如浙江大学中华译学馆就特别注重翻译文化建设,包括出版翻译类系列图书、举办翻译会议与文化(翻译)讲座等;香港中文大学翻译研究中心 1998 年设立"宋淇翻译研究论文纪念奖"、广东外语外贸大学 2022 年设立"梁宗岱翻译奖"等以翻译(理论)家命名的奖项对译者形象的塑造以及整体翻译文化建设也有很大的促进作用。总之,翻译文化建设的主体是由译者和其他相关行动者(尤其是组织化翻译机构)共同构成的,是一个网络化的存在。各种行动者只有齐心协力,才能建构出优秀的翻译文化。

第三,从技能到文化。这主要是针对翻译教育而言的,因为翻译教育肩负着为国家和社会培养翻译人才的重任。目前国内高校翻译学生的专业认同感并不是太高,培养出来的大多数学生也未从事翻译行业。专业认同感不强源自职业认同感不强,很多人把翻译理解为低人一等的服务行业,没有什么创造性可言。学生在学习阶段(尤其是翻译本科和翻译硕士专业学位)主要是翻译技能学习,如果毕业之后不从事翻译工作,很大程度上造成了资源浪费。所以在翻译技能习得的过程中,培养学生的专业或职业认同感就显得非常迫切。这就要求在向学生灌输翻译文化(尤其是翻译观、翻译价值、翻译伦理)的同时,还要建构一种高校自己的翻译文化,培养学生对翻译的认同与热爱。针对此,李同良提出的一些具体措施不无启发,包括访故居,立译志;邀名人,话译事;组译社,聚人心;建基地,实操练;爱母语,强思辨。① 值得强调的是,在课堂上翻译教师要注意为学生讲解历史上著名的翻译家,尤其是那些具有文化战略观的翻译家,如玄奘、徐光启、马建忠、严复、林纾、梁启超、鲁迅、林语堂、朱生豪、杨宪益、许渊冲等,通过翻译家精神和榜样的力量激发学生对翻译的认同感。

---

① 李同良. 翻译文化建设浅释. 长春理工大学学报(社会科学版),2012(4);113.

这也是翻译课程思政建设的重要组成部分。

以上三种途径很大程度上是相互关联的，只有大众（如学生、学生家长）深刻理解了翻译的价值，才有助于学生报考翻译专业；专业认同感变强了，将来才更有可能从事翻译或与之密切相关的行业，并通过自己的努力构建更加合理、健康的翻译文化。

3　结　语

翻译文化是个多义词，本文把其主要分为三种指向，即翻译中文化因素的处理（文本内部视角）、翻译研究的文化学派（文本外部视角）以及围绕翻译本身所形成的文化（翻译本身视角）。这三种指向都是翻译研究的重要课题，尤其是第三种，代表着翻译文化研究新的拓展方向，可为其注入新的活力。翻译文化的三种指向很大程度上是互动的，如归化和异化就同时可以和这三种指向发生关联。文化翻译"归根结底揭示的是文化差异"①，而文化差异又是归化和异化的生成动因，归化和异化则可分为局部（如句子）的方法层面、整体（如语篇）的策略层面以及对待异域文化态度的伦理层面。② 如此看来，如何在整体上处理原文中的文化因素（文化差异）不仅是策略问题，更是伦理问题，这种注重差异的翻译伦理也是翻译文化的重要组成部分。不管是归化译本还是异化译本（由对文化因素的整体处理决定），也都可以从社会文化视角（文化学派）对之进行研究。

关于翻译本身的文化，学界探讨不多，本文归纳了其主要内容，包括翻译本质、翻译价值、翻译政策、翻译规范、翻译伦理、译者形象等。翻译文化建设也是一个重要课题，不妨采取从学术到大众、从译者到其他参与者以及从技能到文化的建设路径，以增强大众（包括翻译学生）对翻译的认同感。翻译文化具有较强的民族特色，不同的民族翻译文化共同促成了全球翻译文化。针对某一国家或地区而言，翻译文化是在传承的过程

---

① 孙艺风. 文化翻译. 北京：北京大学出版社，2016：10.
② 冯全功. 试论归化和异化的生成动因与三个层面. 中国翻译，2019(4)：5-13.

中动态发展的,并且内部也有多元对话的声音,如不同翻译观的存在与较量。翻译文化建设不只是译者的事,需要相关翻译行动者的共同参与,尤其是组织化的行动者,如翻译协会、翻译公司、相关高校等。翻译文化建设过程中会有很多失谐因素,如急功近利、粗制滥译、学术不端、翻译诈骗、虚假营销、低价竞争等,对其中的不正之风我们要敢于批判,善于引导,充分发挥"翻译批评的介入性与导向性"①,以构建一个和谐的翻译生态环境。在国家和社会高度重视翻译的大背景下,翻译文化建设需要更多深入的思考与切实的行动。

---

① 许钧. 论翻译批评的介入性与导向性——兼评《翻译批评研究》. 外语教学与研究,2016(3):432-441 + 480.

翻译研究学派:构成特征与作用分析^①

西方翻译研究学派林立,蔚为大观,如语文学派、语言学派、文化学派、描写翻译研究学派、解构主义学派、女性主义学派、后殖民主义学派等,为翻译研究的健康发展做出了不可磨灭的贡献。中国到底有没有自己的翻译研究学派呢? 如果没有,原因是什么? 如果有的话,具体有哪些学派,领军人物是谁,学派的构成性特征又有哪些? 这些问题曾引起学界的思考,大多数学者认为,中国还未形成明确的翻译研究学派,如杨晓荣^②、张柏然和辛红娟^③等,对国内六形成学派的原因进行了多元分析。其中,张柏然和辛红娟还对中国翻译研究学派缺位的负面效应以及建立学派的意义与对策进行了阐述。

学派的出现是学科繁荣的重要标志,所以很多学者呼唤创建中国的翻译研究学派。谢天振就曾号召"建立中国译学研究的文艺学派"^④,并为之不懈努力,由谢天振开创的"译介学"在学界具有广泛影响。刘宓庆也曾"宣布中国功能主义翻译流派的诞生及其积极作用"^⑤,并对其基本主张与理论原则进行了概述,《刘宓庆翻译论著全集》便是对其功能主义翻译思想的系统阐释。如果说"中国译学研究的文艺学派"与"功能主义翻译流派"的学派特色还不是十分鲜明的话,如果说十多年前中国还确实未形

---

① 原载于《上海翻译》2019 年第 3 期,原标题为《翻译研究学派的特征与作用分析——以生态翻译学为例》,独立撰写,收入本书时略有改动。
② 杨晓荣. 略谈我国翻译研究中为什么没有流派. 外语与外语教学,2004(2):39-42.
③ 张柏然,辛红娟. 中国需要创建自己的翻译学派. 中国外语,2005(5):69-73.
④ 谢天振. 建立中国译学研究的文艺学派. 外国语,1995(4):24-30.
⑤ 刘宓庆. 流派初论——迎接中国译坛流派纷呈的时代. 中国外语,2006(6):75.

成鲜明的翻译研究学派的话,那么如今是否有新的气象呢? 是否可以对国内一些原创的翻译理论研究进行学派认定呢? 学派的认定有哪些构成性特征,对中国翻译研究的发展有哪些促进作用? 这是本文探讨的问题,也借此重申学派意识在学科建构与学科发展中的重要性。

有关学派意识,钱冠连在语言学界多次撰文指出:"没有学派,就没有该学科的国际地位。没有国际地位,则从根本上取消了我们的国际交流的话语权。"① 由此可见,学派的形成是中国学者与国外同行进行学术交流与对话的资本,有利于提高中国学术的国际地位。钱冠连认为:"个人的学术最高成就是创造出一个学派,一个国家学术上最兴旺的标志是流派纷呈。"② 这是学派对个人与国家学术氛围的重要意义。依据钱冠连的标准,学派形成的主要标准包括:代表人物、成员、代表作、主要贡献以及主要学术套路。③ 其中,独创的理论思想与话语体系是学派的灵魂。以此来观察中国翻译研究近十多年的发展,笔者认为,目前能够称得上学派或初具学派雏形的主要有胡庚申的生态翻译学、谢天振的译介学、黄忠廉的变译理论、周领顺的译者行为批评、吕俊的建构主义翻译学、许渊冲的文学翻译理论等。许渊冲提出的"美化之艺术,创优似竞赛"④,集众人之所长,特色比较鲜明,也可归入谢天振所谓的"中国译学研究的文艺学派"。学派意识很大程度上就是范式(批评)意识,建构主义翻译学是一种全新的范式,故建构主义翻译学也是一种全新的学派。从学理而言,建构主义翻译学确有深度、有体系、有特色,吕俊长期致力于此,成果颇丰,遗憾的是从者较少,未形成规模化的学术队伍。谢天振倡导的译介学与文艺学派以及文化研究学派的理念与方法多有重合,在学界具有较大影响。黄忠

---

① 钱冠连. 学派与学派意识——西方语言哲学研究(之六). 外国语言文字研究, 2002(1):8.

② 钱冠连. 以学派意识看外语研究——学派问题上的心理障碍. 中国外语, 2007(1):30.

③ 钱冠连. 学派与学派意识——西方语言哲学研究(之六). 外国语言文字研究, 2002(1):1.

④ 许渊冲. 中国学派的古典诗词翻译理论. 外语与外语教学,2005(1):44.

廉的变译理论研究也是戛戛独造，影响很大，已有近二十年的发展史，相关成果还在持续不断地涌现，学术队伍也在不断地壮大，被称为"中国学者独立建构的拥有自主知识产权的翻译理论中国学派"①。周领顺的译者行为批评聚焦于翻译批评，问世虽晚，但成果丰硕，作者"有足够的学派意识，自成一格"②。其他如潘文国的文章翻译学、吴志杰的和合翻译学、陈东成的大易翻译学、任东升的国家翻译实践等也自成体系，颇有特色。相对而言，由胡庚申创建的生态翻译学，学派特色最为明显，学术队伍最为庞大，有自己的学术阵地与定期召开的专门会议，在国内产生了较大影响，国际知名度也逐渐增强，并具有较大的学术活力与发展空间。本文以生态翻译学为例探讨翻译研究学派的构成性特征及其作用，期望引发学界对中国翻译研究学派的关注与呵护，促进翻译学科的健康发展。

1　翻译研究学派的构成性特征

学派意味着理论创新，是"学科发展的内在驱动力"③。上述翻译研究（准）学派都有自己的创新之处与示范效应，领军人物也都有较强的学派意识，值得译界学习，相信也都会在未来的中国翻译思想史上留下自己的痕迹。分析学派的构成性特征，最好以原型（prototype）理论视之，即有核心（典型）与边缘之分。其中，核心构成性特征主要包括学派的领军人物、学术队伍、学术范式、学术观点、学术成果等，边缘构成性特征主要包括学术阵地、学术交流、学术效应、发展空间等。

1.1　核心构成性特征分析

任何一个学派的形成都会有自己的领军人物，有的甚至会持续几代，表现出强劲的生命力，如德国功能主义翻译学派，代表人物就包括莱斯

---

① 吴自选. 变译理论与中国翻译理论学派的建构. 上海翻译,2018(4)：77.
② 许钧. 矻矻经年　自成一格——《译者行为批评：理论框架》与《译者行为批评：路径探索》序. 山东外语教学,2014(1)：112.
③ 吕俊. 论学派与建构主义翻译学. 中国翻译,2005(4)：10.

(K. Reiss)、弗米尔(H. J. Vermeer)、诺德(C. Nord)等。胡庚申是生态翻译学的创始人与领军人物,十余年如一日,引领生态翻译学的发展,在国内乃至国际产生了持续的影响。古人云,"五十知天命",胡庚申"知天命"之前已在口译研究、国际交流语用研究等领域取得了突出成绩,但他并不满足于现状,2001 年去香港攻读博士学位,同时开始了他的生态翻译研究之旅。生态翻译学始于早期的翻译适应选择论,二者具有一致的思想渊源。2004 年,《翻译适应选择论》(基于胡庚申的博士论文)的正式出版为生态翻译学的系统构建奠定了坚实基础,其核心观点(如翻译生态环境、翻译即适应/选择、译者中心、三维转换、适者生存等)被纳入后来的生态翻译学理论话语体系之中。2006 年,胡庚申在"翻译全球文化:走向跨学科的理论构建"国际会议上宣读了"Understanding Eco-Translatology"(《理解生态翻译学》)的学术论文,首次在国际场合系统阐释了"生态翻译学"。这篇论文的中文版又以《生态翻译学解读》为标题于 2008 年发表在《中国翻译》上,从而使生态翻译学的概念进一步进入公众视野。基于2008 年立项的国家社科基金项目"生态翻译学:译学的生态视角研究",胡庚申展开了对生态翻译学持续、系统的探索,并于 2013 年出版专著《生态翻译学:建构与诠释》。这部著作被认为"代表着目前生态翻译学的最高水平"①。2018 年,胡庚申以"生态翻译学的理论创新、国际化发展及数据库建设研究"再次成功申请到国家社科基金项目,不管是对他个人还是生态翻译学,都是一个里程碑的事件,代表着新的启程。作为生态翻译学的领军人物,胡庚申最让人敬佩的也许是其学术探求精神。许钧在为其《生态翻译学:建构与诠释》所写的序言中对之有精准的概括,即"一种'敢为人先'的精神,一种'创新进取'的精神,一种'执着追求'的精神"②。从跨学科视角研究翻译的不乏其人,生态翻译学一枝独秀,影响广泛,与胡庚申的积极推动和不懈探索密不可分。其他如社会翻译学、认知翻译学、文

---

① 冯全功. 立论、倡学与创派——《生态翻译学:建构与诠释》评介. 山东外语教学,2015(6):106.
② 许钧. 开发本土学术资源的一面旗帜——《生态翻译学——建构与诠释》序//胡庚申. 生态翻译学:建构与诠释. 北京:商务印书馆,2013:xv.

化翻译学、翻译美学(哲学)、翻译修辞(写作)学、翻译经济学等,虽也都有较为广阔的学术前景,并得到国内外学者的关注,但目前似乎还未出现公认的领军人物。

学术队伍也是学派形成的关键因素,所谓"一花不成春,独木不成林"。生态翻译学范式出现之后,便有很多追随者与志同道合者,或对生态翻译学理论进行应用与验证,如佟晓梅和霍跃红①、陶友兰②等,或对之进行深化与拓展,如方梦之③、冯全功和张慧玉④等。对于一个学派的观点而言,印证性的应用研究固不可少,但深化与拓展研究更加难等可贵,更有利于促进学派的发展。宽泛而言,学术队伍也包括商榷者与质疑者,不同的声音更能引起学派内部的思考,如王宏⑤、冷育宏⑥、陈水平⑦、尹穗琼⑧等对生态翻译学(观点)的质疑与批评,胡庚申、罗迪江和胡庚申对之也有所回应⑨。正如胡庚申所言:"做学术批评,了解别人的现有研究,理解别人的原话辞意,跟踪别人的最新进展,这是最起码的要求。"⑩故真正的批评者要知己知彼,修辞立诚,绝不妄下结论。针对学派的发展而言,有学识、有见地的批评或质疑的声音比附和的声音更重要。生态翻译学的追随者、支持者与拥护者也要不断扩充自己的学识,不能只囿于领军人物的生态翻译学,还要了解其他相关学科,如生态学、生态哲学、生态美

---

① 佟晓梅,霍跃红. 对张爱玲译者身份边缘化的生态翻译学解读. 外语与外语教学, 2010(1)：79-82.

② 陶友兰. 我国翻译专业教材建设:生态翻译学视角. 外语界,2012(2)：81-88.

③ 方梦之. 论翻译生态环境. 上海翻译,2011(1)：1-5.

④ 冯全功,张慧玉. 绿色翻译:内涵与表现. 山东外语教学,2014(1)：97-101.

⑤ 王宏. 生态翻译学核心理念考辨. 上海翻译,2011(4)：10-11.

⑥ 冷育宏. 生态翻译理论下译者真的是"中心"吗？——与胡庚申教授商榷. 上海翻译,2011(3)：71-73.

⑦ 陈水平. 生态翻译学的悖论——兼与胡庚申教授商榷. 中国翻译,2014(2)：68-73.

⑧ 尹穗琼. 生态翻译学若干问题探讨——与胡庚申教授就《生态翻译学:建构与诠释》中的部分观点进行商榷. 天津外国语大学学报,2017(3)：56-62.

⑨ 胡庚申. 关于"译者中心"问题的回应. 上海翻译,2011(4)：7-9;罗迪江,胡庚申. 关于生态翻译学相关问题的再思考——对尹穗琼商榷文章的回应. 天津外国语大学学报,2017(3)：63-68.

⑩ 胡庚申. 对生态翻译学几个问题"商榷"的回应与建议. 中国翻译,2014(6)：89.

学、生态语言学、生态文学批评等,积极借鉴其他学科资源为生态翻译学的健康发展添砖加瓦。生态翻译学的可持续发展有一个充满活力的学术共同体,尤其是骨干成员,如宋志平、孟凡君、蒋骁华、陶友兰、边立红、罗迪江等;还出现了一批生态翻译学研究方向的博士(生),如刘雅峰、刘爱华、郭兰英、陈圣白、陶李春、杨乐、夏倩等。这样就容易形成合理的研究梯队,培养新的领军人物。生态翻译学研究队伍目前已呈现出"从个人到团体""从跟随到开拓""从分散到聚集""从国内到国外"的特征,个人独战变成了集体攻关。① 学术共同体可通过多种渠道形成,并维护其持续存在,如建立学术组织(郑州大学生态翻译学研究院、国际生态翻译学研究会、中国生态翻译学博士协会)、定期召开学术会议(国际生态翻译学研讨会)、创建专门网站、设立讨论平台(如"生态译学联盟"微信群)等。在这方面,胡庚申领衔的生态翻译学也颇具示范效应。

学术范式与学术观点是一个学派的区别性特征。如果说自然科学中不同范式之间具有不可通约性的话,人文社会科学中的范式更多的是"相互补充、相互融合,'共生共存'于学科领域之中"②,如翻译研究的语文学范式、语言学范式等。其中,生态翻译学的范式为"生态范式",即所谓"取生态之要义,喻翻译之整体",形成了独特的研究视角(生态理性)、特定的研究对象(翻译生态、文本生态与"翻译群落"生态)、系统的研究内容(译者、译本与翻译生态环境的相互关系以及微观文本转换、中观译论体系、宏观译学构架等)、配套的术语体系(如翻译生态环境、文本移植、译者责任等)与独特的研究方法(学科交叉、隐喻类比、生态整体主义等)。生态学派的学术范式虽是固定不变的,即从生态学视角对翻译进行综观的整体性研究,但学术观点却是循序演进的,如胡庚申有关从"译者主体"到"译者中心"③以及从"译者中心"再到"译者责任"④的思考。生态翻译学

---

① 冯全功. 立论、倡学与创派——《生态翻译学:建构与诠释》评介. 山东外语教学,2015(6):108.
② 胡庚申. 生态翻译学:建构与诠释. 北京:商务印书馆,2013:76.
③ 胡庚申. 从"译者主体"到"译者中心". 中国翻译,2004(5):10-16.
④ 胡庚申. 从"译者中心"到"译者责任". 中国翻译,2014(1):29-35.

的"译者中心"论引起了部分学者的批评,胡庚申的这些思考(如把译者中心置放在微观操作层面,把译者责任置放在宏观理性或伦理层面)不仅能够起到解惑作用,也很大程度上完善了生态翻译学的理论观点。罗迪江对"译者中心"也有持续思考,具有较强的开拓性,不但具有理论深化意义,还兼具解惑释疑功能。① 胡庚申在界定生态翻译学时有"以东方生态智慧为依归"的说法,并专门论述过生态翻译学的华夏文化"基因"②,一些支持者也曾撰文论述,或从儒家和谐思想③,或从《易经》基本思想④,充分体现了生态翻译学中西贯通的治学思路,也是开发本土学术资源的积极尝试。2015 年召开的"第五届国际生态翻译学研讨会"的主题便是"生态翻译学:东方智慧与西方理念",其中陈东成的论文《从〈周易〉看翻译中的生生之美》也是开发"东方生态智慧"的可贵尝试。然而,类似研究还只是初步探索,仍有很大的研究空间,尤其是东方生态智慧的现代转换及其与翻译的相关性研究。翻译研究的生态范式迎合了全球生态思潮,有利于充分汲取"东方生态智慧",再加上"关联序链"的认知路径以及"生态理性"的具体指导,目前呈现出方兴未艾之势,相信将来会有更多的新成果问世。

生态翻译学的学术成果也洋洋可观,这些成果或是理论建构与拓展,或是应用与阐释。《生态翻译学:建构与诠释》总结了生态翻译学的各类学术成果 447 篇,时间跨度十余年(2001—2012)。以"生态翻译学"为篇名检索词,在中国知网(CNKI)上可检索到 1300 余篇文献(截至 2018年),并且全部是 2008 年之后发表的。由此可见,生态翻译学正处在蓬勃发展阶段。胡庚申曾指出生态翻译学的发展任务:1)面上的"应用性"拓展;2)内部的"精细化"深入;3)外部的"国际化"推进⑤,并提供了很多后续

---

① 罗迪江. 生态翻译学视域下"译者"的作用与本质探析——兼论对"译者中心"的质疑及回应. 山东外语教学,2018(6):119-125;罗迪江. 生态翻译学视域下"译者中心"的客观意旨——兼论"译者中心"面临的质疑. 外语学刊,2019(1):92-96.

② 胡庚申. 生态翻译学的华夏文化"基因". 生态翻译学学刊,2011(2):4-8.

③ 华先发,华满元. 儒家的和谐思想——生态翻译学的哲学观. 生态翻译学学刊,2010(2):20-24.

④ 孙迎春. 从易经基本思想到生态翻译学. 生态翻译学学刊,2011(2):12-18.

⑤ 胡庚申. 生态翻译学:建构与诠释. 北京:商务印书馆,2013:395.

研究话题,具有较大的引导价值。笔者认为,一个学派的研究成果,量的优势是不可否认的,但高质量或原创性的成果更加难能可贵,包括一些质疑与批评的声音。这些成果共同催生出独具特色的生态翻译学话语体系,如生态翻译环境、翻译适应选择、生态理性、译者中心、译者责任、关联序链、文本生命、绿色翻译等。生态翻译话语体系建构主要是胡庚申的贡献,修正与拓展还有待志同道合者参与。书林出版公司和国际生态翻译学研究会出版的英语论文集 *Eco-Translatology: Voices from Western Scholars*(《生态翻译学:西方学者之声》,2015)对助推生态翻译研究的国际化有重大作用,未来也不妨结集出版其姊妹篇《生态翻译学:中国学者之声》(精选国内学者的相关论文)。近几年生态翻译学方面的其他专著也值得一提,如朱慧芬的《生态视阈下的商务英语翻译理论与实践研究》(2013)、盛俐的《生态翻译学视阈下的文学翻译研究》(2014)、韩竹林和果笑非的《生态翻译学及其应用研究》(2015)、岳中生和于增环的《生态翻译批评体系构建研究》(2016)、贾延玲和于一鸣的《生态翻译学与文学翻译研究》(2017)、张杏玲的《生态翻译学视域下彝族文化的外宣翻译研究》(2018)等。这些成果体现了生态翻译学的辐射效应。

1.2 边缘构成性特征分析

学术阵地是一个学派研究成果刊发与交流的平台,生态翻译学的学术阵地主要包括《中国翻译》《上海翻译》以及一些外语类期刊。其中,《上海翻译》与《中国翻译》还针对生态翻译学的观点发表过一些商榷性的文章,体现了学术争鸣的重要性。2011 年,《生态翻译学学刊》正式创刊,成为生态翻译学的专门学术阵地,为学派内部的学术交流提供了一个良好的平台。一个学派创建一个专门属于自己的刊物,这在国际翻译学界也比较罕见,生态翻译学能够如此,可见其阵容强大,实力非凡(不过刊物的持续性与刊文质量似乎还有待提高)。有些学派,虽没有自己的专门刊物,但在某期刊有自己的学术专栏,如国内由谭学纯领衔的广义修辞学学派,从 2003 年起在《福建师范大学学报(哲学社会科学版)》长期开设《修辞学大视野》专栏,聚集了一大批有分量的广义修辞学研究成果。该专栏后入选"教育部高校哲学社会科学名栏"项目。广义修辞学学派引领国内的修辞学研究范式，产生了较大的影响力，学术影响已开始向其他学科（如翻译学）渗透。国内其他翻译研究学派可借鉴这种学术阵地的开辟方式。当然，不定期的专栏也是有效的方法，如《上海翻译》2011 年第 4 期和 2017 年第 5 期便开辟过《生态翻译学》专栏，《中国翻译》2011 年第 2 期的《译论研究》专栏也是两篇有关生态翻译学的文章。再如，黄忠廉的变异理论近几年在国内期刊上也组织了几个专栏（如《外语学刊》2014 年第 1 期、《上海翻译》2018 年第 4 期、《解放军外国语学院学报》2018 年第 4 期、《外语与翻译》2018 年第 2 期等）。这些专栏文章或专门期刊有利于学派集中发声，实现学理观点的融合与碰撞。

学术效应最基本的表现便是有一大批追随者或志同道合者加入学派的行列。针对生态翻译学而言，凡是认同、支持、鼓励从生态学视角来研究翻译的都可视为其研究队伍的成员，或者说只要认同翻译研究的生态范式，哪怕是与领军人物的某些观点有所不同，也可视为生态翻译学的学派成员。许建忠曾出版过《翻译生态学》的专著，系统论述了翻译的生态环境、生态结构、生态功能、行为生态、翻译生态的基本规律、演替与演化、检测与评估、翻译生态学的基本原理、生态翻译与可持续发展等基本论题。① 虽然许建忠翻译生态学的研究思路以及话语体系与胡庚申的生态翻译学有很大的不同，但毕竟都是生态学视角下的翻译研究，都可归在翻译研究的生态范式之下，由二者引起的反响与争议也都属于生态翻译学的学术效应。之所以把胡庚申视为生态翻译学的领军人物，除了生态翻译学在先、翻译生态学在后之外，主要在于许建忠的翻译生态学没有掀起太大的波澜，后续研究较少，跟随者也相对较少。一个学派能否产生比较广泛的学术效应主要在于学派的研究范式与理论体系对相关现象（包括学科发展）是否有足够大的解释力与预见性。胡庚申的生态翻译学循序渐进，逻辑严谨，体系完整，视野宏大，勇于开拓（国际）交流平台，产生了较大的影响也在情理之中。生态翻译学的学术效应还包括对青年学子与

①　许建忠. 翻译生态学. 北京：中国三峡出版社，2009.

翻译学者的积极影响上,如国内已出现近 300 篇基于生态翻译学的硕士、博士论文,出现了 70 余项各层次的以生态翻译学为主题的科研项目,生态翻译学也已走进众多高校(包括澳大利亚、芬兰、英国、印度等国外高校)的翻译课堂。这些也都是一个学派学术生命力的具体表现。

学派的发展空间也是一个学派能否长期存在的重要因素。生态翻译研究学派目前处于发展壮大期,研究空间依然十分广阔。胡庚申曾指出,"应用性"拓展、"精细化"深入与"国际化"推进是其日后的重点开拓方向。以前的生态翻译学应用研究多集中在文学翻译、应用翻译、翻译教学、口译研究、译者研究几个方面,未来可向翻译(理论)史研究、翻译批评研究、译学方法研究、翻译伦理研究、译学流派研究等方向拓展。近两年这方面的研究也渐有起色。国际生态翻译学研讨会的历届议题、胡庚申在《生态翻译学:建构与诠释》中列出的大量研究话题都有深入研究的价值。这些话题包括微观与宏观两个层面,微观层面如生态翻译学话语体系的完善与拓展研究、生态翻译学研究的方法论、生态翻译学视域下的翻译伦理研究等;宏观层面如生态翻译学的可持续发展战略研究、生态翻译学的国际合作与交流战略研究、生态翻译学的国际影响力研究等。就话语体系的完善与拓展而言,若继续"精细化"下去的话,完全可以把许建忠在《翻译生态学》中提出的翻译生态学的基本原理(如限制因子定律、耐性定律与最适度原则、花盆效应、翻译生态位原理、翻译生态链法则等)通过"相似类比、概念移植、系统综观"等方法改造后纳入生态翻译学的话语体系中。对这些研究话题的拓展需要学者至少比较熟悉生态学理论与翻译生态学的治学理路。广阔的学术视野与发展空间,再加上富有活力的学术共同体以及广泛的学术影响力,才能保证一个学派的健康与可持续发展。

2 翻译研究学派的作用

翻译研究在国内空前活跃,个别流派已渐趋成熟,如生态翻译学、译介学、变译理论等,很多流派也初见端倪,如以语言服务、翻译技术、职业化翻译教育为主要研究对象的"技术"或"职业"学派等。翻译研究学派的作用是多元的，概而言之，主要包括以下三个方面。

第一，有利于集体攻坚，共推学派发展。任何学派的可持续发展都需有自己的学术群体、学术特色（不管是研究内容还是方法）。生态翻译学最典型的特色便是从生态学视角来研究翻译，拓展二者的共享空间。生态翻译学虽已取得很大的成就，但仍有很多问题需要攻克，包括如何充分挖掘与利用"东方生态智慧"来完善生态翻译学体系，进一步彰显本土特色。笔者认为，这个课题对生态翻译学至关重要，也是中西对话的重要资本。胡庚申及其跟随者在这方面的研究还不充分，有较大的发展余地，值得深入挖掘。针对这一点，国内的生态美学也许可资借鉴，尤其是曾繁仁的相关著作，更是融通了中西生态思想，对生态翻译学的发展不无启示。历届"国际生态翻译学研讨会"的众多议题需要学术共同体去深化、攻坚，尤其是开拓性研究。还可围绕生态翻译学的具体议题申请各种研究项目，以项目促发展，或申请中华学术外译项目（对生态翻译学的重要专著进行翻译并在国外出版），推进翻译理论话语的生态化与国际化。学术共同体富有活力、组织有序，再加上广阔的（后续）研究空间，生态翻译学学派不仅在国内赢得了自己的学术地位，在国际上也会发出自己的响亮声音。如果说学派成立之初往往基于个人努力的话，形成之后则更需要集体智慧来攻克学术难关，共同维系学派的可持续发展。

第二，有利于走向国外，开展国际对话。与国际同行开展对话不只是成果是否原创的问题，语言媒介也是很大的制约因素。中国翻译学界长期跟着国外的翻译理论走，独创的理论相对较少，能形成学派规模的更是少之又少。形成了学派，有较为稳定的翻译观、话语体系与治学理论，就有底气把国内的理论输向国外。生态翻译学在国际化方面有较强的理论自信和作为，如每届国际生态翻译学研讨会都会有较多的外籍人士参加，并吸引了众多国际著名的翻译研究学者。2018年召开的"第六届国际生态翻译学研讨会暨第二届中国生态翻译学博士论坛"有17位主旨发言人，其中国外学者有9位，也不乏国际知名学者，如诺德（C. Nord）、克罗宁（M. Cronin）、道勒拉普（C. Dollerup）等。谢天振在谈及自己的学术遗憾时曾感叹自己的学术成果未能"走向世界"①,国内其他翻译学派的成果也莫不如此,基本上局限在国内读者圈。生态翻译学在这方面走在前列,具有很好的示范效应,如编撰了英语论文集《生态翻译学:西方学者之声》、皮姆(A. Pym)对胡庚申的专题采访在社交与专业网站上的全球传播、胡庚申等在重要国际会议上对生态翻译学的推介等。虽然生态翻译学在成果与队伍的国际化方面还有很长的路要走,但这种与国际同行的对话意识值得学习。中国翻译学者越来越注重在国际上的话语权,学派成果集中发声,容易形成规模优势,也是争取话语权的有效途径。生态翻译学以及其他翻译学派的成员今后不妨多用英语撰写相关论文,直接发表在国际期刊上,或争取国家资助,把学派的代表性成果译成英文发表,这样就更容易扩大中国翻译研究学派的国际知名度,提升中国的学术话语权。当然,学派之间的国际交流也不仅仅是语言媒介的问题,学术的国际化并非就是学术的英语化,提倡用英语直接进行学术写作也仅仅是权宜之计,更重要的是要加强自己理论的原创性与解释力,以中国学者的声音来丰富国际翻译理论话语体系。

第三,有利于学术繁荣,反馈其他学科。刘宓庆认为,流派纷呈不仅是学术进步的产物,还蕴藏着巨大的前进动力,这股动力就在于比较和竞争:在比较中显高下,在竞争中求生存和发展,这样就会出现一个百花争妍、百舸竞流的局面。② 流派纷呈是一个学科走向成熟的标志,学术之盛呼唤学派之争,不过学派在学科发展史中也有个"适者生存"的问题。"从思想史的角度看,只有不同流派的自然形成与流派之间的相互切磋与论争,才能促使思想火花的绽放,有利于思想成果的形成。"③中国素来有文人相轻的传统,对别人的创造性成果或不予承认,或轻描淡写,甚至加以诽谤,尤其是学派之间,这些都是不可取的态度。鼓励学派之间进行真正

---

① 张建青. 译介学与翻译学:创始人与倡导者——谢天振教授访谈录. 山东外语教学,2014(1):5.

② 刘宓庆. 流派初论——迎接中国译坛流派纷呈的时代. 中国外语,2006(6):76.

③ 王向远. 中国翻译思想的历史积淀与近年来翻译思想的诸种形态. 广东社会科学,2015(5):158.

的学术对话与批评，修辞立其诚，而非意气用事，妄下评语。建设性的批评往往比盲从更为重要，更有利于学派的发展，尤其是学派之间的真正较量。较量的结果也许是走向融合，如翻译研究的语言学派与文化学派便有融合的趋势，实为取长补短，各有所得。目前翻译学更多是受体学科，学科的发展往往依赖其他学科的话语资源，将来也有望作为供体学科向其他学科提供理论资源，尤其是具体的翻译研究学派更有望成为供体理论资源，如生态翻译学将来也有望为生态批评、生态教育、生态美学以及语用学、跨文化交际等提供某些启示。

3　结　语

目前如果说翻译研究的学科意识已不再是问题的话，学派意识则急需提上日程。国内对翻译研究学派也有论述，但更多的是探讨为什么中国的翻译研究未能形成学派，如不善于理论提炼、缺乏深究到底的精神、学术讨论氛围较差、研究缺乏继承性等。[1] 然而，目前翻译研究的发展日新月异，学派纷争的局面也不会太遥远。学派的形成与发展有利于集体攻坚与学科发展，有利于与国际同行进行学术对话，也有利于学术繁荣，反馈其他学科。学术之盛呼唤学派意识与学派之争。生态翻译学在国内最具学派特征，具有自己的领军人物、学术群体、研究范式、话语体系、学术阵地，发表了大批学术成果，后续研究空间广阔，国际影响力也在持续扩大，为其他翻译研究学派提供了参考。如果说"学科史就是学派史"[2]的话，相信生态翻译学将在中国翻译学科史上留下绚烂的一章，我们也期待中国翻译研究涌现出更多的学派。

---

[1]　杨晓荣. 略谈我国翻译研究中为什么没有流派. 外语与外语教学, 2004(2)：39-42.
[2]　李政涛. 论中国教育学学派创生的意义及其基本路径. 教育研究, 2004(1)：7.

中国特色翻译理论：回顾与展望①

　　中国特色翻译理论或中国特色翻译学的提法由来已久，如从 1986 年桂乾元在《中国翻译》上发表的《为确立具有中国特色的翻译学而努力——从国外翻译学谈起》算起，至今已有三十余年的历史了。这三十多年见证了国内翻译学的艰难诞生与迅猛发展，中国特色翻译理论的提法也引发了很大争议，有人倡导，也有人怀疑。最近几年，还会经常看到呼吁和提倡中国特色翻译理论的，其中潘文国用力最勤，成果也很有代表性，尤其是他提出的"文章翻译学"②，不失为中国特色翻译理论的一个典型样态。随着国家对文化自信、理论自信以及学术话语权的强调，"加快构建中国特色哲学社会科学学科体系、学术体系、话语体系"③也被提上日程，颇受学界关注。翻译学作为哲学社会科学学科群的一部分，是否也需要凸显中国特色、构建具有中国特色的翻译学呢？笔者的回答是肯定的，让翻译研究回归中华文化本位是时代赋予翻译学者的使命。这一未竟的使命是前辈学者留下的，需要我们传承下去，只有数代翻译学者共同努力，不懈进取，才能极大地丰富中国特色翻译理论体系，真正构建中国特色翻译学。那么，中国特色翻译理论到底指什么？引发了哪些争议？有哪些代表性学者，出现了哪些代表性成果？构建中国特色翻译理论的指

---

① 原载于《浙江大学学报》(人文社会科学版)2021 年第 1 期，标题未变，独立撰写，收入本书时略有改动。

② 潘文国. 文章翻译学的名与实. 上海翻译，2019(1)：1-5＋24.

③ 谢伏瞻. 加快构建中国特色哲学社会科学学科体系、学术体系、话语体系. 中国社会科学，2019(5)：4-22.

导原则是什么？目前又面临着什么样的发展困境，将来的发展前景如何？有哪些重要的论题值得深度开发？这些问题是本文尝试梳理和回答的，以期对中国特色翻译理论的构建与发展有所启发，从而增强我们的文化自觉与理论自信。

1 中国特色翻译理论：范围界定与生成土壤

中国特色翻译理论有时也被称为中国特色翻译学，二者经常混用，不过笔者认为，前者是后者的初级阶段，只有中国特色翻译理论成气候了，得以极大发展与丰富了，中国特色翻译学才可能得以确立，否则很有可能只是一句空洞的口号而已。所谓中国特色翻译理论是指基于中国传统理论和思想话语资源发展而来的翻译理论，包括传统哲学、美学、文论、修辞、画论、书论等，严复的"信、达、雅"、傅雷的"神似"说、钱锺书的"化境"说等都是具有中国特色的翻译理论。这里的理论有时指的更多是一种理论话语或翻译思想，不一定具有系统化的特征。在今后的发展过程中，体系化是中国特色翻译理论的努力方向，对中国传统译论进行现代转换也要注意其体系化特征。还有一种倾向是把具有独创性的学派或理论流派也称为特色理论，有时则冠以国别特色。王东风就认为："从表面上看，一旦以某一个国家为基地，形成一个流派、一种思潮，人们在提到这个流派和思潮时，也就自然会想到这个国家，于是便形成了国别特色。从深层上看，一个流派、一种思潮的形成，必然会有它的思想的独创性，理论上的系统性，操作上的有效性，科学上的可验证性，抽象层次上的高度概括性，等等。"[①]德国功能主义翻译理论、巴西食人主义翻译理论等便具有这种典型的国别特色，即所谓特色来自"独特的、不同凡响的理论魅力"[②]。我国也有一些原创性翻译理论初具学派特征，如胡庚申的生态翻译学、谢天振的译介学、黄忠廉的变译理论、周领顺的译者行为批评、吕俊的建构主义翻

① 王东风. 中国译学研究：世纪末的思考. 中国翻译，1999(2)：22.
② 王东风. 中国译学研究：世纪末的思考. 中国翻译，1999(2)：23.

译学、许渊冲的文学翻译理论等。这些翻译理论目前未必得到国内学界的一致认同,大多也没有走出国门,但它们的独创性是毋庸置疑的。不过除了许渊冲的"美化之艺术,创优似竞赛"之外,其他都不属于本文所谓的中国特色翻译理论的范畴,因为其立论基础不是中国传统的理论与思想话语资源,我们不妨称之为中国学者提出的独创性翻译理论。胡庚申的生态翻译学虽也将华夏生态智慧作为其理论基础之一,但分量不大,说不上"中国特色",不过也有部分学者认为它是中国特色翻译理论。还有一种观点是把中国当下的学术研究热点视为中国特色翻译理论,而学术热点随时代而变化,把其视为特色理论未免有点牵强。判断一个理论是否属于中国特色翻译理论,主要看其立论基础是否源自中国传统思想与理论话语资源,整体上是否具有较强的中华文化基因。

中国特色翻译理论的生成土壤其实也就是其立论的基础,或者说是其生发的根据。何刚强认为:"我们推进中国的翻译理论创新与发展的自信至少可源于我们的三个传统,即文字文化传统、哲学思维传统与艺术表现传统。这三个传统也可同时构成中国译论应当在世界上独树一帜的理据。"[1]这三个传统基本上包括了中国特色翻译理论的生成土壤,即本文所谓的中国传统理论与思想话语资源。中国传统译论是基于传统哲学、美学的,就像罗新璋所言,"我国的译论,原作为古典文论和传统美学的一股支流,慢慢由合而分,逐渐游离独立"[2],所以,中国传统译论是中国特色翻译理论的有机组成部分,对其进行现代转换是发展中国特色翻译理论的有效途径之一,王宏印的专著《中国传统译论经典诠释——从道安到傅雷》在这方面做了可贵的尝试,也颇有影响。张柏然在解释中国特色翻译理论的"中国特色"时论述了四点,很大程度上也印证了其立论的依据,具体包括:1)用中国人自己的目光、观点与理解,而非外国人的目光、观点与理解,来阐释中外翻译现象,尤其是文学翻译现象;2)必须连接被忽视甚

---

[1] 何刚强. 自家有富矿,无须效贫儿——中国的翻译理论应当独树一帜之理据. 上海翻译,2015(4):3.

[2] 罗新璋. 我国自成体系的翻译理论(续). 中国翻译,1983(8):12.

至中断了的古代翻译理论传统,从古代译论中吸取丰富的营养,摄取那些具有生命力的观念,激活那些并未死去的东西,使之成为新译论的血肉;3)要与当代的中外翻译实践相结合,用以阐释我国与外国的新的翻译现象,形成我国新的翻译理论;4)有中国特色的翻译理论是多种多样的,对精神现象的大一统、单一化的理解一旦破除,翻译理论就显出其自身的多姿多彩。① 第一点"中国人自己的目光、观点与理解"也不妨理解为中国传统的理论话语资源,其中包括了中国人的言说方式和思维模式;第二点显示了对中国传统译论的重视,包括对其进行现代转换;第三点说明了中国特色翻译理论的问题意识与目标指向,即在借鉴与利用中国传统理论话语时要有强烈的问题意识,要与当下翻译实践相结合并对之进行解释,不能为了借鉴而借鉴,更不能为了装点门面;第四点强调中国特色翻译理论本身或形态是多样化的,这就告诉我们,就中国传统理论话语资源而言,只要可资利用,具有潜在的学术价值,就要学会使用,善于使用,使之为中国现代译论建设服务。

构建中国特色翻译理论,我们可资利用的资源具体包括:1)中国传统译论资源。继承与发展传统译论的主要途径便是对之进行现代转换,即"将古代译论作为资源,把其中那些具有普遍意义且与当代译学理论在内涵方面有着共通之处的概念及有着普遍规律性的成分清理出来,赋予其新的思想、意义,使其与当代译学理论融合,成为具有当代意义的译学理论的血肉"②。陈大亮构建的文学翻译的三种境界——译意、译味和译境,就是比较典型的现代转换。③ 其他如学界对"案本""五不翻""八备""善译""信、达、雅""硬译""神似""化境"等进一步的诠释与建构。2)中国语言文字。基于汉外语言对比,提出翻译的对策论,或针对汉外语言差异,总结翻译过程中一些规律,使之上升为理论的高度,如基于字本位的翻译观、翻译实践中的虚实转换、形合与意合机制等。3)中国传统哲学资源,

①　张柏然. 建立中国特色翻译理论. 常州工学院学报(社科版),2008(3):79.
②　张柏然,辛红娟. 译学研究叩问录——对当下译论研究的新观察与新思考. 南京:南京大学出版社,2016:37.
③　陈大亮. 文学翻译的境界:译意·译味·译境. 北京:商务印书馆,2017.

包括对其致思对象(如人生、伦理)、致思方式(如直观、喻化)、术语体系(如道、仁、义、礼、智、信、诚、性、心、理、和、有无、阴阳、中庸、自然)等。这要求我们对中国不同的哲学流派以及历时的继承、变异与发展有清醒的认识。4)中国传统文论(修辞)资源。古典文论离不开哲学,很多话语源自古典哲学,但在文论中往往具有自身的含义,也不妨认为古典文论是建构中国特色翻译理论最丰饶的土壤。中国古代文论的基本范畴——"气、神、韵、境、味"①,对中国传统译论的影响是非常深刻的,但这些都仍需进一步挖掘与开拓。其他文论范畴也是如此,值得开发的空间也很大,如文质、清浊、隐秀、虚实、自然、意象、情采、境界、通变、事理等,当然也包括一些重要文论命题,如"诗言志""诗缘情""以意逆志""立象以尽意""文以气为主""修辞立其诚"等。5)中国传统画论、书论、功夫理论等。书画理论中的核心术语与文论中的相差不大,如形神、虚实、造意、谢赫六法(包括气韵生动、骨法用笔、应物象形、随类赋彩、经营位置、传移模写)等;功夫文化中的思想与术语也值得借鉴,如整体观、阴阳变化观、形神论、气论、动静说、刚柔说等。总之,中国特色翻译理论的生成土壤与可资利用的话语资源极其丰饶,如何合理地开发则需要我们认真思考。

2 中国特色翻译理论:代表人物与典型样态

提倡中国特色翻译理论的学者很多,有提倡呼吁的,也有扎扎实实做下去的,如许渊冲、罗新璋、刘宓庆、张柏然、张佩瑶、桂乾元、陈福康、潘文国、何刚强等。青年学者在这方面的意识相对比较淡薄,但也有一些代表性成果,如吴志杰的和合翻译学等。中国翻译理论发展迅速,尤其是近 20 年。如果说 2000 年之前谈中国特色翻译理论或中国特色翻译学,很有可能局限于学理上的探讨,除已有的中国传统译论之外,实际上的体系化成果还比较罕见。如今国内已经出现了一批典型的学术成果,完全可以纳入中国特色翻译理论体系的范畴之内,如潘文国的文章翻译学、吴志杰的

---

① 童庆炳. 现代视野中的中华古代文论系统. 北京:北京师范大学出版社,2016:50.

和合翻译学、陈东成的大易翻译学、张俊杰的中庸诗歌翻译观等，其他零星的中国特色翻译理论也有很多，研究空间非常广阔。

潘文国是近些年提倡中国特色翻译理论的旗帜性人物，他身体力行，基于中国传统文论话语资源（文章学）提出了文章翻译学，属于中国特色翻译理论的典型样态。正如潘文国所言："创立和发展有中国特色的翻译理论，为国际翻译学的发展作出应有的贡献，这是翻译学术界的共识。提出文章翻译学，是这种尝试之一。"①所谓文章翻译学就是"以做文章的态度去对待翻译，做翻译也就是做文章"②，主要观点表现在以下几个方面：1）人品与文品，为人先于为学；2）不区分文学与非文学翻译；3）重文采；4）重"气"。③ 潘文国基于文章翻译学还提出过"译文三合：义、体、气"的观点，其中"义"指的是译文和原文在意义上的契合，"体"指的是译文和原文在文体和形式上的契合，"气"指的是译文和原文在气势和文章内脉上的契合。④ 这无疑是对文章翻译学的充实与开拓。文章翻译学主要基于中国古典文论资源，对文章（包括译文）的崇高地位以及文章的神气与文采特别重视，目前还处于起步阶段，潘文国有开创之功。后续研究的空间也非常大，仅一部《文心雕龙》就能生发出很多具有中国特色的译学论题；清代唐彪的《读书作文谱》也极具启发价值，很多观点与命题可直接或改造之后移植到翻译研究中，感兴趣的学者也不妨积极介入。由于文章学涵盖面很广，话语资源异常丰富，又与翻译学密切相关，所以潘文国认为，"离了文章学去谈中国译学传统，只能是隔靴搔痒；抛弃文章学去建立'中国特色'翻译理论，也只能是无源之水"⑤。笔者深以为然，文章翻译学大有可为！

张柏然是中国特色翻译理论的另一旗帜性代表，发表了很多纲领性

---

① 潘文国. 文章翻译学的名与实. 上海翻译, 2019(1)：2.
② 潘文国. 文章翻译学的名与实. 上海翻译, 2019(1)：3.
③ 潘文国. 文章翻译学的名与实. 上海翻译, 2019(1)：1-5＋24.
④ 潘文国. 译文三合：义、体、气——文章学视角下的翻译研究. 吉林师范大学学报（人文社会科学版）, 2014(6)：93-101.
⑤ 潘文国. 文章翻译学的名与实. 上海翻译, 2019(1)：3.

的文章,集中体现在他和辛红娟合著的《译学研究叩问录——对当下译论研究的新观察与新思考》上,里面有很多相关论述。张柏然还特别注重对相关人才的培养,带领诸多博士生弟子致力于中国特色翻译理论研究,取得了不俗的成绩,其中吴志杰便是一个杰出代表。吴志杰基于自己的博士论文 2009 年出版了《中国传统译论专题研究》,论述了意、诚、心、神、适五大话语体系,涵盖了翻译的本体论(意的流变与转生)、翻译的伦理学(以诚立译)、翻译的认识论(心思维)、翻译的美学攻略(以神驭形)和翻译的文化生态学(适译),为进一步探索中国特色翻译理论奠定了基础。基于这本专著以及张立文提出的和合学,吴志杰 2018 年又推出了新著《和合翻译学》,其中的核心范畴还是意(和合翻译本体观)、诚(和合翻译伦理观)、心(和合翻译认识观)、神(和合翻译审美观)、适(和合翻译文化观),融合了和合学的精华(和合观),提出了和合翻译学的一些理论模型,包括和合翻译学的结构模型以及翻译过程、翻译属性、译者修养、翻译评价与鉴赏的理论模型,思考更加深入,不失为从中国哲学话语资源来建构中国特色翻译理论的一次可贵尝试。正如吴志杰本人所言:"和合翻译学以博大精深的中国传统文化为依托,以中国传统言路探讨翻译理论问题,有望为当下中国乃至世界的翻译研究带来新的视角和洞见。"①基于中国传统和谐思维与和谐文化的和合学对翻译研究的启发值得继续深挖下去,吴志杰开了个好头。张柏然的博士张思洁基于其博士论文出版的专著《中国传统译论范畴及其体系》也颇具代表性,包括本体论层面(道、有无)、认识论层面(心物、意象、虚静、言意、形神)和过程论层面(诚、本、信、神似、化境、虚实、文质等)。这些传统译论术语值得我们继承与发扬光大。

陈东成 2016 年出版的《大易翻译学》也是中国特色翻译理论的典型样态,同样体现了中国传统哲学在翻译研究中的运用。大易翻译学基于易学原理,对翻译含义(生生之谓译)、翻译本质(文化交易)、翻译标准(太和)、翻译原则(求同存异和守经达权)、翻译方法(阳译和阴译)、翻译审美(如立象尽意、止于太和)、翻译伦理(如修辞立诚、利以合义)等都有所思

---

① 吴志杰. 和合翻译学. 北京:外语教学与研究出版社,2018:38.

考。许钧对陈东成的这本专著评论道："用《易经》的思想来研究翻译，用《易经》的术语、观点作为一个构架，对翻译学进行理论构建，这样的追求肯定是值得鼓励的。这是真正的本土思想资源的开拓。"[①]开发本土理论与思想话语资源是构建中国特色翻译理论的有效途径，也是与国际翻译学界交流与对话的重要资本。其他如张俊杰 2013 年出版的专著《试论中庸诗歌翻译观的构建——以王维诗歌英译为例》也是开发本土思想资源的一次积极探索。该专著基于古代中庸哲学思想，把"至诚原则"视为诗歌翻译的伦理追求，把"中和美"视为古典诗歌翻译的审美标准，把"用中"视为古典诗歌英译的策略与方法。作者还论述了亚里士多德的"中道观"以及海德格尔的"之间"等西方学术思想对中庸观进行了比照与阐发，一定程度上体现了中西融通的治学思路。蔡新乐 2019 年出版的专著《翻译理论的中庸方法论研究》则是利用中庸思想的集大成之作，思考更有深度，视野更加开阔，对中国特色翻译理论建设也更有启发，尤其是在方法论层面。

张佩瑶根据太极文化或者说是阴阳哲学，提出了翻译"推手"理论。为了纪念已故的张佩瑶（Martha P. Y. Cheung）教授，罗宾逊（D. Robinson）还主编了《翻译推手及其理论》（*The Pushing-Hands of Translation and Its Theory: In Memoriam Martha Cheung, 1953—2013*, 2016）的论文集，里面收录的文章很大程度上丰富与发展了张佩瑶所提出的"推手"理论（源自太极拳或者说是阴阳哲学），包括实际应用和理论应用两个层面。其中，张佩瑶的翻译史研究的"推手"隐喻旨在促成过去与现在的对话局面，提供一种与当下人文研究典型的二元对立思维不同的路径。[②] 另外，朱纯深从太极推手、浩然之气和纯语言等方面论述了翻译的阴阳诗学，包括翻译作为功夫、推手中的"听劲"、孟子的"浩然之

① 许钧. 当下翻译研究的困惑与思考. 东北师大学报(哲学社会科学版)，2019(3)：3.

② Cheung, M. P. Y. The mediated nature of knowledge and the pushing-hands approach to research on translation history. In D. Robinson (ed.). *The Pushing-Hands of Translation and Its Theory: In Memoriam Martha Cheung, 1953—2013*. London & New York: Routledge, 2016: 19-33.

气"与"以意逆志"、翻译作为两个语言间的推手、以信息焦点作为推手接触点的翻译以及从太极哲学来理解本雅明的纯语言等。① "推手"这个概念在翻译研究中的应用潜力还是很强大的,不过还有待深入挖掘中国传统哲学思想(尤其是道家),同时比照西方相似的哲学思想与理论资源,以"推手"为基点建构翻译研究中的"推手"模式。该论文集是一次可贵的集体探索,同时也为中国特色翻译理论走向国际舞台提供了借鉴。

西方的一些翻译学者对中国传统哲学思想也有一定的借鉴,个别也颇具中国特色。罗宾逊 2015 年出版的专著《翻译之道:中西会话》(*The Dao of Translation*:*An East-West Dialogue*)就使用儒道思想(包括《道德经》《中庸》《孟子》等)来研究翻译,并与西方的符号学进行对话(皮尔士与索绪尔),探讨促成翻译的"神秘力量"(翻译之道),促进对翻译过程中习惯与惊奇(habit and surprise)之间张力的理解。虽然这本专著并没有建构出典型的理论形态,但作者的思想是深刻的,其积极开发中国传统哲学思想并与西方现代理论展开对话的尝试值得借鉴。

3　中国特色翻译理论:构建原则与发展困境

如何构建中国特色翻译理论,学界也有所论述,并提出了一些重要原则。潘文国说过,他很赞成一种说法——"立足当前实践,继承中国传统,借鉴外国新知,发展中国学术",认为"这才是中国学术发展的根本之路"②。刘宓庆提出了译学研究"本位观照,外位参照"③的指导原则。张柏然和辛红娟在《译学研究叩问录——对当下译论研究的新观察与新思

---

① Zhu, Chunshen. Towards a yin-yang poetics of translation:Tai Chi pushing-hands, *haoran zhi qi*, and pure language. In D. Robinson (ed.). *The Pushing-Hands of Translation and Its Theory*:*In Memoriam Martha Cheung*, 1953—2013. London & New York:Routledge, 2016:60-81.

② 赵国月,周领顺,潘文国. 翻译研究的"中国学派":现状、理据与践行——潘文国教授访谈录. 翻译论坛,2017(2):10.

③ 刘宓庆. 翻译理论研究展望. 中国翻译,1996(6):2.

考》的"前言"中写道："我国译论建设应该'坚持本来，吸收外来，面向未来'，亦即以本民族的文化和译论资源为依托，古今沟通，中西融通，打造具有中国特色、中国风格、中国气派的翻译学话语体系。"①由此可见，强调中国特色翻译理论的"三驾马车"——张柏然、刘宓庆、潘文国，都强调了自我文化本位观，同时也强调要积极借鉴和充分利用异域之外位文化。有些学者怀疑或反对中国特色翻译理论的提法，认为其有可能使国内译学研究"陷入狭隘民族主义的泥坑"②。这种担忧其实是没必要的，毕竟中国特色翻译理论并不排外，只是更加强调对中国传统话语资源的利用罢了，这也是文化传承的一种表现。

结合张柏然、刘宓庆等对中国译学理论建设提出的指导原则，不妨把中国特色翻译理论的构建原则概括为"本位观照，外位参照；古今沟通，中西融通"。本位和外位的问题其实就是如何看待中西的问题，其中的本位指"彻底抛开'以西律中'的陈见，真正立足中国本土，发掘本土资源，寻找中国话语，在平等的基础上与世界对话"③。中国传统话语资源是构建中国特色翻译理论的基石，没有这个基石，也就无所谓特色了。同时还要善于汲取西方的话语资源和思维方式，对中国传统话语资源进行修补或改造，也包括中西话语资源的相互阐发，使其更具现代理论的体系化特征，更能描写与解释当下的翻译现象，从而真正实现"古今沟通，中西融通"。如中国古代具有丰富的文章学话语资源，我们完全可以结合西方的语篇语言学、文体学、叙事学、修辞学、语用学、认知语言学等学术资源对之进行革新和改造，然后再运用到翻译研究中。这通常会涉及对中国传统理论话语资源的双重转换问题：第一是把中国古典资源现代化，使其内涵在当代语境下得以丰富与发展；第二则是把现代化之后的理论话语资源运用到翻译研究之中，也不妨对之进行有针对性的二次改造，使之在理论上

---

① 张柏然，辛红娟. 译学研究叩问录——对当下译论研究的新观察与新思考. 南京：南京大学出版社，2016：前言 1.
② 谭载喜. 中西现代翻译学概评. 外国语，1995(3)：16.
③ 潘文国. 构建中国学派翻译理论：是否必要？有无可能？. 燕山大学学报（哲学社会科学版），2013(4)：24.

更具解释力和指导性。当然,我们还可以把中国传统思想与话语资源直接移植到翻译研究中,如文章学中的气、神、韵、情等相关话语。由于翻译本质上就是一种写作,就是做文章,所以直接运用到翻译中也是合适的,就像严复提出的"信、达、雅"一样,只要在翻译语境中赋予其新的内涵即可。在构建中国特色翻译理论的过程中,对翻译实践也要持双重视域,同时观照历史上与当下的中西翻译实践,基于实践建构理论,或者用构建出的译学理论来描写与解释相关翻译实践。实践是理论的源头活水,只有基于实践,理论才会更接地气。

中国特色翻译理论研究在国内虽取得了一些重要成果,如上述的文章翻译学、和合翻译学等,但总体上还是不成气候的,离中国特色翻译学的构想还有很大的距离,目前仍然面临着一些发展困境,尤其是缺乏对之感兴趣并能胜任的青年学者。基于中国传统话语建构中国特色翻译理论需要对中国古典哲学、美学、文论等比较熟悉,但是传统知识体系是绝大多数外语学者的短板,虽然很多人知道这是一个极具价值的系统工程,对之也颇有兴趣,但往往会望而却步或心有余而力不足。正如许钧所言:"大多数学习翻译的青年学者古文素养不是太高,对中国传统文化也没有那么熟悉,这也许是从事中国特色翻译理论建设的最大障碍。当然,这可能和中国的教育制度有关。挖掘中国传统译论资源是一个慢工出细活的过程,不能急于求成,要坐得住冷板凳。如果想在中国特色翻译理论方面有所突破,有所建树,没有勇气,没有毅力是不行的。"①其实这种困境不仅和中国的教育体制有关,对古文、古典文化不够重视,导致绝大多数(外语)学者的国学素养不高,也和中国急功近利的学术评价机制密切相关,试想又有多少人真正愿意去坐冷板凳,致力于古典话语资源的补习与研究,十年磨一剑呢? 所以,中国特色翻译理论建设急需一批有情怀、有担当、有毅力、有勇气的学者来共同完成,尤其是青年学者。我们不奢望每个翻译学者都从事中国特色翻译理论研究,但这方面的尝试与努力至少

---

① 冯全功,许钧. 青年学者如何做翻译研究——许钧教授访谈录. 中国外语,2018 (4):107.

是应该得到鼓励的。潘文国也说过："怎么正视、发掘、继承中国的学术传统是当前最困难的事。"①在经历了几十年的理论补课之后，中国外语学者对西学与西方学术话语资源往往了如指掌，对自己的学术传统和话语资源反而相对陌生，这就很难真正做到立足于本位，实现中西融通的治学理念。所以，有意识地培养这方面的翻译学者是当务之急，张柏然的博士培养理念就为我们树立了很好的榜样。但有了致力于中国特色翻译理论建设的学者队伍也只是解决了第一个困境，接下来的困境便是如何更好地继承、发掘、转换和利用中国传统话语资源的问题，即方法论层面的问题，这一步也很棘手。构建原则是宏观的、指导性的，构建方法则是具体的、操作性的。后者需要灵活应对，途径也比较多样化，如直接移植、改造移植、隐喻同构、术语关联、历时演化、旧瓶新酒、中西比附等。方法的运用要根据研究对象与目的而定，或一以贯之，或多管齐下，不管采取何种方法，都要保证理论本身对相关翻译现象的描写力和解释力，也包括对翻译实践的指导作用，避免出现两张皮现象，即所建构的理论体系与当下翻译现象和翻译实践相脱节。寻找中国特色翻译理论的合理建构方法与途径也颇具挑战性，需要我们结合具体的研究对象和目标来慢慢探索，不过挑战也正意味着机遇。

4　中国特色翻译理论：前景展望

对人文学者而言，文化传承是极其重要的，只有传承了民族文化的文脉，才能做到融会贯通，才能不失本色，创新发展的可能性也就更大。特色强调的是理论个性，但并不排斥对翻译学共性的追求，中国特色翻译理论并不是中国翻译学的全部，我们强调的是其流派属性而非学科属性。古人云，"同则相亲，异则相敬"（《礼记·乐记》），中国翻译学要赢得国际的尊重，就不宜步步紧随西方，朝相同的方向发展，而是要发展自己有特

---

① 赵国月，周领顺，潘文国．翻译研究的"中国学派"：现状、理据与践行——潘文国教授访谈录．翻译论坛，2017(2)：11.

色的、有别于西方的译论话语体系,这样才有和他者对话的资本,才能在国际译学舞台中获取话语权,正如潘文国所言:"建设'中国特色翻译学',说到底,就是要取得中国译学的话语权,在国际译学的研究中发出中国的声音。"①在新的历史时期,很多翻译学者意识到了建设中国特色翻译理论的必要性与迫切性,许钧也说道:"译学界越来越意识到,除了继续加强学习和交流之外,还迫切需要开拓新的理论资源、构建我们自己的理论体系和融通中外的理论话语体系。"②所以,重新思考中国特色翻译理论,提出建设路径,展望未来前景,谋求特色论题,也就很有必要了。

中国特色翻译理论建设不妨朝两个方向发展,即相对宏观的、系统化的、涵盖面较广的译学理论和相对微观的、操作性较强的、针对某个领域的译学理论。上述中国特色翻译理论的几个典型样态——文章翻译学、和合翻译学、大易翻译学等,都是比较宏观的,涉及翻译研究的方方面面。这些宏观的研究可以继续深挖下去,以充实和深化之,尤其是其中微观的话题研究(核心范畴),如文章翻译学中的气与体、和合翻译学中的诚与神、大易翻译学中的易与和等。其他如基于中国传统哲学和美学的翻译美学、基于中国传统文论的翻译修辞学等,也有望发展成为具有中国特色的翻译理论,在构建过程中也不妨参照西方的理论话语资源。刘宓庆2005年出版的《翻译美学导论》就是这方面的尝试。刘宓庆的这本专著遵循了他提出的"本位观照,外位参照"的译学理论建构原则,探讨了中国传统美学(译论)的很多核心范畴与重要命题,如情与志、意与象、知与才、虚与实、隐与显、神似、化境、信达雅、文质相称、圆满调和、感同身受、畅与物游等,同时也结合了西方的一些美学或哲学术语,如直觉、完形、模仿、认知图式、视野融合等。刘宓庆强调中国特色翻译理论,也积极向西方学习,使中西理论话语资源有机地融入自己的译学体系建构中,又不失中国传统文化的底色。这种导向是值得提倡的,尤其是宏观层面的中国特色翻译理论建构,中西融通往往会更有解释力,也在一定程度上体现了中西

---

① 潘文国. 中国译论与中国话语. 外语教学理论与实践,2012(1):3.
② 许钧. 改革开放以来中国翻译研究的发展之路. 中国翻译,2018(6):8.

知识的共性。所以，中国特色翻译理论中的特色就是不失本色、有民族文化特色之意，同时鼓励对西学的借鉴与吸收。

中国特色翻译理论的宏观建构着实不易，需要深厚的国学素养与人文底蕴，并不是每个人都能胜任的。因此，我们不妨从微观入手，探索具体的翻译论题，一步一个脚印，为建设中国特色翻译学增砖添瓦。张柏然认为："我国传统译论中一些重要论断，大都渊源有自，植根于我国悠久的文化历史，取之于古典文论和传统美学。运用中国古典文论思想研究中国翻译理论是一条重要的探索途径。"①针对文论资源的移植、借鉴与改造，学界也有一些初步探索，如王宏印的从"文笔"到"译笔"②，陈大亮的从刘勰"三文"到译诗"三味"（译味）③，冯全功的从"创作个性"到"翻译个性"④等，相关译学术语的提出皆源自中国古典文论，颇有民族特色。其他如马建忠提出的"善译"应该受刘向提出的"善说"的影响，严复的"信、达、雅"更是"文章正规"，皆有文论渊源。

刘勰在《文心雕龙·知音》提出了"六观"说，即"是以将阅文情，先标六观：一观位体，二观置辞，三观通变，四观奇正，五观事义，六观宫商"。我们完全可以把刘勰的"六观"说运用到文学翻译批评中，也不妨对相关术语进行改造，赋予其新的含义，并与中西现代译论（文论）结合起来，以更好地为文学翻译批评服务。叶燮在《原诗》中提出的诗歌创作的"理、事、情"以及诗歌创作（批评）所需的"才、胆、识、力"也可移植到翻译研究中，以加深我们对翻译本质以及翻译批评的认识，丰富中国特色翻译理论话语体系。曹丕在《典论·论文》中的经典命题"文以气为主"也同样如此，完全可以作为文章翻译学的有机组成部分。这里的关键是如何界定气之所指（如气的物理属性、生物属性、精神属性、形而上属性）与次级范

① 张柏然. 顶天立地搞科研　领异标新写春秋——翻译理论研究方法论纵横谈. 外语教育, 2007: 7.
② 王宏印. 新译学论稿. 北京：中国人民大学出版社, 2011.
③ 陈大亮. 刘勰的"三文"与译诗的"三味". 天津外国语大学学报, 2012(1): 27-33.
④ 冯全功. 论译者的翻译个性——以霍克思英译《红楼梦》为例. 上海理工大学学报（社会科学版）, 2016(1): 21-27.

畴(如气韵、气象、气势、气脉、气息、元气、浩然之气)、气之分类(如清浊之气、正邪之气)与表现(音节字句、叙事风格、思想内容)等。在翻译过程中,译者的任务就是如何守住与传达原文之气,气盛则言宜,即《文心雕龙·风骨》中所谓的"缀虑裁篇,务盈守气,刚健既实,辉光乃新"。鉴于气在文学作品(包括原文和译文)中具有类似于本体的地位,气在翻译过程中的盛衰变易(强化、等化、弱化)也值得深入探索。童庆炳提出的中华古代文论的五大基本范畴——"气、神、韵、境、味"①,除了气学界鲜有探讨外,其他四个范畴都已被引入翻译研究中,如"神似"说、"化境"说、"韵味"说等,不过这些也都有进一步研究的空间,尤其是次级范畴的设置。刘士聪提出的文学翻译"韵味"说就有三个次级范畴(声响与节奏、意境与氛围、个性化的话语方式)②,很大程度上提高了"韵味"说的层级性与可操作性,值得借鉴。绝大部分中国传统文论是体验感悟式的、审美生命化的,充满了诗性智慧和生命意识,很多术语与人息息相关(如气、骨、体、神等),这是古人的文章观,即把文章视为一个生气灌注的生命有机体,颇有特色与洞见。这些文论话语移植到翻译研究中也要注意体现这种有机整体观。

其他很多中国古典哲学文论话语在翻译研究中的应用也值得深入探索。传统译论中经常涉及"本"的论述(如"案本而传""因循本旨""贵本不饰""趣不乖本""五失本,三不易"等),这里的"本"到底指什么?有没有翻译的本体论意义?在现代语境中能否赋予其多重意义?这些都不妨重新思考,尤其是在哲学层面。古典哲学中的"诚"在翻译中也大有用武之地,尤其是在翻译伦理层面,不妨视其为核心概念。诚和信能否用主体间性、文本间性、文化间性等西方哲学思想对之进行现代转换,然后再运用到翻译研究中?冯全功对此做过初步探索,其底色与本色仍是中国的传统思想,也不失为一次"中西融通"的尝试。③ 还有"和",作为文论基本范畴

---

① 童庆炳. 现代视野中的中华古代文论系统. 北京:北京师范大学出版社,2016:50.
② 刘士聪. 汉英·英汉美文翻译与赏析. 南京:译林出版社,2002:前言.
③ 冯全功. 论文学翻译中的诚信观. 西安外国语大学学报,2013(4):112-115.

"气、神、韵、境、味的共同民族文化之根"①，对翻译研究也极其重要，建立与实践和谐翻译观是中国特色翻译理论建设的要义之一。"自然"也是中国哲学和文论的重要范畴，受道家哲学影响最大（"道法自然""希言自然"），常被视为一种文章风格（刘勰在《文心雕龙·明诗》中有"感物吟志，莫非自然"之说，司空图在《二十四诗品》中把"自然"列为其中一品，苏轼也有"文理自然，姿态横生"之说）或画品、书品等（唐代张彦远在其《历代名画记》中推崇自然，认为"自然者为上品之上"，谢赫的"应物象形"与"随类赋彩"强调的也是自然法则），"自然"有时还会指一种人生取向或精神上的追求（"越名教而任自然"），所以，把"自然"移植到翻译研究中会很有价值，对传统译论中的"文质之争"也不无启发。刘宓庆曾论述过墨家思想对现代翻译学建设的重要意义，强调从发掘和重估中华民族文化思想资源的立场出发，以获取更多的理论活力和民族特色②，很有见地。可惜学界鲜有顺着这一思路继续研究下去的，这无疑与国内翻译学者的眼光和能力有关。除了儒家、道家和墨家思想外，名家的思想也值得引入，对意义与共识的产生颇有启发。由此可见，自家后院的富矿很多，还有待去深度开采。

5 结 语

在丰富与完善中国当代译论话题体系方面，中国特色翻译理论大有可为；在中国特色翻译理论建设的道路上，我们还任重道远。潘文国指出："有没有中国特色翻译学不是一个理论问题，而是一个实践问题。"③潘文国把这里的实践理解为语言实践与中外翻译实践。其实也不妨赋予其第二层含义，即理论实践或者说对中国特色翻译理论建设的积极介入与深入探究。我们只有脚踏实地地去从事于中国特色翻译理论研究，聚沙

---

① 童庆炳. 现代视野中的中华古代文论系统. 北京：北京师范大学出版社，2016：65.
② 刘宓庆. 中西翻译思想比较研究. 北京：中国对外翻译出版公司，2005.
③ 潘文国. 中国译论与中国话语. 外语教学理论与实践，2012(1)：1.

成塔,形成合力,当合力足够大时,中国特色翻译学也就水到渠成了,不然就很有可能流于口号,于事无补。在国家极力强调理论自信和文化自信(自觉)的大环境下,我们有着前所未有的发展机遇,也面临着巨大的挑战。挑战主要在于绝大多数翻译学者的国学素养有待提高、中国特色翻译理论建设的有效路径有待深入思考。目前学界取得的一些典型成果,如文章翻译学、和合翻译学、大易翻译学等,为我们树立了榜样。在中国传统译论对外译介与传播方面,陈德鸿、张佩瑶等做出了开拓性的贡献,为西方学者了解中国传统译论以及中国特色翻译理论的国际化提供了便利。我们也不妨把有代表性的中国特色翻译理论译介到国外,或者直接用英语著述,以不同的面目参与国际翻译学术交流与对话,在国际译坛中发出自己独特的声音。刘宓庆曾说,"哀莫大于失去文化自我"①,我们必须站在文化战略的高度来对待翻译,对待中国特色翻译理论体系建设。"形成既具有民族文化特点又不隔绝于世界潮流的译论话语,是当前中国翻译理论研究面临的一个重要课题,也是 21 世纪中国翻译理论发展的方向"②,或者说"赓续传统,借鉴西方译学思想,找到自己的特色、风格和气派;贯通中西,整合、转化、创新,以铸就中国译学话语体系是当今译学界不可回避的重任"③。中国特色翻译理论建设的两大战略任务便是于内扎扎实实做研究,于外一步一步"走出去",内秀方能外显。

---

① 刘宓庆. 中西翻译思想比较研究. 北京:中国对外翻译出版公司,2005:viii.
② 张柏然,辛红娟. 译学研究叩问录——对当下译论研究的新观察与新思考. 南京:南京大学出版社,2016:62.
③ 方梦之. 建设中国译学话语:认知与方法. 上海翻译,2019(4):7.

跨学科翻译研究:以翻译修辞学为分析中心①

在人类知识日益细化的时代背景下,任何一门新生学科的诞生都离不开对其他相关学科资源的借鉴与利用,翻译学亦不例外。翻译学的诞生离不开语言学、文化研究等相关学科的介入与推动,翻译学的繁荣发展也需要相关学科的理论滋养。诚如李运兴所言:"翻译研究确实一直游走于众多传统学科之间,学科间性是它格外突出的本质属性。"②其中翻译理论研究所体现的以植入式为主导的学科间性关系包括"供体—受体"关系、"理论—应用"关系、类比关系和邂逅关系。③ 这四种跨学科研究模式或学科间性关系在当下翻译研究中均广泛存在。跨学科翻译研究有浅尝辄止的,也有深耕细作的,有生搬硬套的,也有对症下药的。韩子满论述过跨学科翻译研究的优劣与得失,同时也指出了跨学科研究的出路,包括解决问题的意识、翻译为本的意识、选择与创新的意识、方法论意识④,颇有见地。在充分了解风险以及出路的情况下,相关跨学科翻译研究值得鼓励,尤其是深耕细作式的。这类研究常以"翻译……学"或"……翻译学"的形式出现,如翻译哲学、翻译美学、翻译心理学、翻译伦理学、翻译经济学、翻译地理学、生态翻译学、社会翻译学、认知翻译学、文章翻译学等。

① 原载于《东方翻译》2021年第2期,原标题为《翻译修辞学的纵深发展路线:从个体探索到集体介入》,独立撰写,收入本书时有较大改动。
② 李运兴. 翻译语境描写论纲. 2版. 北京:清华大学出版社,2017:7.
③ 李运兴. 翻译语境描写论纲. 2版. 北京:清华大学出版社,2017:13-16.
④ 韩子满. 跨学科翻译研究:优劣与得失. 外语教学,2018(6):78-79.

就目前而言,其他学科往往是供体学科,翻译学则是受体学科,往往是从其他学科借用理论资源或学科方法来探索翻译问题的。有些学者对这些令人眼花缭乱的命名或者所谓的"分支学科"很反感,认为其不足以称"学",不过是观察或研究翻译的不同视角而已。但是,对于那些真正的、精耕细作式的深度跨学科翻译研究,尤其是具有一定学派意识的跨学科翻译研究,我们应该精心呵护,也不妨积极参与其中。本文主要以国内学者提出的"翻译修辞学"①为分析中心,回顾过去,展望未来,旨在探索跨学科翻译研究的纵深发展路线,以期对翻译学的其他"分支学科"有所启发。

1 寻觅供体学科

在跨学科翻译研究中,翻译学往往是受体学科,作为一门新兴学科,其理论话语对其他学科的影响还十分有限,虽然不远的将来,其也可能成为理论供体。寻觅一个合适的供体学科,是进行跨学科研究的第一步。这里主要有三种切入途径:问题导向、方法论导向和兴趣导向。韩子满也提到过"解决问题的意识"和"方法论意识"作为跨学科翻译研究的两种出路,二者经常交叉使用。想解决人的大脑在翻译中到底如何运作的问题,可以从认知心理学切入;想解决翻译史如何书写的问题,可以从历史学相关理论(如微观史学、全球史、文化史、"论从史出,史论结合"的治史理念)切入;想研究翻译活动的商品效益的话,可以从经济学切入;想对翻译本身进行形而上思考的话,可以从哲学切入;等等。问题先行是跨学科翻译研究的首要法则。翻译学等人文社会学科中的问题意识并不只限于解决问题,还应包括对相关现象的解释、评论和预测,尤其是解释,这一点需特别注意。有了需研究的问题,我们可以选择合适的供体学科或其中的方法论,或对整个翻译学进行综观思考,或对翻译研究中的具体领域进行深

---

① 杨莉藜.翻译修辞学的基本问题.外语研究,2001(1):71-73;冯全功.翻译修辞学论纲.外语教学,2012(5):100-103;陈小慰."翻译修辞学"之辨与辩.中国翻译,2019(3):44-54.

入探索。所谓兴趣导向主要指研究者对其他某一学科特别感兴趣，想借其他学科知识来解决翻译研究中的问题或解释相关翻译现象。兴趣导向可能会有学科先行的倾向，但前提是两个学科之间要有一定的相似性或亲缘性，否则很难找到合适的切入视角，即使通过类比找到了也很难对翻译研究产生实质性的影响。

  翻译修辞学是笔者的主要研究兴趣，甚至是毕生的学术追求。2010年笔者把博士论文的选题确定为《红楼梦》翻译，想把小说的艺术性与思想性有机地整合起来，但苦于找不到合适的理论框架。偶然一个机会，室友张思永告诉笔者不妨看看谭学纯、朱玲所著的《广义修辞学》。拜读之后，收获颇丰。谭学纯和朱玲提出的修辞功能的三个层面，即修辞技巧、修辞诗学和修辞哲学[1]，恰与《红楼梦》的艺术性与思想性契合无间，前二者对应文本的艺术性，后者对应思想性，三个层面在一定条件下也可相互转换，并且也能实现微观与宏观相结合的目的。这种供体学科的选择不妨说是以问题为导向的，也有兴趣使然（看谭学纯的相关论著越多，对广义修辞学的兴趣也越浓厚）。广义修辞学之"广"主要在于其不再局限于对修辞技巧的研究，而是把学术视野拓展到整个文本的艺术设计、话语的文化与哲理内涵等方面，并且涵盖了表达和接受两端，对翻译研究具有较大的解释力。基于博士论文，笔者后来出版了专著《广义修辞学视域下〈红楼梦〉英译研究》（2016）。其他基于博士论文从修辞学来研究翻译的专著还有陈小慰的《翻译与修辞新论》（2013）、张瑜的《翻译的修辞学研究》（2013）、曹磊的《翻译的修辞符号视角研究》（2013）、袁卓喜的《修辞劝说视角下的外宣翻译研究》（2017）等。把修辞学作为博士论文的理论供体，离不开强烈的问题意识，也在一定程度说明了修辞学与翻译学的相关性与共通性，陈小慰把其总结为七点，即目的性、交际性、语言性、受众性、语境性、现实性和跨学科性。[2] 山东大学翻译学院于 2017 年设立中美修辞学研究中心，旨在致力于翻译修辞学研究，并举办了系列学术活动。这

① 谭学纯, 朱玲. 广义修辞学（修订版）. 合肥：安徽教育出版社, 2001.
② 陈小慰. 翻译与修辞新论. 北京：外语教学与研究出版社, 2013：120-132.

种依托研究中心(机构)的团队化跨学科研究也值得效仿。

2　知晓彼此概况

跨学科研究只有知己知彼,才能对症下药,有的放矢。翻译的跨学科研究既要对受体学科翻译学有全面而深刻的了解,了解学科的核心研究对象以及问题所在,也要对翻译的本质有深刻的认识。翻译的属性有很多,从不同的角度可以得出不同的结论,很多跨学科研究只是对某种属性的放大而已,或者说是更加深入地理解翻译的某种属性,如翻译美学强调的是翻译的审美属性,社会翻译学强调的是社会属性,翻译经济学强调的是经济属性,认知翻译学强调的是认知属性。翻译的属性是多元的,不能"盲人摸象",执其一端,否定其余。这也是深度跨学科翻译研究需要注意的。对翻译本身的深刻认识以及对翻译学的整体了解是跨学科翻译研究的重要前提。找到了供体学科,也不见得就对这个供体学科特别了解,对供体学科尤其是相对成熟的学科的了解实际上是一个渐进、持续的过程。当然,对供体学科知识资源的利用也不能照搬全收,往往需对其进行筛选,在实际运用过程中也不妨对所选理论资源有针对性地进行优化或改造。全面了解供体学科的方法莫过于阅读相关学科史(包括通史和断代史),从供体学科史中寻找更多、更具体、更合适的切入视角。切入视角确定后,再有针对性地细读相关文献,或以学科范式为线索,或以典型学者为线索,或以理论本身的发展为线索,切忌浮光掠影地阅读一些二手文献就去做跨学科翻译研究,因为浮光掠影的做法注定是深入不下去的。李运兴提出的跨学科移植的"层次性"主要是针对受体学科翻译学而言的①,但正如张思永所言,"作为供体的其他学科也具有层次性,在翻译的跨学科研究中要清楚的是运用该学科的哪个层次来进行研究"②。这种观点颇有道理。也就是说,供体学科的资源并不是都可使用的,但我们有全面了

---

① 李运兴. 翻译研究中的跨学科移植. 外国语,1999(1):57-58.
② 张思永. 对翻译学的跨学科性与学科独立性的几点思考. 语言教育,2017(2):90.

解的必要，尤其是想持续探索研究的。

笔者在攻读博士期间，把修辞学选为博士论文的理论供体，把翻译修辞学确定为学术致力的方向，把广义修辞学视角下的《红楼梦》英译研究作为具体的探索。首先，全面细读了谭学纯的系列论著，以期对他提出的广义修辞学有全面的了解；其次，阅读了中西修辞学史的部分著作以及和广义修辞学密切相关的其他修辞学论著，以期对修辞学有全面的了解；再次，阅读了修辞学临近学科的一些论著，如美学、哲学、文体学、叙事学、传播学、认知语言学等，以期加深对广义修辞学的理解；最后，阅读了相关红学论著，尤其是和小说审美与思想相关的论著。有了这些知识储备，博士论文写起来就相对得心应手一些，也为后续研究奠定了基础。其实，不管是博士论文还是专著撰写，只要是纵深式的跨学科翻译研究，都要对供体学科的概貌尤其是学科的发展史有清晰的认识。笔者对中国修辞学比较感兴趣，也读过一些修辞学史的著作，后来又认真通读了郑子瑜和宗廷虎主编《中国修辞学通史》(1998)，五卷共二百多万字，史料十分丰富，以期为后续研究找到更多切入点。

3　选择研究视角

对供体学科的全面了解在很大程度上是为选择研究视角服务的，毕竟任何跨学科研究都涉及对供体学科知识资源的遴选问题。选择研究视角主要指选择哪些理论话语资源(包括方法论)来研究受体学科。任何成熟学科都有一个渐进发展的过程，包括范式和理论话语的更新，往往会有不同学派的存在；人文学科还有较强的国别特色。张思永针对社会翻译学的论述颇能说明问题——"社会学的种类众多，翻译研究是借鉴哪种社会学进行的？是以三大经典社会学家(马克思、涂尔干、韦伯)为代表的传统社会学？还是功能主义的帕森斯、默顿、卢曼或结构主义的列维-施特劳斯等人的社会学？抑或是以文化的生产、传播和消费为研究对象的文化社会学?"①这也是张思永所谓的供体学科的"层次性"问题,需要我们根据"相关性"和"适存性"原则②加以遴选。国内社会翻译学选择的视角多局限于布迪厄(P. Bourdieu)、拉图尔(B. Latour)、卢曼(N. Luhmann)等少数几人的理论话语,视野还有待拓展。再如认知翻译学,在其供体学科的选择上主要有认知心理学和认知语言学。借鉴认知心理学的主要是研究方法,如有声思维、屏幕录像、眼动跟踪、脑电图仪、磁共振成像等,旨在探索狭义的翻译过程;借鉴认知语言学的主要是相关理论,如隐喻理论、识解机制、象似性、理想化认知模型、意象图式等。如果说供体学科是翻译研究的大视角的话,供体学科中的具体理论资源则是小视角,或者说是视角中的视角,这些小视角的选择对跨学科翻译研究至关重要,积小方能成大。

国内外修辞学也有不尽相同的传统,西方注重演讲和论辩修辞,视野更加开阔,尤其是 20 世纪之后盛行的"新修辞";国内注重写作和文章修辞,从字句到语篇都是修辞学的研究对象,其中修辞格历来是不可或缺的部分。陈小慰 2013 年出版的《翻译与修辞新论》选择西方的"新修辞"为理论视角,重点论述了其对翻译的理论和实践的再认识,不失为从西方修辞学来研究翻译的一部力作。袁卓喜 2017 年出版的《修辞劝说视角下的外宣翻译研究》选择西方修辞学的核心"劝说"作为理论视角来研究外宣翻译,理论资源包括亚里士多德的修辞诉诸三模式(人格、情感、理性)、佩雷尔曼(C. Perelman)的论辩修辞、伯克(K. Burke)的认同或同一修辞、比彻尔(L. Bitzer)的修辞情境理论等,也颇有新意。袁卓喜对供体理论的选择以及研究对象的选择都体现了跨学科研究的层次性。笔者主要研究文学翻译,对国内修辞资源的借用更多一些,包括谭学纯的广义修辞学。广义修辞学基于国内修辞学,同时也汲取了很多西方修辞思想与理论资源,具有中西融合的特征,但其文化底色仍是中国的。以修辞学为供体学科的研究中,很多也打通或融汇了中西修辞,只是有所侧重而已。由于修辞学和翻译学的亲缘性特别强,所以翻译修辞学的视角选择也非常

① 张思永. 对翻译学的跨学科性与学科独立性的几点思考. 语言教育,2017(2):90.
② 李运兴. 翻译研究中的跨学科移植. 外国语,1999(1):55-61.

多样化,如西方修辞与中国传统修辞、语辞与文辞、语彩与想彩、文体与风格、积极修辞(包括辞格与辞趣)与消极修辞、字句修辞与篇章修辞、表达修辞与接受修辞,还有修辞理念、修辞对象、代表人物、历史时期的选择等。任何小视角的选择都要根据研究对象、研究问题、研究目的等综合而定,小视角选定之后还要学会小题大做,将其深入研究下去,唯有如此,方能显示出跨学科研究的深度,才能促进"分支学科"的健康发展。

4　学会重点突破

任何深度跨学科研究都有个(潜在的)论题系统,所谓重点突破就是对其中的具体论题进行深入系统的探索,即前面所说的小题大做,或者选择某一个视角对论题进行综观研究。重点突破既可以就个人而言,也可以就整个"分支学科"而言。吴志杰的《和合翻译学》、陈东成的《大易翻译学》等都是从哲学视角对翻译进行全面探索的,也不妨视为翻译哲学的有机组成部分。翻译哲学还有很多其他或大或小的切入视角,如本体论、认识论、方法论、存在论、阐释学、现象学、实践哲学、人生哲学、生命哲学、过程哲学等,它们都是潜在的理论供体。中西哲学流派纷呈,翻译哲学也比较宽泛。就大视角而言,鼓励小视角选择的多样化;就个人而言,鼓励选择某个视角深入地探索下去。某一学科视角下的小题大做、小题深做式的翻译研究是重点突破的关键所在,尤其是以专著形式呈现的成果,更能体现跨学科翻译研究的深度。胡庚申的《生态翻译学:建构与诠释》指出了基于"关联序链"的"精细化"研究方向,并在翻译本体生态系统内部开展了更为细致、更为扎实的探索,还从五个视角提出了很多后续研究论题。① 这种论题的"精细化"研究也是生态翻译学重点突破的方向,如可以继续对生态/绿色翻译、翻译生态环境、翻译研究中的生态理性、翻译生态学的华夏基因、生态翻译与生态文明、生态翻译文化等进行专题探索。生态翻译学对翻译之美关注不够,还可以借鉴中西生态美学的相关资源对

---

① 胡庚申. 生态翻译学:建构与诠释. 北京:商务印书馆,2013:400.

生态翻译学进行拓展。这也未尝不是一种突破的方向,曾繁仁等人的生态美学思想就很有借鉴价值。从生态美学来研究翻译涉及三种学科的交叉互动,这也是未来跨学科研究的题中要义,值得鼓励。

笔者特别注重对相关论题的勾勒,在 2016 年出版的专著《广义修辞学视域下〈红楼梦〉英译研究》以及发表的论文《翻译修辞学:多维研究与系统构建》中就提出了大量翻译修辞学的具体论题。笔者在阅读谭学纯的广义修辞学时,隐隐感觉到修辞认知(相对于概念认知而言)是一个很有潜力的概念,对语言和翻译,尤其是审美化的语言,具有强大的解释力。在博士论文和其他相关论文中对之都有所提及,但未及深入研究。后来以“文学翻译中的修辞认知研究”为题申请到 2016 年国家社科基金青年项目,目前已顺利结项,并于 2020 年出版专著《文学翻译中的修辞认知研究》,主要研究内容包括文学翻译中修辞认知的转换模式、转换动因、转换效果、隐喻修辞认知翻译研究、其他修辞认知翻译研究(如拟人、通感、象征、反讽、双关语、委婉语)等。这不妨认为是翻译修辞学论题系统中的一个典型突破。其中以原文为起点的转换模式研究(从修辞认知到概念认知、从修辞认知到修辞认知、从概念认知到修辞认知)是翻译中的独特现象(与文学作品相比);原型理论观照下对修辞认知的界定与阐释也在一定程度上推动了对修辞认知本身的研究。换言之,我们在移植其他学科的理论资源时,不但要根据翻译的特殊情况对之进行灵活运用,还要学会对相关理论话语进行深化拓展或改造更新。这有望反哺母体学科,形成协同发展的局面。潘文国提出的“文章翻译学”①也可视为翻译修辞学的重大论题,值得全力深挖下去。其他值得深挖的小论题更是不计其数,如(文学)翻译(批评)中的形貌修辞、模糊修辞、接受修辞、论辩修辞、同一(认同)修辞、修辞诗学、修辞哲学、修辞能力、修辞情景等。

---

① 潘文国. 文章翻译学的名与实. 上海翻译,2019(1):1-5 + 24.

5　贵在持之以恒

做学问要有股持续的钻劲，某一学者如果在同一领域长期耕耘，就很容易形成清晰的学术面貌；众多志同道合的学者如果在某一"分支学科"持续不断地耕耘下去，就较容易形成难得的学术流派。东打一枪，西打一炮，没有清晰的研究主线，注定成不了什么气候，尤其对青年翻译学者而言。胡庚申提出的生态翻译学在国内有较大影响，在国外也有一定的知名度，很大程度上在于他本人以及众多志同道合者长达十余年的坚持。除了撰写相关论著外，胡庚申针对生态翻译学的一系列举措与活动也颇有借鉴意义，如创办生态翻译学会刊、连续召开生态翻译学会议、多次组织生态翻译学期刊专栏等，2019 年又设立了"郑州大学生态翻译学研究院"，为学术研究与人才培养提供了平台保障。生态翻译学能形成一个比较清晰的翻译研究的学派，与胡庚申长期的努力密不可分。国内也有学者提出翻译生态学的，并出版了相关专著，本可以和胡庚申提出的生态翻译学形成双峰并峙的局面，结果却影响有限，主要在于作者缺乏后续研究，也未形成学术共同体。跨学科研究有瓶颈并不可怕，可怕的是失去了继续探索的动力与兴趣，尤其是领军人物，如能集体攻坚，则更容易形成学派。王宏印曾写过一首《南开译风歌》，开头为"学贵传承，文脉乃通；研究恒久，始有大成"，这也印证了学术需要打持久战的道理，跨学科研究尤其如此。在学术传承方面，我们也不妨积极参与一些跨学科研究，如潘文国提出的文章翻译学。他发表过多篇论文对之予以阐述，后续研究的空间非常广阔。文章翻译学有利于继承中国古典文论与文化资源，提升我国翻译研究在国际上的话语权，这种具有中国特色的翻译理论需要我们去发扬光大。

在翻译修辞学方面，也有成绩比较突出的，主要源自研究者持续的努力，陈小慰就是其中一位，其理论供体主要是西方修辞学。陈小慰曾出版《翻译与修辞新论》(2013)、《译有所依——汉英对比与翻译研究新路径》(2017)两本相关专著，发表了三十余篇修辞与翻译方面的论文。她还以

"服务国家对外话语传播的'翻译修辞学'学科构建与应用拓展研究"为题申请到 2017 年国家社科基金一般项目,目前已结项,并于 2022 年出版专著《翻译研究基本问题:回顾与反思》。陈小慰认为:"'翻译修辞学'应该有更广阔的学科视野、更丰富的论题和更广泛的应用,需要我们对现实翻译问题的修辞内涵及修辞实践予以关注。"①其国家社科基金项目就具有明显的现实语境导向,体现了学术为社会服务的理念。不管是针对个体还是翻译修辞学这一领域,陈小慰的国家社科基金项目及其结项成果(《翻译研究基本问题:回顾与反思》)都是一个重要突破。笔者也在努力,从 2016 年出版的《广义修辞学视域下〈红楼梦〉英译研究》到 2022 年出版的《文学翻译中的修辞认知研究》,也算是近十年对翻译修辞学的一点贡献。如果说陈小慰采用的主要是西方修辞学,研究对象主要为非文学翻译,笔者采取的则主要是中国修辞学,研究对象主要为文学翻译,二者恰好形成互补的局面。笔者将来的致力方向主要是从中国古典文论、哲学来研究翻译修辞学,采取的研究策略也是对重点论题进行逐个击破,如中国传统文化中的"气"在翻译研究中的应用、"修辞立其诚"与翻译伦理、"道法自然"与翻译的自然之道、刘勰的"六观"说与文学翻译批评、中国古典文论中的语篇修辞思想对翻译(批评)的启发等。还有一些学者在持续关注翻译修辞学的某一领域,也值得一提,如谭业升、孙毅等对隐喻翻译的研究,两人分别发表了大量相关论文;陈科芳对修辞格翻译的研究也很突出,2010 年出版了《修辞格翻译的语用学探解》,2018 年又出版了《英汉修辞格比较与翻译》。由此可见,翻译修辞学的成果是丰富的,前景也很广阔,虽还未形成明显的学术共同体,但也不乏长期致力于此的学者。

6　终于融会贯通

学术研究的最高境界就是融会贯通,只有融会贯通了,才能得心应手,触手成春。学术大师往往如此,正如杨义所言,"学术的大气象,往往

---

① 陈小慰. "翻译修辞学"之辨与辩. 中国翻译,2019(3):45.

趋于会通和融合"①。在学科日益细化的当下语境中，这种境界很难达到，但也不妨作为毕生的学术理想。融会贯通的主要标志就是打通，打通不同学科以及古今中外的界限，任何知识都可自由地为我所用，不囿于任何人为的藩篱，即所谓"大学问，或者做学问的自由，就是能够出入于不同的学科领域和知识系统"②。古人做学问强调文史哲打通，钱锺书在《谈艺录》序中所说的"东海西海，心理攸同；南学北学，道术未裂"强调的也是打通。打通的前提是对相关学科的透彻的了解，就像李运兴所言，"对各个移植供体的研究越深入，它们融合在一起的可能性也就越大"③。由于翻译学是新生学科，很多学者担心过多地借鉴其他学科的知识资源会使翻译学面临着逐步失去自身的风险，从而指出跨学科研究要强化以翻译为本的意识。这种本位意识无可厚非，尤其是在当下语境中，翻译学更多的是作为受体学科，需要强调自己的独立性。但撇开学科关怀和自我定位，其他学科"入侵"翻译或者跨学科翻译研究的成果"入侵"其他学科都未尝不是一件好事，甚至是值得提倡和鼓励的。翻译研究作为目的或者作为工具都没有问题，前提是跨学科研究要契合无间，运用自如，具有令人信服的解释力，而不是表面的附会或者是两张皮。这就是学科之间的融会贯通。跨学科翻译研究的打通不仅是打通两个学科，如有必要，还要善于打通供体学科的临近学科，以便产生更大的学科间性力量。学科知识的古今中外打通强调的是一种解蔽，不能蔽于中而不知西，也不能蔽于今而不知古，反之亦然。针对古今打通而言，还要善于将古代理论资源进行现代转换，以更加有效地解释今日之翻译现象。

翻译修辞学研究也要遍览古今中外的修辞思想，通观之后方可打通，方能更加有效地运用在翻译研究之中。陈望道曾说："我们研究语文，应该屁股坐在中国的今天，伸出一只手向古代要东西，伸出另一只手向外国

① 杨义. 现代中国学术方法通论. 济南：山东教育出版社，2007：183.
② 王宏印. 自由出入于学科之间才能做大学问——简论文史哲之间的入与出. 中国外语，2009(4)：96.
③ 李运兴. 翻译研究中的跨学科移植. 外国语，1999(1)：60.

要东西。这也就是说立场要站稳,方法上要能网罗古今中外。"①这种兼收并蓄的立场对修辞学以及翻译修辞学研究至今还是有用的。在具体研究中,我们可以采用自己的理论视角,或中或西,或中西结合,或古为今用,也可以有自己重点突破的论题或领域,但都不妨把打通古今中外作为翻译修辞学的终极目标。潘文国提出的文章翻译学也不妨归于翻译修辞学领域,其理论供体主要是中国古代的文章学资源,只有对这些文章学资源进行现代转换,赋予其当代学术精神,方能把文章翻译学做得更扎实。隐喻翻译研究是翻译修辞学的重要论题,如果不结合西方当代隐喻理论,将其上升为认知和思维方式,仅在技巧层面打转,就很难有突破性进展。从修辞学视角全面地研究翻译,需要宽泛意义上的修辞学来作为理论供体(广义修辞学可资借鉴),需要众多临近学科的介入(如哲学、美学、文论、文体学、叙事学、传播学、符号学、语用学、文化学、认知语言学、语篇语言学等),需要对古今中外的相关理论资源博览精阅,广取巧用。唯有如此,才能实现跨学科研究融会贯通的境界,促进翻译学和修辞学的协同发展。

学科划分是人为的,学术研究是自由的。杨义认为:"专精是治学的根底,不究专精而空言博通,难免游谈无根。博通却是治学的精神,不思博通而固守门户,也容易落入旧套而难得学思的自由。"②如果说学科内的视野属于"专精"的话,那么跨学科研究就需要"博通"了,至少要通晓供体学科的相关知识,正如陈垣所说的,"只博不专,难于有成;只专不博,学则不通"③。所以,我们唯有"转益多师",再加上"用功之深,穷理之熟"(朱熹语),才能融会贯通地从事跨学科翻译研究。

---

① 转引自:宗廷虎. 试论新中国成立后陈望道修辞学研究的重大发展——纪念望道先生诞辰 120 周年. 复旦学报(社会科学版),2011(2):75.
② 杨义. 现代中国学术方法通论. 济南:山东教育出版社,2007:219-220.
③ 转引自:杨义. 现代中国学术方法通论. 济南:山东教育出版社,2007:231.

下　篇

翻译研究基本问题：拓展与个案

翻译家精神:内涵分析与潜在价值①

2022 年 1 月 17 日,《杭州日报》的《倾听·人生》栏目刊登了一篇人物报道,题为《我们的天才儿子》,讲述的是青年翻译家金晓宇的感人故事。这篇由其父亲口述的报道很快被国内各种官方媒体、自媒体转载,引发了社会各界的广泛关注。从"天才翻译家"金晓宇的感人故事里,读者大多被那种坚韧不拔的父爱感动着。感动之余,笔者看到的是金晓宇作为翻译家的形象:身残志坚,心怀信念;苦学语言,广泛涉猎;认真翻译,一丝不苟;不求名利,默默奉献。金晓宇小时候左眼意外失明,患有狂躁抑郁症,但他痴迷于语言学习,除了英语,他还自学了日语、德语,并翻译过几部日语、德语著作,是一位典型的多语翻译家。作为一名译者,金晓宇极其认真,出版社的人说,"金晓宇译的书稿寄到编辑部,大家都抢着做责任编辑,因为全书没有错字、错句、错译,每本书都好卖,读者反响很好"②。金晓宇的形象蕴含着一种精神,这种精神为大多优秀翻译家所共有,我们不妨称之为翻译家精神。最近,笔者通读了方梦之和庄智象主编的《中国翻译家研究》(三卷本),对翻译家精神有了更为全面的体会。方梦之和庄智象在《中国翻译家研究》的前言中把中国翻译家的特质归纳为四个方面:使命感、责任感;经世致用;多语种、跨学科;精益求精。③ 我们也不妨将这些特质视为翻译家精神的具体表现。彦琮《辨证论》中的"八备"说(如"志

---

① 原载于《外国语》2023 年第 1 期,标题未变,独立撰写,收入本书时略有改动。
② 金性勇,叶全新. 我们的天才儿子. 杭州日报,2022-01-17(A12).
③ 方梦之,庄智象. 中国翻译家研究(历代卷). 上海:上海外语教育出版社,2017:XIV-XIX.

愿益人""不苦暗滞""器量虚融""淡于名利"等)也蕴含着丰厚的翻译家精神。那么,到底什么是翻译家精神? 翻译家精神与翻译精神有何区别与联系? 翻译家精神具体表现在哪些方面? 翻译家精神在当代语境中有什么潜在价值? 本文尝试对这些问题进行解答,以期把翻译家精神作为独立术语引入翻译研究,丰富中国翻译理论话语体系。

1　翻译家精神的概念辨析

翻译家精神指的是从历代优秀翻译家身上所归纳出的有关为人、为学、为译等方面的特殊品质,如求真精神、务实精神、奉献精神、求美精神、爱国之心、进取之心等,这些品质为大多翻译家所共有,只是在不同翻译家身上的凸显程度有所不同而已。付智茜的《翻译家精神研究:以杨宪益、戴乃迭为例》是目前国内唯一一篇以"翻译家精神"命名的文章。作者指出:"翻译家精神就是本质中的能动性、受动性和为我性的表现,即翻译家在翻译过程中所体现出来的意识、思维活动和一般心理状态。"①这个定义稍显宽泛,笔者则把翻译家精神视为翻译家的一种内驱外显的共享品质。付智茜把杨宪益、戴乃迭夫妇的翻译家精神归结为六个方面:拳拳爱国心、中西合璧的"黄金搭档"、自信与无畏、钻研与精业、敬业与奉献、谦逊与求是。如果把"中西合璧的'黄金搭档'"置换为合作精神的话,傅智茜总结的这六个方面的确是大多优秀翻译家的共享品质,也是翻译家精神的重要表现。值得注意的是,戴乃迭并未加入中国国籍,用"拳拳爱国心"来描述她未必准确。付智茜还用译者精神来指代翻译家精神,二者是等同的。笔者认为,译者在当今社会是一个非常宽泛的群体,翻译家则是古今有所成就的知名译者,不管是否以翻译为职业。从优秀的翻译家身上来概括这些品质更为精准,故称之为翻译家精神也更为合理,比"译者人格"②等概念更具示范性与导向性。也有学者把翻译家精神称为"匠人

---

① 付智茜. 翻译家精神研究:以杨宪益、戴乃迭为例. 上海翻译,2014(3):45.
② 童成寿. 译者人格特征内隐观的初步研究. 语言教育,2019(2):53-58.

精神"①或"工匠精神"②，但这种命名针对的主要是译者或翻译家对待翻译工作精雕细琢的态度，无法涵盖翻译家精神的其他层面，尤其是人格方面的内涵。

翻译家精神有时也被称为翻译精神，但翻译精神有自己特殊的所指，本身也是一个模糊的概念，与翻译家精神还是有区别的。许钧认为："任何创造都不可能是凭空的创造，它应该是一个继承与创新的过程。当'本我'意欲打破封闭的自我世界，向'他者'开放，寻求交流，打开新的疆界时，自我向他者的敞开，本身就孕育着一种求新求异的创造精神。这种敢于打开封闭的自我，在与'异'的交流、碰撞与融合中丰富自身的求新的创造精神，我们可视为一种翻译精神。"③2019 年，许钧在《翻译精神与五四运动——试论翻译之于五四运动的意义》一文中重申了翻译精神的概念，论述了"翻译精神所蕴含和孕育的'开放''求新'与'创造'之精神"④和五四运动的内在关系。笔者认同这种观点，即把翻译精神视为翻译本身所蕴含的开放、求新、求异、创造等精神，而不是翻译家的共享品质。但也有学者把翻译精神视为翻译家品质的，尤其是在论述某一位翻译家的精神品质时，如傅雷翻译精神、草婴翻译精神等。这样命名本也无可厚非，因为傅雷等本身就是翻译家，如果说傅雷的翻译家精神的话，措辞感觉有点怪异，如果直接用傅雷精神的话，其涵盖面又失之宽泛。蓝红军在评述许钧等合著的《傅雷翻译研究》时认为，"该著所揭示的傅雷的翻译精神是其艺术精神和人格精神的统一"⑤，他还重点阐述了翻译精神的概念，认为翻译精神是一种理想精神、拯救精神、求真精神和艺术精神。蓝红军理解的翻译精神指向的主要也是翻译家精神，或者说是"傅雷的翻译精神"，与许

---

① 杨雪冬."翻译匠"的匠人精神. 杭州（我们）,2016(3)：11-12.

② 杜桂枝. 重视培养翻译人才的工匠精神. 中国俄语教学,2016(3)：1-6.

③ 许钧. 翻译论. 武汉：湖北教育出版社,2003：392.

④ 许钧. 翻译精神与五四运动——试论翻译之于五四运动的意义. 中国翻译,2019
(3)：10.

⑤ 蓝红军. 译者之为：构建翻译的精神世界——《傅雷翻译研究》述评. 中国翻译,
2017(1)：71.

钧所谓的"翻译精神"有本质的区别。

笔者认为,如果作为翻译研究核心术语的话,翻译精神与翻译家精神应区分开来,翻译精神指翻译本身所蕴含的特殊精神,翻译家精神则指翻译家所共享的特质。如果特指某一位翻译家的翻译家精神的话,为了避免语义上的违和感,也不妨用翻译精神来替代翻译家精神,如傅雷翻译精神、许渊冲翻译精神等。即便是许钧本人也会用"傅雷的翻译精神"来指代其翻译家精神,且特别强调傅雷"求真求实的人格精神"①。这种人格精神显然是翻译家精神的重要内涵。有学者在研究翻译修改(改译)时探讨过翻译家不厌其改、精益求精的态度,作者对这种态度的命名在"翻译家精神"②与"翻译精神"③之间游移不定。这也在一定程度上说明了区分这两个概念的必要性。

2　翻译家精神的丰富内涵

翻译家精神是优秀翻译家所共有的特质,这些特质有的非常典型,有的则未必,所以也不妨把翻译家精神视为一个原型范畴,其所包含的特质有典型和边缘之分。值得注意的是,我们不能断言所有翻译家全都具有某种特质,哪怕是求真精神,所以,本文所谓的共享或共有特质并不是指古往今来的全部翻译家,而是就大多优秀翻译家而言的。当然,对这些共有特质的归纳有一定的价值取向,只有好的特质才有可能被纳入翻译家精神的范畴。结合中国翻译家的译事译论,以下尝试论述翻译家精神的丰富内涵,尤其是那些典型特质。

---

① 许钧,沈珂. 试论傅雷翻译的影响. 外语与外语教学,2013(6):63.

② 冯全功,刘佳盈. 杨宪益、戴乃迭《红楼梦》改译研究——基于《中国文学》期刊版和全译版的对比分析. 亚太跨学科翻译研究,2019(1):79-91;冯全功,王娅婷. 林语堂《浮生六记》自我改译研究——基于两个英译版本的对比分析. 天津外国语大学学报,2021(5):109-120.

③ 冯全功. 迟子建中篇小说《踏着月光的行板》翻译过程研究——以刘士聪的改译为分析中心. 外国语文,2020(3):111-119;冯全功,陈肖楠. 刘士聪汉语散文自我改译评析. 外国语言与文化,2020(3):106-116.

　　翻译家精神蕴含着求真精神。求真精神是翻译的内在要求，也是古今翻译家所拥有的基本素质。历来的翻译标准，包括案本、求信、神似、化境、忠实、韵味、和谐等，都以求真为前提，求得原文之真，包括内容与风格等层面。古代佛经翻译的译场，分工明确，程序复杂，有译主、笔受、度语、证梵、证义、总勘等职，旨在传达佛经的真面目。法显、玄奘、义净等佛经翻译大师为了在本土弘扬佛法，不畏重重艰难，西行取经学法，历经多国，历时十余载乃至数十载，这种行为本身也是由虔诚的求真精神所驱使的，即为了让翻译有原真的版本依据（不管是口口相传的，抑或载之以书的）。道安提出的"五失本，三不易"以及玄奘的"五不翻"无不体现了佛经翻译家对求真的追求。不管是古代的佛经翻译，还是后来的文学、社科类翻译，都有很多转译本和复译本存在。所谓转译，就是把已有的译文翻译成目的语的行为。因此，转译会使最初的源本经过两次甚至多次变形，失本或失真往往更加严重，所以转译本一般是译介之初的权宜之计。如果条件成熟的话，历代翻译家特别强调从源本译出并付诸实践，如吕振中从希伯来语和希腊语翻译的《圣经》、杨绛从西班牙语翻译的《堂吉诃德》等。所谓复译，就是同一原文被重复翻译的现象，也包括同一译者对原文的不同翻译。越往后的复译往往越接近原文，这是西方著名的"复译假设"。翻译家之所以复译，很大程度上在于超越前译，更加全面、真实地传达原文的内容与风格。所以，不管是强调直接从源本翻译（而非转译），还是提倡复译以超越前译的行为，都是翻译家求真精神的具体表现。翻译家的求真精神贯穿于整个翻译过程，包括译前、译中与译后。在译前阶段，强调反复研读原著，正如傅雷所言，"事先熟读原著，不厌求详，尤为要著。任何作品，不精读四五遍决不动笔，是为译事基本法门"①。在译中阶段，李之藻的"只字未安，含毫几腐"、严复的"一名之立，旬月踟蹰"等，更是求真精神的鲜明注脚。在译后阶段，翻译家对已有译文反复修改、精益求精，多次推出修订本、复译本，也是求真精神的重要表现。翻译修改不仅

---

① 　罗新璋，陈应年．翻译论集（修订本）．北京：商务印书馆，2009：773．

发生在译后,也贯穿于译中。华蘅芳所谓"涂改字句,模糊至不可辨"①的现象在众多翻译家身上屡见不鲜。译文具有生成性,对译文质量的追求是无止境的。总之,求真精神是翻译家精神最为重要的内涵,如果把翻译家精神视为一个原型范畴的话,那么求真精神便是其原型成员,即翻译家最典型的优秀品质。

翻译家精神蕴含着务实精神。求真精神是翻译的内在要求,务实精神更多地受外部因素驱动。翻译不是在真空中进行的,受具体时空以及其他社会、文化乃至个人因素的限制。为了达到特定目的,务实精神是翻译家精神的题中之义。周领顺提出过译者行为批评的"求真—务实"模式,认为求真和务实之间是一种连续统的关系,前者凸显的是译者的语言性,指向原文和原作者,后者凸显的是译者的社会性,指向译文和译文读者。② 在周领顺看来,求真和务实主要就是否完整地再现原文意义而言。其实,求真和务实可以解释更多翻译现象,如全译是为了求真,变译则为务实;直接翻译是为了求真,转译则为务实;忠实性翻译是为了求真,叛逆性翻译则为务实。中国传统文化具有较强的务实性,中国翻译家自然也受此影响。方梦之和庄智象把翻译家的务实精神概括为"经世致用"③的特质,如以徐光启为代表的"超胜"说以及以林则徐、魏源为代表的"师夷长技以制夷"都有强烈的务实目的。清代的李善兰、徐寿、华蘅芳、李凤苞、徐建寅等翻译家以科技兵工类内容为主的翻译更是"师夷长技以制夷"思想的具体表现。由于语言限制,他们与国外传教士的合作翻译也是出于务实性的考虑。维新运动前后,梁启超、高凤谦等对政学翻译的高度重视主要是为了实现变法强国。清末民初时期,张之洞、李盛铎、康有为、梁启超等提倡从日语转译西方著作,也是出于务实的目的,以求得事半功倍的效果。翻译家是否务实以及务实的程度与目的语接受语境的成熟程度密切相关。一般而言,接受语境越不成熟,翻译家的行为越倾向于务

---

① 朱志瑜,张旭,黄立波. 中国传统译论文献汇编(卷一). 北京:商务印书馆,2020:156.

② 周领顺. 译者行为批评:理论框架. 北京:商务印书馆,2014:64-115.

③ 方梦之,庄智象. 中国翻译家研究(历代卷). 上海:上海外语教育出版社,2017: xv-xvi.

实，接受语境越成熟，则越倾向于求真，国外经典名著的译介历程就很能说明问题。当然，影响翻译家务实行为的外在因素很多，与翻译目的也密切相关。可以毫不夸张地说，任何翻译家都有求真的追求，也有务实的考量，求真精神和务实精神内蕴在翻译家精神之中，至于何时求真、何时务实、如何求真、如何务实就要具体情况具体分析了。

翻译家精神蕴含着奉献精神。翻译不同于创作，翻译家历来未受到应有的重视，往往是隐形的存在，或者被翻译家的其他身份所遮蔽。然而，翻译家有自己的信念与追求，一直在自己的领域默默耕耘，奉献自己的聪明才智，为人类文化与文明互学、互鉴做出了极大贡献。中国翻译史上有很多翻译家毕生都献给了翻译，玄奘、吕振中、郭大力、傅雷、朱生豪、叶笃庄、杨宪益、许渊冲、草婴等莫不如此。还有更多双栖型翻译家，如鲁迅、郭沫若、林语堂、梁实秋、萧乾等既是作家又是翻译家，他们的翻译功绩并不次于其创作功绩，并且他们的翻译与创作往往具有良好的互动作用。不过，这些人作为作家的身份更为耀眼，一定程度上遮蔽了他们作为翻译家的身份。陈望道、贺麟、费孝通、季羡林等的翻译家身份也是如此，被其他更为重要的身份遮蔽了，如陈望道的修辞学家身份、费孝通的社会学家身份等。在明知翻译不如创作扬声显名的情况下，这些翻译家依旧坚持翻译，通过翻译来传播新知，丰富汉语语言、文学与文化，这种无私的奉献精神就更加难能可贵了。在一些特殊时期，哪怕译者不能署名或用化名或以集体的名义出版，他们还是一丝不苟、无怨无悔地翻译，这样的幕后译者值得钦敬，如《毛泽东选集》的翻译、《第三帝国的兴亡》的翻译（董乐山主译）等。有默默无闻的奉献，也有不屈不挠的奉献，后者如楼适夷被国民党逮捕后在监狱中依然翻译了好几本国外著作，叶笃庄也曾蒙冤受牢狱之灾，他在监狱中坚强地译完了达尔文的《人类的由来及性选择》。当然，奉献精神不仅意味着翻译家把自己的时间精力与聪明才智奉献给翻译事业，也指他们通过翻译来实现各种目的，或传播经义，或引进新知，或强国强民，或改良社会，或益人心智，或悦人性情，不一而足。

翻译家精神蕴含着爱国精神。中国的文人志士往往具有强烈的爱国精神，尤其是在社会动荡与国家危难时期。翻译家亦不例外。这在内忧外患的晚清民初时期表现得尤为明显,涌现出了一批爱国翻译家。林则徐、魏源是早期的代表,其中,魏源在《海国图志》中提出了影响深远的"师夷长技以制夷"主张。他还主张:"欲制外夷者,必先悉夷情始;欲悉夷情者,必先立译馆,翻夷书始。"①这直接开启了以洋务派为代表的设馆译书的传统,众多翻译家把自己的爱国之心融入翻译事业,翻译了大量数理以及军工制造类书籍,为自强保国做出了重要贡献,如李善兰、徐寿、华蘅芳、王韬、李凤苞、赵元益、马建忠、徐建寅等。稍晚的严复虽然有海军教育背景,但他意识到学习国外器物层面的不足,转而从思想层面来改造国民,提倡鼓民力、开民智、新民德,以图自强自立,他翻译的《天演论》(尤其是其中"物竞天择,适者生存"的理念)对晚清民初社会产生了重大影响,鼓舞了整个文人志士的斗志与士气。康有为赠林纾的诗中有"译才并世数严林,百部虞初救世心"之句,林纾的"救世心"体现在外国小说翻译上,流露在其大量译书的序跋中(如"《黑奴吁天录》跋""《爱国二童子传》达旨"等),正如陈福康所言,"他的有关译论,一以贯之的就是爱国与救世"②。康有为"以译启民,以译觉世,以译救国,以译大同"③的翻译思想在晚清民初也颇有影响。梁启超继承并发展了康有为的翻译思想,提出"处今日之天下,必以译书为强国第一义"④,明确提出了"翻译强国"的思想。有学者认为,"以翻译强国为中心的翻译理念成为晚清翻译思想的主线"⑤。纵观整个晚清翻译史,可知此言不虚矣。民国时期同样面临着内忧外患,陈独秀、鲁迅、马君武、李达、陈望道、成仿吾、曹靖华、瞿秋白、朱生豪等诸多翻译家的翻译事业也都受爱国之心驱使,不管是翻译马列作品还是文学作品。由此可见,翻译家的爱国精神在内忧外患的动荡时期表现得最为明显,具有强烈的"翻译报国"特色。在当下和平时期,翻译家的爱国精神也不容忽略,只是表现形式有所不同而已,如翻译国家急需的

---

① 方梦之,庄智象. 中国翻译家研究(历代卷). 上海:上海外语教育出版社,2017:475.
② 陈福康. 中国译学理论史稿. 上海:上海外语教育出版社,2000:123.
③ 方梦之,庄智象. 中国翻译家研究(历代卷). 上海:上海外语教育出版社,2017:910.
④ 方梦之,庄智象. 中国翻译家研究(民国卷). 上海:上海外语教育出版社,2017:54.
⑤ 高玉霞,任东升. 梁启超《论译书》中的国家翻译实践思想. 外国语,2021(5):86.

战略性知识、在翻译中对国家主权的维护、对外宣传与弘扬优秀中华文化、在外宣中对国家形象的塑造与维护、对国外涉华敏感内容的批判性接受与译介等，都是翻译家爱国精神的具体表现。

翻译家精神还蕴含着进取精神、合作精神、谦逊之心、求美之心等优秀品质。翻译家经常被视为杂家，需要了解各种知识，因此，译者需要不断学习，广泛汲取各种知识，尤其是在文学翻译过程中。对专门领域的翻译自然要懂专门领域的知识，如数理化等科学翻译，这是从事翻译的基本前提。然而，伟大的文学作品往往包罗万象，如《红楼梦》等，如果对之进行翻译的话，译者就不得不去学习自己不懂的东西，或自己研究，或请教专家，都需要一种开拓进取的精神。所以，有很多人认为，研究是翻译的前提，尤其是文学经典的翻译。有些翻译家自学外语的目的就是从事相关翻译，如郭大力为了翻译马克思的《资本论》自学德语、杨绛为了翻译塞万提斯的《堂吉诃德》自学西班牙语。这不仅是进取精神的表现，也体现了翻译家从源语翻译的求真精神。合作精神是翻译家的必备素质。古代的佛经翻译涉及合作，尤其是译场制度设立之后；明清的科技翻译涉及合作，尤其是中国人与西方传教士的合作；林纾的小说翻译、《毛泽东选集》的翻译等，都涉及两人或团队合作。合作翻译需要合作精神，以达到各尽其能、优势互补的效果。翻译是一种社会活动，不只是与文本打交道，更要与人打交道，在人与人的交往中，翻译家往往表现出较强的合作意识，有时甚至难免有妥协的存在。翻译逼人谦逊，伟大的翻译家往往有一颗谦逊之心，有一种敬畏之情。古人云："学然后知不足，教然后知困。知不足，然后能自反也；知困，然后能自强也。"（《礼记·学记》）针对翻译也完全可以说，"译然后知不足，译然后知困"。所以，翻译家都善于自反自强，自反（自我反省）才能谦逊，自强必须进取。面对陌生的知识，面对伟大的作者，面对理解的困难，面对表达的不足，翻译家是没有理由不谦逊的。唯有永怀一颗谦逊之心，才会有所敬畏，才会开拓进取，才能真正做好翻译。求美是翻译家的追求，尤其是文学翻译。许渊冲的"三美论"（音美、形美、意美）是这方面的代表，林语堂也提出过"忠实、通顺、美"的翻译标准。林语堂所谓的"美"是指"译者对艺术的责任"，或者说"理想的翻译家应当将其工作做一种艺术"。① 翻译家的求美之心不只是体现在把(文学)翻译视为艺术上,或者说"假如原作是件艺术品,翻过来后,也该还它一件艺术品"②,还表现在对美的作品的译介与传播上,以实现"美美与共"的多元文化格局。

由上可知,翻译家精神的内涵非常丰富,具有很强的开放性。如果把其视为一个原型范畴的话,求真精神、务实精神、奉献精神、爱国精神、进取精神、合作精神、谦逊之心、求美之心等都是其典型的家族成员。其他家族成员还有和合精神、包容精神、博爱之心、同情之心、向善之心、公允之心、责任意识、精品意识、竞争意识、忧患意识等,它们体现在各种各样的翻译实践中,如文学翻译、宗教翻译、职业翻译、志愿翻译等。

3　翻译家精神的潜在价值

翻译家精神是翻译研究中一个较新的概念,学界虽鲜有专门研究,但也有一些作者在文章中有所论及,如刘云虹和许钧强调要走进翻译家的精神世界③,方梦之强调要强化翻译家精神道德的厚度研究。方梦之认为,翻译家精神道德的厚度集中表现在三个方面:"家国天下的使命感""鞠躬尽瘁的献身精神""精益求精的工作态度"④。这三个方面正是翻译家精神的要义。总之,翻译家精神指的是古往今来优秀翻译家所展现出的或者从这些翻译家身上归纳出的有关为人、为学、为译等方面的优良品质。这些优良品质共同构成了翻译家精神的丰富内涵。作为一个范畴化概念,从原型理论来看,翻译家精神的家族成员具有不同的典型性,即其隶属度不尽相同,如整体上求真精神的隶属度大于爱国精神、求美之心等,因此,不妨把求真精神视为翻译家精神的原型成员。翻译家精神是就

---

① 罗新璋,陈应年. 翻译论集(修订本). 北京:商务印书馆,2009:493,504.

② 罗新璋. 释"译作". 中国翻译,1995(2):9.

③ 刘云虹,许钧. 走进翻译家的精神世界——关于加强翻译家研究的对谈. 外国语,2020(1):75-82.

④ 方梦之. 翻译家研究的"宽度"和"厚度". 英语研究,2021(1):17-19.

整个翻译家群体而言的，具有较强的价值导向。就个体而言，不同的翻译家凸显的或所表现出的优良品质往往有很大的区别，所以，从事个体翻译家的翻译家精神研究时要善于具体问题具体分析，探索其典型的优良品质。

在翻译日益被国家和社会重视以及翻译学科快速发展的当代语境下，翻译家精神研究具有学理与应用双重价值。翻译学科的繁荣发展呼唤新的理论话语，翻译理论话语的生成机制主要有三种，即内部生发机制、外部借鉴机制和概念组合机制。其中，概念组合机制主要指用翻译或译者等概念与其他学科或在多个学科和日常生活中通用的话语进行组合，以形成新的翻译理论话语。翻译家精神便是由概念组合机制生发的一个较新的翻译研究话语（翻译家＋精神），其内涵通过对历代翻译家所表现出的优秀特质归纳而出，典型成员（特质）具有较强的稳定性，边缘成员则有一定的开放性，尤其是就具体的翻译家而言。把翻译家精神视为翻译研究的一个术语，有利于和许钧所谓的"翻译精神"区分开来，有利于把"工匠精神""译者人格""傅雷翻译精神"等相似术语吸纳进来，有助于从为学与为人两个层面加强翻译家研究，有助于推进翻译理论话语体系建设。翻译家精神虽然不是什么高深的理论，但无疑可以作为一个重要的理论话语，引发对翻译家精神世界的深入探索，加强翻译家研究的"厚度"。翻译家精神作为翻译研究的一个重要课题，有很多大大小小的切入角度，如翻译家精神的内涵剖析，翻译家精神的应用价值，中国翻译史上的爱国翻译家群体研究，从翻译手稿与翻译修改透视翻译家的求真、务实与求美精神，中国翻译家对国内学科创建的奉献精神，翻译家精神与译者形象研究，翻译家精神与翻译文化建设，翻译家精神与翻译史撰写，等等。其中，结合具体翻译史实，从翻译家精神的丰富内涵来切入具有很大的研究空间，也包括各种边缘特征。总之，在当下语境下，翻译家精神具有很强的学理价值，有望成为翻译研究的一个重要理论话语。

翻译家精神的应用价值主要表现在以下四个方面：第一，提倡翻译家精神有利于提升翻译质量。翻译家是有所建树的知名译者，相对于翻译家群体而言，译者群体更为庞大，更为复杂。当今社会，并不是所有的译

者都具有翻译家精神,翻译中粗制滥造的现象屡见不鲜,而翻译家精神具
有很强的引领与示范作用,翻译家精神的提倡和具体翻译家的榜样作用
有利于激发广大译者的求真精神与伦理意识。季羡林等曾发起过"关于
恪守译德,提高翻译质量的倡议和呼吁"①,其中的"译德"类似于翻译家精
神,或者说翻译家精神是译德的升级版。第二,提倡翻译家精神有利于树
立正面的译者形象。译者形象,尤其是社会大众对译者形象的认知,是翻
译文化建设的重要组成部分。翻译家精神在社会上的宣传与普及有利于
建构积极正面、崇高伟大的译者形象,从而引发社会各界对翻译与译者的
关注与重视。第三,提倡翻译家精神有利于营造一个健康、和谐的翻译生
态环境。翻译生态环境涉及的因素很多,其中人的因素最为重要。译者
作为翻译生态环境中最为活跃的因素,理应以身作则,协调好译者与其他
翻译行动者的关系,诚于己、诚于人、诚于译。所以,提倡翻译家精神对营
造一个良好的翻译生态环境大有裨益。第四,翻译家精神还能被植入课
程思政建设中。由于翻译涉及各种学科、各个领域,中国翻译家为很多学
科设立做出了重大贡献,如明清以及民国翻译家之于数学、化学、物理、机
械、医学、哲学、法学、天文学、地理学、生物学、社会学、经济学等,相关翻
译家都可被植入翻译以及其他学科的课程思政建设中。植入内容也包括
马克思主义、毛泽东思想、习近平治国理念等重要党政文献的翻译。在课
程思政建设中,不妨介绍翻译家对具体学科建设的贡献;翻译家精神可重
点引入,如李善兰那种"朝译几何,暮译重学"的奉献精神、严复那种"一名
之立,旬月踟蹰"的求真精神以及众多翻译家的"翻译报国"思想与实践。
翻译家精神具有很好的育人作用,把其引入翻译类课程思政建设以及整
个翻译教育中有利于培养具有国际视野、家国情怀、职业操守、健全人格
以及高度使命感和责任感的新时代译者。

---

① 季羡林,等. 关于恪守译德,提高翻译质量的倡议和呼吁. 中国出版,2002(4):42.

4 结　语

　　翻译家精神主要是从历代优秀翻译家身上归纳出来的特质,哪怕不太知名的翻译家,其身上的翻译家精神有时也很明显,如开篇提及的金晓宇,他的求真精神(一丝不苟的翻译态度)、进取精神(广泛阅读并自学两门外语)、奉献精神(默默翻译且毫无功名利禄之心)等都给人很深的印象。虽然这样的翻译家大量存在,但在市场化经济的大环境下,中国的翻译生态环境整体上不容乐观,粗制滥造、不顾质量、急功近利、自欺欺人的浮躁译风还是比较严重的。在这样的生态环境下,有必要提倡翻译家精神,在学理上对之进行研究,并在实践中予以贯彻。从学理上而言,对翻译家精神具体内涵的探讨有望使之成为翻译理论话语的有机组成部分,拓展和深化翻译家研究。从潜在应用而言,提倡翻译家精神有助于提升翻译质量、塑造良好的译者形象、建构和谐的翻译生态环境。翻译家精神强调为人先于为学,具有很强的育人作用,因此,可以把其植入翻译课程思政建设以及整个翻译教育中,发挥历代优秀翻译家的榜样力量,培养德才兼备的新时代优秀翻译人才。

元翻译话语：异语写作中元翻译话语的表现与作用[①]

异语写作是国内翻译研究学界最近十多年兴起的一个重要话题，与无本回译、文化回译等概念密切相关。王宏印探讨过异语写作的作者类型、文本类型以及异语写作中的翻译问题，认为异语写作的问题或实质在于语言符号和其所指代的异域文化发生错位，即本族语中原本一致的能指（语言）和所指（文化）变得不一致了，出现了一定程度的信息错位和表达不清晰。[②] 根据王宏印的理解，中国人林语堂用英语写的《京华烟云》、美国人宇文所安用英语写的《中国文学思想读本》等都属于异语写作的范畴。周永涛对异语写作的概念进行了考辨，并质疑王宏印对异语写作的理解，认为异语写作就是非母语写作，在文化回译研究的视域下，应该用"异语原文化写作"来代替异语写作的概念，以更加精准地厘定异语写作的研究对象。[③] 如此一来，汉学家用母语创作的关于中国文学与文化的作品便被排除在异语写作的范畴之外。面对周永涛的质疑，江慧敏和王宏印坚持用语言能指与文化所指是否分离作为异语写作的判断标准。[④] 针

---

① 本文暂未公开发表，原标题为《元翻译话语的具体表现与潜在作用——以异语写作中的元翻译话语为分析中心》。

② 王宏印. 从"异语写作"到"无本回译"——关于创作与翻译的理论思考. 上海翻译,2015(3)：1-9.

③ 周永涛. 文化回译视域下"异语写作"一词之考辨. 中国翻译,2018(5)：87-93.

④ 江慧敏,王宏印. "异语写作"与"无本回译"理论的提出及其发展——兼与周永涛博士商榷. 中国翻译,2021(2)：131-138.

对异语写作的名与实，周永涛的质疑有一定的道理。一般而言，"异语"是就作者的母语而言的，顾名思义，异语写作也就是非母语写作，赛珍珠的《大地》、宇文所安的《中国文学思想读本》所用的语言（英语）与其所描述的文化（中国文化）是分离的，属于王宏印和江慧敏理解的异语写作的范畴，但称之为"母语异文化写作"似乎更合适，与周永涛所谓的"异语原文化写作"相呼应。这里笔者无意对异语写作的概念进行辨析，暂且把"异语原文化写作"和"母语异文化写作"以及用非母语语言书写异域文化（如荷兰汉学家高罗佩用英语创作的《大唐狄公案》）都归在异语写作的范畴之内，把"异语"的参照点放在其描述的文化上，就像王宏印和江慧敏所认为的，只要语言能指与文化所指发生了错位，都可视为异语写作，哪怕这样界定并不十分严谨。

王宏印之所以重视异语写作，很大程度上是为其提出的无本回译服务的，或者说异语写作是无本回译的前提。王宏印把"不存在原文，而是依据异语创作的文本返回本体文化的回译，称为无本回译"①。换言之，异语写作整体上是一种宽泛意义上的翻译，是把母体（本体）文化中的东西翻译成了其他语言（异语），所以其返回母体文化时就是一种回译。作者在异语写作过程中往往会涉及很多具体的翻译，如把母体文化中存在的术语（文化负载词）或文本（片段）翻译成作者写作时使用的与母体文化不对应的语言。此外，作者在写作过程中还很有可能对翻译尤其是文化负载词的翻译本身进行探讨。笔者称此类在翻译作品中论述翻译问题、翻译方法、翻译思想等涉及翻译的话语为"元翻译话语"。这里的元翻译与元小说（有关小说创作的小说）的概念比较相似，尤其是"元"字的使用，即"关于……的信息"或"是……的伴随信息"。元翻译话语也包括译者在其译作的序言、前言等副文本中对翻译的论述，如支谦的《法句经序》、严复的《〈天演论〉译例言》等。由于此类元翻译话语已被广泛研究，很多相关副文本（如译者序）已具有独立存在的价值，往往被直接称为翻译话语或

---

① 王宏印. 朝向一种普遍翻译理论的"无本回译"再论——以《大唐狄公案》等为例. 上海翻译，2016（1）：8.

翻译理论话语。如果说"翻译话语指的是在翻译实践基础上产生的所有直接或间接有关翻译的陈述"①,那么元翻译话语特指翻译作品(包括正文本与相关副文本)中对翻译的论述。

由于异语写作的特殊性,本文仅聚焦于异语写作中的元翻译话语。这里之所以把异语写作中作者对翻译的论述称为元翻译话语,是因为异语写作整体上或本质上就是一种翻译,书写过程中会不可避免地涉及很多具体的翻译,作者还常常对具体的翻译发表意见,尤其是学术型的异语写作,如冯友兰用英语撰写的《中国哲学简史》(*A Short History of Chinese Philosophy*)等。那么,异语写作中的元翻译话语有哪些具体的表现? 又有哪些潜在的作用? 本文以几部典型的异语写作作品为例,尝试对这两个问题进行探讨,旨在引发学界对元翻译话语的关注与进一步研究。

1 异语写作中元翻译话语的具体表现

异语写作的本质在于作者所使用的语言与所描述的文化之间的错位,其文本类型主要可分为游记类、纪传类、学术类与文学类。② 相对而言,学术类异语写作中的元翻译话语更为明显,尤其是作者对文化负载词翻译的论述与解释。文学翻译特别强调行文的流畅性,这也是传神或化境译文所要求的,即傅雷所谓的"理想的译文仿佛是原作者的中文写作"③,或者用钱锺书的话说就是"译本对原作应该忠实得以至于读起来不像译本"④。文学类的异语写作同样注重流畅性,其中的元翻译话语往往没有学术类异语写作中的那样明显。不管是何种类型的异语写作,最常

---

① 耿强. 副文本视角下 16 至 19 世纪古典汉诗英译翻译话语研究. 外国语,2018 (5):104.

② 王宏印. 从"异语写作"到"无本回译"——关于创作与翻译的理论思考. 上海翻译,2015(3):4-6.

③ 罗新璋,陈应年. 翻译论集(修订本). 北京:商务印书馆,2009:624.

④ 罗新璋,陈应年. 翻译论集(修订本). 北京:商务印书馆,2009:774.

见的便是作者对文化负载词翻译的解说，这构成了异语写作中元翻译话语的主体。

1.1　学术类异语写作中的元翻译话语

中国哲学著作中充斥着大量哲学术语，这些哲学术语便是典型的文化负载词，冯友兰的英文版《中国哲学简史》中就有很多关于哲学术语的元翻译话语。儒家的"仁"是一个核心术语，冯友兰或直接音译为 jen，或用 human-heartedness 译之，或音译之后在括号里面写上 human-heartedness，或用 jen or human-heartedness 指代之。冯友兰认为，"仁"在《论语》中是多义的，既可以指一种特定的品德，又可以泛指人的所有德性。所谓的"仁人"就是具有所有美德的人（the man of all-round virtue），作者接着写道："In such contexts, jen can be translated as 'perfect virtue.'"①这便是一处典型的元翻译话语，体现了"仁"在不同语境下的不同含意。"知命"是君子的重要条件，孔子也说过，"道之将行也与，命也；道之将废也与，命也"（《论语·宪问》）。冯友兰对其中的"命"采取了音译法，接着写道："He tried his best, but the issue he left to Ming. Ming is often translated as Fate, Destiny or Decree. To Confucius, it meant the Decree of Heaven or Will of Heaven; in other words, it was conceived of as a purposeful force. In later Confucianism, however, Ming simply means the total existent conditions and forces of the whole universe."②由此可见，元翻译话语往往不是孤立存在的，在显性元翻译话语（如"Ming is often translated as Fate, Destiny or Decree"）的基础上往往需要对之进一步解释，以便读者更加全面、深入地理解相关概念。

这种有进一步解释的显性元翻译话语还有很多，如谈及孟子的"浩然之气"时冯友兰写道，"... Hao Jan Chih Ch'i, a term which I translate

---

① 冯友兰. 中国哲学简史（英汉对照）. 赵复三，译. 北京：外语教学与研究出版社，2015：78.

② 冯友兰. 中国哲学简史（英汉对照）. 赵复三，译. 北京：外语教学与研究出版社，2015：82.

as the 'Great Morale'"①,还解释道,之所以把"浩然之气"译为"the 'Great Morale'",是因为这里的气(which literally means vapor, gas, spiritual force)与勇气(courage, valor)和士气(morale of an army)中的气具有相同的内涵,但加上"浩然"二字,就有别于一般的士气,特指人与天地之间的关系或者说是与天地合为一体的人的气质或气概。再如谈及道家的"无为"时作者写道:"*Wu-wei* can be translated literally as 'having-no-activity' or 'non-action.' But using this translation, one should remember that the term does not actually mean complete absence of activity or doing nothing. What it does mean is lesser activity or doing less. It also means acting without artificiality and arbitrariness."②为了避免读者从字面理解,这种解释很有必要,后文中冯友兰也使用这两个直译法来解释"无为",如"'Doing nothing, yet there is nothing that is not done.' This is the Taoist idea of *wu-wei*, having-no-activity or non-action ..."等。类似的解释也不妨视为元翻译话语的有机组成部分,体现了作者对相关概念的深刻认知,同时也为读者理解相关概念提供了便利。在此不妨再举一例,冯友兰在第十五章曾把《周易》中的"天地之大德曰生"译为"The supreme virtue of Heaven is to produce"③,在第二十四章把其译为"The supreme virtue of Heaven and Earth is *sheng*",接着写道:"The word *sheng* here may mean simply production or to produce; it may also mean life or to give birth to life. In chapter fifteen I translated *sheng* as to produce, because that seems to be the meaning that best harmonizes with the ideas of the 'Appendices.' But according to Ch'eng Hao and other Neo-

---

① 冯友兰. 中国哲学简史(英汉对照). 赵复三,译. 北京:外语教学与研究出版社, 2015:142.

② 冯友兰. 中国哲学简史(英汉对照). 赵复三,译. 北京:外语教学与研究出版社, 2015:182.

③ 冯友兰. 中国哲学简史(英汉对照). 赵复三,译. 北京:外语教学与研究出版社, 2015:312.

Confucianists, *sheng* really means life or to give birth to life."①这里冯友兰对"生"的理解不仅有他自己的，也涉及程颢等新儒家的，在不同的文本语境中对"生"采取了不同的翻译方法（意译与音译），很大程度上体现了文化术语本身的流变性与复杂性。

宇文所安的《中国文学思想读本》中也有大量类似的元翻译话语，主要是对文论术语和相关引文中具体措辞的翻译探讨，通常以"...translated as..."的形式出现。《文心雕龙·神思》中有"言征实而难巧"之语，宇文所安译为"... but it is hard to be artful by giving them substantial (*shih**) expression in words"；在对原文及其译文进行分析的时候，宇文所安又写道："Rather than representation, the relation between words and concepts is *cheng*, translated lamely as 'give it expression,' but actually 'to testify,' 'to show proof,' to offer some adequate evidence of an inner experience that cannot be publicly recognized."②这便是宇文所安对"征"的理解，元翻译话语"translated lamely as..."体现的正是译者（作者）的无奈，因为很难在目的语中找到精确的对应语。宇文所安把《尚书·舜典》中的"诗言志，歌咏言"译为："The Poem (*shih**) articulates what is on the mind intently (*Chih**); song makes language (*yen*) last long."对此句评析中的元翻译话语也非常典型，如："If we translate *shih* as 'poem,' it is merely for the sake of convenience. *Shih* is not a 'poem'; *shih* is not a 'thing made' in the same way one makes a bed or a painting or a shoe. A *shih* can be worked on, polished, and crafted; but that has nothing to do with what a *shih* fundamentally 'is.'" "One of the most misleading translations from Chinese to English is the conventional translation of

---

① 冯友兰. 中国哲学简史（英汉对照）. 赵复三，译. 北京：外语教学与研究出版社，2015：519-520.

② Owen, Stephen. *Readings in Chinese Literary Thought*. Cambridge, MA & London: Harvard University Press, 1992：206-207.

chih＊ as 'intention.'"①这里主要涉及宇文所安对"诗言志"的理解,同时对自己把"诗"译为"poem"以及通常把"志"处理成"intention"的译法也有所评论,体现出非常严谨的学者态度,有利于读者全面、深刻地理解"诗言志"这一命题。

1.2　文学类异语写作中的元翻译话语

林语堂的《京华烟云》中有大量音译加解释的例子,也可归在元翻译话语的范畴,如宝芬说的"But *meifatse*. Who has the luck like you, young mistress",作者接着解释道:"*Meifatse* was a common fatalistic phrase meaning,'there is no choice,' or 'one can do nothing about it.'"②这种音译加解释的现象不妨视为隐性元翻译话语,作者并没有明确地提及翻译,解释部分则是作者对音译话语的理解以及如何翻译的一种探讨。《京华烟云》中类似的隐性翻译元话语频频可见,暂不赘述。《京华烟云》中还有一些典型的显性元翻译话语,如描述宝芬时林语堂写道:"She was what writers described in their books as 'Heaven-born *yuwu*-an untranslatable word meaning a woman of extraordinary beauty, the ruin of homes and a changer of men's destinies.'"③作者认为,汉语文化中的"尤物"是不可译的(an untranslatable word),只能音译并对其解释一番。林语堂在《生活的艺术》中阐述过"情"在中国文化中的重要性,并用 passion 与之进行对译,他说:"Luckily, we have in the English language the word 'passion' which in its usage very nearly corresponds to the Chinese word *ch'ing*. Both words start out with the narrow meaning of sexual passion, but both have a much wider significance."

---

① Owen,Stephen. *Readings in Chinese Literary Thought*. Cambridge,MA & London:Harvard University Press,1992:26-28.

② Lin,Yutang. *Moment in Peking*. Beijing:Foreign Language Teaching and Research Press,2009:609.

③ Lin,Yutang. *Moment in Peking*. Beijing:Foreign Language Teaching and Research Press,2009:607.

然而，他又接着写道："Or perhaps I am wrong in choosing the word 'passion' when I speak of what the Chinese writers refer to as *ch'ing*. Should I translate it by the word 'sentiment,' which is gentler and suggests less of the tumultuous qualities of stormy passion? Or perhaps we mean by it something very similar to what the early Romanticists call 'sensibility,' which we find in a warm, generous and artistic soul."① 文化负载词翻译的尴尬很大程度上就在于此，很难在目的语文化中找到完全对应的词。林语堂用 passion 译之，又觉得 sentiment 与 sensibility 与之也比较相似，体现了"情"之语义的复杂性。冯全功探讨过《红楼梦》中"情"的英译，发现杨译与霍译最常用的是 love 及其变体，其次是 passion 及其变体，其他对应的词汇还有 feeling、infatuation、amorous、romantic 及其变体形式等。② 由此可见，林语堂在有关"情"的元翻译话语中表现出的犹豫与不确定还是颇有道理的，尤其是在语境不同的情况下。

许渊冲的《中诗英韵探胜》也属于异语写作的范畴，实质上是一部英语翻译作品，创作的成分主要表现在前言、章节介绍以及每首诗歌翻译之后的注解或评注（commentary）等副文本上。在这些副文本中有很多关于翻译的论述，或是针对别人译文的评价，或是针对自己翻译过程中的解决办法，不一而足。前言中有很多元翻译话语，主要包括许渊冲对（国外）其他古典诗词译者（译文）及其翻译方法的评价、自己的翻译观与翻译原则等。在具体诗歌翻译的评注中也有很多元翻译话语，聚焦于对其他或自己译文的评价，如在曹植《七哀》的评注中（译文包括翁显良和许渊冲自己的），许渊冲写道："In classical Chinese poetry the sense often goes beyond the words. A good translator should not only translate the words but also bring out the sense of the original. Weng Xian-liang is

---

① Lin, Yutang. *The Importance of Living*. Beijing: Foreign Language Teaching and Research Press, 1998: 94.
② 冯全功.《红楼梦》中"情"及其英译. 曹雪芹研究, 2017(3): 164-178.

one of the best verse translators I have ever read. His version, though in prose, has succeeded in bringing out the beauty of the original to the best advantage."在对翁显良的译文进行简要分析后,他还写道: "Therefore, his version may be said in a sense to have outshone the original. Here, I have tried to turn it into rhymes and I am not sure whether or not I am gilding the lily."①许渊冲《七哀》的译文基本上沿袭了翁显良的措辞,只是把翁显良的散体变成了韵体。上述元翻译话语涉及许渊冲的翻译观、对翁显良译文的(高度)评价以及自己译文与翁显良译文的关系。在对吕本中《采桑子》的评注中[译文包括 Frankel(傅汉思)的以及自己的两个版本],许渊冲写道:"Frankel also takes advantage of the formal structure in his version, but he fails to bring out the beauty of the original in sense and in sound, so I try to make two different versions and see if the free translation can be better than the literal one."②该著作评注中的元翻译话语大多是许渊冲指出别人译文的不足,对自己译文鲜有直接的评价,但会提及很多翻译过程中遇到的具体问题以及针对原文的不同解释,却较少直接论述自己是如何翻译的。

2 异语写作中元翻译话语的潜在作用

异语写作中的元翻译话语主要涉及文化负载词的翻译,也包括作者(译者)对其他译文的评价、对自己翻译观与翻译方法的论述等。不同类型的异语写作可能会有不同类型的元翻译话语,相对而言,在学术类的异语写作中,有关文化负载词的元翻译话语更多,如冯友兰的《中国哲学简史》等。元翻译话语的潜在作用是多重的,如表达或体现译者(作者)的翻译观、揭示文化术语翻译的复杂性、增加作品的趣味性与异域感、激发读

---

① 许渊冲. 中诗英韵探胜——从《诗经》到《西厢记》(英文). 北京:北京大学出版社, 1993:114-115.

② 许渊冲. 中诗英韵探胜——从《诗经》到《西厢记》(英文). 北京:北京大学出版社, 1993:409.

者阅读原文的欲望等。

2.1　体现译者的翻译观

　　元翻译话语研究可以直接体现或揭示译者的翻译观。翻译作品中，译者在前言、后记等副文本中有关翻译的论述最能体现这一点，如严复的"信、达、雅"是在《〈天演论〉译例言》中提出的；傅雷的"神似"说是在《〈高老头〉重译本序》中提出的；古代佛经翻译的理论话语基本上都是在译经序中提出的。在翻译研究领域，由于这些副文本大多已独立存在，被收录在各种翻译论著中，如《翻译论集》《中国传统译论文献汇编》等，学界往往直接将其称为翻译理论话语。在异语写作中，很多元翻译话语直接体现了作者的翻译观，也颇有价值。

　　冯友兰在《中国哲学简史》第一章"中国哲学的精神"中论述翻译的语言障碍时写道，如果不能阅读原文，很难对哲学作品有全面的理解与充分的赏析；中国哲学家的作品与话语富于暗示，这种暗示性很难翻译；如果只是阅读中国哲学的翻译，读者就无法领会其中的暗示性，这也意味着会失去很多。这是冯友兰对中国哲学作品的特质及其翻译（困境）的理解。冯友兰接着写道："A translation, after all, is only an interpretation. When one translates a sentence, say, the *Lao-tzu*, one gives one's own interpretation of its meaning. But the translation may convey only one idea, while as a matter of fact, the original may contain many other ideas besides the one given by the translator. The original is suggestive, but the translation is not, and cannot be. So it loses much of the richness inherent in the original."然后又写道："But no matter how well a translation is done, it is bound to be poorer than the original."①从这些元翻译话语中可以提炼出冯友兰的两点翻译观，即翻译是一种解释和译文不如原文。其中，翻译是一种解释是一种很深刻的翻译观，很多哲学

---

①　冯友兰. 中国哲学简史（英汉对照）. 赵复三，译. 北京：外语教学与研究出版社，2015：26-27.

家、翻译理论家也持这种观点,如伽达默尔(H.-G. Gadamer)、斯坦纳(J. Steiner)等。冯友兰身体力行,在《中国哲学简史》的写作中充分贯彻了这种翻译观,对某一术语往往是先音译,然后再对之进行解释。第二十章介绍新道家时作者聚焦于"风流"的时代精神,对"风流"二字采用音译并从多个层面对之进行解释,解释话语如:"... the man who has a mind or spirit transcending the distinctions of things and who lives 'according to himself but not according to others.' This quality of such a man is the essence of what the Chinese call *feng liu*." "What, then, is the meaning of *feng liu*? It is one of those elusive terms which to the initiated conveys a wealth of ideas, but is most difficult to translate exactly. Literally, the two words that form it mean 'wind and stream,' which does not seem to help us very much. Nevertheless, they do, perhaps, suggest something of the freedom and ease which are some of the characteristics of the quality of *feng liu*." "Elegance is also one of the characteristics of *feng liu*." "Or, it may be said, they enjoyed the beauty, forgetting the sex element. / Such are the characteristics of the *feng liu* spirit of the Chin Neo-Taoists. According to them, *feng liu* derives from *tzu-jan*(spontaneity, naturalness), and *tzu-jan* stands in opposition to *ming chiao*(morals and institutions), which form the classical tradition of Confucianism."①这里的"... most difficult to translate exactly"是典型的显性元翻译话语,其他解释话语不妨视为其有机组成部分,共同表达了"风流"的丰富内涵,"风流"的音译也就随之变得血肉丰满了。当然,冯友兰也有用意译的,然后再对之进行解释,如译完程颐所说的"涵养须用敬"(In cultivation one needs attentiveness)后,他接着写道:"The word 'attentiveness' is a translation of the Chinese word *ching*, which may also be translated as seriousness

---

① 冯友兰. 中国哲学简史(英汉对照). 赵复三,译. 北京:外语教学与研究出版社,2015:424-441.

or earnestness."①这种元翻译话语有利于读者进一步理解相关术语或表达，也体现了冯友兰所说的中国哲学话语的暗示性。

冯友兰的翻译观并不限于翻译是一种解释、译作不如原作，从《中国哲学简史》的元翻译话语中还可以发现很多。如在第二章"中国哲学的背景"中，作者写道："Every philosophy has that which is permanent, and all philosophies have something in common. This is why philosophies, though different, can yet be compared with one another and translated one in terms of the other."②此处的元翻译话语体现的是哲学可译观，即哲学作品的可译性问题。前文冯友兰探讨过中国哲学翻译的困难（尤其是暗示性问题），但他认为翻译本质上是一种解释，所以这种哲学作品可译的观点就不难理解了。

许渊冲《中诗英韵探胜》中的很多元翻译话语也能体现他的翻译观，与作者在相关论文中的翻译思想相互印证。在前言中，许渊冲认为翻译是一种艺术，他这样写道："What is translation? Translation, and verse translation in particular, is an art of turning one language into another."在此基础上，许渊冲还提出了"1＋1＞2"的翻译主张，类似于其提出的翻译竞赛论。接着许渊冲提出了诗歌翻译的三原则，即："But I think a translator's style should be truer to the original idea than the original language." "The second principle of verse translation is the preservation of the musicality (or beauty in sound) of the original." "The third principle of verse translation is the preservation of the original beauty in form."这就是许渊冲提出的诗歌翻译"三美"（意美、音美与形美）论。如何实现诗歌翻译的"三美"呢？许渊冲并没有一概而论，他认为，保存原作意美不妨使用意译法（paraphrase），保存音美不妨使用

---

① 冯友兰. 中国哲学简史（英汉对照）. 赵复三，译. 北京：外语教学与研究出版社，2015：526.

② 冯友兰. 中国哲学简史（英汉对照）. 赵复三，译. 北京：外语教学与研究出版社，2015：54.

仿拟法(imitation),保存形美不妨使用直译法(metaphrase)。① 此外,许渊冲关于诗歌翻译目的的"三之"论(知之、好之、乐之)在前言中也有所提及。许渊冲的翻译践行了这些原则或标准,也用其来评价别人的译文。在具体诗歌的评注中,也可以发现许渊冲的翻译观,如他把吕本中的《采桑子》翻译成两个版本(直译版和意译版),并与傅汉思的译文进行对比,这说明"他不只是在和别人竞赛,同时也在和自己竞赛"②,很好地体现了他提出的翻译竞赛论。冯友兰的翻译观和许渊冲的翻译观明显不同,尤其是关于翻译本质的认识。冯友兰认为翻译是一种解释,许渊冲认为翻译是一种艺术,类似于金岳霖所说的"译意"与"译味"。这主要在于他们两人从事的翻译领域不同,哲学翻译强调意义的解释与再现,文学翻译强调艺术的传达与再创。换言之,译者的主导身份在很大程度上会影响译者的翻译观。

2.2 揭示翻译的复杂性

在学术类异语写作中,元翻译话语主要涉及文化术语等特定表达的翻译,前面的一些例子也体现了术语翻译的复杂性,如《中国哲学简史》中"仁""命""无为""风流"等文化负载词的翻译。这些术语植根于中国文化,内涵丰富,有些在反复使用过程中语义上还呈现出一定的流变性,冯友兰也有所涉及,如针对"风流"他还写道:"In the West, romanticism often has in it an element of sex. The Chinese term *feng liu* also has that implication, especially in its later usage. The attitude of the Chin Neo-Taoists towards sex, however, seems to be purely aesthetic rather than sensuous."③这就把晋代道家审美意义上的风流与通常感官意义上

---

① 许渊冲. 中诗英韵探胜——从《诗经》到《西厢记》(英文). 北京:北京大学出版社,1993:17-22.

② 冯全功,郑羽. 许渊冲《中诗英韵探胜》"注解"研究——兼论中国古典诗词翻译中副文本的作用. 燕山大学学报,2021(4):28.

③ 冯友兰. 中国哲学简史(英汉对照). 赵复三,译. 北京:外语教学与研究出版社,2015:440.

的风流区分开来了。冯友兰在探讨"名家"的翻译时也很大程度上体现了该术语的复杂性,他这样写道:"The term *Ming chia* has sometimes been translated as 'sophists,' and sometimes as 'logicians' or 'dialecticians.' It is true that there is some similarity between the *Ming chia* and the sophists, logicians, and dialecticians, but it is also true that they are not quite the same. To avoid confusion, it is better to translate *Ming chia* literally as the School of Names. This translation also helps to bring to the attention of Westerners one of the important problems discussed by Chinese philosophy, namely that of the relation between *ming*(the name) and *shih*(the actuality)."①针对"名家"的翻译,冯友兰抛弃了格义式的处理方式(把其译为 sophists、logicians、dialecticians),采用了正名式直译的方式,其目的就是保留"名家"本身的丰富性,包括名实之辩。名家的代表之一公孙龙写过一篇《指物论》的文章,其中"物"表示具体的事物,"指"表示抽象的共相。冯友兰写道:"The literal meaning of *chih* is, as a noun, 'finger' or 'pointer,' or, as a verb, 'to indicate.'"作者还认为:"Another explanation of why Kung-sun Lung uses *chih* to denote the universal, is that *chih* (finger, pointer, etc.) is a close equivalent of another word, also pronounced *chih* and written almost the same, which means 'idea' or 'concept.' According to this explanation, then, when Kung-sun Lung speaks of *chih*(pointer), he really means by it 'idea' or 'concept.'"②由此可见,公孙龙所用的"指"既可以是名词,也可以是动词,同时又与"旨"字相同,内涵丰富,很难用一个对应的英文单词进行翻译。这也是冯友兰选择音译的重要原因,如把《指物论》的标题译为"Discourse on *Chih* and *Wu*"。"愚"是道家的一个重要概念,《道德经》中有"古之善为道者,非以明民,将以愚

---

① 冯友兰. 中国哲学简史(英汉对照). 赵复三,译. 北京:外语教学与研究出版社,2015:146.

② 冯友兰. 中国哲学简史(英汉对照). 赵复三,译. 北京:外语教学与研究出版社,2015:164-165.

之"之说。冯友兰把其中的"将以愚之"译为"but keeps them ignorant"，接着说道："'Ignorant' here is a translation of the Chinese *yu*, which means ignorance in the sense of simplicity and innocence. ... In Taoism *yu* is not a vice, but a great virtue."[①]这样作者就把道家之"愚"与其日常意义区分开来，其对应的措辞"ignorant"也是如此，通过解释赋予其新的意义，在特定语境中具有与原文相似的表现力。

　　宇文所安的《中国文学思想读本》中的元翻译话语同样能体现中国文论话语翻译的复杂性，尤其是导言中作者对术语翻译的论述。作者写道："The device of including romanizations after the translations of important terms, however awkward, is to be a continual reminder that the Chinese word translated does not really mean the same thing as its English translation."[②]如他把"情动于中而形于言"译为"The affections (*ch'ing**) are stirred within and take on form (*hsing**) in words (*yen**)"[③]。这里涉及三个术语的拼音(其中"情"的翻译可与上文林语堂的理解进行对比)。就像作者所言，拼音对读者是一个不断的提醒：术语的译文与原文绝不是一回事。关于中国文论的言说方式，作者写道："Because a determinate sequence of conditions is implicit in the Chinese, I have supplied them explicitly in the English translation."[④]即对那些暗含在原文中确定的因果次序进行了显化处理。作者还写道："Arguments that are deep and precise in Chinese often appear in English as vacuous and disjointed generalities. The only remedy for this is exegesis, and the translations are given not to stand on their own but

---

① 冯友兰. 中国哲学简史(英汉对照). 赵复三，译. 北京：外语教学与研究出版社，2015：188-189.

② Owen, Stephen. *Readings in Chinese Literary Thought*. Cambridge, MA & London: Harvard University Press, 1992: 16.

③ Owen, Stephen. *Readings in Chinese Literary Thought*. Cambridge, MA & London: Harvard University Press, 1992: 41.

④ Owen, Stephen. *Readings in Chinese Literary Thought*. Cambridge, MA & London: Harvard University Press, 1992: 7.

to work together with the commentaries. "①换言之,只有把译文和作者的解释、评论作为整体,读者才有望真正理解原文(译文),这是唯一的补救方法。在正文中,宇文所安也是这样做的,几乎对其译文中的每一行、每一个重要术语都有解释。针对术语,宇文所安还写道:"Much has been written about the best possible English translation for many of these terms;but there is no best translation, only good explanations. Every translation is weighted in some way that does an essential violence to the Chinese concept;..."②正是对解释的高度重视,宇文所安对中国文论话语的翻译往往采取笨拙的直译法。正文中涉及的一些重要文论术语(字词),如果作者在其后面加"*"的话,表示其被列入了附录的术语集解中。术语集解共收录了 52 个文论术语,长达 13 页。作者对大多术语的解释比较详尽,如意、气、情、志等,不失为读者友好型写作风格的一种表现。

术语翻译的复杂性还体现其应用领域上,如哲学中的"风流"和文论中的"风流"就不尽相同,冯友兰用的是音译,并对其进行多重解释;宇文所安把司空图《二十四诗品》中"不著一字,尽得风流"的"风流"译为"the utmost flair",在行文中对其也有相对详尽的解释,与冯友兰的解释差别很大。翻译本身具有"诱"的作用,引诱译文读者去阅读原文;能够揭示翻译复杂性的元翻译话语更能激发读者阅读原文的欲望。

2.3 增强作品的陌生感

异语写作对目标读者而言往往是陌生的,毕竟语言与文化产生了错位,无疑没有读"原文"那样舒畅。然而,"原文"到底是不存在的,这也就有了所谓的"无本回译"。无本回译是从整体上而言的,异语写作本身往往夹杂着大量具体的翻译,尤其是涉及元翻译话语时,不仅会给读者带来一种陌生感,还会在一定程度上增强原文的趣味性。文学类异语写作中

---

① Owen, Stephen. *Readings in Chinese Literary Thought*. Cambridge, MA & London: Harvard University Press, 1992: 16.
② Owen, Stephen. *Readings in Chinese Literary Thought*. Cambridge, MA & London: Harvard University Press, 1992: 17.

的元翻译话语大多具有这方面的作用,这也是林语堂、谭恩美等人在其英语小说中大量使用音译加解释的原因,其中的解释部分不妨视为隐性元翻译话语。林语堂在《京华烟云》中是这样解释"冲喜"的:"Second, because she believed in *tsunghsi*, or confronting an evil by a happy event, in short, having the wedding while the boy was ill."①"冲喜"的音译无疑是陌生的,事件本身(解释内容)对西方读者而言也是陌生的,在一定程度上迎合了西方读者的猎奇心理。这种音译加解释的隐性元翻译话语还有很多,同样会激发一种陌生感与趣味性,如"Mochow, meaning 'don't worry'""'*Pu hao liao*!' meaning that disaster had come" "*fujen*, reserved for higher-class ladies and officials' wives"等。

谭恩美的《喜福会》也可视为异语写作,至少是用英语来叙述中国故事,里面也有大量的音译词汇,并有简要的解释,很多未必是文化负载词,如:"She said the two soups were almost the same, *chabudwo*. Or maybe she said *butong*, not the same thing at all. It was one of those Chinese expressions that means the better half of mixed intentions."②再如:"'I was *chiszle*,' she says, still fuming, 'mad to death.'"③这里的"差不多""不同""气死了"以及前面林语堂使用的"夫人""不好了"都是日常词汇,并不像哲学、文论作品中的那些专业术语,往往需要解释读者才能读懂。两位作家不约而同地大量使用音译加解释的方法,很有可能就是为了增强作品在语言上的陌生感,给西方读者一种异样的阅读体验。谭恩美对音译的使用很多也有塑造人物形象的作用(移民至美国但英语不通的中国人),此不赘述。值得注意的是,文学类异语写作中的元翻译话语大多是隐性的,作者并没有明说解释部分就是对原文中音译词汇(短语、句子)的翻译,一定程度上保证了行文的流畅性,不像冯友兰在《中国哲学简史》正文中那样明确地探讨某些术语的翻译问题。

---

① Lin, Yutang. *Moment in Peking*. Beijing: Foreign Language Teaching and Research Press, 2009: 113.
② Tan, Amy. *The Joy Luck Club*. London: Vintage Books, 2013: 7.
③ Tan, Amy. *The Joy Luck Club*. London: Vintage Books, 2013: 27.

3 结 语

元翻译话语是翻译研究的重要研究对象，尤其是在翻译作品的前言、后记等副文本中译者关于翻译的论述。这些元话语更能体现译者的翻译观与翻译决策。笔者曾应邀为一位朋友翻译的中国新诗经典书稿作序，发现她在每首诗的译文后面都附有"译者小记"，描述自己阅读原诗的所得与感悟以及她本人在翻译时的"内心独白"。这种"内心独白"就是典型的元翻译话语，涉及对翻译过程中出现的难题及其解决办法的叙述、对其反复修改过程的呈现、对诗歌押韵问题的探讨、对相关互文资源的运用等。这种元翻译话语类似许渊冲《中诗英韵探胜》中的评注，值得发扬，也值得研究。异语写作中的元翻译话语同样值得关注，其表现形式往往更为丰富，不只是散布在相关副文本上，在正文中也有大量体现。本文聚焦于学术类与文学类异语写作中的显性与隐性元翻译话语，以几部英语作品为例，描述了元翻译话语的具体表现（尤其是涉及文化负载词的），并总结了此类元翻译话语的潜在作用，如体现译者（作者）的翻译观、揭示翻译的复杂性、增强作品的陌生感等。异语写作中的元翻译话语在无本回译过程中的处理也值得关注，如哪些元翻译话语需要保留（有没有文化反哺的作用）、哪些需要删除简化（对母体文化读者是否为冗余信息）。异语写作中的元翻译话语是一种相对特殊的表现，作为一个新概念，其涵盖面更广，包括所有翻译作品中对翻译或直接或间接的论述。元翻译话语概念的提出有利于丰富翻译话语研究，拓展翻译作品与翻译家思想研究，对翻译实践（包括异语写作）也有一定的启发。

瘦身翻译:*Moment in Peking* 汉译中的瘦身翻译探析[①]

　　丰厚翻译(thick translation)是源自西方的一个概念,又译为深度翻译、厚翻译、厚重翻译等,主要是一种翻译理念与方法,同时也蕴含着尊重差异的翻译伦理。当两种语言的文本分属于不同的文化时,源语读者与译语读者之间通常存在语境视差,为了让译文读者充分地理解原文的文化信息,译者往往通过解释说明、加注补偿、前言后记等手段为译文读者提供必要的语境信息,以达到与原文读者类似的阅读效果。这种信息添加的行为被称为丰厚翻译。阿皮亚(K. A. Appiah)最早提出了丰厚翻译的概念——"通过注释以及伴随的注解,将文本置放在一个丰富的文化和语言语境之中",这种"对文学作品语境的深度描写以及有助于深度理解的翻译,满足了我们挑战自己与学生向前走的需求,真正承担理解与尊重他者的艰巨任务"[②]。其中"理解与尊重他者"(informed respect for others)具有很强的翻译伦理意味,"大量提供此类背景知识旨在使目的语文本读者更加尊重源语文化,更加欣赏其他文化背景下的人是如何认识和表达自己的"[③]。丰厚翻译主要是由原文读者与译文读者之间的语境视

---

① 原载于《外语学刊》2017 年第 5 期,原标题为《瘦身翻译之理念与表现——以 *Moment in Peking* 的汉译为例》,与侯小圆(第二作者)合作撰写,收入本书时略有改动。

② Appiah, K. A. Thick translation. *Callaloo*,1993(4):817,818.

③ Shuttleworth, M. and Cowie, M. *Dictionary of Translation Studies*. Shanghai: Shanghai Foreign Language Education Press,2004:171.

差,即针对同一事物二者所调用的背景知识存在的差异引起的。然而,语境主要是一种认知构建,具有很强的主观性,所以,这种语境视差很大程度上也是因人而异的,这里主要是就普通读者而言的,或者说是一种折中化说法。丰厚翻译的理念主要体现在翻译实践上,如萧乾、文洁若汉译的《尤利西斯》有多达 6000 余条注释;霍克思与闵福德英译的五卷本《红楼梦》有大量的整合补偿(类似于解释性翻译)以及前言、附录等;张佩瑶编著的《中国翻译话语英译选集》(*An Anthology of Chinese Discourse on Translation*)也使用了丰厚翻译的策略,通过大量脚注(上册有 328 条)与评论,比较成功地在英文文本中重构了中国传统翻译话语。

　　丰厚翻译通过提供社会、历史、文化等背景信息扩大译语读者的语境视野,从而帮助译语读者更好地理解原文,更有效地传达源语文化。语言的使用与理解都植根于具体的社会文化背景,如果对这些背景知识缺乏足够的了解,就往往会造成理解的短路。跨文化交际尤其如此。文学翻译是一种特殊的跨文化交际形式,如何才能既尊重源语文化,又实现有效交际呢? 各种形式的丰厚翻译无疑是不可避免的选择。如《红楼梦》第三十回有这样一句话:"若真也葬花,可谓'东施效颦'了。"①针对原文中的"东施效颦",霍克思的译文添加了一段解释:"He was reminded of Zhuang-zi's story of the beautiful Xi-shi's ugly neighbor, whose endeavors to imitate the little frown that made Xi-shi captivating produced an aspect so hideous that people ran from her in terror."然后再结合语境,把这句处理为:"This is 'imitating the Frowner' with a vengeance."②这就是霍译的整合补偿,正文中有无数类似的例子,绝大多数集中在语言文化层面。试想,如果霍克思的译文是用英语直接撰写而不是译自汉语的话,如果再把这句话翻译成汉语的话,又该如何处理呢? 汉语读者需要那么多"额外"的信息吗? 如果不需要,是不是要对相关信

---

① 曹雪芹,高鹗. 红楼梦(底本为程乙本). 北京:人民文学出版社,1974:365.
② Hawkes, D. (trans.). *The Story of the Stone* (vol. 2). London:Penguin Group,1977:102.

息进行删减提炼,或直接还原成汉语文化中的核心话语? 假设归假设,现实中是否有类似的现象,即用 A 语言书写 B 语言国家的事,然后再从 A 语言翻译成 B 语言? 答案无疑是肯定的,最典型的莫过于异语写作的翻译,如林语堂用英语书写的小说等。这就涉及本文的核心概念——瘦身翻译(thin translation)。结合丰厚翻译阐发瘦身翻译的理念,采用林语堂的英文小说 *Moment in Peking* 及其对应的两个汉语译本(张振玉译本与郁飞译本)进行验证说明便是本文的主要任务。

1 瘦身翻译的理念

瘦身翻译是丰厚翻译的逆向思维,也是由丰厚翻译引发出的一个新概念。丰厚翻译是添加扩充信息,瘦身翻译是删减简化信息,前者旨在扩大译文读者的语境视野,后者旨在删除译文读者语境视野中的已知信息,降低译文的信息冗余度,使译文比原文更为精简,犹如人之减肥,从而变得更加苗条。瘦身翻译与丰厚翻译都主要由原文读者与译文读者之间的语境视差引起,前者是原文读者的语境视野小于译文读者,后者则相反。换言之,丰厚翻译中添加补偿的信息对译文读者而言是未知信息,瘦身翻译中删减压缩的信息对译文读者而言是已知信息。瘦身翻译尤其适用于使用异语(非作者的母语)写作的文本的"回译",此类现象被王宏印称为"无本回译",即"不是完全空无依傍、无中生有的回译过程",虽然是"缺乏文本依据的回译,但仍然有文化之根(这里是中国文化,而不是泛泛的人类文化)作为根基"。① 当然,瘦身翻译的适用对象并不限于此,凡是由于语境视差引起的删减提炼信息的现象皆可归为瘦身翻译。暂以中国文化为本位,除了上述中国人用异语书写的著作之外(如林语堂的英文著作),华裔作家的非中文著作(如谭恩美的《喜福会》等)、外国作者描写中国话题的著作(如赛珍珠的《大地》等)等主要或大量涉及中国文化的作品,不

① 王宏印. 从"异语写作"到"无本回译"——关于创作与翻译的理论思考. 上海翻译,2015(3):2.

管是文学类还是学术类,如果进行"无本回译"的话,就往往会出现瘦身翻译的现象。换言之,瘦身翻译是由语境视差引起的,主要涉及此类作品的翻译。有些作品的翻译,译者往往也会对之进行"瘦身",如葛浩文英译莫言的《丰乳肥臀》便有很多删减现象,但由于其不涉及语境视差,故不属于瘦身翻译范畴;其他如编译等涉及删减信息的翻译形式莫不如此。瘦身翻译不会对文本伤筋动骨,就像减肥一样,减掉的主要是一些明显多余的脂肪与赘肉。这里之所以把是否涉及原文读者与译文读者之间的语境视差作为瘦身翻译的区别性特征,主要在于其是在丰厚翻译的基础上逆向衍生的一个概念。

　　瘦身翻译与一般的回译有所区别,如果回译不涉及(背景)信息的删减,便不属于瘦身翻译的范畴。林语堂的 *Moment in Peking* 中有这么一句:"The world's affairs, well understood, are all scholarship. Human relationships, maturely experienced, are already literature."[①]很明显,这句话源自《红楼梦》中的一副对联,也被张振玉与郁飞回译为"世事洞明皆学问,人情练达即文章"。这里的回译是有根有本的,而王宏印的"无本回译"主要是就文本整体而言的。在异语写作中,有些文化信息是共享的,有些则是特有的。针对特有的文化信息,作者往往会使用"深度写作"的方式,即对之添加额外的解释说明,类似于人类学中的"深度描写"。对这些文化个性较强的"深度写作"话语进行回译的话,瘦身翻译便有了用武之地,以删除冗余信息,为译文读者提供更好的阅读体验。罗威也提出过 thin translation(此文将该术语译为"薄翻译")的概念,并以具体文本 (*Yin Yu Tang—The Architecture and Daily Life of a Chinese House* written by Nancy Berliner)的汉译进行了验证[②],但其把一般意义上的回译视为"薄翻译"的技巧这点是我们不能赞同的。其他技巧,如省译、概括化等,则是"薄翻译"或瘦身翻译的应有之义。林语堂的 *Moment in*

---

① Lin, Yutang. *Moment in Peking*. Beijing: Foreign Language Teaching and Research Press, 2009: 258.

② 罗威."薄翻译"——以《荫余堂——建筑风格与一户中国家庭的日常生活》英译中翻译为例. 杭州:浙江大学翻译硕士论文,2016.

Peking 以及其他英语著作中本来就有很多具体的翻译成分(从汉语译为英语作为原文的一部分),很多时候作者并未对之进行深度写作,包括很多中国古典诗词,回译也比较简单,并不涉及由语境视差引起的信息删减,所以也不在瘦身翻译探讨的范围之内。

丰厚翻译是尊重并有效地传达源语文化的传播策略;不管采用何种具体手段,瘦身翻译则主要是一种文化还原,把"瘦身"之后的译文还原到母体文化之中,从而使译文显得更加干净利索,流畅自然,与原文相比,少了些"拖沓累赘"之感。这些"拖沓累赘"的信息对原文读者而言是理解上的需要,如果解释或添加得体(如采取整合补偿的形式),也会和原文圆融无间。采取瘦身翻译的译者首先要明白作者采用深度写作的目的,明白作者的良苦用心;其次是要站在译文读者的立场上,看其是否需要那些"增补"的信息。对译者而言,不管是瘦身翻译还是丰厚翻译,这种"了解之同情"都是必需的。相对而言,丰厚翻译的应用范围更为广泛,因为翻译在文化层面上基本上都是从熟悉(原文读者)到陌生(译文读者)的,从陌生(原文读者)到熟悉(译文读者)的转换现象相对较少。赫尔曼斯(T. Hermans)曾把丰厚翻译作为抵制翻译研究流行术语以及结构主义传统平淡性与简化性(flatness and reductiveness)的有效手段,进而提倡一种更加多样化、富有想象力的翻译话语体系。[①] 瘦身翻译有望为翻译理论话语的丰厚性与多样性贡献一份力量。

2 瘦身翻译在 *Moment in Peking* 两个汉译本中的表现

我们之所以选择林语堂的 *Moment in Peking* 作为瘦身翻译理念的验证对象,主要在于它是典型的异语写作文本。我们期待译本中会有大量的瘦身翻译现象,但研究张振玉译本(译名为《京华烟云》)与郁飞译本(译名为《瞬息京华》)之后发现,典型的瘦身翻译并没有我们想象的那么

---

① Hermans, T. Cross-cultural translation studies as thick translation. *Bulletin of the School of Oriental and African Studies*, 2003(3): 386.

多。这主要与林语堂本人高度异化的写作策略有关，即对中国语言文化特有的东西尽量少做解释或直接进行翻译。如林语堂把汉语中的"万福"译为"ten thousand fortunes"、把"煞风景"译为"killing a landscape"、把"守身如玉"译为"guard their bodies like jade"等。这些都是直译，也有一定的审美内涵，值得提倡。林语堂还对很多文化专有词采取音译，并且大部分也没有任何文字说明，如把"小姐"译为"Hsiaochieh"，把"腊八粥"译为"Lapacho"等。对这些内容进行"回译"的话，就不会涉及瘦身翻译。尽管林语堂为了向西方世界输入中国文化而使用了大量的直译和混合式英语，回避了过多地对中国文化意象和概念进行额外阐释的现象，但整部作品中仍有许多的意象和表达是无法直译成英文的，必须采用"深度写作"的策略，这也为我们分析其中的瘦身翻译现象提供了空间。

根据我们搜集到的语料，在张译《京华烟云》中，使用瘦身翻译的地方共有 68 处，在郁译的《瞬息京华》中，使用瘦身翻译的地方共有 44 处。由此可见，张译使用瘦身翻译的频率明显高于郁译。在张译中许多使用了瘦身翻译的地方，郁译则保留了原文的表达方式，尽管中文读者并不需要那些额外解释也能读懂译文。如：

（1）原文：The spirit that possessed them and entered their bodies was the Monkey Spirit，Sun Wukung，celebrated in the religious epic *Hsiyuchi*.[1]

张译：来附体的神仙是齐天大圣孙悟空。[2]

郁译：附身的精灵便是长篇神怪小说《西游记》里那个赫赫有名的猴仙孙悟空。[3]

显然，此例张译的"瘦身"更加合理，因为孙悟空在国内人人皆知，国外读者则未必熟悉，所以才有林语堂的解释性添加与张振玉的合理化删

---

[1] Lin，Yutang. *Moment in Peking*. Beijing：Foreign Language Teaching and Research Press，2009：22.

[2] 张振玉，译. 京华烟云. 沈阳：万卷出版公司，2013：16.

[3] 郁飞，译. 瞬息京华. 长沙：湖南文艺出版社，1991：23.

减。相对而言,郁译则显得有点啰唆,信息冗余度较大。在介绍中国历史或虚幻人物时,林语堂在原文中对之往往有所解释,如果人物名气较大(如孙悟空等),译成汉语时就需要适当地"瘦身"。张振玉的跨文化交际意识更加明显,充分考虑到了中国读者的接受能力,删繁就简,提取精华,很多情况下比郁飞的"照本宣科"更为得体。下例对花木兰的处理也非常典型。

(2)原文:Mulan (magnolia) was the name of a Chinese Joan of Arc,celebrated in a well-known poem,who took her father's place as a general in an army campaign for twelve years without being recognized and then returned to put on rouge and powder and to dress as a woman again. [1]

张译:"木兰"是替父从军女扮男装保家卫国的奇女子花木兰的名字。[2]

郁译:木兰是中国古代女英雄的名字。一首著名的歌谣颂扬她女扮男装代父从军十二载未被识破,衣锦荣归,重施脂粉,再着女装的事迹。[3]

小说核心人物姚木兰的名字便是父亲根据花木兰而起的。作者介绍花木兰时,把其说成了"a Chinese Joan of Arc"(中国的贞德),分别与译文中的"奇女子"与"女英雄"相对应。就整句而言,张译有所删减,郁译则亦步亦趋。鉴于《木兰诗》的广泛普及性,张译的"瘦身"译法更为合理。除了删减冗余信息,张译还添加了"保家卫国"四字,可能是根据木兰替父从军的故事以及小说本身的抗战情节添加的,体现出较大的变通性。再如,白居易与苏东坡的诗人身份大家都知道,林的原文是"... two of the greatest poets of China, Po Chuyi and Su Tungpo, of the Tang and

---

① Lin, Yutang. *Moment in Peking*. Beijing: Foreign Language Teaching and Research Press, 2009: 18.

② 张振玉,译. 京华烟云. 沈阳:万卷出版公司,2013:12.

③ 郁飞,译. 瞬息京华. 长沙:湖南文艺出版社,1991:20.

Sung Dynasties",张译直接处理为"唐朝白居易和宋朝苏东坡",郁译则为"唐代大诗人白居易"与"宋代诗人苏东坡"。张译稍有省略,郁译还是紧扣原文,但此例的冗余度并不太大。

历史文化词汇是跨文化交际的难点,是林语堂解释较多的,如下面几例。

(3)原文:She gave him the "eight characters," consisting of the hour, day, month and year of Mulan's birth, each being represented by two characters of the Celestial and Terrestrial Cycles.[1]

张译:她把木兰的生辰年月按天干地支说明。[2]

郁译:她告诉他孩子的八字。[3]

生辰八字(简称八字)在汉族民俗信仰中占有重要地位,古代星相家据此推算人命运的好坏。该例的语境是在木兰走失后母亲为她算命。林语堂对此直译后又有所解释,张译基本上是解释部分的回译,郁译则删除了解释性的部分,直接处理为"八字"。虽然很多汉语读者也未必知道"八字"到底是什么(包括张译的解释),但基本上还是知道其是用来占卜命运的。从功能再现的角度而言,郁译足以达意,不需额外解释。汉语文化中还有"龙凤帖"一说,是中国古代使月的仪式性婚书,林语堂在 *Moment in Peking* 中把其译为"'dragon-and-phoenix card,' the dragon representing the male and the phoenix the female",龙代表男性,凤代表女性,这是作者为英语读者所做的解释,对中国人来说则是不言而喻的,所以张译与郁译都回译成了"龙凤帖",自然贴切。

(4)原文:But Mulan began to love the lyrics of the Sung period, known as *tse*, which had lines of irregular length and were

---

[1] Lin, Yutang. *Moment in Peking*. Beijing: Foreign Language Teaching and Research Press, 2009: 36.

[2] 张振玉,译. 京华烟云. 沈阳:万卷出版公司,2013: 24.

[3] 郁飞,译. 瞬息京华. 长沙:湖南文艺出版社,1991: 34.

entirely of musical origin, being texts written for set tunes and limited by the rigorous requirements of musical tones as determined by the tune.①

张译:不过木兰开始喜爱宋词。②

郁译:可是木兰爱上了宋词。③

宋词是中国古典文学的重要形式之一。林语堂的解释相当准确全面,有助于英语读者了解宋词的形式特征。而对汉语读者而言,这些解释无疑是多余的,故被两位译者删除。

美食也是宽泛文化的组成部分,如下例林语堂对粽子的介绍。

(5)原文:Now the grandmother had brought from Shantung some countrystyle *tsungtse*. These were solid triangles made of glutinous rice stuffed with ham and pork or black sugar and bean flour, and wrapped in bamboo leaves and steamed.④

张译:祖母从家里带来了些山东式的粽子,有火腿猪肉和红糖豆沙两种馅。⑤

郁译:老奶奶从山东带来了些家乡的三角粽子,有火腿猪肉和红糖豆沙两种馅。⑥

端午节吃粽子是中国的习俗,南方尤然,中国人对之都很熟悉。两家译文都删除了原文中的"wrapped in bamboo leaves and steamed",张译还删除了粽子的形状(solid triangles)。针对历史文化词汇的翻译,与其说是翻译,不如说是文化上的回译。这些词语重新回到母体文化语境中,

---

① Lin, Yutang. *Moment in Peking*. Beijing: Foreign Language Teaching and Research Press, 2009: 342.

② 张振玉,译. 京华烟云. 沈阳:万卷出版公司,2013:218.

③ 郁飞,译. 瞬息京华. 长沙:湖南文艺出版社,1991:272.

④ Lin, Yutang. *Moment in Peking*. Beijing: Foreign Language Teaching and Research Press, 2009: 192.

⑤ 张振玉,译. 京华烟云. 沈阳:万卷出版公司,2013:123.

⑥ 郁飞,译. 瞬息京华. 长沙:湖南文艺出版社,1991:155-156.

再像原文那样解释就没必要了，尤其是那些根深蒂固的词语，因为汉语读者的认知语境中已经容纳了这种不言自明的知识图式。

林语堂在小说中采用了大量的音译加解释的方法，即先对一些特殊的词汇、人名、称呼等音译（斜体标出），然后再对之做解释。回译此类话语，瘦身翻译就不可避免了。这在我们搜集的语料中张译（38 例）与郁译（26 例）皆有一多半。

（6）原文：In time, the mother began to look upon Tijen as *yuanjia*, "a predetermined enemy," as quarrelsome or fickle lovers fondly say.①

张译：后来不久，母亲也就把儿子看作"冤家"了。②

郁译：不久，做母亲的也把迪人看作"冤家"了，这词是时而吵闹时而和好的情人之间爱用的。③

这就是典型的音译加解释的例子。张译直接还原为"冤家"，删除了原文中的解释部分，郁译又是"照本宣科"。绝大部分读者对"冤家"这个词的内涵以及使用场合还是比较熟悉的，《红楼梦》中的贾母也用"不是冤家不聚头"来形容过经常吵吵闹闹的贾宝玉与林黛玉。迪人的母亲称他是"冤家"，父亲则叫他"孽种"，原文中有这么一句："In the past months Mr. Yao had changed his reference to his son from *niehchung* (seed of sin) to *niehchang*, or a predetermined disaster in one's life brought about by some previous sin. It meant the wages of sin, the stumbling block to a peaceful life, the inescapable snare set by the devil; hence its variation, *mochang*, which meant literally 'devil's stumbling block.'"④张译与郁译皆为："最近几个月姚思安提到儿子的称呼已从孽

---

① Lin, Yutang. *Moment in Peking*. Beijing: Foreign Language Teaching and Research Press, 2009: 91.
② 张振玉, 译. 京华烟云. 沈阳: 万卷出版公司, 2013: 60.
③ 郁飞, 译. 瞬息京华. 长沙: 湖南文艺出版社, 1991: 78.
④ Lin, Yutang. *Moment in Peking*. Beijing: Foreign Language Teaching and Research Press, 2009: 315.

种称为孽障了。还有魔障一词也是这样演变来的。"解释性内容明显被删除了。还有很多类似的称呼林语堂也是这样处理的,如姚夫人骂银屏的"Cheap *tsangfu*",林的解释为:"'*Tsangfu*' actually meant 'a whore' but was not an uncommon word of abuse among low-class women."张译与郁译都删除了这个解释。

中国人的名字基本上都有特殊的含义,如"莫愁"就是不要发愁的意思,林语堂也是这样解释的:"Mochow, meaning 'don't worry.'"解释性部分已经蕴含在汉语名字之中,故也无须翻译。其他类似的名字如"宝芬"(Her name was Paofen, or Rare Perfume)、"国昌、国栋、国梁、国佑"(They were named Kuochang, Kuotung, Kuoliang, Kuoyu, that is, the "Glory of State," the "Beam of State," the "Girder of State," and the "Blessing of State")、"平亚、经亚、爱莲、丽莲"[Pingya meant "Peaceful Asia;" Chinya, "Skirting around (that is, embracing) Asia;" Ailian, "Loving Lotus;" and Lilien, "Beautiful Lotus"]等。葛浩文英译莫言《丰乳肥臀》中的名字也采取了类似的翻译技巧,如把上官金童的七个姐姐("来弟、招弟、领弟、想弟、盼弟、念弟、求弟")译为"Laidi(Brother Coming)、Zhaodi(Brother Hailed)、Lingdi(Brother Ushered)、Xiangdi(Brother Desired)"等。林语堂和葛浩文这种音译加解释的方式对中国文学外译不无启示。如果反过来的话,就要力求还原了。我们再看一例。

(7)原文:Inging, meaning "oriole," was to be referred to as "Yenyen" meaning "swallow"—as the two words formed an easily recognized phrase, *ingingyenyen* meaning a group of prettily dressed women.①

张译:莺莺的名字改为"燕燕",因为莺莺燕燕常用以指一群打扮得花枝招展的女人。②

---

① Lin, Yutang. *Moment in Peking*. Beijing: Foreign Language Teaching and Research Press, 2009: 676.
② 张振玉,译. 京华烟云. 沈阳:万卷出版公司,2013:445.

郁译：莺莺改为燕燕，因有莺莺燕燕这个成语。①

原文语境是立夫要写东西批判怀瑜、莺莺等人，莫愁建议将这些人的真名"巧妙地隐去"，但又能给读者留下线索，所以才有"莺莺改为燕燕"之说。原文对莺莺与燕燕的解释（oriole、swallow），两位译者都删去了，针对"莺莺燕燕"这个成语，张译保留了具体的语义所指，郁译只说明有这个成语。虽然二者删减的内容不尽相同，效果并无太大区别。

汉语姓氏很多也是有意义的，至少可以引起语义或语音上的双关联想。如 *Moment in Peking* 中的"Her husband's name 'New' meant 'ox' and her own family name was 'Ma' or 'horse'"，张译为"她丈夫姓牛，她娘家姓马"。林语堂还利用牛马（牛似道与牛太太"马祖婆"）双关造了一首打油诗，体现了两家对百姓的压榨：

（8）原文：Huang niu pien t'i, / Pai ma to to / Niu ma ch'i o, / Pohsing peng huo.

The yellow ox has cloven hoofs, / The white horse goes trot-trot. / Ox and horse yoked are together, / Woe to the people's lot!②

张译：黄牛扁蹄，/ 白马得得。/ 牛马齐轭，/ 百姓别活。③

林语堂对这些歌谣采取音译，不知用意如何，难道是为了"回译"的方便？我们之所以把这样的例子也视为瘦身翻译，就是因为其有音译，也有解释性翻译（意译）。原文紧接着的一首民谣也是如此处理的。其他如"糊涂""洋行""福气""不好了""义和团""二小姐""老神仙""将就些""桃云小憩""吉祥如意""通宵达旦"等在原文中也都是采取音译加解释的形式。针对这些词语，林语堂有时把解释成分置入括号中，有时音译之后直接加以解释（用 or 或 meaning that 等带出）。还有以独立句子对音译词汇进行解释的，如："'But *meifatse*. Who has the luck like you, young

---

① 郁飞，译. 瞬息京华. 长沙：湖南文艺出版社，1991：545.

② Lin, Yutang. *Moment in Peking*. Beijing：Foreign Language Teaching and Research Press, 2009：181.

③ 张振玉，译. 京华烟云. 沈阳：万卷出版公司，2013：116.

mistress?' *Meifatse* was a common fatalistic phrase meaning, 'there is no choice,' or 'one can do nothing about it.'"这里张译与郁译都把后句对"没法子"的解释"瘦身"掉了。就林语堂的英语小说本身而言,类似的音译似乎有点"过犹不及"的感觉。中国文学文化"走出去"提倡对部分具有中国特色的词汇进行音译,但要做到适量、适度与恰到好处。葛浩文在翻译莫言的《檀香刑》等中国当代小说时也对有些话语(如干爹、师傅)进行了音译,但远没有林语堂这样频繁。

如果说有些文化内容中国读者也不太熟悉的话,原作中的解释也可保留,如:

（9）原文：The Yao sisters were now quite well-known in Peking, being nicknamed the "Four Beauties" or the *Szeshanchuan*, which was the name of a seventeenth-century dramatic sequence by Hung Sheng, portraying four historical beauties.①

张译：姚氏姐妹现在在北京蛮有名气了,外人给她们起了个别号,叫"四婵娟"。②

郁译：姚家姐妹如今在北京很有些名气了,被称为"四婵娟",这是清初洪昇的一个杂剧,叙述历史上的四美人的。③

洪昇的《四婵娟》知者较少,至少对现代读者而言,远不如他的代表作《长生殿》名气大,所以,郁飞把林语堂的解释也译了出来,更容易引起读者的互文联想;张译则省略,语义同样豁然清晰,只是切断了原文的互文线索。原文紧接着还有这么一句："He comically styled the four men, Lifu, Sunya, Afei, and himself, the 'Four Monkey Cries,' or *Szeshengyuan*, which was the name of anther dramatic sequence portraying four unrelated stories, one of which was Chih Mulan, or

① Lin, Yutang. *Moment in Peking*. Beijing: Foreign Language Teaching and Research Press, 2009: 602.
② 张振玉,译. 京华烟云. 沈阳:万卷出版公司,2013: 392.
③ 郁飞,译. 瞬息京华. 长沙:湖南文艺出版社,1991: 482.

'the Female Magnolia.'"这里郁译与张译都保留了原文的解释，并且都添加了《四声猿》的作者信息。洪昇的《四婵娟》模仿明代徐渭(徐文长)的《四声猿》，四折各写一个故事。这里张译把林语堂的解释译了出来，那么对"四婵娟"的解释似乎也就有必要保留了，毕竟一般中国读者对这两部杂剧并不熟悉。这也说明，瘦身翻译是有一定条件限制的，译者要善于设身处地地为译文读者着想，看其是否有相关的知识储备，是否真正需要作者的解释。换言之，一切视译文读者的语境视野而定。

由上可知，张译的瘦身翻译数量明显高于郁译，绝大多数也比较得体，信息冗余度低于郁译，具有更强的可读性。这与二者的翻译策略密切相关，张译尽可能地重新构建小说的汉语语境，倾向于归化，使目的语读者感觉到自己是在阅读一本中文原著；郁译则紧扣原文(包括原文的形式)，更加忠实于原文，变通性不如张译。张译其他明显的变通还包括把小说扉页的散体献词译成七言绝句(全书写罢泪涔涔，献予歼倭抗日人。不是英雄流热血，神州谁是自由民。)、为小说各章节添加章回式标题、上中下各卷的标题都是朗朗上口的"四字结构"(道家女儿、庭园悲剧、秋季歌声)等。

3　结　语

瘦身翻译指译者在翻译过程中将某些信息进行删减或简化的行为与理念，具有理论与实践双重意义。从理论层面而言，瘦身翻译是由丰厚翻译逆向引发的一个新概念，是对已有翻译现象的理论概括，原文读者与译文读者之间的语境视差是瘦身翻译与丰厚翻译存在的理由与根据。就瘦身翻译而言，原文读者的语境视野小于译文读者的语境视野；丰厚翻译则相反。从实践层面而言，瘦身翻译的提出可为译者的实践提供理论支持，尤其适用于用 A 语言书写 B 语言国家的人与事，然后再从 A 语言译成 B 语言的文本，最典型的莫过于异语写作型文本的翻译。王宏印称这种特殊的翻译现象为"无本回译"。"瘦身"处理可以有效降低译文本身的信息冗余度，使之读起来更加自然流畅，因为瘦身过滤掉的成分乃译文读者语境视野中的已知信息。瘦身翻译有望发展成为翻译研究的一个新理论术语,有自己的核心内涵与具体表现。本文以林语堂的 *Moment in Peking* 的两个汉译本为例对瘦身翻译进行了分析,以后不妨继续挖掘类似文本翻译中的瘦身现象,如林语堂其他英语作品(*The Importance of Living*、*My Country and My People* 等)的汉译,谭恩美、赛珍珠有关英语作品(*The Joy Luck Club*、*The Good Earth*)的汉译等,结合具体翻译实践(并不限于文学翻译领域),围绕瘦身翻译的核心特征(由语境视差引起的信息删减与简化)完善其理论表述,使之成为与丰厚翻译具有同等价值的翻译学术语。①

---

① 关于瘦身翻译,笔者后来发表了一篇英文文章,语料更加丰富,思考也更加深入与全面,读者不妨参考:Feng, Quangong. Thin translation:Its definition, application and some other issues. *Asia Pacific Translation and Intercultural Studies*,2022(1):59-72.

修辞认知:从广义修辞学到翻译学的华丽转身[①]

　　作为一门年轻学科,翻译学经常从其他学科中汲取理论资源来研究翻译问题或进行翻译理论建构,对其他学科资源具有较强的依赖性。所以,在跨学科翻译研究中,翻译学往往是受体学科,其他学科则是供体学科,包括和其亲缘性很强的修辞学。翻译与修辞的关系源远流长,切斯特曼(A. Chesterman)把修辞作为翻译的八大模因之一。[②] 刘亚猛认为:"修辞是翻译思想的观念母体,而翻译则是一种特殊的修辞实践。"[③]翻译是一种理解与表达的学问,有翻译的地方就有修辞,翻译与修辞同在。翻译学与修辞学的相遇与互动催生出了"翻译修辞学",其中修辞学是供体学科,包括中西各种修辞(理论)资源。陈小慰的翻译修辞学研究利用的主要是西方修辞学资源,尤其是以佩雷尔曼(C. Perelman)、伯克(K. Burke)等 20 世纪修辞学家为代表的"新修辞"。冯全功的翻译修辞学研究利用的主要是中国修辞学资源,尤其是以谭学纯为代表的广义修辞学。冯全功在其专著《广义修辞学视域下〈红楼梦〉英译研究》(基于其博士论文)中指出:"翻译修辞学旨在借鉴修辞学(特别是广义修辞学)中的各种理论资源,如广义修辞学的三大功能层面、修辞认知、喻化思维、修辞能

① 原载于《外文研究》2021 年第 2 期,原标题为《修辞认知的移植与拓展——从修辞学到翻译学》,独立撰写,收入本书时略有改动。
② Chesterman, A. *Memes of Translation: The Spread of Ideas in Translation Theory*. Shanghai: Shanghai Foreign Language Education Press, 2012: 23-26.
③ 刘亚猛. 修辞是翻译思想的观念母体. 当代修辞学,2014(3): 1.

力、修辞原型、论辩修辞、同一修辞等,同时结合其他相关学科,如美学、哲
学、文体学、叙事学、语义学、语用学、文艺学、心理学、传播学等,扩大翻译
研究的理论视野,而不仅仅是为了指导翻译实践。"①这里提到的"修辞认
知"原是广义修辞学中的一个重要论题,目前已经比较成功地移植到了翻
译研究之中。在移植过程中,修辞认知的概念也有所拓展与变异,变得更
加明晰与具体,对修辞学语境下的修辞认知也有一定的反哺作用。修辞
学中的修辞认知是怎么界定的? 翻译学中的修辞认知又是如何界定的,
有哪些主要特征? 文学翻译中的修辞认知研究目前是如何开展的,有哪
些重点论题,还有哪些有待开发的领域? 本文尝试对这些问题进行梳理
与思考,以期对跨学科(翻译)研究有所启发。

1　广义修辞学中的修辞认知

修辞认知是谭学纯提出的一个重要术语,是与概念认知相对的一个
概念。在文学世界,修辞认知的表现力优于概念认知,也集中体现了"人
是语言的动物,更是修辞的动物"②的学术命题。这对概念最早出现在谭
学纯 2005 年发表的论文《语言教育:概念认知和修辞认知》中,后又收录
在谭学纯的一些专著(或与他人合著)中,如 2006 年出版的《修辞认知与
语用环境》、2008 年出版的《文学和语言:广义修辞学的学术空间》、2016
年出版的《问题驱动的广义修辞论》等。然而,这些论著对修辞认知始终
缺乏一种清晰的界定,读者很难知晓到底哪种类型的话语属于修辞认知
的范畴。

谭学纯对修辞认知的详细阐述如下:

1.概念认知是一种普遍的把握世界的方式,进入概念认知的概
念,以一种被规定的语义,指向事物的共性。支持概念认知的是逻辑

---

① 　冯全功. 广义修辞学视域下《红楼梦》英译研究. 上海:上海外语教学出版社,
　　2016:302-303.
② 　谭学纯. 语言教育:概念认知和修辞认知. 语言教学与研究,2005(5):52.

语境,概念组合体现事物的逻辑关系,这种逻辑关系是排他的,体现世界的现成秩序。

2.修辞认知是一种主体化的认知行为,修辞认知也借助概念,但进入修辞认知的概念往往偏离了事物的语义规定,或者说,修辞认知解除概念认知的普遍性,激起具体生动的感性经验,使概念化的语义在重新建构中被编码进另一种秩序。支持修辞认知的是审美语境,进入修辞认知的概念挣脱事物的逻辑关系,重建一种审美关系,这种审美关系是兼容性的,超越世界的现成秩序。

3.修辞认知与概念认知的最大区别是:概念认知在普遍的意义上理性地接近认知对象,修辞认知在局部的意义上激活主体的新鲜感觉重新接近认知对象。前者概念化地锁定对象,后者审美化地展开对象,重返语言的诗意。后者的局部认知,往往偏离前者普遍认知的通道,在另一个认知维度重新观照对象,这决定了修辞认知的两面性:一方面发现概念认知没有赋予的意义,另一方面遮蔽概念认知已经赋予的意义。修辞认知是以审美的权力颠覆现成语义的权威,以审美化的方式,重返被现成概念屏蔽的诗意。①

从谭学纯的论述中不难看出:1)修辞认知是相对于概念认知而言的,二者都是人类(通过语言)来认识和表征世界的基本方式;2)修辞认知离不开概念认知,必须以概念认知做参照,是对概念认知的审美偏离;3)修辞认知是反逻辑的、审美化的,即所谓"进入修辞认知的概念挣脱事物的逻辑关系,重建一种审美关系";4)修辞认知是诗意的,能够审美化地展开对象,具有较大的含意空间;5)修辞认知具有两面性——遮蔽与凸显,遮蔽的往往是概念的常规或字典语义,凸显的则往往是概念的临时意义;6)修辞认知不仅是一种外在的语言表现,还是主体的深层认知机制,二者是"因内而附外"的关系。

谭学纯还提到"概念认知转化为修辞认知"的论题,并以余光中的《乡愁》为例进行了说明。这里的概念认知主要指"乡愁"的概念语义,即一种

---

① 谭学纯.语言教育:概念认知和修辞认知.语言教学与研究,2005(5):51.

"深切思念家乡的心情"。余光中把这种概念语义转化为"小小的邮票""窄窄的船票""矮矮的坟墓""浅浅的海峡",这就是所谓的"概念认知转化为修辞认知"。然而,乡愁的概念语义在诗歌中是缺省的,至少在文字层面,只存在于读者的大脑中,整首诗本身是一种修辞认知,或者说是一个语篇隐喻。此外,谭学纯还提到"修辞认知对概念认知的隐性介入",如灯头、针眼、山腰等是死喻,具有较强的概念认知属性;如成熟、蜕化、腐朽等词语可以同时指向物和人,指向人时利用的就是隐喻思维,把指向物的语义作为认知上的参照。① 从谭学纯的论述中很容易发现,隐喻是一种修辞认知,与西方隐喻研究将其视为一种认知和思维方式有异曲同工之妙。谭学纯还探讨过"瞬间也是一种永恒"的命题,并将其视为一种修辞认知。② 这是一种悖论(paradox)修辞格。除了隐喻和悖论之外,还有哪些修辞格、哪些特殊话语属于修辞认知的范畴呢? 谭学纯的模糊界定似乎很难给出一个清晰的答案,认知心理学(语言学)中的原型理论对修辞认知的界定不无启发。

2 翻译研究中原型化的修辞认知

原型理论是一种强有力的范畴化工具,是对经典范畴理论的一种反拨,反对范畴特征的二分法以及边界的明确性。维特根斯坦的家族相似性思想是原型理论的先驱,认为家族成员有中心与边缘之分,范畴边界具有较大的模糊性。罗施(E. Rosch)等人的系列认知心理学实验正式确立了原型理论,在认知心理学、认知语言学等领域产生了重大影响。原型理论认为,"'原型'这一概念是进行范畴化的重要方式,是范畴中最具代表性、最典型的成员、最佳样本或范畴的原型成员,也可视为范畴中的无标记成员,可作为范畴中其他成员(可视为标记性成员)在认知上的参照

---

① 谭学纯. 语言教育:概念认知和修辞认知. 语言教学与研究,2005(5):52.
② 谭学纯. 问题驱动的广义修辞论. 北京:人民出版社,2016:201-211.

点"①。原型理论同时还指出了"范畴成员的非对称性"现象，"范畴中普遍存在非对称性结构，范畴中的某些成员比其他成员更具代表性，范畴中的非代表性成员常被认为更像代表性成员，而不是相反；有关代表性成员的新信息更可能扩大到非代表性成员，而不是相反；这种非对称性被称为原型效应"②。修辞认知是一个范畴概念，范畴之内有许多家族成员，家族成员之间共享一些典型特征，这主要是就修辞认知作为语言表现而言的。修辞认知也是一种深层的认知机制，类似于西方的隐喻研究，把隐喻视为认知和思维层面的东西。

冯全功③、冯全功和胡本真④从原型理论视角对修辞认知有所探讨，认为隐喻是修辞认知的原型或者说是其最典型的家族成员，尤其是在语言表达层面。如果说"隐喻的本质是用一种事物来理解与体验另一种事物"⑤，那么转喻、提喻、拟人、通感、象征等修辞格也可认为是宽泛意义上的隐喻，同属于修辞认知的重要家族成员，这在一定程度上体现了原型成员的"原型效应"。其他常见的修辞格，如夸张、双关、移就、悖论、仿拟、反讽、飞白、避讳、析字、藏词、委婉语、一语双叙、敬辞谦辞等，也属于修辞认知的家族成员。这些修辞格基本上都是语义型的，具有较强的反逻辑性、泛审美性、多含意性，对语境的依赖性也较高；大多也有"用一种事物来理解与体验另一种事物"的倾向。这不妨说是隐喻的原型效应，隐喻的认知属性辐射到了其他家族成员身上。整体而言，这些修辞格在修辞认知范畴中的隶属度或典型性不尽相同，如拟人、夸张的隶属度就比析字、藏词高。值得注意的是，并非所有的修辞格都属于修辞认知的范畴，如反复、排比、对偶、顶真、层递、倒装、反问、设问等以形式为主的修辞格。换言

① 王寅. 认知语言学. 上海：上海外语教育出版社，2006：109-110.
② 王寅. 认知语言学. 上海：上海外语教育出版社，2006：110.
③ 冯全功. 文学翻译中的修辞认知转换模式研究. 解放军外国语学院学报，2017（5）：127-134.
④ 冯全功，胡本真. 译者的修辞认知对译文文学性影响的实证研究. 外语学刊，2019（1）：97-103.
⑤ Lakoff，G. and Johnson，M. *Metaphors We Live By*. Chicago：The University of Chicago Press，1980：5.

之,修辞认知主要是从语义和逻辑而非形式而言的。很多语音修辞格,如汉语中的双声、叠韵以及英语中的头韵、腹韵也不是修辞认知的家族成员。值得说明的是,文学作品中其他反逻辑的语言现象则不妨视为修辞认知的边缘成员,如模糊化语言(解释空间很大)、词类活用现象(往往具有一定的辞格属性)、古典诗词中的意象并置现象、怪诞魔幻话语(如莫言《生死疲劳》中的部分叙述话语)等。

修辞认知有哪些主要特征呢?基于谭学纯的研究以及从原型理论视角对修辞认知的思考,这里尝试归纳如下:1)反逻辑性。修辞认知是反逻辑的,语言表达的事物与现实之间往往没有必然的逻辑联系,或者说在逻辑上是说不通的,在现实中往往是不存在的,即谭学纯所说的"挣脱事物的逻辑关系"。2)泛审美性。修辞认知往往具有较强的审美性,能够激起听者或读者的新鲜感觉,至少在此类话语的运用之初,感官或心理体验比较独特,不过很多在长期使用过程中会出现审美磨蚀,逐渐失去原初的审美活力,如死喻、具体词语的隐喻意义等。3)多含意性。修辞认知往往是模糊的,具有多重解读的可能性,任何一种解读都有可能固化或减小修辞认知的诗意空间,从这点而言,修辞认知往往是诗意化的。4)语境依赖性。修辞认知往往具有较高的语境依赖性,对其有效解读,需要一定的交际、文本或历史文化语境的支持,需要听者或读者的积极参与,最大限度地调用自己的认知资源,要求理解者与表达者进行或真实或虚拟的双向互动。5)文化传承性。修辞认知都是在特定的文化土壤中生成的,使用规律在语言使用的长河中慢慢固定下来,很多有较强的文化个性,与语言本身的特征及其所在的历史文化语境密不可分,如"云雨""风月"等性爱话语。6)超越性。这主要是就概念认知而言的,修辞认知通过对概念认知的偏离与挣脱,超越了概念认知所规定的语义权威,尤其是字典释义的原初词条(非隐喻化的)。7)遮蔽性。这也主要是就概念认知而言的,修辞认知通过凸显自己的语义和审美关系,很大程度上淡化或遮蔽了概念认知的原初语义或字面意义。8)辩证性。辩证性首先表现在修辞认知和概念认知在很大程度上是相互依存的,尤其是对修辞认知的运用和解读需要概念认知作为参照;其次表现在二者在一定条件下可以相互转换,尤其是从语言的历时发展而言,如修辞认知对概念认知的隐性介入、概念认知被赋予新的隐喻意义等。修辞认知的家族成员往往共享这些特征,尤其是核心成员,但不见得囊括这些特征,具体的修辞认知话语凸显的特征也不尽相同。

从深层而言,修辞认知是一种认知机制,就像隐喻一样,但在文学作品以及文学翻译中我们探讨得更多的是修辞认知的言语表现,或者说是作为言语表现的修辞认知,如隐喻、拟人等众多修辞格。在言语表现层面,从原型理论视角来认识修辞认知还是颇有说服力的,尤其是对其家族特征的归纳和家族成员的认定。如此一来,修辞认知便有了着落,文学作品以及文学翻译中的修辞认知研究就有了具体的切入点,包括对具体家族成员的研究。修辞认知的原型化或者说从原型理论视角来界定修辞认知有利于扩大修辞认知的内涵,提升其理论品位,从而促使其成为文学作品与文学翻译研究中的范畴化概念,打入公共学术空间。

3　文学翻译中的修辞认知研究及其拓展空间

如果说翻译是一种特殊的修辞实践的话,那么其特殊性主要体现在需要用目的语在异域文化中重新表达原文的内容与思想,由于语言文化差异以及其他因素的作用,原文的修辞认知可能会发生变化,如原文有修辞认知,译文却用概念认知来表达了。此类翻译现象非常普遍,如只译出双关的表层语义,深层语义流失了;或者原文是生动的隐喻表达,译文却变成了干巴巴的概念。基于对这种现象的观察与思考,冯全功总结了文学翻译中修辞认知的三大转换模式,具体包括(以原文为起点):从修辞认知到概念认知、从修辞认知到修辞认知、从概念认知到修辞认知。其中后两种转换模式还可以进一步分类,如把从修辞认知到修辞认知的转换分为同类转换(如从隐喻到隐喻)和异类转换(如从双关到隐喻);把从概念认知到修辞认知的转换分为显性转换(很容易识别出的,如添加隐喻意象)和隐性转换(如添加动词性隐喻)。冯全功还假设三种转换模式对原文的文学性分别起弱化、等化和强化的作用,这就把修辞认知和文学作品的文学性联系起来了,进一步拓展了修辞认知的研究空间。① 冯全功和胡本真通过问卷调查,很大程度上验证了上述假设,强调译者要充分发挥自己的修辞认知,尽量把修辞认知转换为修辞认知,提倡把原文的概念认知转换为译文的修辞认知,以提高译文本身的文学性及其作为独立文本的价值。② 冯全功和张慧玉通过大量实例分析了文学翻译中修辞认知的转换动因,主要包括客观层面的语言、文化和思维因素以及主观层面译者的翻译观、翻译目的、语言素养、审美能力等。③ 从这三篇文章的研究思路中不难看出,文学翻译中的修辞认知研究主要针对原文和译文的对比,聚焦于译者的修辞认知转换及其动因、效果等;而文学作品中的修辞认知研究针对作品本身,强调修辞认知在文本(话语)建构中的作用,可作为文学翻译中修辞认知研究的基础与起点。这也是大多文学翻译研究的主要思路。

　　修辞认知是作品文学性的重要生成机制,所以不管是文学作品还是文学翻译中的修辞认知研究,都强调修辞认知对文本(包括原文和译文)文学性的影响。文学翻译中的修辞认知研究基于原文中的修辞认知,尤其是从修辞认知到概念认知与从修辞认知到修辞认知两种转换模式,因为其中已经预设了原文中存在修辞认知,译者的任务就是尽力保留这些修辞认知话语,包括从修辞认知到修辞认知的异类转换。文学翻译批评往往以原文为标准与参照,评析译文是否能再现原文的文学性与艺术性,鲜有把译文作为独立文本进行评析的,如此一来,就容易忽略从概念认知到修辞认知的转换现象。冯全功论述过《红楼梦》中修辞认知的功能,如表达小说主旨、塑造人物性格、暗示人物命运、增强语言美感等,对其英译进行了评析。④ 冯全功和宋奕分析了《推拿》中的修辞认知与盲人世界的

———————————

① 冯全功. 文学翻译中的修辞认知转换模式研究. 解放军外国语学院学报,2017 (5):127-134.

② 冯全功,胡本真. 译者的修辞认知对译文文学性影响的实证研究. 外语学刊,2019 (1):97-103.

③ 冯全功,张慧玉. 文学译者的修辞认知转换动因研究. 外语教学,2020(2):87-92.

④ 冯全功.《红楼梦》中修辞认知的功能与英译评析. 当代外语研究,2018(5):90-100.

关系,包括作者如何通过各种修辞认知手段(如隐喻、通感、拟人)来建构盲人叙事与盲人世界、译者如何处理这种修辞认知以及效果如何。① 这两篇文章均以原文为分析起点,但照顾了从概念认知到修辞认知的转换现象,因此,对译者与译文的评价就更加公平一些,也在一定程度上摆脱了忠实翻译(批评)观的束缚。所以,在未来的文学翻译批评中,要多地关注从概念认知到修辞认知的转换以及从修辞认知到修辞认知的异类转换,尽量将译文本身作为(相对)独立的文本进行批评,这样就更容易发现译文本身的精彩之处,毕竟原文精彩的地方译文可能很寻常,原文寻常的地方译文也不见得不精彩。

  修辞认知与作家(作品)风格也密切相关,翻译研究中应予以重视。莫言的很多作品被冠以幻觉现实主义或魔幻现实主义(hallucinatory realism),通过大胆的想象来构建故事与话语,具有很强的反逻辑性和泛审美性,如《蛙》《酒国》《生死疲劳》等。译者有义务识别其中的魔幻话语(修辞认知的边缘家族成员),通过选择合适的目的语语言再现其中的魔幻性,不宜削弱此类话语的风格力量。莫言的《红高粱家族》通过拟人话语(修辞认知的典型家族成员)营造了一个活生生的泛灵论世界,尤其是其中的红高粱,更是灵性十足,与人融为一体,译者应再现小说中的泛灵论思想,再现作品的风格特征。葛浩文作为莫言作品的首席译者,具有敏锐的审美能力和深厚的语言素养,我们不妨探讨其对莫言作品中修辞认知的处理是否到位、是否再现了莫言作品独特的魔幻风格,研究可以使用大量例证来分析,也可以采取语料库途径来描述,后者通过数据说话,通常也更有说服力。刘震云《我不是潘金莲》中的反讽修辞也是作品风格的核心组成部分,如人名反讽、言语反讽、情境反讽和结构反讽等,译者是否再现了其中的反讽修辞的场域效应也值得研究。中国古典诗词中的意象并置现象也属于修辞认知的范围,可研究译者的处理方式(如重新逻辑化或移植再现)及其接受效果。《诗经》中的兴体也是中国古典诗歌的独特

---

① 冯全功,宋奕. 修辞认知与盲人世界——毕飞宇小说《推拿》及其英译评析. 西安外国语大学学报,2020(3):82-87.

风格,可研究译者是否有化兴为比的现象、是否显化了其中的逻辑关联。作家有作家的风格,译者也有译者的风格,从某种程度上来说,译者风格是作家风格和译者本人风格的杂合体,是二者的矛盾统一。大多数译者倾向于在翻译过程中泯灭自己的风格,尽量向作家的风格靠近,但也有些译者会选择彰显自己的风格,如庞德、许渊冲对中国古典诗词的翻译等。可以研究修辞认知对译者(译文)风格的影响,尤其是持超越观或竞赛论的译者,如许渊冲翻译的文学作品等。这些都是文学翻译中修辞认知研究的潜在话题,值得进一步探索。

谭学纯和朱玲在《广义修辞学》中提出了修辞功能的三个层面,即修辞技巧、修辞诗学和修辞哲学。其中修辞技巧主要是话语片段的建构方式;修辞诗学主要涉及整个文本的艺术设计;修辞哲学则涉及人的精神构建,包括说写者的世界观、人生观、价值观、审美观等。[①] 文学作品中的修辞认知研究不能局限在修辞技巧层面,就修辞格谈修辞格的翻译,还应特别注重修辞认知的诗学功能,即修辞认知参与整个文本艺术建构的作用,如隐喻、象征、反讽、双关等,如果必要,则延伸至修辞认知的哲学功能,如拟人修辞就体现出一种泛灵论的世界观。莫言的《蛙》,标题就是一个双关语,谐音娃、哇、娲等,作品中也有很多具体的论述,如牛蛙养殖中心(实为代孕中心),与作品有关计划生育的主旨产生了关联,如何翻译,如何补偿,颇值得研究。葛浩文的英译书名为 *Frog*,其中在一个版本的封面书名之上有一个鸟巢,鸟巢里有个娃娃,试图通过图像建立起娃与蛙之间的关联。这是一个很典型的修辞技巧向修辞诗学延伸的翻译案例。然而,由于语言的差异性,类似的双关修辞认知是很难有效再现的。文学翻译中对修辞认知诗学功能的重视得益于"走出技巧论"的修辞研究思路,这正是谭学纯所提倡的。冯全功研究修辞认知(具体修辞格)的多篇论文采取的就是这种思路,如《中国当代小说中的概念隐喻及其英译评析——以莫言、毕飞宇小说为例》就探讨了几个对小说人物形象塑造、故事情节建构

---

① 谭学纯,朱玲. 广义修辞学(修订版). 合肥:安徽教育出版社,2001:19-65.

有重要影响的概念隐喻及其英译,如"枪是女人""情欲是火""冷漠是冰"等①,其他论文还研究过中国古典诗词翻译中的泛灵论、象征修辞、通感修辞、星象隐喻、语篇隐喻等。文学翻译中的修辞认知研究要基于修辞技巧,向修辞诗学(哲学)拓展,这样才会有更广阔的研究空间。

　　文学翻译中的修辞认知注重其审美与认知双重属性,目前的研究还是偏重审美这一属性,对认知属性也有所兼顾,如从概念隐喻理论来研究隐喻、通感等,但还有进一步开拓的空间,尤其是理论层面。有关隐喻理论,在文学翻译中可以借鉴的包括国外学者提出的概念隐喻理论、概念整合理论、语音隐喻、语法隐喻以及国内学者徐盛桓提出的"外延内涵传承说"②等。徐盛桓提出的"外延内涵传承说"不仅对隐喻、转喻、提喻有解释力,对其他以替代为特征的话语也有解释力,如夸张、委婉语、隐喻、歇后语等,这些以替代为特征的修辞话语恰好也都是修辞认知的家族成员,所以,"外延内涵传承说"完全可以为文学翻译中的修辞认知提供认知理据,增强修辞认知的理论解释力,有望为这方面的研究开拓出新的研究空间。"外延内涵传承说"目前解决的主要是词语层面的替代,句子层面的替代研究还有待继续探索,正如徐盛桓所言:"句子的'替代'研究为语用学、修辞学、认知语义学、翻译学、文学等领域的研究提供了一些新课题。"③关于修辞认知的认知属性,还可通过相关实验对译者的修辞认知加工机制进行研究,尤其是具体的修辞格,建构相关模型。目前这种实验研究在国内翻译学界还很欠缺,不妨借鉴认知心理学、认知语言学、神经语言学的一些研究方法,如有声思维、按键记录、眼动追踪、功能磁共振成像、事件相关电位等。这些技术手段更有利于揭示修辞认知作为一种深层的认知机制,然后再与修辞认知作为语言表现里应外合,赋予这个概念更加丰富的内涵。

---

① 冯全功. 中国当代小说中的概念隐喻及其英译评析——以莫言、毕飞宇小说为例. 外语与外语教学,2017(3):20-29.

② 徐盛桓. 外延内涵传承说——转喻机理新论. 外国语,2009(3):2-9.

③ 徐盛桓. "A 是 B"的启示——再谈外延内涵传承说. 中国外语,2010(5):22.

4 结 语

　　修辞认知作为修辞学的核心术语之一,在修辞学界并未产生很大的影响。在中国知网(**CNKI**)上以修辞认知作为篇名的关键词进行检索,目前仅有 31 篇文章。其中修辞学界有 17 篇,包括谭学纯的 3 篇;翻译学界有 11 篇,包括冯全功的 6 篇、邱文生的 2 篇;其他 3 篇是关于文论与英语教学的。邱文生主要从认知语言学视角切入修辞认知,但也没有清晰的界定。冯全功有关文学翻译中的修辞认知研究借鉴了谭学纯的概念,并从原型理论视角对修辞认知进行了重新界定,勾勒出了修辞认知的大部分家族成员,还针对翻译的特殊性,提出了文学翻译中修辞认知的三大转换模式,对转换效果进行了实证研究,对转换动因进行了初步归纳,对其在文学作品中的功能进行了简要论述,对修辞认知的核心家族成员(如隐喻、双关、夸张、通感、拟人、象征、反讽、委婉语等)及其英译进行了具体研究。这些研究已汇成书稿《文学翻译中的修辞认知研究》,于 2020 年 12 月在浙江大学出版社出版。翻译学界中的修辞认知研究呈逐渐上升趋势,未来还有很大的拓展空间,包括具体修辞认知家族成员研究,修辞认知与作家、作品、译者风格研究,文学翻译中的修辞认知的认知加工机制研究等。修辞认知从修辞学到翻译学可谓一次"华丽转身",反过来对修辞学界也不无启发。

翻译景观:语言景观与公示语翻译研究的联姻^①

　　在全球化背景下,多语共存的现象越来越普遍,研究这些多语现象是社会语言学与翻译学的共同任务,如社会语言学中的语言景观研究、翻译学中的公示语翻译等。20 世纪 90 年代末,兰德瑞和布尔西斯(R. Landry and R. Y. Bourhis)首次提出了"语言景观"^②的概念。他们的研究综合了语言学、社会学、地理学、政治学、环境研究、城市规划等各个学科的知识,吸引了各个领域的专家对语言标牌背后的深层含义与象征意义进行探讨。改革开放以来,中国的国际知名度不断提升,在成功举办奥运会、世博会和 G20 峰会等世界性盛会之后,越来越多的外国游客来到中国。为了削弱语言障碍在旅游业中的消极作用,旅游景区内的一些信息往往会采用双语或多语的方式呈现,最普遍的形式就是翻译。鉴于此,国内出现了很多公示语翻译研究,大多旨在指出翻译错误、探讨翻译策略、提出改进建议等。公示语翻译研究确实为公共场所翻译现象的规范化提供了一些实用建议,但相对缺乏对翻译现象背后深层次的社会因素的挖掘。旅游景区内的翻译现象涉及多个方面,不只是微观的语言转换以及提供一些对策与建议。为了弥补国内公示语翻译研究的"不足",本文提

①　原载于《当代外语研究》2019 年第 6 期,原标题为《旅游景区的翻译景观研究——以杭州西湖风景名胜区为例》,与顾涛(第二作者)合作撰写,收入本书时略有改动。
②　Landry, R. and Bourhis, R. Y. Linguistic landscape and ethnolinguistic vitality: An empirical study. *Journal of Language and Social Psychology*, 1997 (1): 23-49.

出了语言景观的一个下属概念——翻译景观,并以杭州西湖风景名胜区为例,探究翻译景观的呈现面貌、影响因素和社会动因等,同时也希望为翻译研究引入一个新的理论话语。

1 从语言景观到翻译景观

社会语言学发展早期,人们关注的主要是口头语言,直到 20 世纪 90 年代,书面形式的多语化现象才渐渐被重视。[①] 语言景观研究,作为社会语言学的热门研究领域,就把研究重点主要放在公共场所中具体可见的语言之上。兰德瑞和布尔西斯首次提出了"语言景观"的概念,指某一特定区域中公共与商业标牌上语言的可见性与凸显性,具有信息与象征两大功能,反映了该区域语言使用群体的相对权力和地位。[②] 语言景观的研究对象包括特定区域内公共路牌、广告牌、警示牌、地名、街道名、商铺招牌以及政府楼宇的公共标牌等上面的书面语言。其他如条幅、标语、海报、橱窗广告、车身广告、墙体广告等,也都进入了语言景观研究者的视野。随着科技的发展,公共场所中语言的呈现方式变得越来越多样化,如LED 显示屏、电子广告、电子触摸屏、高楼灯光展示、微信扫码显示等,这些也都可以作为语言景观的载体。换言之,语言景观研究的对象就是特定区域内"公共场所出现的书面语言"[③]。这些语言景观既可以是单语呈现的,也可以是双语或多语呈现的。在单语语境中,语言景观无疑很重要,但处理的如果是多语现象、语言变体、语言接触与语言冲突等,语言景

---

① Reh,M. Multilingual writing:A reader-oriented typology—with examples from Lira Municipality (Uganda). *International Journal of the Sociology of Language*,2004(1):2.

② Landry,R. and Bourhis,R. Y. Linguistic landscape and ethnolinguistic vitality:An empirical study. *Journal of Language and Social Psychology*,1997(1):23-49.

③ Gorter,D. Introduction:The study of the linguistic landscape as a new approach to multilingualism. *International Journal of Multilingualism*,2006(1):2.

观研究将会更有启发意义。① 在语言景观的两大主导功能中，信息功能是其显性功能，象征功能则为其隐性功能，语言景观研究的重点是挖掘语言标牌的象征功能，探索现实环境中各种可见的语言如何反映权势关系、身份认同和意识形态等。② 我国学者对街道标牌、橱窗广告、商业匾额、招贴及海报等也进行过不少考察，研究重点主要集中在语言规范、文化及修辞特色、外语使用错误等方面，相对忽略语言景观背后的身份与权势关系。如果研究对象是双语标牌的话，考察的主要也是其中的翻译错误、翻译策略、改进建议等语言转换现象，鲜有论及其象征功能的。所以，"我们可以充分借助语言景观研究的理论框架、方法途径，结合我国语言社会实际，开展实证性的研究，得到具有创新性的成果"③。这是本文提出翻译景观概念的主要动因，并期望借此拓展公示语翻译研究的视野。

基于语言景观研究，本文提出的翻译景观概念指特定区域的公共空间中可见的双语或多语使用现象，其中双语或多语之间具有一定的信息转换与对应关系。信息转换意味着有原文和译文，原文通常为该地区的母语或官方语言，译文可能是任何一种语言（变体）。翻译有典型的三分法，即语内翻译、语际翻译和符际翻译，翻译景观中涉及的主要为语际翻译，即不同语言之间的转换，不管信息是否完全对应。翻译景观研究不仅探讨公共空间中各种载体上语言之间的转换形式，还探讨产生某种翻译现象的社会、政治、文化方面的原因及其反映的意识形态、语言政策、权势关系等。如果说语言景观研究探讨的是公共空间之内的所有书面语言形式，不管是单语还是双语（多语），翻译景观研究则聚焦于公共空间内的双语或多语转换现象。所以，翻译景观实为语言景观的子概念，有其更加具体的研究对象与研究内容。如果说把双语或多语现象作为语言景观研究的对象并不注重其中的语言转换形式与规律的话，翻译景观研究则把其中的语言转换形式与规律纳入自己的考察范围，这也是公示语翻译研究

---

① Gorter，D. Linguistic landscapes in a multilingual world. *Annual Review of Applied Linguistics*，vol. 33，2013：190-212.

② 尚国文，赵守辉. 语言景观研究的视角、理论与方法. 外语教学与研究,2014(2)：216.

③ 李丽生. 国外语言景观研究评述及其启示. 北京第二外国语学院学报,2015(4)：5.

的主要任务之一。当然,翻译景观研究也探讨双语或多语使用的信息功能与象征功能,其中对象征功能的探讨是其超越公示语翻译研究的主要表现之一。公示语翻译,也有学者称之为"语言景观翻译"①,并有相关会议召开,如"语言景观翻译与教学研究高层论坛"等,但其还是更加注重微观的语言转换;翻译景观研究则把视野扩展到更加宏观的方面,如具体的语对组合、语对组合与特定地域的关系、源语和译语在标牌中的凸显度、源语和译语之间的转换模式(全译或变译)、翻译景观发挥的各种功能及其所反映的社会学意义等。如果说公示语翻译研究具有很强的规定性的话(如大多为标准类、挑错类、建议类的探讨),那么翻译景观研究更多的是描写性与解释性研究。在单语国家,翻译景观并非随处可见,很多地方的标牌都是单语(母语)呈现的,并不涉及任何翻译现象。大都市的语言景观更为复杂,往往会出现双语或多语现象,尤其是母语和英语的组合(母语或官方语言不是英语的地区)。所以,有些学者把语言景观称为"都市语言景观"(linguistic cityscape)②。大都市的旅游景区更是翻译景观的聚集之处,那么,旅游景区内的翻译景观呈现出何种面貌?都有哪些语言组合?发挥着什么样的功能?其中的翻译是全译(信息完全对应)居多还是变译(信息部分对应)居多?源语与译语在标牌中是否具有相似的凸显度?公共(官方)标牌与私人标牌上的翻译景观有无区别?地理位置因素是否会对翻译景观产生影响?杭州是中国的一个大都市,国际知名度很高,本文以杭州西湖风景名胜区的翻译景观为例,尝试对这些问题进行解答。

2　旅游景区的翻译景观

当下,旅游已经成为一种全球性的热门体验,随着交通工具的不断进

---

① 孙利. 语言景观翻译的现状及其交际翻译策略. 江西师范大学学报(哲学社会科学版),2009(6):153-156.

② Gorter,D. Introduction:The study of the linguistic landscape as a new approach to multilingualism. *International Journal of Multilingualism*,2006(1):2.

化以及跨境旅游业的不断发展,越来越多的人选择出国游。在跨境旅游中,"语言景观首先是旅游者出游过程中一道不可忽略的靓丽风景"①,或者说"语言景观是游客旅游体验的一个重要部分"②。如果目的地的通用语言并非游客本民族的语言,语言的差异也可为游客的行程增添几分异域风情,也是语言象征功能的有机组成部分。事实上,语言差异极少被视为旅游产业中的一个积极因素,异语体验的真正困难在于这很有可能让旅客在出行过程中无法沟通,担惊受怕。③ 所以,语言差异很有可能削弱游客的个人满足感,使得旅游不再是一件休闲或消遣之事。对于旅游提供方而言,单纯的母语使用也不利于其向境外游客推销产品或服务,所以,双语或多语服务对境外游客和境内的旅游提供方来说是件双赢的事。这就使旅游景区的翻译景观更加密集,尤其是境外游客较多的景区。由于旅游景区人群构成的复杂性会高于普通居民区,所以在设计旅游景区的翻译景观时要考虑的因素也更为多样,尤其是官方的公示语标牌。

哪些因素会影响到旅游景区翻译景观的面貌呢? 首先是语言权势、语言政策和语言意识形态。英语作为全球通用的语言,也是全球最强大的语言,"英语霸权"或"英语帝国主义"的现象在旅游景区也更加突出。以非英语为母语的国家,如果旅游景区内有翻译景观的话,大多是母语和英语的组合,如果是多语组合的话,至少也会有英语的参与。语言政策是国家对语言使用的法律、规定、条例、措施等,翻译景观的设计必须在国家语言政策允许的范围内进行。语言意识形态指的是对于语言的一系列态度与信仰,主要受人们的社会价值观的影响,而语言政策其实就是组织化的语言意识形态。特定区域的翻译景观往往是特定语言意识形态作用下的产物,通过翻译景观可推测某地流行的语言意识形态或奉行的语言政

---

① 吴必虎. 语言是最有价值的地域人文景观. 语言战略研究,2017(2):5.
② 尚国文. 宏观社会语言学视域下的旅游语言景观研究. 浙江外国语学院学报,2018(3):46.
③ Kallen, J. Tourism and Representation in the Irish linguistic landscape. In E. Shohamy and D. Goner(eds). *Linguistic Landscape:Expanding the Scenery*. New York & London:Routledge,2009:270-271.

策。语言意识形态是个人或团体的,语言政策一般是机构性行为。也不妨认为,前者主要是非官方的,后者主要是官方的。个人语言意识形态既可遵守也可违背官方语言政策,后者往往会造成与"标准翻译"相背离的现象(如只有外语的标牌)。透过叛逆性的个人语言意识形态,还可了解翻译景观设计者的意图以及导致这种叛逆的其他社会因素。其次是国外游客群体的组成,类似于翻译中的读者因素。这和旅游景区的邻近国、邻近国的语言地位、特定区域与其他国家的历史渊源等都有关系,都会直接影响某一景区国外游客的组构。研究中国东南、东北、西北等特定旅游景区的翻译景观,就会发现其中的语对组合很可能是不一样的,尤其是英语之外的其他语种。翻译景观的设计要重点考虑语言群体的构成,来自哪些国家的游客较多或者与哪些国家具有历史渊源关系,如东北景区的翻译景观就会更多地出现汉语与俄语、日语以及韩语的组合。在某些地区还会出现少数民族语言与汉语、英语以及其他语言的组合,如云南丽江市古城区的语言景观。① 最后是具体翻译景观的设计者,包括创作者与译者等。源语文本的创作者,由于种种原因,如自身外语能力不足等,往往需要委托译者将源语文本转换为目的语文本(其中原文作者与委托者也经常是分开的)。作为翻译景观的设计者之一,译者将源语文本转换为目的语文本的过程中,不可能采取完全中立的立场,必然会融入其主观意识形态,尤其是译者的翻译观。译者的自身能力因素也很重要,有的雇主随便找"译者"(甚至直接用机器翻译),导致旅游景区的翻译错误百出。译者在翻译过程中还要综合考虑国家语言政策、翻译的目的、文本的特征、目的语受众、周边环境、空间限制等多种因素。设计者(作者、委托者、译者等)是翻译景观总体面貌的决定性因素,目的语受众、国家语言政策、语言意识形态等是其影响因素。

---

① 李丽生,夏娜. 少数民族地区城市语言景观中的语言使用状况——以丽江市古城区为例. 语言战略研究,2017(2):35-42.

3 杭州西湖风景名胜区的翻译景观实证分析

作为浙江省的省会城市，杭州不仅在政治与经济上具有重要的地位，还是一个集自然风光和文化内涵于一体的著名旅游城市。杭州的旅游资源非常丰富，其中以西湖风景名胜区最为有名。2011 年 6 月 24 日，西湖景区被纳入世界遗产名录，之后，杭州在国际上的知名度随之进一步提高。2016 年，G20 峰会在杭州召开，其国际化程度再次获得提升。从2010 年至 2018 年，杭州的入境游客（包括港澳台）逐年增多，2018 年则多达 420.5 万人次。同时，杭州还有大量的国外留学生和国外工作者。因此，西湖景区对公共场合双语或多语的需求也越来越大。事实上，西湖景区的翻译景观也比较好地迎合了国外友人的语言需求。

3.1 研究方法

本研究以西湖景区周围的五条道路为主要取样地点：南山路、北山街、湖滨路、白堤和苏堤。还有少数样本来自西湖景区内的一些室内景点。图 1 是杭州西湖景区语言景观取样地点示意图，南山路（A）沿途分布着许多古建筑、原创设计店、咖啡吧、酒吧、艺廊等，是一条非常具有艺术气息的道路；北山街（B）上则有很多历史人物的宅邸和一些具有历史纪念意义的建筑；湖滨路（C）是条繁华的商业街。除了上述三条环湖道路，还有两条古老的堤道横跨西湖：苏堤（D）和白堤（E），沿途分布着一些著名景点，如苏堤春晓、曲院风荷等。为了提高样本的多样性，本研究除在这五条道路上进行随机取样外，还选取了西湖景区内的个别博物馆，室内展厅进行取样。样本采集通过拍摄照片的方式，拍摄完毕后，将其导入电脑，剔除个别模糊，不完整或重复的图片，最后剩下 170 张照片，作为研究的样本。将这些样本用数字 1—170 进行编号，并标明取样地点、标牌语言种类、语言排列顺序等样本信息。

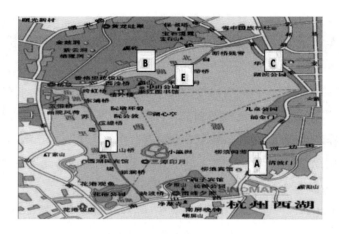

图1　杭州西湖景区语言景观取样地点

3.2　翻译景观的语言载体

翻译景观研究以可见的书面语言为对象。与口头语言不同,书面语言必须借由不同的载体表现,这些大小不一、材质各异的载体也是翻译景观研究的内容之一,以便区分其临时性或永久性象征意义。本文对于语言载体的研究着重关注其材质、位置以及可移动性。根据搜集到的样本,可发现西湖景区内,语言载体的材质各异,包括金属、石头、木材、纸张、塑料、玻璃、新型聚合材料等。语言景观设计者在选择这些材料时,可能会受到以下几个因素的影响:1)成本,无论是官方还是私人,在设计某处翻译景观时均会考虑成本支出;2)持久性,材质不同,所能留存的时间长短也不同;3)特定翻译景观的作用。一些非官方的翻译景观设计者更加喜欢使用一些相对轻便、成本较低的材料,用这些材料呈现的文本与那些刻在石头或金属上的文本相比,前者的持久性一般不如后者。但是旅游景区内由私人设立的多语公示语主要服务于商业,如海报、广告、店铺招牌等。由于商业活动的更新速度快,这些标牌也需要不断地更新换代,以适应时代潮流,始终保持对游客的吸引力。在这样的情况下,语言载体的持久度要求就显得不那么重要。西湖景区内呈现在石头或是金属上的语言现象往往是用来呈现一些不易变更的信息,包括一些景点介绍、树木的名牌等,这些信息的时效性不是很强，在相对较长的一段时间内可不用更换。

　　除上面提到的传统语言载体外，景区内还有一些新型的语言载体，如电子触摸屏(如图 2)，这种屏幕不仅可以用来呈现信息，还可以与使用者进行互动，既可以向游客传递信息，也可以获得游客的信息反馈。其他如 LED 灯牌、投影等都是可以在西湖景区内看到的新型语言载体。与传统语言载体相比，这些电子设备呈现的信息随时可以编辑，使翻译景观的更替变得非常方便，并且可以重复使用，大大提高了利用率。

图 2　西湖景区内的电子触摸屏翻译景观示例

　　语言载体可以根据其空间流动性被划分为静止的和移动的两类。在西湖景区，最典型的移动翻译景观就是观光车或公共汽车上呈现的双语现象。静止的翻译景观往往只有被安放在某个特定位置时才有意义，与游客在该地的特定行为有关，最典型的便是旅游景点介绍牌。还有一些标示语，如"禁止吸烟""禁止通行""免费开放"等，出了特定的区域，对游客的约束力或适用性就不复存在，如图 3 中的两个标牌。

图 3　西湖景区内静止的翻译景观示例

3.3 翻译景观的语言种类

杭州西湖景区内的语言种类至少有五类:汉语、英语、日语、韩语和法语。在搜集到的 170 个语言标牌中,大部分(80.6%)的多语(双语)公示语以中、英两种语言呈现,很大程度上体现了英语作为世界通用语言的地位。还有一些景点指示牌上面会出现中、英、日、韩四种语言,比例约为14.1%。小部分标牌上则呈现中、英、日三种语言。在西湖景区还随机拍摄到三块含有法语的标牌。具体语言组合的数量及其所占比例详见表1。

表 1　西湖景区内翻译景观的语言组合及其所占的比例

语言种类	数量	所占比例/%
汉、英	137	80.6
汉、英、日、韩	24	14.1
汉、英、日	6	3.5
汉、英、日、韩、法	3	1.8
总计	170	100

杭州西湖景区的语言生态尽管呈现出多语态势,汉语,更加具体地说,简体中文的主导地位仍是不可动摇的。其主导地位可以从以下几个方面进行验证:1)数量,很明显,西湖景区出现的几乎所有的双语或者多语标牌中都包含简体中文;2)字体大小或显著性,在几种语言的文本同时出现时,汉语文本往往会用较大的字体呈现;3)顺序,在几种不同语言的文本并列时,如果是横向排列的话,汉语文本往往居于首位或上方,如果是纵向排列的话,汉语则经常在左边。2000 年发布的《中华人民共和国国家通用语言文字法》第 13 条规定:"公共服务行业以规范汉字为基本的服务用字。因公共服务需要,招牌、广告、告示、标志牌等使用外国文字并同时使用中文的,应当使用规范汉字。"该条例从法律上确定了简体中文的主导地位。但在某些特殊场合,繁体字也是被允许的,尤其是文物古迹、书法篆刻等,如西湖景区中的西泠印社内就有大量繁体字存在。虽然西湖景区内外国游客不断增多,但本国游客仍然占据着绝对优势,这从一个

侧面反映出汉语在该区域内的使用频率与实用价值都是最高的。汉语的不可或缺性与国家的语言政策也是一致的，在翻译景观中使用汉语的意义不单单在于其实用价值，还彰显着中华民族的身份认同。

在以汉语作为源语文本的翻译景观中，目标文本以英语呈现的比率最高。如果是双语的翻译景观，往往就是以汉语文本及其对应的英文译文呈现，如果是多语文本，英语也总是被包含其中，而且一般会被排在第二的位置。英语在当今世界上的地位是不言而喻的，很多母语不是英语的国家，会将其作为第一外语，这也是"英语帝国主义"的具体表现。英语在翻译景观中的主要功能为交际功能和象征功能。在搜集到的 170 条语料中，所有语言组合的翻译景观都有英语存在。为了尽可能照顾到出现在旅游景区内那些不会汉语的国外游客，减少陌生语言环境给他们带来的心理上的不安与压力，使之获得更好的境外出行体验，英语往往是最佳的交际媒介。这也就是语言（翻译）景观的信息功能。在全球化语境下，英语已经成为一种国际化的象征，尽管有的英语译文并不与中文原文完全对应，甚至本身就存在一些错误，但在视觉上无疑给人一种国际化的感觉。这便是英语的象征功能。英语使用频率的高低意味着这个区域国际化程度的高低，所以旅游景区的翻译景观基本上都有英语存在。

联合国的工作语言是英语、汉语、法语、俄语、阿拉伯语和西班牙语。但在杭州西湖景区，或者是浙江省范围内的一些其他景区，除了汉语与英语，出现频率最高的两种语言是日语和韩语，就连法语的出现频率也非常低，在我们搜集到的样本中仅出现了 3 次。日语、韩语的高频出现无疑和国外游客群体的构成息息相关。中国旅游研究院 2015 年和 2016 年发布的数据显示，在中国的入境外国游客中，韩国和日本是排名位居前两位的客源国。这一数据表明，西湖景区内韩、日游客的比例相对于其他国家游客的比例要高很多，这主要是由国家地理位置和文化上的相似性决定的。为了照顾大量的日、韩游客，给他们一种语言上的熟悉感与亲近感，西湖景区内部分标识会设有日语和韩语。样本显示，含有日、韩译文的标牌绝大部分是一些汉语原文就比较短小的路标以及景点指示牌等，如图 4；发挥的主要是信息传递功能（交际功能），也有极个别的景点介绍会将四种文字同时呈现,如图 5。

图 4　西湖景区内翻译景观(指示牌)的中、英、日、韩组合示例

图 5　西湖景区内翻译景观(景点介绍牌)的中、英、日、韩组合示例

3.4　翻译景观的转换方式

翻译景观之所以是翻译景观,主要在于双语或多语之间的信息有一定的对应关系,不管是完全对应还是部分对应。信息完全对应的,我们称之为全译,部分对应的,我们称之为变译,二者的"区分标准是保留原作内

容与形式的完整性程度"①。一般而言,全译中也有"变",但那只是微调,
或者说是难以识别的变动;变译中的"变"是大调,是译者有意识的宏观变
动,更加容易识别。针对信息变动的幅度,二者之间应该是一个连续体的
关系。雷(M. Reh)曾提出复制型多语写作(duplicating multilingual
writing)的概念,指一个相同的文本用两种及以上的语言进行表达,不同
语言的文本表达的意思是相同的。② 复制型多语标牌与全译的概念比较
相似,要求不同语言文本之间的信息是对等的。2014 年,上海市出台了
《上海市公共场所外国文字使用规定》,要求如果公共场所的标牌、设施上
使用外国文字的,应当与同时使用的规范汉字表达相同的含义和内容。
这一规定其实就是指在公共场所使用多语时,应当采用全译,即源语文本
和目的语文本的信息不应该存在偏差。但事实上全译只是一种理想化的
状态。在现实生活中,以西湖景区为例,信息完全对应的全译就相对较
少,一般只存在于店铺标牌、景点标牌、道路指示牌等标牌中(如图 6),很
多景点介绍,即便使用了全译,在仔细对照阅读后也能发现中英文之间的
信息并不是完全对等的。所以,要求旅游景区翻译景观中的信息完全对
等既没必要,也不现实。

图 6　西湖景区内翻译景观的转换形式(店铺名与景点名全译)

---

① 黄忠廉. 变译全译:一对新的翻译范畴　上海科技翻译,2002(3):5.
② Reh,M. Multilingual writing:A reader-oriented typology—with examples from
Lira Municipality (Uganda). *International Journal of the Sociology of Language*,
2004(1):1-41.

　　由于文化差异、翻译景观设计者的意图、译者的语言驾驭能力等多种因素的影响,西湖景区的翻译景观大多采取变译的形式。变译主要分为两类情况:一是译文部分信息缺失(如图7),类似于片段型多语写作(fragmentary multilingualism)①;二是源语文本有其对应的译语,但译文和原文之间信息并不对等(如图8)。图7(左)中的"杭州市历史建筑"和"杭州市人民政府"以及下面的时间都没有对应的英译。这种变译形式也是可取的,毕竟这是一块景点介绍牌,行使的主要功能是信息传递,中间关于菩提精舍的介绍用中英双语表达,有助于国外游客了解该景点,至于"杭州市历史建筑"和"杭州市人民政府",主要用于注明该标牌的属性与设立者,对国外游客而言并非必需的信息,再加上标牌空间的限制,没有对应的英文译文也是可以理解的。图7(右)中的"苏小小墓"的翻译同样也有很多信息缺失,但译文更加简洁,也比较符合目的语读者的接受习惯。图8中既有信息缺失,又有信息不对等,不对等主要体现在译文将原文中的"手划船"和"摇橹船"分别处理成了"Boat A"和"Boat B"。"手划船"和"摇橹船"能让中文读者比较直观地知道船只的类型,英语读者可从价格高低来判断两种船的档次,但并不能从英译中得到关于A、B两种船的具体描述。不过根据标牌左侧的船只图示,国外游客也很容易将"Boat A""Boat B"与停泊在水面上的实际船只匹配起来,从而间接地获取译文缺失的信息。所以,也不妨把这种翻译归在符际翻译的范畴。在这种情况下可以发现,语言景观并不是独立的,为了有效地发挥其作用,还要与周围的环境相结合;翻译景观不仅仅是语言的转换,最主要的是信息的转换,信息上的对等不仅仅依靠文本,有时还会借助图像、视频、翻译景观的位置等外部因素来实现。图9也是与周围环境融为一体的翻译景观,其中的"杭州记忆"为一家出售西湖特产的商店名,被译为"Hangzhou Memory","西湖特产"与"西湖美食"并没有对应的译文,但橱窗内陈列的商

---

① Reh,M. Multilingual writing:A reader-oriented typology—with examples from Lira Municipality(Uganda). *International Journal of the Sociology of Language*, 2004(1):10.

品同样能够传达相关信息。所以，一处成功的翻译景观，并非必须依靠单纯的文字转换，还要充分利用与之相关的社会、环境、图像等非语言因素。

图 7　西湖景区翻译景观的转换形式（信息缺失的变译）

图 8　西湖景区翻译景观的转换形式（信息不对等的变译）

图 9　西湖景区翻译景观的转换形式（依赖环境的信息缺失型变译）

3.5 官方翻译与非官方翻译的特征对比

根据原文的设计机构,旅游景区内的翻译景观大致可分为官方翻译和非官方翻译,前者指设计者为官方机构,后者指设计者为个人或私人机构。根据我们搜集到的 170 例语料,也可以总结出二者的一些特征。官方翻译主要由当地政府或旅游管理部门主导设计,设计过程中会邀请一些比较权威的语言专家进行指导与翻译,因此往往具有较高的可读性及正确率。官方翻译主要为景点介绍、景点指示牌、路标等。在此类翻译景观中,极少出现单独呈现外语文本而不呈现汉语文本的现象,其主要原因在于对国家与当地语言政策的遵守。与官方翻译景观相比较,非官方翻译景观则显得参差不齐,主要出现在广告、店铺招牌、海报等具有商业功能的标牌上。就西湖景区内而言,私人设计的翻译标牌比官方设计的翻译标牌所呈现的语种要少,往往只包含汉语和英语。当然,某些店铺招牌上也会出现其他语言,如韩语、日语等。私人设计的翻译景观还有中文缺失的现象,之所以把这类标牌也列入翻译景观之中,主要在于我们会理所当然地把汉语看作原文,如图 10(其中"casual"明显是汉语"休闲"的误译)。店铺命名之所以会出现这种情况,更多的是商业驱动,纯英语不仅给国外游客一种熟悉感和亲近感,也容易让国内游客与高质量、高品位、高社会地位联系在一起。商户就是利用某些游客"崇洋媚外"的心理(由于本身的象征功能,英语变成了一种商品化的语言资源),故意隐藏了汉语原文。

图 10　西湖景区内中文原文缺失的翻译景观示例

　　非官方翻译景观表现出较大的随意性，还存在个别双语或多语混用的情况，尤其是在临时性海报中，海报内容或用汉语表达，或用英语表达，或中英对照，信息对应关系比较微弱，如图 11。图 11 中的英语与其说利用的是其象征功能，还不如说是装饰功能，可能是为了借此来树立全球化和国际化形象。官方翻译景观会更多地凸显汉语的主导地位，字体上也往往较大，或者次序优先(由上到下，由左到右)，如图 3、图 4、图 5 等。非官方翻译景观则不尽然，有的甚至故意违背这种"规定"，如图 6(左)中的店铺名就是英语在上、汉语在下，并且英语字号远大于汉语字号，图 10 甚至故意隐匿了汉语，这很大程度上是在利用英语本身的象征功能。除了信息和象征功能，旅游景区的双语或多语翻译景观对外语学习与教学也有一定的作用。① 这就要相关部门对之进行规范和监管，杜绝不规范、不合适、粗制滥造的翻译景观。

图 11　西湖景区翻译景观的双语混用示例

3.6　变译式翻译景观个案分析

　　在西泠桥附近有个武松墓，景点介绍刻在大理石上，为中英对照，整体还是比较规范的，包括字号大小与排列方式(见图 12)，翻译采取的则是

---

①　尚国文. 语言景观与语言教学：从资源到工具. 语言战略研究，2017(2)：11-19.

变译。原文如下：

> 历史上民间流传着多种武松的传说，最早见于宋元之际周密所著的《癸辛杂识》。后武松的形象通过古典名著《水浒传》的艺术提炼和生动描绘，成为中国家喻户晓、老幼皆知的英雄人物。《水浒传》言武松在杭州出家终老，葬于杭州。清代有传说武松墓位于六和塔一带。现址武松墓建于民国时期，20 世纪 60 年代被毁。2004 年在原址恢复。

译文如下：

> In Chinese traditional culture, Wu Song is a widely known hero with a strong sense of justice and great courage. There are many stories about him, which firstly appeared during the last years of the Southern Song Dynasty in *Water Margin*, one of the four famous Chinese Classics, Wu Song became a monk in Hangzhou. Wu Song's tomb was built in 1930s and restored at the site in 2004.

对比原文和译文不难发现，译者省略了很多信息，如"最早见于宋元之际周密所著的《癸辛杂识》""《水浒传》言""20 世纪 60 年代被毁"等，也添加了一些信息，如"with a strong sense of justice and great courage""one of the four famous Chinese Classics"等，同时对原文内容的顺序与结构也有所调整，如把"中国家喻户晓、老幼皆知的英雄人物"放在了译文的第一句。从信息的完整性与准确性而言，译文是不忠实的（甚至把原文关于武松的传说最早见于周密的《癸辛杂识》置换成了译文的《水浒传》），从可接受性而言，译文又是相对成功的，改写还算不错，突出了原文的信息重点。但译文还有一定的提升空间，尤其是就准确性而言。相对而言，图 7 中苏小小墓的翻译采取的也是变译形式，但信息取舍更加合理，语言更加规范地道，也不存在信息不准确的现象，对公共标牌翻译颇具示范意义。

图 12　翻译景观中的转换方式个案分析示例

4　结　语

作为社会语言学的热门研究领域，语言景观研究聚焦特定区域内公共空间中的所有书面文字现象，不管是单语的还是双语（多语）的。本文提出的翻译景观概念，特指特定区域内公共空间中的双语或多语现象，其中的双语或多语之间存在一定的信息对应与转换关系。翻译景观研究与公示语翻译研究的研究对象基本上是重叠的，但借鉴的主要是社会语言学（语言景观）的研究方法，把视野拓展到文字之外，不再局限于语言转换技巧。翻译景观的提出有望更新公示语翻译研究的方法（如微观与宏观相结合、规定与描写相结合），为其提出一个新的分析框架。随着全球化的持续发展和跨境旅游的蓬勃兴起，大都市的旅游景区成为翻译景观的聚集地。本文通过搜集杭州西湖风景名胜区的 170 例翻译标牌，尝试对之进行个案分析。研究发现，在西湖景区的翻译景观中，汉语占主导地位，其次是英语，汉英组合是最常见的语对搭配。这一定程度上体现了英语作为全球性语言的重要地位，或者说是"英语帝国主义"在起作用。然后是日语和韩语，这主要因为杭州境外游客中日、韩游客最多（这和区域的临近性密切相关）。如果说汉英组合强调的是这两种语言的交际功能和象征功能的话,日语、韩语的加入发挥的更多的是其信息功能。翻译景观中的信息转换方式包括全译和变译,二者都是可行的选择,采取变译方式时还要充分利用图像、视频以及周围的环境因素。翻译景观还有官方与非官方之分,官方的往往比较正式(如凸显汉语作为民族语言的地位),非官方的比较随意(如凸显英语的象征功能),后者还存在一定的单语与多语混用现象。旅游景区的翻译景观研究是一个全新的领域,本文对之进行初步探讨,希望能引起更多学者的注意。未来有关翻译景观与语言景观以及公示语翻译的区别与联系不妨进一步挖掘。当然,也包括翻译景观的具体论题,如进行一些纵向与横向的对比研究。前者主要指同一区域内不同时期的翻译景观对比,重点在历时差异上;后者主要指不同区域内同一时期的翻译景观对比,探讨其异同之处。这种纵横对比无疑会深化翻译景观研究,进而为语言景观研究增添一个新的维度,也为公示语翻译研究注入新的活力。

生态美学对生态翻译学的启发与拓展①

从历时而言,人类文明经历了原始文明、农业文明和工业文明,目前全球的大趋势则是生态文明,强调人与自然、人与人以及人与社会的和谐共生与持续发展,尤其是人与自然的和谐共处。在生态文明的大趋势、大背景之下,生态学的思想也辐射到其他众多人文社会学科中,产生了很多以"生态(学)"命名的跨学科研究领域,如生态美学、生态语言学、生态翻译学、文化生态学、社会生态学、政治生态学、教育生态学等。就某一"分支学科"的发展而言,其实也不妨借鉴其他"分支学科"的方法与资源,形成多学科互动的局面。笔者最近阅读了一些生态美学方面的文献,尤其是山东大学曾繁仁的相关论著,如 2012 年出版的《中西对话中的生态美学》、2015 年出版的《生态美学基本问题研究》等,发现生态美学中的很多资源与方法值得生态翻译学借鉴,以拓展生态翻译学的研究思路与发展空间。

国内生态美学颇有特色,特别注重对中国传统生态审美智慧的积极开发,如"生生之谓易""道法自然""气韵生动"等,其中程相占、曾繁仁等倡导的"生生美学"更是如此,和西方的环境美学有不尽相同的旨趣。曾繁仁早期采取的主要是"生态存在论美学观",借鉴更多的是西方哲学,尤其是海德格尔的生态思想,最近几年有转向"生生本体论立场"或生生美学的倾向,或者说曾繁仁的美学体系是二者兼顾的,体现了在中西融通基

---

① 原载于《外语教学》2021 年第 6 期,原标题为《试论生态美学对生态翻译学的启发与拓展》,独立撰写,收入本书时略有改动。

础上凸显民族特色的治学理念。生生美学对生态翻译学充分挖掘"东方生态智慧"不无启发,有望为生态翻译学的持续发展提供新的动力。胡庚申认为,古典形态的自然、生命、生存、中庸、人本、尚和、整体等生态思想,是孕育和形成生态翻译学的宝贵智慧资源。① 遗憾的是这些古代生态思想(话语资源)还未被充分开发出来。生态翻译学在不断发展,目前也特别注重"生"之理念,开始自觉地从中国传统文化资源中汲取营养,根据"生生之谓易"以及"译即易"提出了"生生之谓译"②的理论命题,并进行了系统的阐发。作为生态美学的分支领域,生生美学最能彰显中国文化特色,运用在生态翻译学之中就更能体现其华夏基因,不妨视为生态翻译学未来发展的新方向。除生生美学之外,生态美学中的生态人文主义、参与美学、诗意地栖居等思想也可移植到生态翻译学之中。这些都有利于发现生态与翻译的关系之美,构建宜人的翻译生态环境。

1　生态人文主义:生态翻译学的理论基础

胡庚申提出的生态翻译学已有二十年的发展史,其理论观点和体系也在不断更新,体现了一种"生生不息"的治学精神。胡庚申在其专著《生态翻译学:建构与诠释》中把生态翻译学的理论基础归结为三点,即生态整体主义、东方生态智慧和适应/选择理论。③ 2019 年,胡庚申根据其理论体系发展需要又把这三点整合为"新生态主义",认为其"既不全是西方生态主义,也不全是东方生态智慧,而是西方生态主义与东方生态智慧的整合与集成"④;基于此,胡庚申还提出了新生态主义翻译观,即"以新生态主义的观点看待翻译,或者就是新生态主义视野下的翻译综观"⑤。新生

---

① 胡庚申. 生态翻译学:建构与诠释. 北京:商务印书馆,2013:85.
② 胡庚申. 文本移植的生命存续——"生生之谓译"的生态翻译学新解. 中国翻译,2020(5):5-12.
③ 胡庚申. 生态翻译学:建构与诠释. 北京:商务印书馆,2013:80-87.
④ 胡庚申. 新生态主义与新生态主义翻译观. 鄱阳湖学刊,2019(6):6.
⑤ 胡庚申. 新生态主义与新生态主义翻译观. 鄱阳湖学刊,2019(6):9.

态主义的提出有一定的必要性，有利于整合中西生态思想，体现出"大道至简"的理念，但归根结底还是一种"换汤不换药"的做法；国内外似乎没有新生态主义的提法，因此，不利于和其他学科进行对话。翻译学本质上是一门人文学科，人（尤其是译者）的因素特别凸显，胡庚申早期提出过"译者中心"的观点，但也引发了很多争议。相关学者认为，译者中心观与生态整体主义格格不入，或者说违反了生态整体主义的精神。胡庚申后来特别强调"译者责任"，凸显了译者的生态伦理，但本质上还是译者中心论的反映。胡庚申最新提出的新生态主义，由于其实际所指并未发生太大变化，也未能解决译者中心论与生态整体主义的矛盾。生态美学中的生态人文主义可以提供一种可能的出路，不妨作为生态翻译学的理论基础。

生态人文主义是人类中心主义（科技人文主义）和生态中心主义的一种调和，代表着生态文明时代一种新的价值观。正如余正荣所言："生态人文主义关于人与自然关系的观点，既克服了人类中心主义的片面性，又恰当地肯定了人类的伟大能动作用，给人类在自然中的地位和作用给予了明智而合理的规定，给人类未来的命运指出了光明的前景。"[①]王晓华认为，生态主义和人文主义是可以和解的，人文主义并非被动地接受生态主义的批评（如其中的人类中心主义观念），相反，它不但为生态主义提供了原初理念（如自由、平等、博爱），而且还在时时矫正其整体主义倾向，所以二者是相辅相成的。[②] 曾繁仁在其生态美学体系中多次提到生态人文主义，认为"在当代，人与自然、生态观与人文观能否真正实现统一，从而建设当代形态的生态人文主义，这是至关重要的理论问题，也是十分紧迫的现实问题"[③]。曾繁仁对生态人文主义是非常认同的，认为其是"一种既包含了人的维度又包含自然维度的新的时代精神，是人与自然的共生共荣，

---

① 余正荣. 走向"生态人文主义". 自然辩证法研究,1997(8)：43-44.
② 王晓华. 生态主义与人文主义的和解之路. 深圳大学学报（人文社会科学版），2006(5)：99-105.
③ 曾繁仁. 中西对话中的生态美学. 北京:人民出版社,2012:337.

发展与环保的双赢",并把生态人文主义视为"生态美学的哲学根基"。①生态人文主义的提出很大程度上体现了中国古代的中庸观与中和观,既坚持了人类在整个生态系统中的主导作用,又照顾了人栖身其中的自然生态环境。换言之,生态人文主义抛弃了人类中心主义和生态中心主义各自的弊端,强调人与自然的共生关系以及自然对人类需求的合理满足,体现了"执其两端,用其中于民"的中庸思想。程相占也把生态人文主义作为生态美学的思想纲领与指导原则,强调人的生态属性,而不仅仅是社会的、历史的、文化的人,生态美学的核心要义就是用生态观来重塑现代人文观和审美观。② 曾繁仁认为,在西方,生态人文主义的首倡者是海德格尔,中国古代也有丰富的生态人文主义思想,尤其是天人合一的哲学理念。对此,他曾多次重点论述,这就有利于中西结合,赋予生态人文主义以丰富的内涵。生态人文主义也许还不完善,有待进一步发展,但其潜在的生命力非常强大,有望成为从生态学视角来研究人文社科的共同的指导性原则。

生态美学强调生态系统的关系之美,生态翻译学亦然,他们都有一种关系本体论的意味。生态翻译学中的"生态"有喻指和实指之分(目前更多是喻指),生态人文主义在这两个层面都可成为其指导思想与理论基础。在喻指层面,胡庚申提出的译者中心、译者主导以及译者责任等自有其合理性,译者在翻译生态环境中的地位与作用就像人类在整个自然环境中的地位与作用一样,既以自身为主导,又兼顾他者,以营造一种和谐的翻译生态环境。其中,人文性主要关注译者及其相关群体,即胡庚申所说的"翻译群落";生态性主要强调关系思维,即整个翻译生态环境中各要素之间的共生共存关系,尤其是不同主体(包括译者)之间、文本之间、文化之间的平等互利关系。二者结合,便体现了生态人文主义指导下的翻译生态环境的建构。健康完整、平衡和谐、生机灌注、持续发展的翻译生

① 曾繁仁. 生态美学基本问题研究. 北京:人民出版社,2015:30.
② 程相占. 中国生态美学的创新性建构过程及其生态人文主义思想立场——敬答李泽厚先生. 东南学术,2020(1):81-87.

态环境是由人（尤其是译者）去建构的，也以人的全面发展为主要目的。这也是生态人文主义区别于生态中心（整体）主义的主要表现。鉴于翻译学的人文学科属性，对人（尤其是译者）的关注和凸显乃理之常情，所以，在翻译实践与翻译研究中，以译者为主导（中心）与生态人文主义并不冲突。在实指层面，生态翻译主要体现在"译有所为"上，如翻译自然生态作品、倡导绿色翻译行为、宣传生态环保思想，充分发挥翻译的生态建构作用，为营造人与自然的和谐关系服务，为生态文明和人类命运共同体建设贡献力量。生态翻译的实指研究目前还比较薄弱，不过实指不在研究而在实践，翻译实践过程中也要生态与人文兼顾。总之，笔者认为，生态人文主义比胡庚申提出的新生态主义更适合作为生态翻译学的理论基础，更有利于吸纳古今中外的生态思想，也为与其他相关学科进行对话提供了便利。

2　生生美学：生态翻译学的华夏基因

生生美学是生态美学的一个重要形态，其理论思想主要源自中国古代生态智慧，代表人物有程相占、曾繁仁等。程相占认为："生生美学就是以中国传统生生思想作为哲学本体论、价值定向和文明理念，以'天地大美'作为最高审美理想的美学观念，它是从美学角度对当代生态运动和普遍伦理运动的回应。"①他强调天地的"生生之德"，并提出了"生生之谓美"的理论命题。曾繁仁对生生美学也有比较深入的论述，包括天人合一的文化传统作为生生美学的文化背景、阴阳相生的生命美学作为其基本内涵、太极图式的文化模式作为其思维模式，以及线型、总体透视、意在言外的艺术特征等。② 生生美学的思想源头主要是《周易》，尤其是"生生之谓易"的哲学命题，主要内涵包括"万物生"（"天地氤氲，万物化醇；男女构精，万物化生"）、乾道之"四德"（"元亨利贞"，亦为君子之道，具有古典人

---

① 程相占. 生生美学的十年进程. 鄱阳湖学刊, 2012(6)：76.

② 曾繁仁. 关于"生生美学"的几个问题. 济南大学学报（社会科学版）, 2019(6)：8-12.

文主义内涵)以及"日新"之德("刚健笃实,辉光日新其德")等。① 生生美学的哲学根基则是中国传统哲学中的"气本论"。气是万物化生的根源,也是万物化生的过程,本身就具有浓郁的生态意味。曾繁仁在其生态美学构建中特别强调气本论生态生命哲学,在其专著《生态美学基本问题研究》中专门辟出一章来论述这个话题,此外还有一章讨论"气韵生动"之生态审美观,为其后来深入思考生生美学奠定了基础。生生之谓易,易有阴阳,阴阳乃气,气化生万物,与《道德经》中"万物负阴而抱阳,冲气以为和"的思想也基本一致。曾繁仁把生生美学和气本论结合起来是非常有见地的,找到了生生美学的哲学根源,也基本上贯通了儒道两家的生态智慧。

学界就生态翻译学建构曾提出过以"东方生态智慧为依归"的观点,但对此着墨并不是太多,有待继续拓展。冯全功认为,如何充分挖掘与利用"东方生态智慧"来完善生态翻译学体系,进一步彰显本土特色,是需要攻克的一大课题,对生态翻译学的持续发展至关重要,也是中西对话的重要资本。② 生生美学不仅是可供借鉴的资源,还提供了一种参照的思路,利于实现"生生之谓美"与"生生之谓译"的融通。胡庚申等的最新思考也体现了对"东方生态智慧"的积极开发,尤其是对"生"的阐释,提出了生态翻译学的"四生"理念,即"尚生—摄生—转生—化生"。其中,"尚生"指崇尚生命,实乃生态翻译的总则,"摄生"侧重发掘原文之生,"转生"侧重落实译文之生,"化生"则是生态翻译的效果与目标。③ "四生"理念是对"生生之谓译"总纲的进一步阐发,具有典型的中国传统生命哲学特征,对翻译过程和翻译本质也有较大的解释力。然而,这里的"生"还有一定的模糊性,给人一种没有落实的感觉。生态美学中强调的"气本论"就可以弥补这缺失的一环,把气引入生态翻译学,无疑会使之更加完善。关于"生生之谓译"的含义,胡庚申认为,"第一个'生'指的是原作的生命,第二个

---

① 曾繁仁.跨文化研究视野中的中国"生生"美学.东岳论丛,2020(1):98-108.
② 冯全功.翻译研究学派的特征与作用分析——以生态翻译学为例.上海翻译,2019(3):42.
③ 胡庚申,孟凡君,蒋骁华,等.生态翻译学的"四生"理念——胡庚申教授访谈.鄱阳湖学刊,2019(6):26-33.

'生'指的是译作的生命"①。这样的解释比较牵强。笔者更认同曾繁仁的解释："'生生'一词是动宾结构，前一个'生'是动词，后一个'生'是名词，'生生'即意谓着使天地间的万物获得旺盛的生命，也就是'生命的创生'。"②如此一来，"生生"的主语便是气(阴阳二气)，即所谓"天地氤氲，万物化醇；男女构精，万物化生"(《易经·系辞下》)、"通天下一气耳"(《庄子·知北游》)。遵循古人思路，文章(文本)也是生命体(至少在喻化层面)，译文的生成也不妨视为气化的结果，是作者之精气与译者之精气氤氲和合的结果。所以，气的介入就把"生生之谓译"的理论命题明晰化了，"四生"理念便有了依托，对相关翻译现象和理论建构(如把原文、译文视为有机生命体)也会有更大的解释力。

胡庚申提到过翻译生态、文本生命和译者生存的"三生"问题以及生态翻译学视域下的"四译"说——"何为译""谁在译""如何译""为何译"。③罗迪江等认为，"生"为"四译"说提供了一个新的研究增长点，即以生命、生存、生态、共生、再生等关乎文本生命的问题为研究对象，能够拓展翻译研究的深度和广度。④ 这颇有道理，遗憾的是也没有提到气的问题。曾繁仁的生态美学就特别重视气本论，强调气化生万物以及气的生态审美内涵，这就比生态翻译学前进了一步。万物借气而生，所谓"有气则生，无气则死，生者以其气"(《管子·枢言》)；文章(包括译文)亦然，曹丕有"文以气为主"之论，韩愈也有"气盛言宜"之说。原文是作者之精气赋形的结果，译文则是译者之精气赋形的结果，译者的主要任务在于摄取和传达原文之气，这样胡庚申所谓的"摄生""转生"等就具有了新的内涵。这主要是针对"文本生命"的解读。关于"谁在译"，译者生存的要义在于养气，尤其是"浩然之气"，这样译者就能获得优化的生存状态。关于"如何译"，译者不仅要传达原文之文气，还有通达译文之文气，保证译文本身是一个有

① 胡庚申,孟凡君,蒋骁华,等. 生态翻译学的"四生"理念——胡庚申教授访谈. 鄱阳湖学刊,2019(6)：28-29.
② 曾繁仁. 跨文化研究视野中的中国"生生"美学. 东岳论丛,2020(1)：101.
③ 胡庚申. 生态翻译学：建构与诠释. 北京：商务印书馆,2013.
④ 罗迪江,陶友兰,陶李春. 生态翻译学"四译说"新解. 鄱阳湖学刊,2019(6)：12-18.

机生命体,具有独立的存在价值。关于"为何译",主要就是通过"译有所为",创建一个生气灌注、生生不息的翻译生态环境。生生美学的根本是气本论,气是生态翻译学急需引入的元范畴。把气本论引入生态翻译学,不但能赋予"生"以新的内涵,还能强化其华夏基因,把相关东方生态智慧整合到翻译研究中,使气(包括其次级范畴)成为构建生态翻译学关系(如主体之间、文本之间、整个翻译生态环境的各种构成要素之间)之美的生成性力量。生生美学中其他值得借鉴的还有天人合一的文化传统、阴阳相生的生命美学、道法自然的审美理想、意在言外的艺术境界等。对这些生态智慧(气、生、和、自然等)的开发利用有望成为生态翻译学的新亮点、新特色。

3　参与美学:生态翻译学的现实关怀

参与美学也是生态美学的重要形态,是西方环境美学的重要组成部分。参与美学作为一种审美模式,最早由柏林特(A. Berleant)和卡尔松(J. Carlson)提出,是对传统无利害、静观美学的反拨。曾繁仁在其《生态美学的基本问题研究》中单列一章对之进行了专门论述。他指出,参与美学是一种"极具包容性的整体论生态审美观","非常注重审美者自身对作为审美对象的自然环境的积极参与,强调审美者全身心地融入自然环境之中,并将审美体验与无法忽视的应用价值相结合,从而形成一种多元的具有包容性的审美体验"。[①] 参与美学中审美感知的综合性与罗宾逊(D. Robinson)提出的"身心学翻译观"(somatics of translation)比较类似,都强调全身心地投入相关活动。顾名思义,参与性是参与美学的核心特征,"这种审美参与是一种能动的参与,表现为一种动态的力量,这种力量与自然环境的其他要素相连,使自身融入动态的整体"[②]。参与意味着承诺和责任,意味着情怀和担当,参与美学的积极参与性对生态翻译学最有启

---

① 曾繁仁. 生态美学基本问题研究. 北京:人民出版社,2015:173.
② 李晓明. 参与美学:当代生态美学的重要审美观. 山东社会科学,2013(5):47.

发，集中体现在生态翻译学的现实关怀上。

生态翻译学的现实关怀体现在很多方面，都需要译者或相关人士的积极参与，发挥翻译的建构性力量，营造和谐的翻译生态环境。首先是生态翻译学在生态文明建设中应该发挥的作用。胡庚申对如何通过翻译以及生态翻译研究促进生态文明建设有过初步的思考，尤其是在研究层面。① 从实践层面而言，译者还需要对中外相关生态文明的文献进行翻译综述，整合出适合本国发展的生态文明理念。世界上语言和文化的多样性以及共存性是生态文明时代所需要的，翻译在这方面大有可为，以实现费孝通提出的"各美其美，美人之美，美美与共，天下大同"的文化共生理想。其次是践行绿色翻译理念，这也是就译者而言的。冯全功和张慧玉认为，绿色翻译是指充分利用相关互文资源，努力打造精品译文，以实现不同主体、文本与文化之间的和谐共存，有利于营造宜生健康的翻译生态环境的翻译，体现了翻译资源的重复利用性、翻译产品的无污染性与可持续存在性、翻译主体的创造性与主观能动性以及翻译实践的和谐取向性等生态特征。② 这种绿色翻译观主要是从喻指层面而言的，体现的是一种精品意识。绿色翻译也可"实指"，如翻译有关生态环保方面的文献（包括生态文学）以及有意识地采取"绿色"词汇或思维进行翻译等，以提高译文读者的生态环保意识，实现宣传或扩散生态理念的目的。践行绿色翻译观是译者参与构建和谐生态（翻译）环境的最重要表现，凸显的是译者的生态自我。最后是践行生态（绿色）翻译批评理念，这主要是就翻译批评者或翻译研究者而言的。提倡与推动翻译中的真善美（尤其是和绿色翻译观一致的翻译现象），抵制与打击假恶丑，净化、优化翻译生态环境，是翻译批评者义不容辞的责任。程相占提到过生态文明所批判的"文弊"③（文化弊端）概念，由此也可引发出"译弊"的概念，即翻译中的假恶丑现

---

① 胡庚申. 刍议"生态翻译学与生态文明建设"研究. 解放军外国语学院学报，2019（2）：125-131.

② 冯全功，张慧玉. 绿色翻译：内涵与表现. 山东外语教学，2014（1）：100.

③ 程相占. 从"文弊"概念看"生态文明"的理论内涵.《南京林业大学学报》（人文社会科学版），2015（2）：53-58.

象,如图书翻译中的粗制滥造、抄袭成风、名利熏心、恶性竞争、损人利己,以及不良营销、虚假宣传等弊端。类似的"译弊"在语言服务行业以及各种翻译景观中也大量存在。抵制与消除"译弊"是生态翻译批评的重要任务之一,我们要敢于以一种"斗士"的形象来维护宜生的翻译生态环境。

4　诗意地栖居:生态翻译学的终极目标

　　曾繁仁采取的主要是生态存在论美学观,受海德格尔的生态现象学影响最深。"生态美学归根到底是关于人的审美生存问题的研究",根据海德格尔的思想,人乃是"赢得了存在论根基的此在","人的本质就是此在,此在就是'在世界之中存在'","人与其他存在者,本质上就是诗意地相互依寓或栖居在世界中"。①"天地人神"四方游戏组成了世界,人作为此在是世界的有机组成部分,在存在论上具有优先性,也是存在的守护者。人对存在的守护意味着人与天地自然的和合共生,唯有如此,人才能"走上一条本真本己的生存之路,即诗意化和审美化的人生之路"②。"诗意地栖居"是海德格尔借荷尔德林(F. Hölderlin)的一首诗提出的一个存在论命题,道出了此在的本真存在方式。在海德格尔看来,"诗乃是存在者之无蔽状态的道说","在诗中,人被聚集到他的此在的根基上。人在其中达乎安宁"。③ 换言之,人在诗中从遮蔽走向澄明,从烦劳走向安宁。"拯救大地、接受空气、期待诸神、护送终有一死者——这四重保护乃是栖居的朴素本质。"④由此可见,栖居的本质在于守护,"真正的栖居将人的存在置于天地人神的四重整体之中,呵护人与万物回归其本己的自由"⑤。栖居是本真的,诗意是审美的,"诗意地栖居"是整个人类追求的理想化存

① 曾繁仁. 生态美学基本问题研究. 北京:人民出版社,2015:122.
② 曾繁仁. 生态美学基本问题研究. 北京:人民出版社,2015:123.
③ 曾繁仁. 生态美学基本问题研究. 北京:人民出版社,2015:133-134.
④ 曾繁仁. 生态美学基本问题研究. 北京:人民出版社,2015:136.
⑤ 吴承笃. 栖居与生态——"诗意地栖居"的生态意蕴解读. 山东师范大学学报(人文社会科学版),2012(6):63

在状态。

　　诗意地栖居作为一种自在澄明的存在状态，也不妨视为生态翻译学的终极目标，尤其是就译者而言。大而言之，译者也是"在之中"的存在，栖居在天地之域，对整个自然生态环境具有守护责任，以让人类重新回归"天人合一"的生存之境。小而言之，译者是翻译生态环境中的存在者，对之也具有守护责任，以净化与优化栖身其中的小环境。曾繁仁认为，"审美就是人与世界的一种关系，没有实体性的美"，或者说"审美实际上是一种生活方式，是一种艺术的生活方式"。① 诗意地栖居作为一种理想的生存状态就是要建立一种和谐关系，包括人与人之间的和谐以及人与自然万物之间的和谐。译者通过绿色翻译（包括虚指和实指两个层面）以及相关活动对（翻译）生态环境的塑造与构建就是走向诗意地栖居的一种努力。和谐宜人的（翻译）生态环境的构建需要充分发挥翻译的构建性力量，需要译者积极、充分地参与其中。冯友兰曾把人的生命活动范围归为四等，从低到高依次为：自然境界、功利境界、道德境界和天地境界。② 其中，诗意地栖居与天地境界比较类似，或者说二者互为因果，强调人（包括译者）的"天民""生态人""宇宙公民"的身份，以实现"浑然与物同体""天地与我并生，而万物与我为一"的审美化生存之境。不管是诗意地栖居还是天地境界，本质上都是一种审美关系，在这种审美关系中生态与人文合而为一。"诚者，天之道也；诚之者，人之道也"，"诚者物之终始，不诚无物"（《中庸》）。就译者而言，诗意地栖居要以诚为本，以天道之诚引导人的内心之诚，通过"诚信翻译"③实现"赞天地之化育"的目的。所以，诚不仅是译者的伦理原则，也是诗意地栖居的内在要求。人类整体具有了诚之品格，才能真正实现"与天地参矣"。就译者而言，诗意地栖居就是在翻译生态环境中"从心所欲不逾矩"；就是把翻译本身视为审美实践（尤其是文学翻译），以审美的眼光来审视翻译，从事翻译，悠游其中，自得其乐；就

①　曾繁仁. 关于"生生美学"的几个问题. 济南大学学报（社会科学版），2019(6)：8.

②　冯友兰. 中国哲学简史（英汉对照）. 赵复三，译. 北京：外语教学与研究出版社，2015：621-623.

③　冯全功. 论文学翻译中的诚信观. 西安外国语大学学报，2013(4)：112-115.

是"道法自然"在翻译以及相关行为中的呈现;就是以伦理之诚来体悟天道之诚,实现身心和谐,天人合一。"修辞立其诚",以诚事译,以诚律己,以诚待人,以诚敬天,是译者诗意地栖居的内在条件,也是译者作为存在的守护者的重要表现。"诗意地栖居在大地上"是一种优化的存在状态,是译者的理想追求,也是生态翻译学的终极旨趣。生态人文主义立场在于此,生生美学在于此,参与美学在于此,诗意地栖居是人类共同追求的审美生存之境。

5 结 语

生态翻译学对审美维度历来不够重视,胡庚申在有关"如何译"的论述中提出过翻译过程的"三维"转换,即语言维、文化维和交际维。[1] 胡庚申虽也承认"多维"的存在,但并未对审美维进行单独论述。生态美学观照下的生态翻译学研究有利于强化对语言转换过程中审美维度的重视。这是微观操作层面的问题,本文未做详细论述。生态美学对生态翻译学的启发与拓展更多的是在宏观与理论层面,如生态人文主义的理论立场、生生美学的华夏基因、参与美学的现实关怀、诗意地栖居的理想追求等,体现了中西结合、古今融通的治学思路。在宏观理论层面,生态翻译学应该致力于一种关系之美的构建,即以译者为枢纽的整体生态之美。生态翻译学的最新发展对"生"特别重视,体现了生生美学的旨趣,但还有待把传统哲学、文论中的"气"(包括其次级范畴)系统地引入其中,这样,对东方生态智慧的开发就会更加充分、合理,也更能体现生态翻译学的中国特色。"生命之美高于形式之美"[2],生生美学对"生生"的强调无疑有助于生态翻译学关注生命之美(包括文本生命)、关注生命的本源——气。生态翻译学目前比较忽视"实指",参与美学特别强调积极参与和全身心的投入,这点对发挥生态翻译的建构力量有很大启发,如建构宜生的翻译生态

---

① 胡庚申. 生态翻译学:建构与诠释. 北京:商务印书馆,2013:235.
② 曾繁仁. "天人合一"——中国古代的"生命美学". 社会科学家,2016(1):31.

环境,促进生态文明建设,向"诗意地栖居"或"天人合一"的天地境界逐步靠近。生态美学对生态翻译学的(潜在)启发还有很多,本文略举一二,也意在表明任何跨学科翻译研究都要善于广泛地向其他领域(学科)借鉴资源,最终实现跨学科研究的融会贯通。

葛浩文翻译策略的历时演变研究^①

美国汉学家葛浩文(H. Goldblatt)被称为中国现当代文学的首席翻译家,至 2017 年已出版 50 余部译著,时间跨度近 40 年,几乎每年都有译著问世,为中国现当代文学作品走向世界做出了卓越的贡献。葛浩文及其译文研究在国内引起了极大的关注,尤其是 2012 年莫言获诺贝尔文学奖之后,话题集中在某部或某几部小说的译文研究、葛译中国文学作品的译介策略与译介模式、葛浩文的翻译思想(观)研究、意识形态以及诗学等外部因素对葛浩文译本生成的影响等。大多数研究属于静态的观察,鲜有动态的分析与描述。然而,任何事物都不是一成不变的,包括译者的翻译观及其翻译策略。在葛浩文近 40 年的翻译生涯中,其翻译策略是否有所转向? 如果有的话,他开始采取的主要是什么样的翻译策略,又转向了哪种? 这种转向有没有具体的文本表现? 转向背后的原因是什么? 对中国文学对外译介与传播又有什么启示? 学界对这些问题也有初步的思考,但相对缺乏具体的语料支持,说服力不是太强。本文旨在从葛浩文对莫言前后五部小说中意象话语的英译入手,探讨其翻译策略的历时演变及背后的原因。

① 原载于《外国语》2017 年第 6 期,原标题为《葛浩文翻译策略的历时演变研究——基于莫言小说中意象话语的英译分析》,独立撰写,收入本书时略有改动。

1 葛浩文翻译策略的转向

葛浩文认为，翻译的本质就是阐释、折中与重写，译者要对得起作者、对得起文本，更要对得起读者。① 文军等也有过类似的总结："他认为翻译是背叛、重写，但忠实始终是葛浩文翻译实践的第一准则。而翻译是跨文化交流活动则是他对翻译本质的认识，正因为翻译的这一特性，使得'背叛'与'重写'成为必要的手段，目的是更为'忠实'地把原文传达给译文读者。"②文军等人的观点较为辩证地看待了文学翻译中忠实与叛逆的关系，还是比较符合事实的。针对学界把"删节""改译""整体编译"等翻译策略视为葛浩文翻译的标签，以及部分学者和媒体将葛浩文的翻译定性为"连译带改"的翻译，并据此质疑"忠实"理念的现象，刘云虹和许钧曾从翻译忠实性、翻译观念、译者责任、文化接受的不平衡性等几个方面澄清了一些模糊的观点和认识，对中国文学对外译介中的翻译方法与模式等相关问题也有进一步的思考。③ 刘云虹和许钧对忠实的理解同样有很强的辩证意味与历史维度，他们指出："葛浩文——其他译者也同样——对翻译策略与方法的选择与运用是特定历史时期中主客观多重因素共同作用的结果，具有显著的历史感和时代氛围，也强烈体现着译者的主体意识。"④这种观点一定程度上说明了葛浩文翻译策略的动态性与复杂性，不能简单地将其标签化，尤其是历时而言。

有关葛浩文翻译策略的历时演变或动态变化，近几年学界也有所关注。何元媛以葛浩文英译莫言的三部小说（《红高粱家族》《酒国》《生死疲

---

① 葛浩文. 葛浩文随笔. 史国强，编. 闫怡恂，译. 北京：现代出版社，2014：13，14，30，220.

② 文军，王小川，赖甜. 葛浩文翻译观探究. 外语教学，2007(6)：80.

③ 刘云虹，许钧. 文学翻译模式与中国文学对外译介——关于葛浩文的翻译. 外国语，2014(3)：6-17.

④ 刘云虹，许钧. 文学翻译模式与中国文学对外译介——关于葛浩文的翻译. 外国语，2014(3)：16.

劳》)为例,从意识形态、文化负载词和叙事结构三个维度探讨了译者翻译策略的嬗变,发现译者的翻译策略由最初的译入语导向逐渐转到原文导向,这种变化主要受原著在译入语中的地位和读者期待的影响。① 何元媛选择的三部译著的出版时间分别为 1993 年、2000 年和 2008 年,最近几年葛译的莫言小说却没有被作为研究对象,如《四十一炮》(2012)、《檀香刑》(2013)、《蛙》(2014)等,因此,很难全面反映葛浩文翻译策略的历时演变。卢巧丹认为:"在译介莫言小说的过程中,从《红高粱》到《檀香刑》,葛浩文的文化翻译观也在反思中衍变,不断走向成熟。从最开始的以目的语文化为归宿的原则慢慢过渡到以源语文化为归宿的原则,即从'求同'为主过渡到'存异'为主。"② 卢巧丹还把葛浩文的文化翻译思想概括为"存异求同"四个字,"存异是为了尽可能与原文贴近,保留异域情调,丰富译入语文化,求同是为了使译作更好地为读者接受"③。如果说"存异求同"是葛浩文目前文化翻译思想的话,"求同存异"是否理应是其早期的文化翻译思想呢? 如果说葛浩文的翻译思想与策略的确存在历时演变的话,这种假设或许是成立的,即葛浩文前期翻译的着眼点在于"求同",后期的着眼点在于"存异"。无论是"求同"还是"存异",译者其实都是为了创造一种"文化的第三维空间",通过"异化与归化的动态平衡"来实现"源语文化和译语文化的洽恰调和"④,只是不同时期的侧重点有所不同而已。贾燕芹通过研究葛浩文英译莫言系列小说中的不同话语(如政治话语、性话语、戏剧话语等)发现,在作者、源语文本、读者、赞助人等多个影响因素构成的权力关系网络中,葛浩文的译者主体性越来越明显,具体表现为译作中的创造性和异质成分不断增多;大致上说,他的译文正从文化操纵状态逐渐走向文化杂合与对话。贾燕芹还从布迪厄的"场域"理论对葛浩文翻译

① 何元媛. 葛浩文英译莫言小说的策略嬗变——以《红高粱》《酒国》《生死疲劳》为例. 株洲:湖南工业大学硕士论文,2015.
② 卢巧丹. 莫言小说《檀香刑》在英语世界的文化行旅. 小说评论,2015(4):50.
③ 卢巧丹. 莫言小说《檀香刑》在英语世界的文化行旅. 小说评论,2015(4):51.
④ 卢巧丹. 莫言小说《檀香刑》在英语世界的文化行旅. 小说评论,2015(4):54.

策略转向的原因进行了分析,具有较强的说服力。[①] 孙会军也认为,随着莫言在英语世界影响的不断扩大,随着读者的兴趣和要求的改变,葛浩文的翻译策略也逐步调整,越来越注重传达莫言小说所传达的中国文化的差异性特征和小说本身的文学性特征,不再刻意迎合英语读者,而是努力将莫言小说原汁原味地呈现在译文读者面前。[②] 卢巧丹、贾燕芹、孙会军三位学者的研究都包括了 2013 年葛浩文英译的《檀香刑》,也都或多或少地有相关语料支持,如贾燕芹对《檀香刑》中戏剧话语的翻译分析、孙会军对传达原小说中声音(语言的节奏、韵律以及不同人物的声音特色)的分析等,得出了相似的结论——从历时而言,葛浩文对莫言小说的翻译策略从初期的"求同"为主逐渐转向了后来的"存异"为主。

从译文本身的分析出发,有时也未必能真正反映译者的翻译观或翻译策略,因为很多话语的删改或结构的调整是出于外部的"压力",或出版社,或编辑,或赞助人,或目的语诗学,或目的语国家的意识形态,等等。这些外部因素很大程度上决定了翻译本质上是一种重写行为,很多时候也不是译者所能左右的。所以,从基本上不受这些外部因素影响的翻译现象着手分析,可能会更真实地反映译者的翻译观以及翻译策略的历时演变,如从葛浩文不同时期对莫言小说中人名或称呼语的处理方式切入分析。在《檀香刑》中,葛浩文对很多称呼语选择了音译策略,如"爹""娘""干爹""亲家""少爷""师傅""状元'等,并在小说末尾对这些音译术语进行了介绍。葛浩文还在《檀香刑》译本的"译者注"中说,之所以不翻译这些术语,是因为更新与增添英语中从汉语而来的外来语的时机已到。[③] 在稍后翻译出版的《蛙》中,葛译对其中的核心人物"姑姑"同样采取了音译策略。这说明,葛浩文在后期有意通过翻译来实现丰富英语语言的目的。对部分含有特殊含义的人名,如《丰乳肥臀》中的上官来弟、上官招弟、上

---

① 贾燕芹. 文本的跨文化重生:葛浩文英译莫言小说研究. 北京:中国社会科学出版社,2016:225-257.

② 孙会军. 葛浩文和他的中国文学译介. 上海:上海交通大学出版社,2016:128.

③ Goldblatt, H.(trans.). *Sandalwooa Death*:*A Novel*. Norman:The University of Oklahoma Press,2013:IX.

官想弟、上官盼弟等,《蛙》中的陈鼻、陈眉、王肝、王胆等,在其首次出现时,葛浩文采取音译的同时还在正文中给出人名的含义[如把"来弟"处理为"Laidi (Brother Coming)"、把"陈鼻"处理为"Chen Bi (Nose)"],体现了译者沟通中西文化与表现文化差异的努力。那么,从更为隐蔽的意象话语来分析葛浩文英译莫言小说翻译策略的历时演变将会是什么样的结果? 是否能进一步证实以上学者的观点呢?

2 从莫言小说中意象话语的英译看葛浩文的翻译策略

笔者选择葛译莫言小说中的意象话语作为研究对象,主要在于这些意象话语的翻译基本上不受外部因素的影响,都是译者在自己翻译观的指导下相对自主地处理的,不管是有意识的还是无意识的。意象的保留、更改与删减更能体现译者对异域文化的态度及其主导型翻译策略。许诗焱通过研究葛浩文英译《干校六记》的过程,强有力地说明了诸如标题翻译、添加注释等有时是"译者、编辑和出版商共同协商的结果,在进行翻译评价时首先不应该将所有责任都推到译者身上,而应该更为客观地还原事实,同时要将翻译评价放在翻译活动所处的特定历史背景中去讨论"①。刘云虹也表达了类似的观点,强调翻译批评的历史维度和文化维度。② 研究译者的翻译策略也不例外,不能把所有的内容增删与结构调整等现象都"推到译者身上",把外因使然归为内因表现,也不能僵化地看待译者的翻译策略与翻译思想。为了研究葛浩文翻译策略的历时演变,笔者选择了其在不同时期翻译的五部莫言小说,分别为 1993 年出版的《红高粱家族》英译本、2004 年出版的《丰乳肥臀》英译本、2008 年出版的《生死疲劳》英译本、2013 年出版的《檀香刑》英译本以及 2014 年出版的《蛙》英译本,从每部小说中选择 100 个含有意象的话语表达,如"飞蛾投火""羊入虎

---

① 许诗焱. 基于翻译过程的葛浩文翻译研究——以《干校六记》英译本的翻译过程为例. 外国语,2016(5):98.

② 刘云虹. 翻译批评研究. 南京:南京大学出版社,2015:249-255.

穴""怒火万丈""井水不犯河水""说得有鼻子有眼""千里姻缘一线牵"等，然后找出其对应的英译，分析其中的意象是保留还是删改（删除与更改）。如果是保留的话，基本上可认为对应译文是异化翻译策略的具体表现，如果是更改或删除的话，基本上可认为对应译文是归化翻译策略的具体表现。保留或删改，都是译者相对独立自主的选择，受外部因素影响较小，更能体现其内在的翻译观及对应的翻译策略。前后意象保留或删改的变化幅度体现了译者翻译策略的历时演变。所选语料中还有很多话语是用双重意象表达同一或相似语义的，如"狐群狗党""狼吞虎咽""翻肠搅肚""装神弄鬼""人山人海"等，只要译者再现了其中的一个意象，也被归为保留意象的范畴。

所选语料中葛译对其中意象话语的处理情况如图 1 所示。

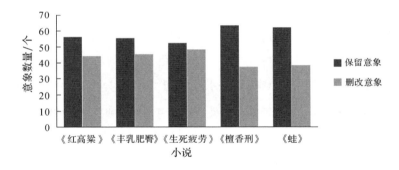

图 1　葛译莫言五部小说中意象话语的处理情况

由图 1 可知，所选五部小说中，保留意象的处理方式均多于删改意象的处理方式，如果单从意象话语的处理方式而言，葛译的异化成分是大于归化的。胡安江曾指出，"葛氏的归化译法几乎见于他的每一部翻译作品"（似是而非的言论），并据此建议目前中国文学"走出去"要采取归化译法。① 如果从意象话语的处理方式来评判，这种观点是值得商榷的。史国强就对胡安江的观点进行过反驳，指出归化式译法并不是葛译的重要特征，异化方法反而用得更多（主要基于《丰乳肥臀》英译分析），并且推测葛

---

① 胡安江. 中国文学"走出去"之译者模式及翻译策略研究——以美国汉学家葛浩文为例. 中国翻译，2010(6)：10-16.

浩文越是后来越倾向"异化"。① 葛译莫言小说中意象话语的翻译基本上证实了史国强的观点与推测,也很大程度上证实了上述卢巧丹、孙会军、贾燕芹等学者的观点。虽然五部小说中意象话语的英译都是异化大于归化,毕竟程度还是不一样的,后期两部(《檀香刑》《蛙》)中的异化手法明显多于前期三部(《红高粱》《丰乳肥臀》《生死疲劳》)中的异化手法。这也表明葛浩文在后期(尤其是莫言获诺贝尔文学奖之后)更加注重传达原文的异质性,"存异"的幅度更大。如果说葛浩文的早期译文受外界影响存在更多文化操纵的话,如把一些敏感的意识形态话语删除、调整故事的叙述结构与叙述视角、对故事内容进行删减压缩甚至改变小说的开头与结尾等,后期则更强调对原文的"忠实"(大幅度的操纵现象相对少见),表现在意象话语的翻译上就是更多地保留原文的意象。

对照分析葛译莫言小说中的意象话语可以发现,很多文化个性较强的意象话语都得到了保留,增强了译文本身的文学性,也在一定程度上丰富了英语表达法,起到很好的文化交流作用,相信葛浩文是有意为之的。典型的如把《红高粱家族》中的"井水不犯河水"译为"well water and river water don't mix"、"三寸金莲"译为"three-inch golden lotuses"、"嫁鸡随鸡,嫁狗随狗"译为"marry a chicken and share the cop, marry a dog and share the kennel"、"千里姻缘一线牵"译为"people destined to marry are connected by a thread",把《丰乳肥臀》中的"有钱能使鬼推磨"译为"money can make the devil turn a millstone"、"肥水不落外人田"译为"do not fertilize other people's fields",把《生死疲劳》中的"死猪不怕开水烫"译为"like a dead pig that's beyond a fear of scalding water"、"悬崖勒马"译为"rein in your horse before you go over the cliff",把《檀香刑》中的"兵来将挡,水来土掩"译为"confront soldiers with generals and dam water with earth"、"不看僧面看佛面"译为"if you won't do it for the monk, then do it for the Buddha",把《蛙》中的"落时的凤凰不如鸡"

---

① 史国强. 葛浩文的"隐"与"不隐":读英译《丰乳肥臀》. 当代作家评论,2013(1): 76-80.

译为"a fallen phoenix is not the equal of a common chicken"、"强扭的瓜不甜"译为"a melon won't be sweet if you yank it off the vine"、"人不可貌相，海水不可斗量"译为"people cannot be judged by appearance alone any more than the ocean can be measured by bushels"，等等。

葛译的意象保留法还体现出很大的灵活性，有时也不是完全"照搬"原文的语义，而是会根据具体语境有所变通。如把"千军易得，一将难求"译为"soldiers are easy to recruit, but generals are worth their weight in gold"，通过添加"weight in gold"的意象，使译文比原文更加生动，更具表现力；把"高抬贵手"译为"raise your merciful hand"，通过添加"merciful"这个修饰语，使读者更容易理解这个表达的真正含义；把"瓮中之鳖"译为"a turtle in a jar with no way out"，通过添加"with no way out"，使话语意义更加明朗；把"火上浇油"译为"adding fuel to the joyous fire"，其中的"joyous"则是根据具体语境添加的修饰语；把"攀龙附凤"译为"wanting to curry favor with people of power and influence, society's dragons and phoenixes"，既传达了原文的深层所指，又保留了原文的文化意象。针对"龙"的意象，中西虽有很大的文化差异，葛译还是多数予以保留，除"攀龙附凤"之外，其他的如把"真龙天子"译为"a Dragon, a Son of Heaven"，把"人中龙凤"译为"a dragon among men"，等等，这种异化的努力是值得学习与借鉴的。还有些例子，译者完全可以采取更换或删除意象的归化译法，但还是保留了原文的意象，在具体语境下译文读者也不难理解，如"掌上明珠"（a pearl in the hand）、"力大如牛"（the strength of an ox）、"三寸金莲"（three-inch golden lotuses）、"三十年河东，三十年河西"（rivers flow east for thirty years, and west for the next thirty）等。汉语中还有大量用双重意象表达同一或相似语义的词语，葛译很多只保留其中的一个意象，使译文更加简洁、精练，如把"同床共枕"译为"share my bed"，把"人山人海"译为"a sea of people"，把"装聋作哑"译为"act deaf"，把"石破天惊"译为"event of earth-shaking rarity"，把"低声下气"译为"kept her voice low and controlled"，把"狼吞虎咽"译为"wolfing down their food"，等等。葛浩文之所以选择保留原文中的大多数意象，一方面是想竭力传达汉语的语言文化特征,尽量给译文读者带来一种陌生感;另一方面则是因为在特定的语境中保留这些意象也不会给译文读者带来太大的阅读负担,毕竟人类的认知方式大部分是相似的。

从语篇层面而言,任何翻译都是归化与异化的杂合体,只是侧重点有所不同。针对莫言小说中意象话语的翻译,葛浩文的归化译法在前三部更为明显,占了几近半壁江山。葛译用删除或更改意象的译法的主要原因可能有以下几点:1)原文中的意象不便再现,如"颠鸾倒凤"(in the thrones of marital bliss)、"水性杨花"(fickle passions)、"不问青红皂白"(guilty or not)、"说得有鼻子有眼"(the details were lurid)、"眠花宿柳,偷鸡摸狗"(whoring around and womanizing)、"恨铁不成钢"(why can't you be a man)等;2)含有文化典故的意象话语很难再现,如"红杏出墙"(for sneaking around the way you have been doing)、"虎落平阳"(a stranded tiger)、"齐眉举案"(treat each other with respect)等;3)特殊语境下的话语表达,如"根红苗正"(red as could be)、"残花败柳"(ruined, a fallen woman)、"狼狈不堪"(cutting a sorry figure)、"浑水摸鱼"(groping here and fondling there)等;4)更改原文意象,更有利于读者接受或使表达更加形象,如"鬼迷了心窍"(blind as a bat)、"鼠目寸光"(who cannot see what is under his nose)、"天无绝人之路"(heaven always leaves a door open)等。葛译采取归化的意象话语大多属于难以再现的隐喻话语。

译者偶尔也会用英语中的固定表达来传达原文的语义,如把"不胫而走"译为"spread like wildfire",把"一箭双雕"译为"a two-birds-with-one-stone strategy",把"拐弯抹角"译为"beat around the bush",把"鸡犬不宁"译为"fought like cats and dogs",等等,但这种现象在所选语料中比较罕见。厄普代克(J. Updike)曾批评葛浩文使用"He licked his wounds",称其"老调没碰出回音",葛浩文也知道"避开陈词滥调是何等重要",然而原文上写的就是"他舔吮他的伤口"。① 由此可见,不管是批评者(读者)还

① 葛浩文. 葛浩文随笔. 史国强,编. 闫怡恂,译. 北京:现代出版社,2014:44-45.

是译者本人都讨厌译文中出现英语中类似的僵化表达与陈词滥调。还有部分意象话语，在所选语料中出现了两次或多次，葛浩文对应的英译也有很大区别，后期的译文往往更注重意象的保留，如《红高粱家族》中的"花容月貌"被译为"beautiful"、《檀香刑》中的两处分别被译为"'flower and moon' beauty""a face like moonbeams and flowers"，《红高粱家族》中的"人山人海"被译为"was jammed with people"、《檀香刑》中的被译为"a sea of people"，《丰乳肥臀》中的"呆若木鸡"被译为"stunned"、《蛙》中的被译为"stood like wooden statues"，《丰乳肥臀》中的"轻车熟路"被译为"You've down this road before"、《蛙》中的被译为"like a cart that knows the way"，等等。这些相同意象话语在不同小说中不同时期的译文最能反映同一译者前后翻译策略的历时演变，当然，基于相关语料库的统计分析将会更有说服力。

由上可知，如果撇开外部因素对葛译生成的影响，单就这五部小说中意象话语的英译而言，葛浩文前后的翻译策略的确有所改变，后期更加注重意象的保留，更加注重传达原文以及源语文化的异质性，但笔者觉得与其说葛浩文的前后翻译策略发生了转向，不如说后期的翻译策略更强调异化，是对前期翻译策略的一种强化，因为前期三部小说中意象话语的英译也都保留了一半以上的意象，异化一开始就是葛译的主导策略。然而，如果加上外部因素对葛译生成的影响（包括意识形态与目的语诗学等），尤其是小说内容与结构上的归化式删改现象（在早期小说英译中更为常见），认为葛译的翻译策略前后发生了转向（如从求同到存异、从操纵到对话、从目的语导向到原文导向）也是不无道理的。

3　葛浩文翻译策略演变的原因简析

葛浩文翻前后译策略的变化是渐变的，而不是突变的，是强化型的，而不是彻底转向的。如果有分水岭的话，笔者倾向于把 2012 年莫言获诺贝尔文学奖作为葛浩文前后翻译策略发生变化的主要分水岭。就上述莫言五部小说中意象话语的翻译而言，基本上也是这样的，

2013年出版的《檀香刑》英译本以及2014年出版的《蛙》英译本相对前面的三个译本保留了原文中更多的意象,译文也鲜有内容删减或结构调整等现象。

　　葛浩文前后翻译策略发生变化的原因是多方面的。首先,过去的几十年来,中国经济突飞猛进,取得了举世瞩目的成就,综合国力和国际影响力也大大提高,全世界都在关注中国,对中国文化(包括中国文学作品)也激起了一定的好奇心。在这种大环境下,虽然中国文学作品在国外至今依然比较"冷门",真正"走出去"面临着重重困难,但毕竟越来越多的国外读者开始关注,从通过阅读小说来了解中国的社会与历史转向越来越关注中国文学作品本身的文学性与艺术性及其对人性的探寻。当然,这和葛浩文等国外翻译家对中国文学作品的积极译介与大力宣传也是分不开的。其次,葛浩文在中国文学作品外译的文化场域内逐渐获得了话语权,拥有"首席翻译家"的称号,积累了雄厚的象征资本,开始自树权威,"正在用他的最新译作,去重新定义什么是优秀的翻译文学作品"①。如果说葛浩文早期对中国文学作品的译介工作受出版社、赞助人、意识形态、目的语诗学等外部因素影响较大的话(如根据出版社与编辑的要求或建议精简小说内容、调整小说结构等),后期受到的外界影响则相对较小,译者拥有更大的自主权与选择权,也更容易取信于人,更有利于在自己的翻译观指导下自主选择相应的翻译策略。中国文学对外译介与传播中的翻译方法与翻译策略,就其本质而言,折射的是跨文化交流中如何看待语言文化的异质性、如何对待他者文化的伦理问题。② 鉴于葛浩文本人对中国文学与文化的热爱,在他获得话语权之后,自然会倾向于更多地保留差异,更加尊重中国语言与文化。最后,任何文学作品的翻译都是归化与异化的杂合体,译者会在不同的时间阶段调整自己的翻译策略。弱势文化国家中的文学作品要想打入强势文化国家之中(如把中国文学作品译介

① 贾燕芹. 文本的跨文化重生:葛浩文英译莫言小说研究. 北京:中国社会科学出版社,2016:227.
② 刘云虹,许钧. 异的考验——关于翻译伦理的对谈. 外国语,2016(3):74.

到美国），开始阶段译者往往采取相对归化的翻译策略，以符合目的语的诗学规范，用一种比较流畅的、透明的译文赢得读者的认可，给人一种仿佛用目的语写作的感觉。韦努蒂对这种归化倾向进行过批判，认为其本质上是一种种族中心暴力。① 然而，由于中西文化交流中"时间差"和"语言差"②的存在，这种归化式翻译策略在弱势民族文学向强势民族文学圈内打入的初期，又似乎是一种必需的"暴力"手段。随着时间的推移以及跨文化交流的深入，有远见、有责任的译者便会选择更多地传达文化差异，以更加有效地促进跨文化交流。在李文静对葛浩文与夫人林丽君的访谈中，葛浩文也说自己要比夫人更加注重传达原文的异国情调，他如果也像夫人那样用地道的英文让译文变得更加流畅与透明的话，就会让自己变得像殖民者一样。③ 若再往后看的话，随着中国文学的国际影响力不断增加，西方对中国文学与文化的接受程度也将随之提高，到时，无论是西方读者还是中国作家，都会对翻译的忠实性和完整性提出更高的要求，毕竟原汁原味的译本才能最大限度地再现文学作品的魅力。换言之，一个民族对另一个民族文化的翻译和接受总是处于不断的演变过程中，因此中国文学在美国或其他国家的接受情况也不会是静止不变的。④ 国内外各种外部接受环境的变化很大程度上决定了译者的翻译策略也是流变的（也会影响译者的翻译观），在不同的时期表现出不同的特征。这就说明，中国文学作品的外译者要审时度势，做到人与环境的相互适应，或者适度地超越环境。

---

① Venuti, L. *The Translator's Invisibility: A History of Translation*. Shanghai: Shanghai Foreign Language Education Press, 2004: 41.
② 谢天振. 超越文本 超越翻译. 上海：复旦大学出版社，2014：250-253.
③ 李文静. 中国文学英译的合作、协商与文化传播——汉英翻译家葛浩文与林丽君访谈录. 中国翻译，2012(1)：57-60.
④ 许钧，曹丹红. 翻译的使命与翻译学科建设——许钧教授访谈. 南京社会科学，2014(2)：4.

4 结 语

葛浩文翻译策略的历时演变研究要持一种历史眼光与辩证立场,可从宏观与微观两个层面着手。译文宏观层面的变动与调整大多受外部因素的影响。本文之所以选择较为微观的意象话语作为研究对象,主要在于其受外部因素的影响相对较小,更能体现译者的自主性与策略的流变性,不管译者是有意识的还是无意识的选择。研究发现,葛浩文英译莫言小说前后策略的确有所变化,后期更加注重保留原文的意象,传达源语文化的异质性。但就意象话语的翻译而言,保留意象或异化策略一直是占主导地位的,只是前后的比重有所不同而已。如果想把这个话题更加深入地研究下去,宏观与微观相结合、定性与定量相结合、更多作家在不同时间段的更多译文做对比(包括翻译研究的语料库方法)等均是可行的途径,也更能全面而真实地反映葛浩文翻译策略的历时演变。这种历史的、辩证的、动态的翻译策略研究对中国文学"走出去"和文学翻译批评无疑具有更大的启示。

翻译方向对翻译忠实度的影响
及其原因探析①

　　随着中国文学、文化"走出去"战略的实施,翻译活动呈现出前所未有的复杂性、丰富性和挑战性,人们对翻译的认识与思考也不断地深入。就翻译方向②而言,翻译活动有传统的"译入"(外译中)形式,也出现了大量的"译出"(中译外)实践。相对于外译中而言,中译外有自己的特殊性,包括译文对原文的忠实度问题。基于自身长期的翻译经验,陈国华认为:"英译汉与汉译英常常实行不同的标准。一般来说,英译汉比较忠实于原文,汉译英常常不太忠实于原文。"③陈国华还提到,在汉译英中,译者不再扮演"忠实的仆人"角色,而是"像一个拿着手术刀的美容家,对原文这个看似无恙的'病人'进行手术"④。这一观点值得关注。由于翻译方向的改

---

① 　原载于《外国语文》2023 年第 5 期,原标题为《翻译方向对翻译忠实度的影响及其原因探析——以中英小说标题的翻译为分析中心》,与枣彬吉(第二作者)合作撰写,收入本书时略有改动。

② 　方梦之主编的《译学辞典》认为,翻译方向"指译者是把外语译成母语,还是把母语译成外语;也可以指把一种惯用的语言翻译成另一种惯用的语言,或把一门外语译成另一门外语"(2004:14)。本文使用的翻译方向主要是第二种意义上的,具体而言,即英译汉和汉译英两种方向,与译者的民族身份并没有必然的关联,如汉译英方向的既可以是顺向翻译(译入型的),也可以是逆向翻译(译出型的),英译汉亦然,但实际上英译汉鲜有逆向翻译的存在。

③ 　转引自:马会娟. 论汉译英的标准:有条件的忠实. 解放军外国语学院学报,2008(2):63.

④ 　转引自:马会娟. 论汉译英的标准:有条件的忠实. 解放军外国语学院学报,2008(2):67.

变,译者对待两种翻译实践的方法、策略和标准不尽相同,以致译文对原文的忠实度也发生了变化。这种翻译现象只是陈国华的一家之言还是真实地发生在现实生活之中? 如果确实存在,两种翻译方向下译文对原文的忠实度到底存在多大差异? 这种差异又是由什么原因引起的?

除陈国华之外,许多翻译家、翻译研究者和评论者对当下英译汉、汉译英这两种不同方向的翻译实践表达过类似的看法。在汉译英中,葛浩文对中国现当代文学的翻译最具代表性,对之也有很多研究。孟祥春通过剖析葛浩文的文学翻译实践,认为他在相对忠实的前提下,根据目的语读者的期待和需要对译文进行调整,并把葛浩文的翻译观总结为"以'忠实'为前提、以'可读、平易、有市场'为基本诉求、以目的语读者为中心、凸显自我的'再创作'"[①]。也有媒体与学者把葛浩文的文学翻译视为"连译带改"式的,并强调"忠实于原文"的翻译理念已经过时。[②] 葛浩文的诸多译本确实存在大量不忠实的现象,包括语言、文化、诗学、结构等层面的变异,这是译者翻译观、目的语诗学以及出版社编辑共同合力的结果。还有学者对沙博理(S. Shapiro)、蓝诗玲(J. Lovell)、米欧敏(O. Milburn)和韩斌(N. Harman)等翻译家的汉译英实践展开研究,究其结论不外乎"忠实性叛逆""忠实性再创造""创造性叛逆"等几种说法,与有关葛浩文译著的评论大体相似。针对这些不太忠实的翻译现象,国内学者基本上持肯定态度,以期通过归化策略让中国文学有效地对外传播。

在英译汉中,大家对忠实翻译的态度与汉英译者不尽相同。2018 年 6 月 18 日,在浙江大学中华译学馆举办的"新时代文学翻译的使命——文学翻译名家高峰论坛"上,王理行认为,优秀的文学翻译作品是忠实于原作的,"不忠实,非翻译",强调文学翻译的"全面忠实观";袁筱一表示文学翻译要尊重原作,她提倡直译,反对"美化"原作的做法;郭国良认为,译者要"老老实实地把原作还原出来",如果可以,连原文的标点符号都要保留

---

① 孟祥春. 葛浩文论译者——基于葛浩文讲座与访谈的批评性阐释. 中国翻译, 2014(3): 77.

② 参见:刘云虹,许钧. 文学翻译模式与中国文学对外译介——关于葛浩文的翻译. 外国语,2014(3): 6-17.

下来。① 这几位翻译家都强调文学翻译要忠实于原文，尽管百分之百忠实的理想状态难以企及，但译者仍要想方设法去靠近原文，减少偏离原文的可能性，经典作品的翻译尤其如此，如萧乾、文洁若以及金隄翻译乔伊斯的《尤利西斯》等。20世纪末，国内曾开展过关于《红与黑》汉译的大讨论，从当时读者反馈的结果来看，"78.3%的人支持'等值'类（翻译），仅21.7%的人支持'再创造'类（翻译）"②。由此可见，翻译忠实观在国内翻译家(以外译中为主)和普通读者中间根深蒂固。纵观当下中国的文学翻译图书市场，不难发现，如果译作与原作相差甚远，出现不忠实的情况，译作极可能饱受诟病，难以被出版界、文学界、翻译界乃至普通读者所接受，甚至会面临下架以及被召回的命运，冯唐翻译的《飞鸟集》就是典型的例子。

从当前中外翻译家的观点与实践中不难发现，相对于中译外而言，外译中的译者以及读者更加强调全面地忠实于原文，尽可能地向原文靠近。翻译批评者对两种翻译方向下不忠实翻译现象的容忍程度似乎也有所不同，对中译外的容忍度更高。这说明翻译方向对翻译忠实度有一定的影响。冯全功也提出过这样的观点③，但未对之进行深入论述。本文旨在从大量英汉小说标题的翻译入手来分析译文对原文的忠实度，探讨英译汉与汉译英的翻译忠实度是否存在差异、是否符合陈国华等人的论断。

1　英汉小说标题翻译的忠实度对比

为了证实翻译方向对翻译忠实度的影响，我们通过搜集相关小说标题翻译的语料，以译者行为批评中的"求真—务实"连续统评价模式为分析工具，尽可能全面、客观地描述目前汉译英和英译汉两种翻译方向下小

---

① 许钧，谢天振. 新时代文学翻译的使命——"浙江大学文学翻译名家高峰论坛"纪要. 东方翻译，2018(5)：4-11.

② 赵稀方.《红与黑》事件回顾——中国当代翻译文学史话之二. 东方翻译，2010(5)：36.

③ 冯全功. 翻译忠实观：争议与反思. 解放军外国语学院学报，2019(3)：116.

说标题①翻译的忠实度情况。选择小说标题翻译作为研究语料的主要原因有:1)标题是对整部小说最有力的概括,往往是作者不断选择、提炼后的结果;2)除了作为艺术品,小说还兼具商品的性质,不管是原作还是译作,最先吸引读者的往往是小说的标题,因此,译者和出版社往往非常重视小说标题的翻译;3)小说标题翻译最能体现译者的翻译观以及译文对原文的忠实度;4)从内容体量上来看,小说标题一般较为简短,便于研究者展开较大规模的统计和归类,从某个特定阶段对比分析英汉小说标题翻译的忠实度差异。为了凸显共时差异,我们只选取 2000 年之后出版的英汉小说标题翻译。在中文小说英译方面,根据纸托邦(Paper Republic)与美国俄亥俄州立大学的现代中国文学和文化资源中心(MCLC)统计的数据,我们选取了 2000—2019 年翻译出版的当代中文中长篇小说,共计183 本。在英文小说汉译方面,主要选择诺贝尔文学奖、英国布克奖、美国国家图书奖和美国普利策文学奖的当代获奖作家的中长篇小说,其中首次翻译出版的时间限定在 2000—2019 年,共计 200 本。

　　对翻译忠实度的分析,我们借用周领顺提出的译者行为批评中的"求真—务实"连续统。其中,"求真"指的是"译者为实现务实目标而全部或部分求取原文语言所负载意义真相的行为";"务实"则指"译者在对原文语言所负载的意义全部或部分求真的基础上为满足务实性需要所采取的态度和方法"。② 二者辩证统一,互为条件,组成了"一个动态的连续统一体"。"求真"是翻译行为发生的必要条件,是"务实"的基础;"务实"是翻译行为发生的充分条件,因"求真"而生,并高于"求真"。译者忠实于原文是"求真的结果",相反,译者对原文不忠是其社会属性的彰显,可视为一种"社会性行为"。③ "求真"强调的是译者的"语言性","务实"强调的是"社会性"。"求真"与"忠实"的概念比较相似,都旨在"求取语言所负载的

---

① 小说集的标题一般是选集中的某篇短篇小说的标题,不具备很强的概括力,翻译亦然,译者还有可能在文本选择上做出一定的调整,所以本文语料的选择仅限于中长篇小说的标题翻译。

② 周领顺. 译者行为批评:理论框架. 北京:商务印书馆,2014:76-77.

③ 周领顺. 译者行为批评:理论框架. 北京:商务印书馆,2014:95.

意义之真"①或者说忠实于原文的意义②。不妨认为,如果译文标题再现原文标题语义的程度越高,那么它的忠实度就越高,译者行为在"求真—务实"连续统上就越靠近"求真"一端;如果译文标题整体上偏离了原文语义,或出现"重命名"的现象,译者行为在"求真—务实"连续统上则靠近"务实"一端;中间还有既"求真"又"务实"的情况。

就我们所搜集的语料而言,如果译文标题不增不减地再现了原文语义,我们将其归为"求真",如韩少功的《马桥词典》被译为 *A Dictionary of Maqiao*(2003);冯唐的《北京,北京》被译为 *Beijing*, *Beijing*(2015);阿特伍德(M. Atwood)的 *Oryx and Crake* 被译为《羚羊与秧鸡》(2004);门罗(A. Munro)的 *Dear Life* 被译为《亲爱的生活》(2014);麦克尤恩(I. McEwan)的 *Nutshell* 被译为《坚果壳》(2018)。如果译文过分偏离原文,完全脱离原文的语义,即译文是对原文的改写或重命名,我们将其归为"务实",如严歌苓的《扶桑》被译成 *The Lost Daughter of Happiness*(2001),原文与译文在字面上明显脱节,译文中丝毫不见小说主人公扶桑的身影;韩东的《扎根》被译为 *Banished*!(2008),"banished"是动词"banish"(意为"驱逐,放逐")的过去分词形式,语义与原文的"扎根"相去甚远,几乎对立。其他典型的"务实"翻译还有苏童的《河岸》被译为 *The Boat to Redemption*(2011)(救赎之船);刘震云的《我不是潘金莲》被译为 *I Didn't Kill My Husband*：*A Novel*(2014)(我没有杀死丈夫);斯特劳特(E. Strout)的 *Amy and Isabelle* 被译成《十六岁的夏天》(2015),原文标题由小说主人公姓名构成,而译文却围绕年龄与季节,与原文标题没有语义关联;斯威夫特(G. Swift)的 *Last Orders* 被译为《杯酒留痕》(2009),如果严格直译,应译为"最后一单",译文标题显然是译者的再创造,"译"的成分很少,创造的成分更多。

按照语义的忠实程度,本文暂把"求真—务实"连续统分为五个层次,

---

① 周领顺. 译者行为批评：理论框架. 北京：商务印书馆,2014：101.

② 在翻译研究中,忠实是一个复杂的概念,涉及不同的层次,如语言层次、审美层次、思维层次等。本文主要指语言层次,针对的是语言符号所承载的最明显或最显著的语义信息。

其中上述的"求真"和"务实"居于两端,居于中间的则是"半求真""半求真半务实"以及"半务实"的状态。如果译文基本再现了原文的语义内容,只是在个别词语的语义上出现了偏离,或者增删了个别不重要的信息,我们把其归为"半求真",这类译文在求真度上低于"求真",但高于"半求真半务实"。如残雪的《新世纪爱情故事》被译为 *Love in the New Millennium* (2018),原文中"故事"一词没有译出,但它不涉及原文的主题,并且原文中的关键信息都被译过来了,这样的译文总体上求真于原文,忠实度也很高;王定国的《敌人的樱花》被译为 *My Enemy's Cherry Tree* (2019),译文再现了原文的内容,在此基础上,译者还添加了"my"这一物主代词,虽然一定程度上缩小了原文的语义空间,但更符合目的语表达规范和小说的主旨;麦克布莱德(J. McBride)的 *The Good Lord Bird* 被译为《上帝鸟》(2018),原文中"good"这一褒义词被删掉了。如果译文只是部分再现了原文的语义内容,删减了原文中个别关键信息,或者译文在再现原文的基础上添加了一些新的内容,我们都将其归为"半求真半务实",这类译文大致处于"求真"和"务实"的中间状态。如盛可以的《北妹》被译成 *Northern Girls：Life Goes On* (2012),译者在再现原文内容的同时,为译文添加了一个副标题"Life Goes On",体现了译者对小说主题的理解与把握;徐则臣的《跑步穿过中关村》被译为 *Running Through Beijing* (2014),原文中的小地名"中关村"被替换为国际大都市"北京";塔特(D. Tartt)的 *The Secret History* 被译为《校园秘史》(2007),译文里的"校园"一词是译者添加的内容。如果译文删除了原文的大部分内容,只是再现了原文的个别信息,或者译文再现了原文信息,但补充的内容更多,我们把其归为"半务实",这类译文的求真度略高于"务实"的译文,因为它们与原文还保持一定的联系,尽管这种关系可能微乎其微。如苏童的《碧奴》被译为 *Binu and the Great Wall：The Myth of Meng* (2007),尽管原文在译文中得到再现,但是译者添加的内容明显多于原文,某种程度上影响了原文信息的凸显;慕容雪村的《原谅我红尘颠倒》被译为 *Dancing Through Red Dust* (2015),除了原文中"红尘"这一意象得到再现之外,其他内容或删或改,"原谅"这一带有请求语气的词被删除了,而"颠倒"一词,在原文中可以理解为"被颠倒"，有"我"被"红尘"困扰之意，译文的"dancing"则带有明显的主动性；凯里（P. Carey）的 *Parrot and Olivier in America* 被译为《主仆美国历险记》（2012），除了保留原文的地名"美国"，其他信息则被译者改写了。由上述分析可知，"求真""半求真""半求真半务实""半务实""务实"这五种状态的求真度或忠实度是逐渐递减的。根据所搜集语料，具体统计结果见表1。

表1　中英小说标题翻译的求真度和务实度统计对比

译者行为特征	求真	半求真	半求真半务实	半务实	务实
中文小说标题英译	41.5%	8.7%	16.4%	13.1%	20.3%
英文小说标题汉译	76.0%	9.0%	5.5%	4.0%	5.5%

由表1可知，在"求真"上，英文小说标题汉译远远高于中文小说标题英译；在"半求真"上，二者的差别不大；在"半求真半务实""半务实""务实"上，中文小说标题英译明显大于英文小说标题汉译。总体而言，英文小说标题汉译的求真度要高于中文小说标题英译的求真度，或者说中文小说标题英译的务实度相对更高一些。"求真"和"半求真"都不妨视为忠实的翻译，二者相加的话，不管是中文小说标题英译还是英文小说标题汉译，忠实的比例都超过了50%（前者为50.2%，后者为85.0%），体现了文学翻译对语义忠实的普遍诉求。由此可见，汉译英的求真度也大于务实度，所以不宜过分夸大其中的不忠实性，只是其务实度相对英译汉而言更加凸显或者不忠实的现象更为常见。如果说忠实是翻译的常规，偏离或不忠实的译文更容易引起读者的注意而已。中英小说标题翻译的忠实度对比很大程度上证实了陈国华等人的观点，即英译汉的忠实度整体上大于汉译英的忠实度，翻译方向（英译汉与汉译英）对翻译忠实度具有不可忽略的影响，尤其是文学翻译。

2 英译汉与汉译英忠实度差异的原因分析

翻译是非常复杂的历史存在,如果从整个漫长的中西翻译史来探讨翻译方向对翻译忠实度的影响则很难操作,尤其是从实证层面,何况翻译体裁(如宗教、科技、社科、文学)也会影响翻译的忠实度。这也是本文选取进入 21 世纪后的一个横截面来探讨英译汉与汉译英文学翻译忠实度的共时差异的原因。从中英小说标题的翻译而言,这种差异确实存在,英译汉的忠实度明显高于汉译英的忠实度,很大程度上体现了翻译方向对翻译忠实度的影响。造成这种现象的原因也是复杂多样的,不妨从以下几个方面对之进行解释。

第一,目的语接受语境的差异。中国从晚清开始全面了解西方,五四运动更是掀起了"全盘西化"的浪潮,时至今日,中国对西方(尤其是英语世界)的了解程度远远大于西方对中国的了解,这就为接受西方文学作品提供了充分的语境。西方世界在明清时期通过传教士也翻译过一些中国典籍,但对中国文学与文化作品一直没有形成规模化的翻译行为,对中国现当代文学作品更是如此。除了个别译者,很难有主动译介的兴趣与动力,尤其是从出版社层面而言,鲜有主动引入版权的,尽管近些年已有所改变。谢天振把目的语接受语境的差异主要归为"时间差"和"语言差"两类。其中,"所谓时间差,指的是中国人全面、深入地认识西方、了解西方已经有一百多年的历史了,而当代西方人对中国开始有比较全面深入的了解,也就是最近这短短的二三十年的时间罢了";"所谓语言差,指的是操汉语的中国人在学习、掌握英语等现代西方语言并理解与之相关的文化方面,比操英、法、德、西、俄等西方现代语言的各西方国家的人民学习、掌握汉语要来得容易"。① 其实,"语言差"不仅涉及语言掌握难易程度的问题,还有相对数量的问题,即目前中国的外语专家(西方主要语种)比相关西方国家的汉语专家要多得多。这种"时间差"和"语言差"在汉语世界

---

① 谢天振. 中国文学走出去:问题与实质. 中国比较文学,2014(1):8-9.

(中国)和英语世界(以英美为代表)表现得更为突出,也更有说服力。英语在中国的普及程度远远比汉语在西方的普及程度高,再加上很多中国读者对英语文学作品本身已经比较熟悉,所以对英语作品有着强烈的"原汁原味"的期待。接受语境成熟的话,译者倾向于直译(异化),倾向于忠实于原文,倾向于全方位地保留文学作品中的异质性;接受语境不太成熟的话,译者或出版社会有意操纵译文,在语言和文化层面迎合目的语读者以及诗学规范,特别注重译文本身的可接受性。目前,中国对英语文学作品的接受语境已经比较成熟,译者的行为集中在"求真"上;英美等西方国家对中国现当代文学作品的接受语境还远未成熟,译者的行为偏向于"求真"基础上的"务实",为了迎合译文读者以及市场需求,不忠实的成分与因素相对更多一些,中英小说标题的翻译即为明证。

第二,中西文化的强弱关系。虽然文化强弱是个相对的概念,但由于"英语帝国主义"的存在,相对于以英美文化为代表的西方强势文化而言,中国现当代文化无疑处于弱势地位。改革开放之后中国所取得的经济成就是有目共睹的,但不可否认,中国文化的世界影响力还是相对有限的,且由于语言障碍以及译介力度有限,很难彻底地渗透到西方国家。强势文化对弱势文化往往采取俯视的态度,后者则往往仰视前者,所以,"就翻译方向而言,强势文化译介弱势文化中的作品时,对忠实度的预期和要求相对较低,弱势文化对强势文化中的作品往往奉若神明,亦步亦趋的更多"①。不管是译者心态,还是目的语读者心态,基本上都是如此。国家的文化影响力对作家也有很大影响。与英语作家相比,中文作家在世界文学场域中整体上处于边缘位置,积累的象征资本有限。毫不夸张地说,鉴于目前会用英文写作的汉语作家微乎其微,如果想要提高自己在世界文学场域中的话语权,主要还得依靠翻译。大多数知名当代汉语作家不会英语或知之甚少,对于译者如何处理自己的著作往往采取放任的态度。另外,在目前全球性的文学评奖评价体系中,几个主流的文学大奖,如诺贝尔文学奖、英国布克文学奖和卡夫卡文学奖等,话语权都掌握在西方国

---

① 冯全功. 翻译忠实观:争议与反思. 解放军外国语学院学报,2019(3):116.

家手中。这意味着只有通过翻译,中国作家的作品才有机会被他国读者了解、阅读,才有机会与他国文学交流互鉴,甚至同台竞技,才有机会在国际文学舞台上大放光彩,为自己争取更多的象征资本与国际影响力。作家苏炜在谈到自己的《迷谷》英译本时,曾说找出版社就花了三四年,先后在美国几大商业出版社之间流转,但都以出版的商业价值不高为由被婉拒,最后由一家独立出版社出版;王安忆《长恨歌》英译本的出版也有类似的经历。^① 这其实也是中国现当代文学作品在西方世界译介与传播的一个缩影,中国现当代文学首席翻译家葛浩文也谈到过自己多次碰壁的情况。相比之下,英语作家的作品在向中国译介时,由于本身处于强势文学地位,再加上译介过来的作家大多获得过国际大奖,所以出版社往往竞相出版,甚至不惜花巨资引进版权,然后再找相关译者进行翻译。这一客观现实无形之中也影响着中国英汉译者的文化心态,继而影响他们的翻译策略,他们往往仰视英语作家,希望把他们的作品能原汁原味地翻译过来,在语言层面也谨小慎微。

第三,翻译出版的编辑权力与生态差异。覃江华和梅婷指出,在不同的出版体系中,编辑的话语权力不尽相同。在中国出版体系中,作者享有很高的权威性,而编辑的地位普遍较低;在西方出版体系中,编辑拥有更大的话语权,对文稿的修改与完善起到至关重要的作用,翻译出版亦是如此。^② 在中国,许多国外经典的文学作品最先通过国内的专业翻译出版机构译介过来,如译林出版社、上海译文出版社等。经过几十年的发展,这些出版机构已经掌握了一套完整的图书翻译出版流程,拥有精通双语甚至多语的编辑来协助、监督译者完成翻译,对译文忠实度的要求非常高。译林出版社的编辑王理行曾说,"工作时我有个习惯,就是编辑任何人的稿子,刚开始肯定是认认真真、仔仔细细地把原文跟译文对照几遍"^③,确

---

① 韩帮文. 中国当代文学走出去,最大瓶颈在翻译——专访北美"新移民"作家苏炜. 中华读书报,2020-02-12(07).

② 覃江华,梅婷. 文学翻译出版中的编辑权力话语. 编辑之友,2015(4):77.

③ 许钧,谢天振. 新时代文学翻译的使命——"浙江大学文学翻译名家高峰论坛"纪要. 东方翻译,2018(5):6.

保译文经得起读，也经得起对。西方出版社基本上没有通晓汉语的编辑，编辑通常不重视译文是否忠实于原文，他们更看重译文本身的文学性、可读性以及诗学规范是否符合西方读者的预期等。国外译者对中国文学作品译介过程中的很多偏离原文的不忠实现象是在编辑的建议下进行的，译者与编辑、作者共同决定了译文的面貌。葛浩文称其为"回顾式编译"，即"译者在翻译过程中，部分承担起编辑的职责，与目标语编辑合作，对中国文学在结构、语言，甚至风格等方面进行显性编辑或操纵，是更高程度上的'连译带改'"[①]。压缩篇幅、精简文字、调整结构、改变情节的现象在葛浩文的译本中颇为常见，如莫言的《丰乳肥臀》、姜戎的《狼图腾》等。小说标题最容易引起目的语编辑的注意，所以中国文学外译中标题被改的情况较多，尤其是那些毫无艺术特色或者文化蕴含浓厚的小说标题，如李锐的《旧址》（被译为 *Silver City*）、虹影的《饥饿的女儿》（被译为 *Daughters of the River*），这些标题翻译"都是出版商的主意，葛浩文只能妥协接受"[②]。周领顺和周怡珂也研究过西方编辑对译作生成的影响，认为"西方编辑之于译作形成的影响性尤其突出，与中国编辑相比，西方编辑的主体性更加凸显"[③]，尤其注重译文本身的可读性与可接受性，干预也更多一些，形成了编辑与译者、作者之间的"共谋"。鉴于中国文学作品在西方比较"冷门"，西方出版商与编辑对中国文学作品的权力还表现在他们在很大程度上掌握着生杀大权，可以决定译作是否能够出版，所以译者迁就编辑的地方更多。西方编辑的业务素质往往很高，熟知目的语读者的需求，大多数译者也倾向于配合，或对译文进行折中处理，包括一些中文小说标题的翻译。中国出版社对西方文学名著以及新近的获奖作品竞相出版，所以编辑的话语权不大，除了意识形态方面，对译文往往不做过多的干预，尤其是宏观结构层面；负责任的编辑则花很大的精力在核实译

① 转引自：邵璐. 蓝色铅笔下的编译——论回顾式编译法在葛浩文英译莫言小说中的运用. 中国外语，2016(5)：107.
② 孟祥春. Glocal Chimerican 葛浩文英译研究. 外国语，2015(4)：81.
③ 周领顺，周怡珂. 西方编辑之于译作形成的影响性——美国翻译家葛浩文西方编辑观述评. 外语学刊，2018(1)：110.

文是否忠实上,这也无形中强化了译者的翻译忠实观。

3 结 语

　　通过对中英小说标题翻译的统计对比,不难发现,翻译方向对翻译忠实度的确有一定的影响,在很大程度上证实了有些学者关于英汉翻译中存在忠实度差异的论断。翻译方向对翻译忠实度的影响不只是体现在小说标题翻译上,还可以从语言、文化、诗学、语篇结构、意识形态等多个方面验证,有待继续深入探索。究其原因,主要在于目的语接受语境的成熟程度不同、中英文化的强弱与国际影响力不同以及中西编辑生态与权力话语不同。除了翻译方向,影响翻译忠实度的因素还有很多,如译者的翻译观(翻译个性)、翻译体裁(文学与非文学)、传播渠道(口译与笔译)、他译与自译、人工翻译与机器翻译以及跨文化交流的阶段性等。由于本文限定在小说标题翻译,并且出自众多翻译家之手,上述因素对翻译忠实度的影响可以忽略不计。探讨翻译方向对翻译忠实度的影响也可以从英汉之外的其他语种组合着手,尤其是文化地位以及输入与输出悬殊较大的语种组合;还可以从历时探讨翻译方向对翻译忠实度的影响,以发掘其多重影响因素,充分认识翻译的动态性、历史性、社会性与复杂性。只要存在跨文化交流的不平衡性,翻译方向对翻译忠实度的影响就不会消失。随着西方对中国文学与文化的了解逐渐深入,随着中国文化在世界的影响力与渗透力逐渐增强,相信翻译方向对英汉翻译忠实度的影响会越来越小,也不排除将来有逆转的可能。所以,不宜把目前西方译者对中国文学的归化处理方式视为"灵丹妙药",毕竟尊重和保留差异是文学翻译的本质诉求,跨文化双向交流越频繁、越成熟,对异质因素的重视程度也就越高,中国文学作品外译亦不例外。

刘勰的"六观"说与中国古典诗词翻译批评①

　　中国传统译论与古典哲学、美学、文论、画论等密不可分,很多译论术语是从这些领域移植而来的。这些传统译论,如"信、达、雅"、"神似"说、"化境"说等,乃中国特色翻译理论的有机组成部分。鉴于译论和文论本质上都是有关文章写作的学问,相对于哲学、美学、画论等而言,二者的亲缘关系更强。中国古人治学有文史哲不分家的倾向,所以文论还有其哲学渊源,很多也是中国古典美学的有机组成部分,与画论、书论很大程度上也是相通的。中国古典文论的包容性及其与译论的亲缘性决定了其对传统译论的深远影响,是构建中国特色翻译理论的肥沃土壤。张柏然提倡"在中国古典文论思想研究中开掘翻译思想",认为"运用中国古典文论思想研究中国翻译理论是一条重要的探索途径"。② 潘文国提出的文章翻译学在很大程度上也植根于中国传统文论资源。谈及古典文论,不得不提刘勰"体大而虑周"的《文心雕龙》,国内外对其研究还形成了一门显学——"龙学"。黄维樑提出以《文心雕龙》为基础,建构一个中国文学理论体系,包括文学通论、实际批评及方法论和文学史及分类文学史三大部分,他还特别注重文学批评方法论中的"六观"说。③ 申丹利用《文心雕龙》

---

① 原载于《北京第二外国语学院学报》2021 年第 5 期,标题未变,独立撰写,收入本书时略有改动。

② 张柏然. 顶天立地搞科研　领异标新写春秋——翻译理论研究方法论纵横谈. 外语教育,2007:7.

③ 黄维樑. 以《文心雕龙》为基础建构中国文学理论体系. 文艺研究,2009(1):57-65.

中的"隐秀"观探讨过中国古典诗词模糊美在翻译过程中的保存和实现问题。① 陈大亮借助刘勰有关声文、形文与情文的思想探讨了诗歌翻译的声味、形味与情味,丰富了译味的审美内涵,为诗歌翻译批评提供了一个新的视角。② 本文则以刘勰提出的"六观"说以及黄维樑的现代解释为基础,尝试为中国古典诗词翻译批评提供一个操作框架。

1 刘勰的"六观"说及其现代解释

刘勰在《文心雕龙·知音》中提出了"六观"说:"是以将阅文情,先标六观:一观位体,二观置辞,三观通变,四观奇正,五观事义,六观宫商。斯术既行,则优劣见矣。"刘勰之所以标举"六观"是因为"文情难鉴","会己则嗟讽,异我则沮弃,各执一隅之解,欲拟万端之变,所谓'东向而望,不见西墙'也"。"六观"说的提出有利于读者"无私于轻重,不偏于憎爱,然后能平理若衡,照辞如镜矣"。有关"六观"说,历来颇有争议,有人说是文学批评的标准,有人说是文学批评的方法。也有人把《文心雕龙·宗经》中提出的"六义"说作为批评标准,把"六观"说作为批评方法。所谓"六义"指"一则情深而不诡,二则风清而不杂,三则事信而不诞,四则义直而不回,五则体约而不芜,六则文丽而不淫"。由此可见,"六义"说的规定性更强一些,其作为批评标准也更有道理;"六观"说的涵盖面更广一些,其本身主要是指出了批评的视角或路径。不过结合《文心雕龙》的整体思想,"六观"说的确也有一定的规定性,将其视为批评标准的说法也不无道理。对"六观"说的理解必须结合其他章节,正如李平和桑农在《文心雕龙·知音》的"导读"中所言:"《知音》是我国古代第一篇比较系统的文学批评论,相当全面地论述了文学批评的态度、特点、方法和文学批评的基本原理,并涉及文学批评与创作的关系和文学欣赏等问题。但这些问题本篇都讲

---

① 申丹. 中国古诗翻译模糊美中的隐秀观. 长沙铁道学院学报(社会科学版),2008 (2):172-173.

② 陈大亮. 刘勰的"三文"与译诗的"三味". 天津外国语大学学报,2012(1):27-33.

得比较简略,还须联系全书有关论述,才能全面理解刘勰的文学批评观点。"①很明显,李平和桑农也把"六观"说视为文学批评的方法,但强调必须"联系全书",如《事类》涉及"事义"、《练字》涉及"置辞"、《声律》涉及"宫商"、《通变》涉及"通变"等。

　　黄维樑对刘勰的"六观"说情有独钟,把其作为评骘古今中外文学作品的一个重要理论体系,认为"六观"说"在实际衡量作品上,照顾周到,其理论极具实用价值;而且,千多年前的说法,到今天仍然适用"②。他还以"六观"说评论过诸多作品,正如包剑锐所言:"黄氏对'六观'的研究,置于整个古典文论的现代转型这一大的学术背景中来说,无疑是一种质的跨越。他使得古典文论的转型,不再停留于焦灼的讨论,而是完全地、具体地付诸实践。"③学界对"位体""奇正"等具体所指有不同意见,黄维樑还"综合各种不同说法,并加以己见,更大胆地调整了原来'六观'的次序,形成了一个'现代化'的'六观'说",具体如下:

　　　　第一观位体,就是观作品的主题、体裁、形式、结构、整体风格;

　　　　第二观事义,就是观作品的题材,所写的人事物等种种内容,包括用事、用典等;

　　　　第三观置辞,就是观作品的修辞手法;

　　　　第四观宫商,就是观作品的音乐性,如声调、押韵、节奏等;

　　　　第五观奇正,就是通过与同时代其他作品的比较,以观该作品的手法和风格,是正统的,还是新奇的;

　　　　第六观通变,就是通过与前代作品的比较,以观该作品的表现,如何继承与创新。④

　　黄维樑现代版的"六观"说更加全面,所指更为清晰,对次序的调整也

①　刘勰. 文心雕龙. 李平,桑农,注评. 南京:凤凰出版社,2011：221.
②　黄维樑. 从《文心雕龙》到《人间词话》——中国古典文论新探. 2 版. 北京:北京大学出版社,2013：10.
③　包剑锐. 黄维樑对《文心雕龙》"六观"说的应用. 华文文学,2013(5)：105.
④　黄维樑. 从《文心雕龙》到《人间词话》——中国古典文论新探. 2 版. 北京:北京大学出版社,2013：11.

不无道理,其中前四者是就作品本身而言的,后二者是与其他作品相比较而言的。现代版"六观"说不失为文学批评的一个操作性很强的理论框架,对中国古典诗词批评更是如此,具有更高的契合度和解释力。黄维樑本人也以此评析过范仲淹的《渔家傲》以及其他诗词。①

2 "六观"说在中国古典诗词翻译批评中的应用

文学批评有利于更为透彻地理解作品,而理解正是翻译过程的核心步骤之一,唯有透彻理解,方能有效表达,或者说理解是表达的前提。文学批评对文学翻译批评无疑具有较大的参考价值,尤其是在理解与评析层面,看译者的传达是否到位、译文本身是否具有较高的审美价值和独立的交际价值。然而,翻译和创作毕竟有所区别,评价的重点也不尽相同,所以,如果把文学批评方法引入翻译批评中,还需要对其进行适当的变通与改造,刘勰提出的"六观"说也不例外。以下主要探讨"六观"说(顺序按黄维樑的)在中国古典诗词翻译批评中整体上的可行性、诸多具体的切入视角以及评析中需要注意的问题。

2.1 一观位体

体在《文心雕龙》中出现了近二百次,具体所指也不尽相同,如《明诗》中的"若夫四言正体,则雅润为本"主要指文章体裁;《体性》中的"若总其归途,则数穷八体"主要指文章风格;《章句》中的"章总一义,须意穷而成体"主要指文章主题,"原始要终,体必鳞次"主要指文章结构;《比兴》中的"起情故兴体以立"主要指修辞形式。黄维樑把"观位体"解释为"观作品的主题、体裁、形式、结构、整体风格"还是比较准确的。通观《文心雕龙》不难发现,体主要还是指文章体裁,有大小之分(如诗体内部还有很多细分)。刘勰还反复强调情对体的决定作用,所谓"因情立体""设情以位体"是也。

---

① 黄维樑. 中华文化"春来风景异"——用《文心雕龙》六观法析范仲淹《渔家傲》. 云梦学刊,2007(2):90-93.

诗是中国古典文学的主要形式，体裁也因时而变，丰富多彩，正如王国维在《人间词话》中所言："四言敝而有《楚辞》，《楚辞》敝而有五言，五言敝而有七言，古诗敝而有律绝，律绝敝而有词。"作诗以辨体为先，译诗亦需辨体。诗从字数上而言，主要有四言诗、五言诗和七言诗。英诗绝大多数是用抑扬格写成的，其中以五步扬扬格居多，理想情况下，一个音步对应一个汉字较为合适，所以五步抑扬格与汉语五言诗构成了最佳对应关系，但这并不排除用五步抑扬格翻译四言或七言诗的情况。骚体诗的形式标志主要为语气词"兮"的使用，其功用在于营造诗的节奏美感。这种形式标志在英译中有必要体现出来，有译者用 oh 对译之，未尝不是一种新鲜的尝试。词乃诗之别体，音乐性很强，有严格的韵律要求，每首都有自己的词调，并且"调有定格，句有定数，字有定声"。严格而言，这种词调在翻译中有必要体现出来，只有这样，词牌名的翻译才有存在的意义。翁显良采取的是散体译诗，不分行也不押韵，由于无法再现词的形式特征，就直接省略掉了词牌名的翻译，也不无道理。诗和词的形式标记很重要，如果译诗中体现不出来（如诗和词的每行都可长短不一），也就消弭了译文之诗体和词体的区别。曲也是宽泛意义上的诗体，口语化特征特别明显，在翻译中也要注意使用目的语中的口语化词汇，整体上做到风格对应。这些问题主要是针对诗体形式的传达而言的，如何翻译其实并无定论，但不妨作为批评的切入点。

除了诗歌体裁之外，观位体还可以从其他角度入手，如主题、结构、整体风格等。中国古诗具有强烈的托物言志传统，如果不结合创作和时代背景，只从文本出发，读者就很难知晓诗歌的主题，即作者所要表现的志趣或写作目的。针对这种主题对文外语境依赖程度较高的诗歌，如曹植的《七哀》《七步诗》、张籍的《节妇吟》、朱庆余的《近试上张水部》、杜牧的《泊秦淮》等，哪怕有些直抒胸怀的，如岳飞的《满江红》等，不结合文外语境也很难透彻地理解。翻译以沟通为目的，针对这些诗歌就不宜直译，建议采取丰厚翻译的形式，如加注、加题说、加评论等，为译文读者提供一个相对自足的解读语境，许渊冲在《中诗英韵探胜——从〈诗经〉到〈西厢记〉》中的做法（每首诗都附有一个译者评论）就值得效仿。在古典诗词翻译的整体风格方面,可以从诗人着手(如李商隐、白居易),可以从类型着手(婉约与豪放),也可以从时代着手(如宋代明理诗),评析各种风格的特征在译文中是否有对应的表现、是否发生了风格变易。在结构层面,可观察译诗的行数和原诗的对应情况、译诗有没有跨行现象、诗行的安排是否有一定的规律可循、译文中有没有逻辑显化现象等。值得一提的是,还有些译者采取散体(不分行、不押韵)的形式译诗,以翁显良为代表,如何评价这种译诗方式,这种方式有何利弊,也可以在位体层面探讨。

2.2 二观事义

刘勰在《文心雕龙》中连用“事”“义”二字的仅有四处,分别是《体性》中的“事义浅深,未闻乖其学”、《事类》中的“学贫者迍邅于事义”、《附会》中的“必以情志为神明,事义为骨髓”以及《知音》中的“五观事义”。从字面而言,事义即事情与意义,引事是为达意服务的,即《事类》中所谓的“事类者,盖文章之外,据事以类义,援古以证今者也”。用事包括“举人事”和“引成辞”,以达到征义或明理的目的。黄维樑把事义理解为“作品的题材,所写的人事物等种种内容,包括用事、用典等”①。如果说刘勰的重点在于“援古”的话,黄维樑则将其泛化为作品的题材与内容了,这样也就更有解释力。

观事义的重点应在用事、用典上,古人甚至强调“无一字无来处”,可见典故在古诗中强大的渗透性和生命力。用事或典故有多种方法,有用事、用辞,有正用、反用、借用、暗用、泛用等,强调“使事要事自我使,不可反为事使”(韩驹《陵阳室中语》)。中国古典诗词中典故的翻译向来令人头疼,处理方法也多种多样,最常用的就是加注法,尤其是核心典故,其次是泛化法,也有直接省略的。评价原文用典在翻译中的优劣得失不能仅以再现与否为准,还要看其在整个诗篇中的地位如何、再现的结果译文读者是否能够理解、删除或泛化后是否影响原诗主旨意义的传达等多种因

---

① 黄维樑. 从《文心雕龙》到《人间词话》——中国古典文论新探. 2 版. 北京:北京大学出版社,2013:11.

素。所以，古典诗词中用典的翻译只能具体问题具体分析，需要译者综合考虑各种因素灵活处理。有些用典是在整个语篇层面进行的，如杜甫的《蜀相》、苏轼的《念奴娇·赤壁怀古》、李清照的《夏日绝句》等，如果对相关人物或事件不了解，就很难理解诗词的题旨。所以，此类诗词的翻译，最好以注释或其他形式加些人物或故事介绍，以便为译文读者提供相对自足的解读语境。人名典故在诗词翻译中也需要特别注意，很多人名本身承载着浓厚的文化记忆，如"屈平陶令""龙城飞将""玉环飞燕"等，在原诗语境中自然会引发读者的互文联想，对诗歌主旨的理解往往有重要作用。然而，由于文化差异的存在，如果直接移植到译文中而不加任何解释的话，就不见得能够激起类似的互文联想。重要的地名典故也是如此。如果人名、地名典故在原诗中不是特别重要，为了不影响阅读的流畅性，则不妨做泛化处理。所以，典故翻译的效果要辩证分析，不宜一概而论。

引用前辞也是用典的表现，在翻译过程中很难体现出来，如毛泽东《七绝·贾谊》中的"贾生才调世无伦"对李商隐《贾生》中"贾生才调更无伦"的引用（也包括人名典故）。虽然很难再现原诗在文辞上的互文关系，但译者也不能毫无作为，而是应该善于补偿，途径之一就是在译语文化语境中通过使用前人的文辞来重建一种互文关系。互文关系的重建以正用为佳，即原诗和引辞来源在主题上应具有一定的相似性。杜秋娘的《金缕衣》中有"花开堪折直须折"之句，赵彦春的对应译文"Pluck your rosebuds while you may"①就源自赫里克（R. Herrick）的名诗"To the Virgins, to Make Much of Time"中的第一句"Gather ye rosebuds while ye may"，二者都表达了珍惜青春之主旨，重建的互文关系还起到了强化原文主旨的作用。在译文中重建互文关系，不管是用事还是用辞，都要学会化用，不宜一味照搬，即韩驹所谓的"使事要事自我使"。原文和译文中的用典是观事义的重点，但并不是每首诗都有明显的用典，所以，从事义层面来评析译文时，也要对诗歌的题材和内容加以分析，要看原文的题材在译语文化中的生命力如何、原文的题材是否有所变化以及对题材的组织方式是

---

① 赵彦春. 翻译诗学散论. 青岛：青岛出版社，2007：218.

否有所不同、具体内容的增添删减对整体诗词意境有何影响等。

2.3 三观置辞

所谓观置辞就是观察文辞的位置经营,与修辞学中的"组合"说比较类似。古人作诗强调炼字,所炼之字也只有在具体的文辞组合中才能传神达意,实现"一字之警,能使全句皆奇"(贺贻孙《诗筏》)的效果。置辞不限于炼字,范围要更广一些,与句子、篇章均密切相关,《文心雕龙》中的《练字》《丽辞》《夸饰》《比兴》《隐秀》《指瑕》《熔裁》《章句》等皆涉及如何置辞。黄维樑把置辞解释为"作品的修辞手法"也比较到位。值得注意的是,这里的"修辞手法"理应涵盖陈望道在《修辞学发凡》中所说的积极修辞和消极修辞,尤其是积极修辞,包括辞格和辞趣两个方面。①

观置辞在中国古典诗词翻译中是最有话可说的,首先是各种修辞格的翻译。刘勰在《练字》中强调"缀字属篇,必须拣择"。置辞是为篇章服务的,所以,评析各种修辞格的翻译还要注意结合整个诗篇的艺术设计。陈望道提出过"修辞以适应题旨情境为第一义"②的修辞原则,在翻译评析中同样适用。这里的"情境"包括文本内语境和文本外语境。古典诗词中的隐喻翻译就颇值得研究,如植物隐喻、星象隐喻、情感隐喻、语篇隐喻等,不妨结合西方当代隐喻理论(如概念隐喻等)对之进行评析。如果是移植原诗中的概念隐喻(如"愁是水"),可以评析概念隐喻的翻译效果,尤其是对相关隐喻表达的处理,考察其相对于原文是强化还是弱化,抑或是忠实再现。其他如拟人、双关、象征、通感、夸张、借代、拈连、移就、析字、藏词等修辞格也都值得研究,既可以归纳某种修辞格的翻译模式,也可以就具体诗歌中修辞格的翻译进行评析,提出合理的建议。任何修辞格的翻译评析都要注意其在语篇中的地位与功能,不能"只见树木,不见森林"。唯有如此,才能对诗词翻译中各种修辞格的增删变易做出合理的评价。这些修辞格大多属于修辞认知的范畴,因此,也可以研究古典诗词翻

---

① 陈望道. 修辞学发凡. 上海:复旦大学出版社,2008:42-192.
② 陈望道. 修辞学发凡. 上海:复旦大学出版社,2008:9.

译过程中修辞认知的三大转换模式，即从修辞认知到概念认知、从修辞认知到修辞认知(包括同类转换和异类转换)、从概念认知到修辞认知①，分析各自的转换动因(包括主观和客观两个层面)以及审美效果。

古典诗词中修辞手法的翻译可探讨的话题还有很多，也都可作为批评的切入点。诗词中炼字的翻译也值得研究，所炼之字往往具有一定的辞格属性，如何才能再现原文的炼字效果是译者要慎重考虑的。兴是中国古典诗词特有的修辞手法，频频可见，有"兴体"之说，体现了中国典型的悟性思维。兴之修辞与思维的翻译很值得研究，如兴直接移植或变通处理的接受效果。所谓变通主要指强化二者之间的逻辑关联，如化兴为比的译法。理雅各《诗经》韵体版翻译中多有这种变通处理，其较早的散体版基本上都是直接移植。名词并置在诗词中也十分常见，如马致远的《天净沙·秋思》等，这种特有现象也主要有两种处理方法，即直接移植和重新逻辑化，故可研究两种译法的审美效果以及直接移植法和西方以庞德为首的诗歌意象运动的关系。古典诗词中的叠词也很多，如李清照《声声慢》中的"寻寻觅觅，冷冷清清，凄凄惨惨戚戚"等，节奏感很强，类似叠词的翻译方法也值得注意。古诗中地名的翻译有时也很棘手，尤其是具有特殊意义的地名，如金昌绪《春怨》中"啼时惊妾梦，不得到辽西"中的"辽西"，如何处理也颇值得玩味。古典诗词言简意赅，惜字如金，人称经常省略(尤其是第一人称)。由于语言差异，在翻译过程中需要考虑是否补出：如果不顾译语句法需要直接移植的话，译文的审美效果是否会打折扣？如果补出的话，中国古典诗词的特色是否会被冲淡，甚至影响诗意的生发？汉语对数不敏感，经常单复同形，如"白头宫女在"中的"宫女"以及"月落乌啼霜满天"中的"乌"都是单复同形。由于语言差异的存在，在英译过程中就必须选择单数还是复数，不同的选择可能会影响到诗歌意境的营造，有时差别还非常大。古典诗词中的引语方式多为间接引语，有时间接、直接也比较模糊，还有很多言语行为叙述体，也可根据叙事学或文

---

① 冯全功. 文学翻译中的修辞认知转换模式研究. 解放军外国语学院学报，2017 (5)：127-134.

体学来探讨汉诗引语的不同翻译方式及其审美效果,如把原诗中的间接引语处理成直接引语的现象。古典诗词非常强调含蓄美,即所谓"不著一字,尽得风流"。刘勰认为,"隐也者,文外之重旨者也;秀也者,篇中之独拔者也";"隐以复意为工,秀以卓绝为巧"(《文心雕龙·隐秀》)。隐也是一种含蓄美,由于中西诗学与文化差异,古典诗词翻译中经常会出现化隐为秀的译法,包括辞意以及整个意境的营造。翁显良的散体译诗通过添加相关话语在意境上很多就属于化隐为秀的范畴,可以从不同视角评析这种译法的优劣得失。其他话题还有很多,如诗词翻译中的虚实转换(抽象与具体)、动静转换(动词与名词)、主动与被动转换、人称与物称转换等,诸如此类,不一而足,只要对诗意生发与意境营造有影响,皆可观之。

2.4　四观宫商

观宫商即黄维樑所说的"观作品的音乐性,如声调、押韵、节奏等",强调的是音韵效果,兼及节奏美感。在中国古典诗词中主要指音韵方面,因为汉语诗词的节奏基本上是固定的。《声律》中对"作品的音乐性"有集中论述,开篇如下:"夫音律所始,本于人声者也。声合宫商,肇自血气,先王因之,以制乐歌。故知器写人声,声非效器者也。故言语者,文章关键,神明枢机,吐纳律吕,唇吻而已。"声律之道,有"外听"与"内听"之分,前者以弦器听之,后者以人心听之,人心听之,贵乎自然。清代刘大櫆曾说,"盖音节者,神气之迹也"(《论文偶记》),同样强调文辞的声韵与节奏之妙。姚鼐甚至认为,"诗古文要从声音证入,不知声音,总为门外汉耳"(《与陈硕士》)。

押韵与否是中国古典诗词翻译的一大问题,有韵体派和散体派①之分。韵体派强调押韵是古典诗词的本质特征之一,其所形成的音韵美感需要体现在译文之中;散体派则强调摆脱韵脚束缚,直抒胸臆,以迎合西

---

① 此处的散体派和以翁显良为代表的散体派不同,这里主要指不押韵的诗歌译法,与押韵译法相对。以翁显良为代表的散体派后者既不分行,又不押韵,有散文化的倾向,是针对诗体而言的。

方诗歌的主流诗学规范(不押韵)。针对庞德、韦利对中国古典诗词的散体译法,有学者认为是文化殖民,韵体译法才是文化存真,是反殖民行为。① 这种观点有待商榷,如果真是这样的话,中国学者的散体译法不就变成自我殖民了吗?翻译的影响因素很多,押韵不押韵和译者的诗学主张相关,和翻译的充分性与可接受性之间的矛盾也相关,不能一概而论,也不宜以己否人,而应鼓励韵、散两派并存,各展风骚。诗歌押韵和意义传达的关系是韵体派和散体派的争论焦点之一,散体派经常指责韵体派有因韵害意的毛病,如许渊冲把林升《题临安邸》中的"暖风熏得游人醉,直把杭州作汴州"译为"The revelers are drunk with vernal breeze and leisure; / They'd take the new capital for old place of pleasure"②,译文把"汴州"变成了寻欢作乐之地,有因韵害意的毛病,体现不出原诗中的政治讽刺性。针对中国古典诗词的韵体译法,要尽量避免因韵害意,如果常有这种现象的话就不如以散体译之了。韵体译诗的基本方法是据意寻韵,同时也不妨辅以因韵设意,即在不影响主旨传达和整体诗意的情况下增设一些简单的内容。因韵设意的方法也预设了一种灵活的翻译观,强调的是审美忠实。表层语义的增删比较常见,但需保证译文本身是个有机整体。此外,押韵不见得一定是尾韵,也可以是头韵、行内韵等;韵体译诗批评也可以考察其押韵方式是否有一定的规律可循。散体派以达意为主,但要注意营造意境,不宜刻意避韵,自然之韵在散体译诗中更有趣味。

　　有人说,诗歌可以没有韵脚,但不能没有节奏,节奏是诗之所以是诗的重要标志。中国古诗的节奏主要由平仄和字数实现的,英诗主要由音步实现的。语言不同,节奏之美也不尽相同,翻译时至少要保证译文本身的节奏是和谐的,但也要注意一定的类似性,如不宜把急促的节奏改为舒缓的节奏,不宜把四言诗译为每行七八个音步等。古典诗词中的节奏美也可以由叠词、排比、重复、长短句等实现,在翻译过程中都需要考虑。如

---

① 邵斌. 从发明到发现——中诗韵译与文化存真. 天津外国语学院学报,2006(4):21-24.

② 袁行霈. 新编千家诗(汉英对照,许渊冲英译). 北京:中华书局,2007:150.

《诗经》中有很多重复修辞,即同样或相似的话语在同一首诗中反复出现,节奏感很强,大多译诗移植了这种重复手法,但也有更改的情况,可分析各自的审美效果。

2.5 五观奇正

奇正是对相反相成的概念,《定势》中曰"奇正虽反,必兼解以俱通"。刘勰特别注重奇正的辩证性,如"酌奇而不失其真"(《辨骚》)、"旧练之才,则执正以驭奇;新学之锐,则逐奇而失正"(《定势》)、"始正而末奇,内明而外润"(《隐秀》)等。奇在后来的文论中具有相对独立的审美意义,但还是要以雅正作为潜在的参考,或者强调"文奇而理正""以非常之文,通至正之理"(皇甫湜《答李生第二书》)。奇可以表现在很多方面,如置辞、句法、用韵、风格、题材、立意、运思等。黄维樑认为,奇正主要是通过"与同时代其他作品的比较"得出的,即把"观通变"放到了历时比较上。其实,奇正不只是共时的,也存在历时的维度,即《通变》中所谓"望今制奇,参古定法"是也。

针对古典诗词的翻译,不妨以正作为参考,观奇之翻译,包括风格、文辞等。宋以词为盛,诗庄而词媚,也有诗言志、词言情之说,词体向来以婉约为主导风格。胡应麟在《诗薮》中有言,"凡为某体,务须寻其本色",婉约风格就不妨视为词之本色。如果把词之婉约风格视为正,豪放风格就是奇。苏轼是豪放派的代表人物,曾在《与鲜于子骏书》中说,"近却颇作小词,虽无柳七郎风味,亦自是一家",如《念奴娇·赤壁怀古》《江城子·密州出猎》等。苏轼豪放之词的译文在语言风格上能否与其他词人(如柳永、秦观、李清照)的婉约之词的译文区分开来,能否与苏轼自己写的婉约之词的译文(如《江城子·乙卯正月二十日夜记梦》①)区分开来?同一译者的译文如果有微妙的区分,有奇正之别,那就颇有功力了。豪放不仅体

---

① 原词如下:十年生死两茫茫,不思量,自难忘。千里孤坟,无处话凄凉。纵使相逢应不识,尘满面,鬓如霜。夜来幽梦忽还乡,小轩窗,正梳妆。相顾无言,惟有泪千行。料得年年肠断处,明月夜,短松冈。

现在题材上，还体现在语言上，如何再现颇值得关注。辛弃疾豪放之词的翻译也当如是观，在风格方面，如何与其他词人以及辛弃疾自己的婉约之词区分开来，是译者需要认真考虑的。诗在唐代最为繁盛，出现了很多千古诗人，如"诗圣"杜甫、"诗仙"李白、"诗佛"王维、"诗鬼"李贺等。杜甫遵循儒家传统，如果把他的诗歌视为正的话，其他的便是奇。如何在翻译中表现这些奇气、奇象与奇趣呢？除了题材和立意之外，各家的主导语言风格表现在哪些方面，能否在翻译过程中有效传达？针对上述四家语言风格，如果是同一译者所译，是否存在"四人同面"的情况？就诗词句法而言，如果顺序为正，倒序便为奇，如杜甫《秋兴八首》中的"香稻啄余鹦鹉粒，碧梧栖老凤凰枝"等，中西诗歌皆频用倒装手法，有必要原文倒装译文也倒装吗？如果不需要的话，又该如何补偿原文的审美流失？就置辞而言，常用为正，活用为奇，如王安石《泊船瓜洲》中"春风又绿江南岸"中的"绿"字，如何在翻译中体现这种形容词或名词用作动词的炼字手法呢？能否直接移植，效果会如何？雅俗也是对立的，雅若为正，俗则为奇，《体性》中也有"雅与奇反"之说。诗词的语言本属典雅，即所谓"文辞丽雅，为词赋之宗"（《辨骚》），但历来也有提倡以俗入诗的，如苏轼、袁枚等，这些俗语、俚语能否在翻译中体现出来？如果采取以俗译俗，效果又如何？《文心雕龙·练字》中有言，"固知爱奇之心，古今一也"。在翻译中观奇有很多切入视角，也包括奇与正的辩证关系与相应表现。上述主要是从原文出发的，也就是观原文之奇在译文中的表现。其实也可以从译文出发，观译文本身之奇，如：哪些是从原文移植过去的，哪些是译者自己独创的？哪些在源语文化中为正，在译语文化中反而为奇了？有没有原文为奇移植则正的现象？凡此种种，皆可慧眼观之。

2.6　六观通变

刘勰的通变主要讲"继承与创新"的关系，集中体现在《通变》中。此篇有言，"设文之体有常，变文之数无方"，"文辞气力，通变则久"，"名理有常，体必资于故实；通变无方，数必酌于新声"等。由此可见，相对于体而言，刘勰更强调文变，"斯斟酌乎质文之间，而隐括乎雅俗之际，可与言通变矣"(《通变》)。黄维樑把"通变"设定为与前人作品比较,其实也不尽然,通变不仅可与前人比较,也可与时人和自己比较。

中国古典诗词翻译中的通变既可与他人比较得出,也可在翻译过程中生发,与位体、事义、置辞、宫商等多有交叉。诗体奇正的历时变化其实也是通变的结果,包括诗体译诗和散体译诗的翻译策略。目前英语世界的诗歌主流是不押韵的,中国古典诗词的韵体译法就不妨视为转正为奇了。古典诗词有大量的复译现象,同一首诗或同一部诗集往往会有很多不同的译本,故可观察复译中的通变或继承与创新现象:新译者在哪些方面继承了前译,哪些方面超越了前译? 在文辞上有没有对前译的借鉴,有没有自己的翻译特色? 和前译相比整体效果如何? 复译的生命力在于变,变以通为基础,颇有"执正以驭奇"的意味。许渊冲在翻译中国古典诗词时就善于借鉴前译,推陈出新,这种做法是"互文翻译观"的典型表现,值得提倡,如他翻译曹植的《七哀》就大量沿袭了翁显良的译文,但把翁显良的散体改成了韵体(既分行,又押韵),诗的形式美感变得更强了。许渊冲还是改译的高手,经常对自己的译诗反复修改,在修改痕迹中可观察其中的通变及其效果。理雅各的《诗经》翻译有散体版和韵体版,也可研究其改译的策略与方法,包括韵译相对于散译在意义上的增删变易以及典型的因韵设意(害意)现象,其中因韵设意最能体现译者的变通艺术。

文学翻译是一门变通的艺术,古典诗词翻译尤需变通。《周易·系辞下》有言,"穷则变,变则通,通则久",变通往往是在穷(走投无路、此路不通)的情势下进行的。如古典诗词中典故的翻译,有些典故文化蕴意特别浓厚,直译的话译文读者根本无法理解,这就是所谓的穷;译者要么泛化处理,要么采取加注或用其他丰厚翻译的方法,这就是所谓的变。变则易通,从而实现跨文化交流与沟通的目的。古典诗词翻译的变通往往以目的语文化与诗学为主要参照,强调目的语读者的接受习惯与语境视野,尤其是在跨文化交流初期。"同则相亲,异则相敬"(《礼记·乐记》),翻译就是求同与存异之间的平衡,不同的历史时期有不同的重点,跨文化交流初期重在求同,变通较多,交流越深入,就越重视存异。就目的语诗学的革新而言,通变还表现在存异上,如庞德对中国意象诗的翻译等。所以,观通变既可从原诗和源语文化出发，又可从译诗和译语文化着手，要注意通变的辩证性。

3 结 语

本文以刘勰的"六观"说以及黄维樑对"六观"的现代解释为基础，为中国古典诗词翻译批评初步建立了一个批评框架，从位体、事义、置辞、宫商、奇正和通变六个层面分析了古典诗词翻译批评中的一些具体论题与切入角度，现略作总结，见表1。

表 1 刘勰"六观"说视角下中国古典诗词翻译批评的主要切入视角

位体	诗体与词体的区别；音步与字数的对应；骚体诗形式标记的再现；曲体的口语化风格再现；诗歌主题的解读与再现方法；诗歌整体风格以及结构的再现与变易
事义	诗词用事的翻译方法与辩证评价（包括人名与地名典故）；互文线索与互文语境的再现与重构；译诗中新建的互文关系；题材移植的可接受性；具体内容的增删
置辞	诗词中各种修辞格的翻译（如隐喻、双关、夸张等）；炼字翻译；各种修辞认知的转换方式与动因；兴体的翻译；名词并置与叠词的翻译；人称与数的翻译；引语方式的翻译；诗歌翻译中的隐秀转换与措辞关系；翻译中的虚实、动静转换
宫商	诗词翻译的韵体派与散体派；韵体派的押韵模式、押韵方法；诗词翻译中韵和意的关系；诗词节奏的再现与变易；诗词节奏变易的审美效果
奇正	诗词翻译中奇正的具体表现（如风格、措辞、词序）与辩证关系；奇正风格及其翻译（如豪放词与婉约词）；奇正关系在跨文化交流中的流变；译文本身之新奇
通变	诗体的流变及其在翻译中的体现；诗词翻译韵体派与散体派之争；诗词复译中的继承与创新；译者对异同的处理（归化/异化）及其与通变的关系

诗歌是一个有机整体，"情志为神明，事义为骨髓，辞采为肌肤，宫商为声气"（《文心雕龙·附会》），从"六观"说对中国古典诗词翻译进行评析，有利于强化诗歌的有机整体观，强化译者的整体细译以及批评者的整体细评意识。刘勰在《知音》中有言："凡操千曲而后晓声，观千剑而后识器。故圆照之象，务先博观。"如果用"六观"说从宏观层面对中国古典诗词翻译进行评析的话，需要对古典诗词的翻译史有深入的了解，所谓"务

先博观"是也;同时还需要对代表性译者的译诗进行精读,所谓"先博览以精阅"(《通变》)是也。唯有如此,才能把"六观"说深入地运用在古典诗词翻译批评中,不管是宏观层面还是个案层面。本文提出了一些具体的批评切入点,但并未从"六观"说对具体译诗进行评析。在个案分析中,"六观"视角不必面面俱到,最好有所侧重(如侧重事义、宫商等),学会具体问题具体分析,还要善于发现译诗的独特价值。刘勰的"六观"说本是就所有文体而言的,并不限于诗体,所以其在整个文学翻译批评中均有极大的应用潜力,还有待继续探索。中国古典文论对现代翻译理论建设有极大的应用价值,"六观"说只是冰山一角,值得挖掘的思想资源还有很多,希望本文对基于古典文论的中国特色翻译理论建设有所启发。

中国传统文化中的"气"在翻译
研究中的应用①

中国翻译理论建设有必要汲取中国传统文化资源,尤其是哲学和文论资源,唯有如此,中国特色翻译理论才能落到实处。中国传统文化以哲学为根基,哲学思想与话语弥漫在其他"学科"领域,如美学、文学(理论)、艺术、中医、政治、建筑等。罗新璋在《我国自成体系的翻译理论》中认为,中国传统译论实乃"古典文论和传统美学的一股支流"②,这很大程度上说明了中国传统译论与古典文论和美学之间的亲缘关系。中国古典文论植根于哲学,很多术语也是从哲学中生发而来的,故哲学实乃建设中国特色翻译理论最为肥沃的土壤。童庆炳认为:"气、神、韵、境、味,这是中国文论的基本范畴,也是中国古人的审美理想,同时也是文学美的极致。这些文论的范畴在西方文论中是找不到的,它们集中体现了中国文论的民族文化个性。"③这些范畴的"民族文化个性"意味着古典文论在构建中国特色翻译理论方面也大有可为,如傅雷提出的"神似"说、钱锺书提出的"化境"说、王以铸提出的"神韵"说、刘士聪提出的"韵味"说等。

气是中国哲学和文论的基本范畴之一,其在哲学中还具有本体意味,地位远远高于其他文论范畴,并且催生出了很多次级范畴,在中国文化中

---

① 原载于《外语学刊》2023 年第 3 期,原标题为《谁能养气塞天地 吐出自足成虹霓——中国传统文化中的"气"在翻译研究中的应用》,独立撰写,收入本书时略有改动。

② 罗新璋,陈应年. 翻译论集(修订本). 北京:商务印书馆,2009:19.

③ 童庆炳. 现代视野中的中华古代文论系统. 北京:北京师范大学出版社,2016:50.

熠熠生辉,如元气、真气、神气、精气、志气、文气、意气、灵气、清气、正气、骨气、天气、地气、人气以及气魄、气象、气韵、气势、气概、气数、气脉、气息等。然而,气还未引起译界的广泛重视,目前还未见专论探讨,仅零星地有几篇论文涉及气在翻译研究中的应用。潘文国提出过文章翻译学"译文三合义体气"之说(作为翻译原则和标准),其中"气"指的是译文和原文在气势和文章内脉上的契合,并结合古典文论对之进行了相对充分的论述,开启了把气运用在翻译研究中的先声。[①] 朱纯深在论述其"翻译的阴阳诗学"时涉及浩然之气与语言(知言)的关系,但着墨不多。[②] 冯全功也提到把气引入翻译研究的论题,包括气之所指、分类、表现以及气在翻译过程中的盛衰变化等,但并未展开。[③] 冯全功还论述过把气引入生态翻译学的必要性,已强化生态翻译学的华夏基因。[④] 本文结合中国传统文化中有关气的思想和重要论述(尤其是古典哲学和文论中的),尝试把气及其次级范畴(如文气、正气、气象、气韵等)引入翻译研究之中,具体包括气在翻译本体、翻译过程、翻译批评和翻译伦理中的应用,以期对中国特色翻译理论建设有所贡献。

1　翻译本体——生之以气

哲学中的本体论探讨的主要是世界的本源或宇宙生成的源头问题,为中西哲学共同的基本话题。气被中国古人视为世界的本源之一,与道、太极等本体性概念密不可分。老子的言论——"道生一,一生二,二生三,三生万物。万物负阴而抱阳,冲气以为和"(《道德经·第四十二章》)较早

---

① 潘文国. 译文三合:义、体、气——文章学视角下的翻译研究. 吉林师范大学学报(人文社会科学版),2014(6):93-101.
② 朱纯深. 翻译的阴阳诗学——太极推手、浩然之气、纯语言. 中国翻译,2019(2):5-16.
③ 冯全功. 中国特色翻译理论:回顾与展望. 浙江大学学报(人文社会科学版),2021(1):163-173.
④ 冯全功. 试论生态美学对生态翻译学的启发与拓展. 外语教学,2021(6):91-95.

地指出了气在万物生成中的重要作用。庄子在《知北游》中有言："人之生，气之聚也。聚则为生，散则为死。若死生为徒，吾又何患！故万物一也。……'通天下一气耳。'"庄子不但指出了人是秉气而生的，同时也道出，"一气"乃万物的根本或者说"天下"的源头。这里的"一气"也被称为"元气"，如东汉王充在《论衡》中就有"万物之生，皆禀元气"以及"万物之生，俱得一气"之说。陈德礼认为，战国时代的《管子》一书，最早把气视为宇宙万物的本源，指出自然界的一切事物都是"根天地之气"（《管子·七法》），"有气则生，无气则死，生者以其气"（《管子·枢言》）。[1] 如果说"气分为阴阳二气，二气相交，生生不息，其运动和聚散形成自然万物，自然万物是阴阳二气互相激荡而和谐统一的产物"[2]，《周易》则是宇宙万物之自然元气论的集大成之作。《周易》中的"是故易有太极，是生两仪，两仪生四象"（太极即宇宙最初浑然一体之元气）、"一阴一阳之谓道"、"天地氤氲，万物化醇；男女构精，万物化生"等都是重要的论述。所以，万物的生成都是"阴阳合德""二气感应以相与"的结果，与老子的"万物负阴而抱阳，冲气以为和"前呼后应。北宋张载的"太虚即气"、明代王廷相的"天地之先，元气而已矣"也都是（元）气本体论的重要论述。由此可见，气或者元气被古人视为宇宙的起源，天地万物皆是借（元）气而生，人之生亦乃气之聚的结果。

我们是否也可以顺着古人的思路，从气的角度来思考翻译的本体论呢？即翻译是如何生成的呢？张柏然认为，"本质论重在把握对象'是什么'，本体论则强调对象'如何是'"。关于翻译本体论的重建，张柏然给出的答案是"活动"二字，认为这种"生命—精神"活动是"翻译作为一种对象存在的终极根据"[3]。翻译和活动是神属关系，或者说翻译是一种特殊的活动，把活动作为翻译的本体似乎也有本质论的意味。中国古人认为气

① 陈德礼. 气论与中国美学的生命精神. 北京大学学报（哲学社会科学版），1997(6)：54.
② 陈德礼. 气论与中国美学的生命精神. 北京大学学报（哲学社会科学版），1997(6)：55.
③ 张柏然. 翻译本体论的断想. 外语与外语教学，1998(4)：48.

周流世界,化生万物,即所谓"太虚无形,气之本体,其聚其散,变化之客形尔"(张载《正蒙·太和》)是也。所以,整个宇宙是气化的、生命化的,古人的宇宙观也就是有机宇宙观,世界万物莫不皆然。人秉气而生,文本也需秉气而生;人乃气之聚也,文本亦为气之聚也。文本或作品的有机生命观在中国古典文论中表现得淋漓尽致,曹丕所谓"文以气为主"(曹丕《典论·论文》)也表明了这一点。童庆炳认为,"诗歌所写的是事、情、理、景、物等,但'总而持之、条而贯之者'是'气',所写的一切都要'借气而行',才能使文学获得真正的生命";这种气"植根于宇宙和诗人作家生命的本原"。①这说明宇宙、作家和作品都是气化的结果。苏辙在《上枢密韩太尉书》中的"文者气之所形"也说明了气对文学作品的生成作用。作品乃气之所生,翻译亦然。如果说作品是作家之气赋形于语言的结果,那么译文便是译者之气赋形于语言的结果,二者皆植根于宇宙之元气,通过人之中介达至作品(包括译文),从而形成文气。王充在《论衡》中有言:"人之所以生者,精气也。"这就形成了宇宙之元气、人之精气、文章之文气的气本论格局。明代归有光在《〈项思尧文集〉序》中之言"余谓文章,天地之元气",则直接省略了人之主体这一环。翻译即写作,译文即文章,所以翻译亦为气之所生。换言之,气乃翻译是其所是的根据,用气来说明翻译"如何是"的问题也颇有道理。气作为翻译的本体有其特殊性。译文作为气之所聚的结果,其聚气过程有两种来源,其一为译者传达原文的文气(作者精气所赋予),其二为译者本人之精气赋形于译文。所以,翻译之生成是作者之精气(不妨认为是阳气)和译者之精气(不妨认为是阴气)共同作用、相互氤氲的结果。是故翻译,犹如万物,"万物负阴而抱阳,冲气以为和"。陈东成从《周易》中的"生生之谓易"推演出"生生之谓译"②的命题,其中译之"生生"的本源力量就是作者之阳气与译者之阴气的氤氲和合,精气和合的结果就是译文的诞生,即转化为译文的文气。文气则是译者

---

① 童庆炳. 现代视野中的中华古代文论系统. 北京:北京师范大学出版社,2016:72-73.

② 陈东成. 大易翻译学. 北京:中国社会科学出版社,2016:21-22.

在翻译过程中所要处理的核心问题。

2 翻译过程——达之以气

如果不考虑接受的话，翻译过程主要涉及作者、原文、译者、译文四个要素，其中原文是翻译过程的起点。原文作为作者之精气的赋形，对原文的探讨自然离不开作者。曹丕率先把气从哲学领域引入文章创作领域，他在《典论·论文》中写道："文以气为主，气之清浊有体，不可力强而致。譬诸音乐，曲度虽均，节奏同检，至于引气不齐，巧拙有素，虽在父兄，不能以移子弟。"这段文字共有三个"气"字，第一个指文气，由主体之气和客体之气化合而成；第二个可指文气，也可指创作主体的独特气质以及由此而生发的独特创造力；第三个指自然之气。① 之后，文艺美学中的气论大多是沿着主体之气和作品之气展开的，或者是二者的结合。刘勰在《文心雕龙》中也多次使用气的概念，或指作家之志气，或指作品之文气，如"神居胸臆，而志气统其关键"（《神思》）、"清和其心，调畅其气"（《养气》）、"是以缀虑裁篇，务盈守气"（《风骨》）等。韩愈在《答李翊书》中提出了"气盛言宜"说："气，水也；言，浮物也。水大而物之浮者大小毕浮。气之与言犹是也，气盛则言之短长与声之高下者皆宜。"这里的气主要指作者的精气（精神气质），在韩愈看来，作者之"气盛"会自然投射到言（文本）上，并使之恰切合宜。清代叶燮在《原诗》中标举了作诗之"理、事、情"三法，但同时认为，"然具是三者，又有总而持之、条而贯之者，曰气"，"三者借气而行者也"。这里的气主要指文气，其源自作者之精气与宇宙之元气。既然气在文章中具有本体地位，翻译就要以达气为主。我们也不妨从曹丕的"文以气为主"推出"译以气为主"的理论命题。

如果说"译以气为主"成立的话，那么翻译过程就要以达气为主要任务。首先，达气就是要传达作者赋予原文的文气。对原文文气的把握不仅要从原文的行文结构和字里行间寻找，还要善于参照原文作者的志气

---

① 李胜利. 气论与中国古典美学. 复旦学报（社会科学版），1994(4)：84-85.

或精气,做到"以意逆志"和"知人论世",毕竟作者之志气与作品之文气具有内在的统一性。我们常说的"文如其人"是这个道理,刘勰所谓的"气以实志,志以定言,吐纳英华,莫非情性"(《文心雕龙·体性》)也是这个道理。文气源于志气,这是从创作而言的。原文的文气到底指什么,在作品中又具体表现在哪些方面呢?这里不妨把文气分为三个主要层面,即气象、气脉和气韵。所谓气象主要指文章所表达的情理态势,与叶燮所说的"理、事、情"类似,与文章之"立意"密切相关。气象有大小之分,这就形成了文章的气势(意气),气势不凡,文自脱俗。文章定势,要善于"乘利而为制"(《文心雕龙·定势》),贵乎自然,自然取势,立意高远,气象乃著。所谓气脉主要指文气流通的脉络,犹如人体之血脉,与文章之结构格局相关,包括定题、开篇、结尾、组段、构句、措辞之法等。脉之大者,聚气更多,流通更畅,散布更广,古人所谓"诗眼"即可视为大气脉脉动之处。所谓气韵主要指文章独特的行文风格以及蕴含的表达方式,与清代唐彪所谓的"笔姿"类似。唐彪在《读书作文谱》中有言:"文章胜人,全借笔姿。笔姿胜者,同此看书命意,与人无异,及其拉笔,抑扬顿挫之间,蹁跹飞舞,文雅秀逸,迥异于人,阅之者自不觉心爽神怡矣。"笔姿胜者,气韵自出;笔姿钝者,气韵难求。南朝谢赫把"气韵生动"作为绘画第一要法,作文亦然,有气韵,方能传神,方能化境。气韵往往从小处求之,如声响节奏、炼字组句、修辞话语、个性化言说方式等。由此可见,译者所要传达的文气主要就体现在气象、气脉和气韵上,其中气韵最难经营。

其次,除传达原文文气之外,翻译过程中的达气还指译者让译文的文气变得更加通达,在不削弱或阻碍原文文气的基础上,保证译文本身是一个生气灌注的整体,具有独立的交际价值,类似于魏象乾提出的"正译"说中的"顺其气"①。原文有原文生成的文化土壤,译文也有译文的生成土壤,生硬地把原文移植过来的话(如僵硬地忠实于原文),译文就未必具有生机活力。所以,译者常常要对原文进行调整或变通处理(如灵活地忠实于原文),以使译文之气变得更加通畅。《左传》曰,"凡有血气,皆有争

---

① 罗新璋,陈应年. 翻译论集(修订本). 北京:商务印书馆,2009:162.

心"，许渊冲提倡翻译的"优势竞赛论"，认为"文学翻译是两种语言，甚至是两种文化之间的竞赛，看哪种文字能更好地表达原作的内容"①。这种翻译观也为译者尽力通达译文之文气提供了依据，甚至不惜改变原文的气脉。如果说原文的内容更多地属于气象的话，气韵则是最需要译者极力营造的，因为气韵的文化个性更强，更能体现译者的主体性与创造性。翻译是一门有得有失的艺术，相对于原文而言，由于语言和文化差异的存在，译文之气往往会弱于原文（无法传达到位），这是翻译的常态。高明的译者善于补气，即通达译文本身之气，尤其是在气韵层面，以补偿传达之不足。译文之文气盛于原文者也是存在的，即钱锺书所谓"译笔正无妨出原著头地"②是也。译者在翻译过程中都会有意无意、或多或少地注入异于作者的文气，毕竟译者和作者也都"各师成心，其异如面"（《文心雕龙·体性》）。如果译者的个性有助于达气，有助于提升译文本身的审美价值和艺术感染力，这种个性的彰显也是允许的，甚至是值得鼓励的。翻译文学经典的形成往往离不开译者通达译文之气。总之，翻译过程在于达气，具体包括传达原文之文气和通达译文之文气两个方面，是作者之精气与译者之精气相互交融的过程。

3　翻译批评——观之以气

庄子在《人间世》中提出过"心斋"说——"仲尼曰：'若一志，无听之以耳而听之以心；无听之以心而听之以气。听止于耳，心止于符。气也者，虚而待物者也。唯道集虚。虚者，心斋也。'"这里的"听之以气"就是"消除主客物我的差异，去掉是非得失的计较，以一种静澈澄明的心态去体悟大道，与道为一"③。"听之以气"是个人悟道的不二法门，对文艺审美也不无启发。刘勰在《文心雕龙·知音》中有言："夫缀文者情动而辞发，观文

---

①　许渊冲. 文学与翻译. 北京：北京大学出版社，2003：252.

②　钱锺书. 谈艺录. 上海：上海三联书店，1983：373.

③　陈德礼. 气论与中国美学的生命精神. 北京大学学报（哲学社会科学版），1997（6）：56.

者披文以入情,沿波讨源,虽幽必显。"这里刘勰更加强调诗赋文章的"主情"说,但也不妨把其中的情字置换为气字,变为"气动而辞发""披文以入气"。庄子强调的是用气听,在文学批评中有过于抽象之嫌,借鉴刘勰的"六观"说,在此提出文学(翻译)批评的"观气"说,主要包括观作品(包括译文)之文气、寻作者(包括译者)之志气。

文学翻译批评中的观气可以从多个层面或角度展开,不管从哪个角度,译文都不妨作为批评的起点和归宿。从主体与文本的关系而言,可以从译文来观作者或译者的志气,与孟子所谓的"以意逆志"类似。翻译以传达原文的文气或作者的志气为主要目的,这是忠实翻译观所要求的。但译者之志气有时也会有意地植入在译文之内,与作者之志气未必完全相同,这是翻译批评者需要注意的,如严复翻译的《天演论》等。中国自古有"诗言志"之说,翻译中也有"借他人之'诗'言自己之志"的情况,这势必会造成原文和译文在文气上的差异。就原文文气的传达而言,可观译文是否充分或有效传达了原文的气象、气脉和气韵,即相对于原文而言,译文的文气整体上是弱化、强化,还是等化,原因分别是什么;译文的气象和气脉是否有所变化;气韵主要是传达原文的还是译者赋予的,分别体现在文本的哪些方面。就译文本身的文气而言,可观译文是否做到了气韵生动,气脉安排是否合理,气象是否宏大高远,译文本身是否有较强的独立存在价值等。气还有清浊之分,曹丕言"气之清浊有体",北宋张载也说过,"太虚为清,清则无碍,无碍故神;反清为浊,浊则碍,碍则形"(《正蒙太和》)。所以,观气也可以从清浊入手,所谓清气主要指译文中畅通无碍的文气,具有"得其神而忘其形"的特征(董仲舒有"气之清者为精"之说);浊气则主要指文气有所阻碍的,或因过于拘泥于原文的形式而使译文有严重的翻译腔,或因语言文化的差异而无法传达原文的妙处,或因译者自身的笔姿迟钝而使译文毫无文采和灵气。中医把致病因素统称为邪气,浊气也可认为是文本的致病因素。译文的浊气有从原文移植的,但更多的是译者自身造成的。如果原文存在浊气,译者采取的是以浊传浊还是化浊为清的策略?如果把译文视为独立的文本进行批评的话,化浊为清更为可取。译文的清气亦当作如是观,有传达与通达之分,前者为移植原文的,后者为译者本人赋予的。清浊是相对的,在一定条件下也可相互转换,在参照原文来评价译文的清浊之气时,还要注意清浊的辩证性。气还有很多其他分类,如阴阳、动静、聚散、虚实、有无、形神、刚柔等①,也可以从这些视角来观察译文与译者之气,尤其是阴阳、刚柔之气。

阴阳是中国哲学的核心范畴,被视为"元气分化的产物"②,阴阳二气化生万物。译文是原文的衍生物,是作者和译者共同作用的结果,也可认为是阴阳二气相互交融的结果。在此不妨把作者视为阳气,把译者视为阴气,这是从创作和再创作的角度而言的。译文的文气便是阴阳化合的结果,有传达原文的文气(阳气),也有译者赋予的文气(阴气),此乃上述达之以气之"达"的两个方面。翻译批评要善于辨别何为阳气、何为阴气、阴阳化合各占多大的比例、是否和谐等。陈东成基于易理提出过阳译和阴译的概念,其中前者指"以原语为导向,以原语的审美信息特征和结构为模仿依据,尽可能保留原文的语言形式、文体风格、文化特色等的一种翻译方法,旨在为读者提供原汁原味的译品";后者指"以译语为导向,以译语的语言结构特征、表现法传统、社会接受倾向等为依据,主要注重原文认知效果,保留原文基本意义,对原文表现形式作必要变易的一种翻译方法。这种翻译方法需要调整原语审美信息结构,展现译语的表现力,也就是发挥译语语言优势"。③ 陈东成提出的阳译和阴译的翻译方法和这里把阳气归为作者、阴气归为译者的做法在理念上是一致的,即把原文、源语、作者视为阳,把译文、译语和译者视为阴。翻译批评的观气,不但要区分阳气和阴气,还要注意阴阳相生、阴中有阳、阳中有阴、阴阳相克、阴阳互根等易学要义。就这个角度而言,译文的文气不会存在纯阳或纯阴的现象,所谓"孤阴不生,独阳不长""一阴一阳之谓道"是也。信或忠实强调阳气,竞赛或创造性叛逆强调阴气,不管译者信奉的是哪种翻译观,都要保证阴阳和谐,保证译文本身的充沛文气。

---

① 李胜利. 气论与中国古典美学. 复旦学报(社会科学版),1994(4):84.
② 李申. 道与气的哲学. 哲学研究,2005(12):30.
③ 陈东成. 大易翻译学. 北京:中国社会科学出版社,2016:56,69.

观气还可以从文本的风格着手,特殊的文气可以形成特殊的风格。清代姚鼐在《复鲁絜非书》中提出过文章的阳刚与阴柔风格,认为"惟圣人之言,统二气之会而弗偏","自诸子而降,其为文无有弗偏者",或"得于阳与刚之美",或"得于阴与柔之美"。这里也可以把阳气与阴气归入风格范畴,为了不和前面的阳气(作者)和阴气(译者)相混淆,不妨以刚气和柔气代之。豪气、雅气等与刚气相仿,逸气、奇气等与阴气类似。其他如远奥与显附、繁缛与精约、壮丽与轻靡等也都是气之所致。我们不但要学会从文气视角来识别不同的风格,还要探索各种风格的具体表现,如:刚气和柔气分别依附或体现在哪些层面,内容还是形式,抑或兼而有之?形式方面又包括哪些具体因素(如文章结构、氛围、句式、措辞、音韵、节奏等)?同时还要知晓:译文风格主要是作者之阳气使然还是译者之阴气造成?在面对不同的原文风格时,译者是否能够做到运气自如,达到"译谁似谁"的效果呢?抑或从译文中看到的更多是译者自己的风格?这些都是翻译观气批评中需要注意的。

4 翻译伦理——养之以气

宇宙本原具有先验之道德特性,这是中国古典哲学的一大特色,其道德特性建立在气范畴泛生命特性前提之下,二者构成因果关系。① 李存山认为气概念有物理、生理、心理、伦理、哲理等几个层次的含义,也指出了气的伦理或道德属性。② 孟子提出过"浩然之气"说:"其为气也,至大至刚,以直养而无害,则塞于天地之间。其为气也,配义与道;无是,馁也。是集义所生者,非义袭而取之也。行有不慊于心,则馁矣。"(《孟子·公孙丑章句上》)孟子把气和义关联起来,强调浩然之气的道德属性与精神力量。孟子还强调志对气的制约作用,所谓"夫志,气之帅也;气,体之充

---

① 曾振宇. 论"气". 哲学研究,2004(7):54.
② 李存山. "气"概念几个层次意义的分殊. 哲学研究,2006(9):34.

也"，是故孟子的"养气"说以"尚志"和"集义"为核心。① 南宋文天祥曾作《正气歌》，基本上把天地之正气和人之浩然之气等同起来，而正气在后来的使用中更具典型的伦理属性，正气或浩然之气皆需养而致之。自曹丕提出"文以气为主"之后，养气说在文章创作领域也十分常见，如刘勰的《文心雕龙》就专设《养气》一篇。清代朱庭珍在《筱园诗话》中对"养气"有以下描述："养之云者，斋吾心，息吾虑，游之以道德之途，润之以诗书之泽，植之在性情之天，培之以理趣之府，优游而休息焉，蕴酿而含蓄焉，使方寸中怡然涣然，常有郁勃欲吐畅不可遏之势，此之谓养气。"朱庭珍的"养气"说也有一定的伦理意味，所谓"游之以道德之途"，但审美意味更强，对译者之养气也不无启发。

译者的养气也需要养"浩然之气"，养"天地之正气"，首先表现在诚上。古人云，"诚者，天之道也；诚之者，人之道也"（《中庸》）。孟子也说过类似的话，即"诚者，天之道也；思诚者，人之道也"（《孟子·离娄章句上》）。诚是天道运行的原理，人道遵循天道，"诚者，物之终始，不诚无物。是故君子诚之为贵"，又曰"至诚如神"，"唯天下至诚为能化"（《中庸》）。诚能化物，气亦可化物，诚即气也，养天地之气也就是致天地之诚。王夫之就把诚、实有、太和之气贯穿了起来，他说："至诚者，实有之至也。目诚能明，耳诚能聪，思诚能睿，子诚能孝，臣诚能忠，诚有是形则诚有是性，此气之保合太和以为定体者也。"②所以养气和致诚具有内在的统一性，要敬守天道之气，谨修人道之诚。译者也要把诚作为翻译伦理的首要原则，诚于天，诚于人，诚于己，诚于译，在翻译过程中遵循"修辞立其诚"的原则。"自诚明，谓之性；自明诚，谓之教。诚则明矣，明则诚矣。"（《中庸》）译者养气同样需要"诚明相资"，包括自诚而明的性和自明而诚的教，其中后者需要译者对翻译有全面而深刻的认识，如翻译的本质、价值、目的、矛盾、类型以及翻译和语言、文化、社会的复杂关系等。对翻译全面而深刻的认识就是明，自明而诚就是教。换言之，教是译者致诚和养气的重要途径。

---

① 王文钦.主体精神的后天涵养——论孟子的养气说.文史哲,1995(6)：66.
② 参见：曾振宇.论"气".哲学研究,2004(7)：55.

吴志杰也把诚作为和合翻译伦理观,表现在以诚立译和修辞立诚两个方面。① 译者内心之诚体现在语言上便是信,所谓"气在口为言,在目为明。言以信名,明以时动"《国语·周语下》是也。信也是翻译的基本标准,信以诚立,诚以信显,诚于内则必信于外。所以,译者的正气或浩然之气需要涵养,表现在内心之诚和言语之信上,诚和信是正气的一体两翼。冯全功从主体间性、文本间性和文化间性三个维度探索了诚信的当代内涵,其中诚表现为主体间性,信表现为文本间性和文化间性,并把诚、信视为文学翻译(批评)的标准。② 诚和信也不妨视为翻译伦理的标准,尤其是诚,更是译者养气的第一要义和译者伦理的首要法则。

译者养气还涉及其他很多方面,也都是译者正气或浩然之气的内在要求。中国自古强调为人先于为学,所以译者还要培养一种君子人格,即做到人品高洁。董仲舒在《春秋繁露》中有言:"气之清者为精,人之清者为贤。"所谓君子人格就是充满清气、正气、浩然之气的人格,要求译者"实诚在胸臆,文墨著竹帛,外内表里,自相副称"(《王充《论衡》)。当然,这种君子人格并不限于诚、信之类,其具有更宽泛的意义,也包括仁、义等维度。君子人格会投射到文艺创作(包括翻译)中,诚如宋代郭若虚在《图画见闻志》中所言:"人品既已高矣,气韵不得不高;气韵既已高矣,生动不得不至。"浩然之气还有自由的属性,实乃"个体在修养过程中所达到的自由状态"③。如果说诚、信、君子人格等更强调规范的话,在文学创作中,气的自由属性就更加明显,清代朱庭珍的"养气"说就是明证。然而,译者的自由毕竟是相对的,贵在气盛,气盛方能言宜,方能在翻译过程中"随物赋形","常行于所当行,常止于不可不止"(苏轼《自评文》)。文学翻译的最高境界是"从心所欲不逾矩",气盛、心诚、言信、品高者方能至此。

---

① 吴志杰. 和合翻译学. 北京:外语教学与研究出版社,2018:91-109.
② 冯全功. 论文学翻译中的诚信观. 西安外国语大学学报,2013(4):112-115.
③ 陈德礼. 气论与中国美学的生命精神. 北京大学学报(哲学社会科学版),1997(6):56.

5 结 语

气是中国传统文化的核心范畴之一，在哲学、文论、画论、书论、武术等领域有典型的表现，把气论引入翻译研究是构建中国特色翻译学的重要论题，有利于增强我们的理论自信和文化自信。本文从气以及其衍生概念初步探讨了翻译本体、翻译过程、翻译批评和翻译伦理，本体上强调气对翻译的化生作用，操作中强调达气(包括传达原文文气和通达译文文气)，评鉴时强调观气(如志气和文气、清气和浊气、阳气和阴气)，主体上强调养气(以诚为本的浩然之气)。气象、气脉和气韵是文气的三个主要次级范畴，也是达气和观气需要重点考虑的，尤其是气韵。翻译过程中气韵的传达和通达最能体现译者的功力，气盛则韵自至矣，气盛则文不凡矣，诚如陆游所言，"谁能养气塞天地，吐出自足成虹蜺"(《次韵和杨伯子主簿见赠》)。这就要求译者善养浩然之气，以诚事译，终身不息。本文主要是概论性的，很多论题，如文气的三个层面(气象、气脉和气韵)到底依附在文章的哪些方面、翻译过程中文气的盛衰变化有无量化的可能、作者之阳气和译者之阴气的辩证关系、翻译中的气(包括气韵)和其他范畴(如神、境、和)的区别与联系等，暂未深入思考与探讨。这也说明把气引入翻译研究有广阔的空间，有望为翻译理论界注入些许生气。

翻译之大德曰生

——文学翻译及其研究中的生命意识①

作为中国古典哲学的典型样态,生命哲学把整个天地宇宙视为一个生气灌注的生命体或有机整体,强调宇宙万物的不断生成与相互关联。《周易》就是一部非常典型的生命哲学著作,对中国古人的认知方式影响深远。"生生之谓易"(《周易·系辞上》)、"天地之大德曰生"(《周易·系辞下》)、"天地感而万物化生"(《周易·象传》)、"天地氤氲,万物化醇;男女构精,万物化生"(《周易·系辞下》)等都是重要的生命哲学论述,体现了"生生不息"的宇宙生成观。宇宙的生成是阴阳二气交感的结果,所谓"一阴一阳之谓道"(《周易·系辞上》)是也。《道德经》中也有相似的论述,如"道生一,一生二,二生三,三生万物。万物负阴而抱阳,冲气以为和"(《第四十二章》)等。其中,"生生"是古代生命哲学的关键,即"一阴一阳"之道或阴阳二气化生万物之意。有学者认为,"'生生'一语表现了生命的滋生化育功能,在时间过程中展开,表现为生生相续,生生不息;在空间之轴上展开,表现为生生相应,生生相联";同时,"生生之理的流布,促进了中国思想中有机主义的产生。……中国人承认万物是一个生命存在,生命之间存在着旁通互贯的关系"。② "生生"思想和中国古典哲学中的气本论密不可分,所谓"通天下一气耳"(《庄子·知北游》)是也。庄子所说的"一气"就是宇宙之元气,类似于《周易》中的"太极","太极生两仪"

---

① 原载于《外国语文研究》2022 年第 6 期,标题未变,独立撰写,收入本书时略有改动。

② 朱良志. 试论中国古代生命哲学——以"生"字为中心. 传统文化与现代化,1996 (2):32,34.

中的"两仪"就是阴阳二气。元气或者说阴阳之道（阴阳二气交感）是"生生"的本源。这是中国古代形成独特的有机整体宇宙观，包括"天人合一"以及泛灵论的认知方式的基石。作为天地人"三才"之一，人也是借气而生的，王充在《论衡》中说，"人之所以生者，精气也"。由天及人、推人及物是古人的重要认知逻辑，如天（宇宙）有元气、人有精气、文（章）有文气等。

在古人的认知中，文章也是生命化的存在，是人之精气注入的结果。这是一种非常深刻的文章观，值得继承并发扬光大。钱锺书在 1937 年发表的《中国固有的文学批评的一个特点》一文中指出，中国古代文学批评有"把文章通盘的人化或生命化"或者说"把文章看成我们自己同类的活人"①的特点。很多文论术语本身体现了这种生命化的批评观，如意象、意境、文气、文脉、文心、情志、情采、风骨、神思、神采、肌理、诗眼等。刘勰在《文心雕龙·附会》中所说的"夫才童学文，宜正体制：必以情志为神明，事义为骨髓，辞采为肌肤，宫商为声气"就是典型的人化批评话语。颜之推在《颜氏家训·文章》中也说过类似的话，即"文章当以理致为心肾，气调为筋骨，事义为皮肤，华丽为冠冕"。其他人化批评话语还有很多，如李渔在《闲情偶寄》中写道："古人作文一篇，定有一篇之主脑。主脑非他，即作者立言之本意也。"如果从概念隐喻理论对这些文论话语进行分析的话，也就形成了"文章是人"的概念隐喻，这些与人有关的文论术语以及相关话语都是"文章是人"的隐喻表达。这是古人看待文章的一种认知方式，即把文章视为像人一样的生命体，是"近取诸身"或推人及物的结果。曹丕所说的"文以气为主"以及韩愈的"气盛言宜"说等也是"文章是人"的隐喻表达。其他如探讨文章起源的"感物"说以及托物言志、借景抒情的创作手法也都打通了人与文章的界限。中国传统文论中的"生命之喻反映中国古代传统的美学思想，即推崇生机勃勃、灵动自由、神气远出的生命形式，要求文学艺术应具有和生命的运动相似相通的形式"②。换言之，文

---

① 钱锺书. 中国固有的文学批评的一个特点. 文学杂志，1937，1(4)：4.
② 吴承学. 生命之喻——论中国古代关于文学艺术人化的批评. 文学评论，1994(1)：56.

章是一种与人同构的有机整体,也有自己的生命体征与风韵神采。文章是有生命的,整个艺术也是有生命的,宗白华、方东美、朱光潜等人都提倡艺术生命化,强调艺术作品的有机性。

　　文学翻译是一种艺术,也需要从生命视角进行体悟与观察。这涉及很多方面,包括作者、文学创作过程、原作的生命、译者、文学翻译过程、译作的生命、批评者、文学翻译研究等。遵循古人的认知路径,本文主要从人与文章的生命视角来探讨文学翻译与文学翻译研究中的生命意识及其具体表现,以期凸显"生"的潜在理论价值。

1　文学翻译中的生命意识

　　文学翻译中的生命意识指的是从生命或有机体的视角来看待翻译产品与翻译活动,把译作与原作视为一种生命化的存在,体现出"文章是人"的认知方式,同时也注重译者作为不言而喻的生命体在翻译过程中的能动性与创造性。中国传统译论主要从传统文论中汲取营养,其中的很多话语也体现出"文章是人"的认知方式,如魏象乾在《翻清说》中提到的"了其意、完其辞、顺其气、传其神"①,朱光潜在《谈翻译》中提到的"有文学价值的作品必是完整的有机体"以及"在文学作品里,每个字须有它的个性,它的特殊生命"②等。钱锺书在《林纾的翻译》中是这样描述入于"化境"之译的:"十七世纪有人赞美这种造诣的翻译,比为原作的'投胎转世'(the transmigration of souls),躯壳换了一个,而精神姿致依然故我。"③钱锺书后来把"躯壳换了一个,而精神姿致依然故我"改为"躯体换了一个,而精魂依然故我"。钱锺书所说的"投胎转世""躯体""精魂"都是"人化"或"生命化"的话语,"和他的诗学思想有着一致的连贯性"④。朱光潜和钱锺书都认为,文学作品是有机体或生命化的,文学翻译同样如此。中国传统译

---

① 罗新璋,陈应年. 翻译论集(修订本). 北京:商务印书馆,2009:162.
② 罗新璋,陈应年. 翻译论集(修订本). 北京:商务印书馆,2009:530,531.
③ 罗新璋,陈应年. 翻译论集(修订本). 北京:商务印书馆,2009:774.
④ 于德英. 翻译之喻的历史化:钱锺书的"人化"译文观. 外语研究,2019(3):80.

论中傅雷的"神似"说、郭沫若的"风韵"说、茅盾等人的"神韵"说、金岳霖的"译味"说、刘士聪的"韵味"说等都是把人具有的某些品质或人所能体验的某些现象投射到了翻译或译文中,均可被视为"文章是人"的隐喻表达,同样具有鲜明的生命取向。

在翻译研究中,很多学者也曾触及翻译中的生命意识,近几年还有个别专题论文,如胡庚申①、罗迪江②等。本雅明认为译作是原作的"来世生命",国内很多学者也持这种观点。如许钧就从文学译作的生成与生命历程的角度探讨了译作与原作的关系,认为作为原作生命的延续,译作拓展了原作的生命空间,并在新开启的空间中赋予了原作新的价值。③ 刘云虹从原作新生命的诞生、文本意义的理解与生成、译本生命的传承与翻译的成长几个方面论述了文学翻译最本质的特征就在于其生成性。④ 刘云虹对翻译生成性的理解意味着翻译延续了原作的生命,译作本身也是一种生命化的存在。于德英基于钱锺书的"人化"译文观认为,原文和译文都是浑然一体的生命存在,译文具有相对自足的生命力。⑤ 这种观点颇有启发,有利于把译文作为相对独立的文本进行批评。陈东成基于《周易》中的"生生之谓易"提出了"生生之谓译"的命题,认为"易具译之理,译得易之用","翻译本身就是创生、创新的过程","生生之谓译"意味着原作和译作的"创生、相生、生生不息"。⑥ 陈东成还从阴阳之道进一步阐述了翻译的生命之旅,认为译有生生之德,翻译是一种孕育、培养和成就生命的过程,其中的生命之旅不只是译作的生命之旅,还是译者的生命(精神)之旅。⑦ 把译者的生命纳入翻译生命论的考察范围很有必要,毕竟译作的生

① 胡庚申. 文本移植的生命存续——"生生之谓译"的生态翻译学新解. 中国翻译,2020(5):5-12.
② 罗迪江. 当代翻译研究的机体主义建构:翻译生命观的构想. 中国翻译,2021(5):15-24.
③ 许钧. 试论译作与原作的关系. 外语教学与研究,2002(1):15-21.
④ 刘云虹. 试论文学翻译的生成性. 外语教学与研究,2017(4):608-618.
⑤ 于德英. 翻译之喻的历史化:钱锺书的"人化"译文观. 外语研究,2019(3):79-83+90.
⑥ 陈东成. 大易翻译学. 北京:中国社会科学出版社,2016:21-22.
⑦ 陈东成. 从《周易》的阴阳之道看翻译的生命之旅. 外语学刊,2017(6):122-126.

命很大程度上是译者赋予的。胡庚申也提出了"生生之谓译"的命题,并将其视为生态翻译学的本质与真谛,认为"'生生'即是使得翻译文本获得旺盛的生命,也就是创造文本生命","只有'生生'在翻译活动中真正存在,文本移植才能获得文本的生命形态"。① 陈东成、胡庚申借鉴《周易》思想来认识与解释翻译活动体现了翻译学者积极开发中国传统文化与思想资源的尝试。罗迪江明确地提出了基于机体主义的"翻译生命观"构想,认为翻译是一种文本生命在异域中表征、孕育、延续与创造的"生生"过程,其核心论域是"翻译即生命",强调的是文本生命的结构、延续、生成、成长等问题。② 罗迪江对翻译生命观的论述聚焦于文本生命,全面而又不失深刻,但相对忽略了译者作为生命体对译作生成的主导作用,即"生生"的主体问题。

曹丕在《典论·论文》中提出过"文以气为主"的命题,这里的"气"既指作家的精神气质,又指作品的生命活力。换言之,文学作品的生成是作家之精气赋形的结果,作品的文气源自作家的精气,作家的精气则源自宇宙的元气,宇宙之元气、作家之精气、文章之文气共同体现了古人的气本论思想。王充在《论衡》中有"万物之生,皆禀元气"以及"万物之生,俱得一气"之说。所以,文章作为生命体就是气化的结果,即顾明栋所谓"文气融宇宙元气、人类创作能量、赋予艺术作品以生命的整合力为一体"③是也。然而,如果没有作家精气的注入,文气也就失去了存在的依据。笔者认为,不妨把气视为翻译的本体,译文乃气之所聚的结果,其聚气过程有两种来源,其一为译者传达原文的文气(作者精气所赋予),其二为译者本人之精气赋形于译文,所以,翻译之生成是作者之精气和译者之精气共同

① 胡庚申. 文本移植的生命存续——"生生之谓译"的生态翻译学新解. 中国翻译,2020(5):10.
② 罗迪江. 当代翻译研究的机体主义建构:翻译生命观的构想. 中国翻译,2021(5):15-24.
③ 顾明栋. 从元气到文气:作为艺术创造总体性理论的文气论. 艺术百家,2012(6):71.

作用、相互激荡的结果。如果说翻译是"一种生命与生命的交流"①，那么这种交流首先是译者与作者的交流，其次才是译作与原作作为生命体之间的交流。再回到"生生之谓译"的命题，这里的第一个"生"应该理解为动词，第二个"生"理解为名词。如果说"生生之谓易"中的"生生"指的是阴阳二气化生万物之意的话，"生生之谓译"中的"生生"应该指译者之精气生成译作生命体，或者译者之精气与作者之精气共同生成译作生命体，而非胡庚申所谓的源语生态中的生命体与译语生态中的生命体。② 胡庚申等认为，"第一个'生'指的是原作的生命，第二个'生'指的是译作的生命"③。罗迪江也继承了胡庚申对"生生"的解释。④ 把"生生之谓译"中的"生生"理解成动名（宾）结构而非名词并置的结构更能体现文学翻译的动态生成性，也更符合《周易》的基本精神。这里的主语是缺省的，如果补足的话就是译者或者说是译者之精气。如此一来，译作生命体与译者生命体都被纳入了这个命题之中，在很大程度上纠正了胡庚申、罗迪江等只注重文本生命体（原作与译作）的倾向。其实，胡庚申在他的生态翻译学体系中特别注重译者的作用，包括他对译者中心、译者责任、译者伦理等方面的论述，只是还未在"生生之谓译"的论述中把译者与文本生命明显地结合起来。如果把"生生"内涵扩大的话，也不妨把朱良志所说的"后生续于前生""新生替于旧生""此生联于彼生"⑤纳入"生生之谓译"的解释范围，尤其是译作与原作以及同一原作不同译作之间的"生生"关系，以增强这个命题的理论解释力。

　　中国古典哲学重"生"，很大程度上是一种生命哲学。《周易·系辞

①　蔡新乐. 翻译理论的中庸方法论研究. 南京：南京大学出版社，2019：104.

②　胡庚申. 文本移植的生命存续——"生生之谓译"的生态翻译学新解. 中国翻译，2020(5)：10.

③　胡庚申，孟凡君，蒋骁华，等. 生态翻译学的"四生"理念——胡庚申教授访谈. 鄱阳湖学刊，2019(6)：28-29.

④　罗迪江. 当代翻译研究的机体主义建构：翻译生命观的构想. 中国翻译，2021(5)：15-24.

⑤　朱良志. 试论中国古代生命哲学——以"生"字为中心. 传统文化与现代化，1996(2)：32.

下》中提出的"天地之大德曰生"也是一个经典命题,与"生生之谓易"相呼应,都是气本论的体现。"天地之大德曰生"中的"生",首先是动词,表示天地(阴阳二气)化生万物,生生不息;其次是名词,表示生气灌注的生命,生生与共。如果把这个命题移植到文学翻译与翻译研究中,也完全可以说"翻译之大德曰生"。这里的"生"主要有三层意思。第一是创生,即译作的生成,与"生生之谓译"中的第一个"生"字功能相同。文学翻译本质上是一种再创造,是译者与作者的生命对话与交流,需要译者基于自己生命体验的共情与共鸣。这也是大多数翻译家选择与自己性情相近的作家进行翻译的重要原因。译作的直接创生主体是译者,间接创生主体是作者,因此,不妨认为译作的生成是由译者与作者共同完成的。换言之,译作作为生命体是译者与作者共同赋予的,是二者之精气和合的结果。然而,作者之精气是通过原作间接地被译者传递到译作之中的,所以译作的创生主体归根结底还是译者。第二是生命,即译作作为生命体的存在,与"生生之谓译"中的第二个"生"功能相同。译作要有生气,体现出生机勃勃的生命态势,离不开译者的创造性投入。笔者认为,文学翻译过程主要是一个"达气"的过程,包括传达原文之气与通达译文之气。由于语言、文化、诗学等差异的存在,译文的文气不能仅限于传达原文的,还要通达自身的,保证译文本身是一个生气灌注的生命体。通达译文之气是让译文变得更有生气与活力的重要表现,也更能体现译者的创造性。译文作为生命体并不是原文的附庸或简单复制,而是原文的"投胎转世","译文具有相对自足的生命力",是"有生命力的独立个体"[①],所以,译文作为生命体与原文生命体是相关而非等同的关系,相关在于译文继承了原文的基因(即"易"之"不易"),但继承过程中会不可避免地发生变异(即"易"之"变易")。第三是生存,即译作在异域文化的生存状态。这里涉及的问题很多,如译作对译语生态环境的适应性、译作的生存时间与生存空间、译作的经典化以及译作生命力的历时衰减、译作的修改或重译与新生命的注入、同一原作不同译作之间的竞争与互补等。译作的生存不完全取决

---

① 于德英. 翻译之喻的历史化:钱锺书的"人化"译文观. 外语研究,2019(3):83.

于译者赋予的译作本身所具有的生命活力,受外部环境的影响也很大,包括目的语主流诗学、意识形态与审查机制、社会文化语境、跨文化交流的成熟度等因素。

有创生,才有生命;有生命,才有生存。这三层意义代表了"翻译之大德曰生"的基本内涵。胡庚申等提出过生态翻译学的"四生"说,即尚生、摄生、转生与化生。① 其中,摄生与转生类似于本文中的创生,强调动态过程;化生类似于本文中的生命,强调静态结果。遗憾的是,胡庚申并未触及中国传统哲学中的气本论问题,对"生"的探讨缺乏哲理深度,所以冯全功才认为"气是生态翻译学急需引入的元范畴"②。把气本论引入(文学)翻译研究,"生生之谓译"与"翻译之大德曰生"的两个命题就有了理论上的源头活水,也更符合中国生命哲学(尤其是《周易》)的基本精神。

2 文学翻译研究中的生命意识

文学翻译中的生命意识强调的是"生"与"生命",前者是气的化生过程,后者是气的化生结果,二者皆与译者的精气相关,包括译者的生命体验与感悟、生活经历与经验、艺术修养与语言运用能力等。在文学翻译研究中,研究者也要有强烈的生命意识,深入译者的内心与精神世界,把译作视为一个相对独立的有机生命体,同时注意译作的生成过程,尤其是译者对译文不断修改的"达气"过程。文学翻译研究者的生命意识主要是一种整体感悟的能力,具体表现在三个方面,即译作的生成性、生命性与生存性。

第一,译作的生成性,聚焦于译作的生成过程。任何文学作品的创作都是作者赋予文字以精气的过程,从而转换为作品的文气,使之成为生气灌注的生命体。西方文论虽然没有气本论的说法,但有些流派特别注重文本的生成过程,尤其是法国的文本发生学,即研究者"从作者笔记、记

---

① 胡庚申,孟凡君,蒋骁华,等. 生态翻译学的"四生"理念——胡庚申教授访谈. 鄱阳湖学刊,2019(6): 26-33.
② 冯全功. 试论生态美学对生态翻译学的启发与拓展. 外语教学,2021(6): 93.

录、便条、短笺、批注、计划、方案、草图、草稿、誊清的稿子等繁杂的前文本
(avant-textes)重建作者写作过程的研究"①。基于法国的文本发生学,翻
译研究也开始研究译作的动态生成过程,即"翻译生成研究"(genetic
translation studies)②,旨在通过研究翻译手稿以及其他相关文献揭示译
者翻译(创造)过程的复杂性。历来优秀的翻译家都特别注重反复阅读原
作以及不断对译作进行修改,反复阅读原作是领悟作者意旨、吸纳作者精
气的过程,不断修改译作则是注入译者自己精气的过程,从而使译作的文
脉更加合理,文气更加畅通,具有更强的生命力。翻译修改也最能体现一
丝不苟、精益求精的翻译家精神,有利于"走进翻译家的精神世界","翻译
家是有血有肉的人,我们要研究他,就必须深入其精神世界,了解他的喜
好、他的立场、他的动机、他的选择和他的追求"。③ 只有深入地理解了翻
译家的精神世界,包括翻译家对作家的领悟与解读,才能更好地把握译作
的生成过程,尤其是翻译家在翻译过程中的宏观决策与具体选择。翻译
的生成性不只是体现在译作生成之前的各种前文本与副文本上,还体现
在译者对其已出版译作的持续修订上,尤其是名著名译,同一译者的译文
前后往往有两个或者多个不同的版本。翻译研究者要把译作的整个生成
过程视为一个整体(包括译者的修改),而非只盯在已出版的译作上。这
样,评价译作时就可能会多一份谨慎,少一份草率,就像林以亮在《红楼梦
西游记——细评红楼梦新英译》的自序中所言:"我写这一系列文章时,始
终抱着战战兢兢的心理,因为深知译者对原作的爱好、了解和为之所作出
的牺牲,雅不愿轻率从事,辜负了译者的苦心。"④林以亮评价的是霍克思
的译文,霍译《红楼梦》的生成性可从他的《〈红楼梦〉英译笔记》以及香港

① 管兴忠,李佳. 它山之石可以攻玉:从文本发生学到翻译发生学. 外国语,2021
(6):104.
② Cordingley,A. and Montini,C. Genetic translation studies:An emerging
discipline. *Linguistica Antverpiensia*,*New Series*:*Themes in Translation Studies*,
2015(14):1-18.
③ 刘云虹,许钧. 走进翻译家的精神世界——关于加强翻译家研究的对谈. 外国语,
2020(1):80.
④ 林以亮. 红楼梦西游记——细评红楼梦新英译. 台北:联经出版事业公司,1976:3.

中文大学图书馆公布的霍克思《红楼梦》翻译手稿（第 2 回至第 80 回，共计 2210 页，已电子化并向公众开放）中略窥一般。其中，霍克思的翻译手稿中有大量的修改痕迹，体现了译者的"苦心"以及如琢如磨、精益求精的翻译家精神。范圣宇 2022 年出版的英文专著 *The Translator's Mirror for the Romantic：Cao Xueqin's Dream and David Hawkes' Stone* 就涉及大量霍克思英译《红楼梦》的修改过程，读者不妨参考。① 虽然很多翻译手稿以及相关原始档案已不复存在，但作为翻译研究者，一定不要忽略译作的动态生成性以及译者的生命投入。

第二，译作的生命性，聚焦于译作的有机整体性，尤其是把译作视为相对独立的生命体的理念。作为有机生命体，译作的诞生比较复杂，同时蕴含着译者与作者之精气。传统翻译观强调的是忠实，要忠实地传达原作的意旨，或者说要传达原文之气。忠实观把原文和译文紧紧地捆绑在一起，对译作的评价要完全依照原作，即王佐良所谓的"一切照原作，雅俗如之，深浅如之，口气如之，文体如之"②。绝大多数翻译家也是这样来要求自己的。诚然，译作会不可避免地继承原作的基因，不过译作一旦生成，二者便是两个具有血缘关系的独立生命体。与原作相比，由于生命材质（语言）、创作主体（译者）、生存环境（目的语文化）等方面的不同，译作是注定是要发生变异的，就像本雅明（W. Benjamin）所言："在其来世生命中，原作经历了变异，如果译作不是某种生命体的变形与更新的话，也就没有什么来世生命可言了。"③这就要求把译作视为一种相对独立的文本生命进行批评与研究，而不宜只盯在译作对原作是否严格忠实上，毕竟原作精彩的地方译作未必精彩，原作不精彩的地方译作也未必不精彩。这和译者的精气赋予有关，尤其是通达译文之气，使译文本身成了一个生气灌注的生命体。从译作的生命怂而言，许渊冲等人提出的翻译竞赛说

① Fan，Shengyu. *The Translator's Mirror for the Romantic：Cao Xueqin's Dream and David Hawkes' Stone*. London & New York：Routledge，2022.

② 王佐良. 新时期的翻译观. 中国翻译，1987(5)：2.

③ Benjamin，W. The task of the translator. Trans. H. Zohn. In L. Venuti（ed.）. *The Translation Studies Reader*. London & New York：Routledge，2000：17.

颇有道理。竞赛注重的是通达译文之气,看译作与原作的生命力哪个更强。译作的生命性还特别注重整体性与和谐性原则,局部是整体的局部,局部是为整体服务的,局部在整体中必须是自然的、和谐的。严复在《〈天演论〉译例言》中所说的"译者将全文神理,融会于心,则下笔抒词,自善互备"①正是此理。翻译批评者也要有这种整体意识,不宜把局部从整体中强行拆卸下来进行单独研究,脱离语境的研究是注定行不远的。这意味着整体感悟能力对于翻译批评者尤其重要。对细节的研究也要在整体的观照下进行,充分把握局部与整体的互动,观察局部在整体中是否和谐等。

第三,译作的生存性,聚焦于译作作为生命体的共时与历时生存状态。共时生存状态主要指译作对当时外部生态环境(目的语文化)的适应性,历时生存状态则是对这种适应性的历时考察。胡庚申提出过"翻译即文本移植"的观点,"移植过程具有特定的生命性,其所指向的是文本在移植过程中所呈现的生命形态,并能在翻译生态环境中'适者生存'与'生生不息'"②。虽然所有文学译作都可被视为生命体,但生命体的生命力大小毕竟是不一样的。生命力的大小不但取决于译作本身的质量或文学性问题,即前面所说的生命性,还取决于译作对目的语生态环境的适应性,类似于胡庚申所说的"适者生存"。这就要求译者对目的语翻译生态环境有敏锐的感知能力,并据此对自己的翻译形态(如全译与变译)、翻译策略与方法(如归化与异化)做适当的调整。目的语文化对原作或原文文化的接受语境是影响译者决策的重要因素,接受语境不成熟时译者往往采取变译(如编译、节译等)的形态以及归化或意译的翻译策略。这种变通性处理是提高译作生命力的有效手段,如晚清时期严复、林纾的翻译。严、林的翻译在晚清民初时期风靡一时,也就是说其译作的生命力是非常旺盛的,但后来随着语言和社会的发展,他们的译作基本上淡出了普通读者的视野,生命力已经微乎其微。这意味着译作的生命力还有历时演变的问

---

① 罗新璋,陈应年. 翻译论集(修订本). 北京:商务印书馆,2009:202.

② 胡庚申. 文本移植的生命存续——"生生之谓译"的生态翻译学新解. 中国翻译,
   2020(5):7.

题,也需要对其生存状态进行历时考察。译作的生命力通常是从强到弱的衰变,但也有从弱到强的演进以及呈曲线变化状态的,这和接受语境的变化密切相关。如文学名著复译,同一原作的不同译作的生命力也是不一样的,尤其是从历时而言,这涉及译作的经典化问题。经典化译作的生命力往往经久不衰,如朱生豪翻译的莎士比亚作品、傅雷翻译的法国文学名著等。所以,对译作生存性(尤其是文学名著的翻译)的研究要持一种历史辩证观,不仅要对其进行共时分析(译作诞生之后的某段时间),还要有历时的眼光,辩证地考察译作从诞生到当下生命力的动态变化,也可包括预测译作将来的生命力。此外,还可以考察同一原作不同译作的生命力问题,这涉及更复杂的因素,如不同的译作在不同的读者群中可能具有不同的活力与影响;考察译作新生命的注入问题,如译者或他人对前期译作的修改与重译。译作的生存状态和读者接受密切相关,读者接受度越高,其生命力往往也越强。换言之,从读者的接受情况可反观译作的生命力及其生存状态。译作的优化存在状态是译者所追求的,译作的现实存在状态是研究者需要考察的,因此,也可通过理想与现实的对比来揭示影响译作生存的种种因素,如译者的精气赋予(达气)、译作本身的审美与生命特质、译作新生命的注入、译作对目的语生态环境的适应性等。

3 结 语

文学翻译与研究中的生命意识或机体主义学界有所涉及,但系统论述的相对较少,就像罗迪江所言,还"尚未成为一种为学界关注、思想成熟的生命话语体系"[①]。生态翻译学的最新发展为其提供了新动力,尤其是关于"生"与"生生之谓译"的论述。本文基于中国传统气本论的思想,试图为"生生之谓译"提供新的阐释,并提出"翻译之大德曰生"的理论命题,具体表现在译作的创生、生命与生存三个层面,同时涉及译作与译者。气

---

① 罗迪江. 当代翻译研究的机体主义建构:翻译生命观的构想. 中国翻译,2021 (5):24.

是中国文化之所以是机体主义的根源,气本论贯穿于本文对翻译生命论的阐述,包括宇宙之元气(阴阳之和合)、人(译者与作者)之精气与文章(译作与原作)之文气,从而形成天人合一、人文合一的生命态势。这种基于气本体的翻译生命论和方东美所说的"天地之美寄于生命,在于盎然生意和灿然活力,而生命之美形于创造,在于浩然生气与酣然创意"①具有相似的旨意。鉴于此,我们不妨把气视为翻译生成的本源,译者在翻译过程中要善于"达气"(传达原作之气与通达译作之气),翻译批评者与研究者要善于"观气"(包括译者与作者之精气、文章之文气),要同样具有强烈的生命意识,重视译作的生成性、生命性与生存性,在整体感悟的基础上把译作视为同人一样的生命体,看译作本身是否具有较强的生命力、与他者以及外部环境的关系是否和谐。译作作为生命体不是孤立的存在,其势必与其他生命体及其生存环境发生关联,如译者、作者、原作、其他相关作品、目的语读者、翻译研究者、目的语翻译生态环境等。在这种变化不定的复杂关系网络中,译作注定不是静态的存在,译作的生命力会随时间的变化而变化。

张柏然认为,相对于西方译论而言,中国译学理论思维的感悟性强于思辨性,生命体验力强于逻辑分析力。他呼吁,要基于中国自身的文化资源与智慧优势,建立具有中国特色的"感悟翻译哲学"或"文化—生命翻译诗学"。② 本文对文学翻译及其研究中生命意识的强调,尤其是"生生之谓译"与"翻译之大德曰生"两个命题的提出,呼应了张柏然对建立"感悟翻译哲学"的呼吁。总之,以《周易》为代表的生命哲学,尤其是阴阳之气本论,在文学翻译研究中大有用武之地,把气本论引入翻译与翻译研究,翻译生命论就有了原动力,中国特色翻译理论建设也多了一个新的增长点。

---

① 参见:曾繁仁,庄媛. 论方东美的"生生美学"思想. 山东大学学报(哲学社会科学版),2021(4):136.

② 张柏然,辛红娟. 译学研究叩问录——对当下译论研究的新观察与新思考. 南京:南京大学出版社,2016:41.

青年学者如何做翻译研究

——许钧教授访谈录①

1　问题意识与批评意识

冯全功（以下简称"冯"）：问题是做学问的原动力，具有问题意识也是任何一位学者的基本素质。您一直强调青年学者在求学的道路上，要善于发问，善于质疑，只有这样才能保持思想的独立性。我在学习过程中也会发现很多问题，经过思考，即使这些问题未能有效解决，但认识无疑会前进一步。就拿翻译界常说的"忠实"为例吧。什么是忠实？忠实于什么？如果说要忠实于原文意义的话，是否能够完全再现原文的意义？如果不能，这是否又在哲理层面导致了原文的不可译性？忠实有没有不同的层次（如语义层面、审美层面、思维层面），如果有的话，又该如何看待各层次之间的关系？如何看待忠实与叛逆或者说与创造性叛逆的关系，二者之间是否可以相互转换？真的只有"忠而不美，美而不忠"的译文？"既忠且美"的译文难道只是不可企及的梦想？在当代语境下，忠实真的过时了吗？还要不要坚守忠实？这些问题也都是我对翻译忠实观的疑问与思考。请问许教授您是如何看待"忠实"的？对青年学者问题意识的培养又

---

①　原载于《中国外语》2018 年第 4 期，标题未变，与许钧（第二作者）合作撰写，收入本书时略有改动。

有什么建议？

　　许钧（以下简称"许"）：首先谈一下问题意识。发现问题是要建立在知识积累与独立思考之上的，唯有如此才能发现真正的问题。知识积累并不限于本学科的知识，坚实的翻译研究还要尽量打通文史哲，比如谈文学翻译不知道一些文学理论是不行的，做翻译史研究没有历史学的研究方法也是行不通的，对翻译现象的形而上思考更需要哲学的指导。翻译学还比较年轻，需要从其他学科汲取思想与学术资源，青年学者要在阅读本学科文献的基础上多读一些其他学科的重要文献，看是否可以从不同的学科理论视角解释有关翻译现象，寻找到可参照的研究途径。我之前也说过："我读书时有在书上写写画画的习惯，至少有在书上写写画画的冲动，看了一段有启迪意义的论述或有读不懂的地方，我往往都会停顿一下，想一想，随手在书上写几句话，或批或注或质疑，和读的书拉开一定距离，保持清醒的头脑，以'问'为入径，注入自己的思考，与书的作者形成对话，而不是被动地记忆或接受。在求学的道路上，尤其是对一个从事科研的年轻学者来说，带着问题学是'问'的重要方面，但这还不够，要发问与质疑。养成了发问与质疑的习惯，就朝思想的独立性迈进了一大步。"①质疑本身就是一种批评意识，在某种程度上而言也是对问题的深化与拓展，因为问题往往不是凭空而来的，别人也会多多少少有所思考，对别人观点的质疑会促使我们对某一问题进行深入的思考，追问下去。有了真问题，就要善于不断地追问，从历史与现实两个维度去考量，围绕中心问题形成一个具有逻辑关联的"问题系"，然后再去寻找具体的解决方案。哲学家波普尔是这样描述知识增长方式的：P1→TS→EE→P2，从"问题1"到"尝试性解决方案"到"错误消除"再到新的"问题2"。翻译学科又何尝不是这样呢，其中也包括研究范式的更迭。所以，问题不仅是做学问的原动力，也是学科发展的原动力，青年学者的问题意识至关重要。

　　你上面提到的有关忠实问题其实就是一个很好的问题系。翻译与意

---

① 祝一舒，许钧. 科学研究、问题意识与研究方法——许钧教授访谈录. 山东外语教学，2014(3)：4.

义密不可分,奈达曾说"翻译即译意",严复在论述"信、达、雅"的时候也多次提到意义,如"译文取明深义""意义则不倍本文""又恐意义有漏""前后引衬,以显其意"。[①] 但意义到底是什么呢? 如果说忠实就是忠实于原文意义的话,正是意义的多元性导致了忠实的复杂性。不管是哲学家还是语言学家,都还没有很好地解决意义的问题。不同的理论家对意义可能有不同的分类,翻译不可能做到百分之百地传达原文的所有意义,所有类别、所有层面的意义。我认为,翻译的目的在于交流,要"在交流中让意义再生",也提出了"去字梏""重组句""建空间"三个原则。[②] 意义的不同层面导致了忠实的不同层面,所以要辩证地看待忠实,或者说要辩证地看待忠实于原文的意义。在新的文化环境中"建空间"正是为了容纳原文的整体意义,包括审美或思想层面。意义在翻译或任何跨文化交流中都会有所失,也会有所得,要善于权衡得失,不能盲目追求"绝对"的忠实。忠实与叛逆的关系同样也要辩证看待,有时表层的叛逆可能是为了追求深层的忠实,尤其是艺术层面。实践上,译者的"叛逆"会出于多种原因,如有语言因素、文化因素、意识形态因素、翻译动机与目的因素等的作用,有客观之需也有主观之为,很多时候也不宜把叛逆与忠实完全对立起来,尤其是译者的"创造性叛逆"。翻译界常说的"翻译……忠而不美,美而不忠"是一种典型的二元对立思维模式,这种思维方式在西方颇为流行,是需要警惕的。在后现代语境下,与其说忠实是一种翻译标准,不如说是一种伦理诉求,作为翻译工作者,至少要有一种以诚事译的态度。关于这一点,我认为特别重要,我对翻译的原则非常明确,一位书法家朋友给我写了幅字,上面写的就是我的翻译信条:"翻译以信为本,求真求美。"

    冯:问题意识和批评意识紧密地联系在一起,没有疑问就不会质疑。批评是一种深层次的对话,真理是在对话交际过程中诞生的,因为"单一的声音,什么也结束不了,什么也解决不了"[③]。据我所知,国内的生态翻

---

①   罗新璋,陈应年. 翻译论集(修订本). 北京:商务印书馆,2009:202.

②   许钧. 翻译概论. 北京:外语教学与研究出版社,2009:99-103.

③   巴赫金. 巴赫金全集(第五卷). 白春仁,顾亚铃,译. 石家庄:河北教育出版社,1998:340.

译学就是在批评声中成长壮大的,如对胡庚申提出的"译者中心"说的批评导致了"译者责任"说的产生。洪涛的《女体与国族:从〈红楼梦〉翻译看跨文化移植与学术知识障》中的"商榷篇"则是对国内"《红楼梦》译评"的批评,是一种典型的反批评或后设批评。黄忠廉等著的《译学研究批判》更是聚焦于批评与反批评,对整个翻译学科建设也不无启示。在您看来,青年学者如何培养自己的批评意识或批判精神?写书评或商榷性文章是否也是一条捷径?批评可以从哪些方面着手,有没有一定的套路可供遵循?批评过程中都需要注意什么?

许:人文学科没有绝对的真理,都是共识性真理,是在不断的追问、对话、质疑和论辩过程中形成的。胡庚申的生态翻译学与黄忠廉的变译理论都是从无到有的理论构建,具有较强的原创性,新生事物不免会受到学界的质疑。合理的质疑是一种更为深刻的对话。我认为,质疑的声音比附和的声音更有利于理论本身的修正与完善,只要质疑得有理有据。被质疑者也可对质疑者进行反批评,以维护自己的观点。《中国翻译》等期刊经常会出现这样的商榷文章,建议青年翻译学者也读一读。黄忠廉的《译学研究批判》是批评与反批评的良性互动,无疑能深化批评双方对相关问题的认识。真正的商榷性文章需要一定的功力,没有前期的积淀与独立的思考是很难写出来的,与其说是培养青年学者批判精神的捷径,不如说是一种高强度的训练,但绝不能流于意气用事,为了批判而批判。至于翻译书评,目前学界主要是赞扬型的,或碍于情面,或怕得罪人,书中的不足之处往往寥寥数语,或一笔带过,如果有必要的话,也不妨加大批评的成分,这也是对作者、对读者负责的一种表现。

批评的切入点很多,可以是具体的翻译文本,也可以是宏观的翻译现象;可以是某一翻译观点,也可以涉及翻译流派或范式。就宏观层面而言,我觉得目前翻译界有以下八个问题值得展开批评:"一是翻译的价值观混乱;二是翻译批评缺乏标准;三是缺乏翻译的质量监督体系,翻译质量得不到保证;四是在中国文化'走出去'的战略实施过程中,存在着浮躁的心理;五是翻译文本的选择缺乏规划,表现出很大的盲目性;六是中国文化与文学对外译介有急功近利的倾向;七是翻译市场不规范,翻译从业人员资格制度缺乏法律保障；八是文学翻译中抄译、拼凑现象严重。"①宏观的批评需要一种大局观，甚至是站在学科建设的高度，需要长期的观察与思考。就微观层面而言，不妨从具体翻译文本中的翻译现象入手，建议青年学者先在这方面多下功夫。历史是一面镜子，20 世纪 90 年代发起的《红与黑》汉译大讨论可为青年学者批评意识的培养提供多方面的参考。其他如近二三十年国内围绕翻译策略的归化与异化、中国翻译研究的共性与个性、翻译学是不是一门独立的学科、翻译（学）的艺术性与科学性、翻译研究的语言转向与文化转向等问题展开的大讨论也都可资借鉴。在批评过程中，我们首先要树立正确的翻译观与翻译的历史观，注意批评的"介入性"与"导向性"，加强"批评理论化"的能力。其次，批评者还要做到"修辞立其诚"，谨言慎言，不要妄下评语，被批评者也要有则改之，无则加勉。总之，青年学者要养成勤于积累、善于观察、善于思考、善于提问的习惯，在批评之前先做足文章，这样才能知己知彼，对症下药。

2　文本细读与理论思考

冯：还记得您 2010 年去南开大学做讲座，讲座结束后我问了您一个问题：您如何评价从文本间性、主体间性和文化间性等"间性"视角来研究翻译？您说这个话题可以做出三个博士论文。我当时有以此作为博士论文选题的打算，听了您的建议后，我开始转到《红楼梦》翻译研究，后来慢慢形成了一种治学理念：青年学者开始不妨多精读一些经典翻译作品，在阅读中发现问题，然后再结合相关（翻译）理论进行分析与解释，或者基于阅读过程中发现的相关翻译现象进行理论思考与学术提炼；有了相当的学术积累之后（这也往往是一个漫长的学习过程），再进行宏观的理论思考与建构，尤其是在哲学或学理层面。换句话说，就是走"先微观后宏观，先文本后理论"的学术道路。不知您是如何看待微观文本细读与宏观理

① 　许钧. 论翻译批评的介入性与导向性——兼评《翻译批评研究》. 外语教学与研究,2016(3)：435.

论思考的关系的？这样的治学思路是否适合大多数青年翻译学者？如果说文本细读还包括自己从事的文学翻译实践的话,您的学术道路是否也是这样走过来的？

许:治学思路没有固定的模式,因人而异。有些人喜欢微观的文本细读,有些人喜欢宏观的理论思考,还有些人喜欢翻译实践本身。当然,如果能够结合,多管齐下,这是更好的事情。针对大多青年学者,你提到的"先微观后宏观,先文本后理论"的治学思路也不无启示,因为宏观的理论思考需要深厚的学术积淀、广阔的学术视野、敏锐的学术眼光,大部分青年学者会觉得难以驾驭。从微观的文本细读入手,似乎相对容易一些,但也需要能坐得住冷板凳。对照细读文学经典的翻译,如中国四大名著外译、莎士比亚作品汉译等,没有大量的时间投入能看完吗？不看完就对之进行匆忙评论可行吗？或者匆匆忙忙看完了能写出真东西吗？所以对照阅读译文与原文的过程中一定要做有心人,带着研究意识,遇到了值得研究的话题马上记下来,尤其是别人还没有发现的问题,看看译文前后或其他翻译本文中有没有类似的翻译现象。原文与译文以及不同的译文之间的文本对照细读,不仅可以使我们发现翻译问题,还有利于培养我们对双语的敏感性,激发我们对双语的热爱。对语言文字的迷恋正是引我进入翻译领域的神秘力量,一进来就是几十年,痴迷程度更是有增无减。文学翻译可以说是最细致、最深刻、最全面的文本阅读,更有利于培养自己对语言、对文化的热爱。我自己在翻译文学作品的过程中,就会带着强烈的研究意识;基于自己与别人的翻译实践,也写过一批相对微观的翻译研究论文,如《文学翻译的自我评价——〈追忆似水年华〉卷四汉译札记》《句子与翻译——评〈追忆似水年华〉汉译长句的处理》《形象与翻译——评〈追忆似水年华〉汉译隐喻的再现》《风格与翻译——评〈追忆似水年华〉汉译风格的传达》等。也可以说,我早期的研究主要是基于文本细读与文本翻译的,随着我对翻译重要性认识的不断加深,转向了更为宏观的层面,对翻译作为文化与思想交流方式有了更多的探索。所以这么多年来,我就是围绕文字、文学、文化和思想这四个层面展开翻译研究与从事翻译事业的,只是不同的阶段有不同的重点而已。青年学者如果还没有自己的翻译实践的话，也不妨带着研究意识从研读文学经典的翻译入手，或者从经典译者如严复、傅雷、林语堂、杨宪益、许渊冲、葛浩文等的经典译文着手，从微观的文本分析慢慢拓展到宏观的理论思考。

3　国际视野与本土特色

冯：毫无疑问，青年学者需要有国际视野，了解国际翻译界的新动态，但一切唯西方马首是瞻也是不对的，还要充分挖掘国内的翻译资源，尤其是中国古典译论、文论、美学、哲学等方面的话语资源，对之进行重新阐释或现代转换，再运用到翻译学领域，从而达到彰显本土特色、提升中国翻译研究话语权的目的。关于这一方面，许多前辈翻译学者为我们青年学者树立了很好的榜样，如罗新璋、张柏然、张佩瑶、刘宓庆、潘文国、王宏印、郭建中、何刚强等。其中，张柏然还注意培养自己的博士生致力于这方面的研究，如刘华文、张思洁、吴志杰等。我觉得这是一个庞大的、系统的，也是极具价值的研究工程，可惜大多数青年学者对此并没有表现出太大的兴趣。请问您是如何评价"中国特色翻译理论"或"中国特色翻译学"这种说法的？ 如果有青年学者想在这方面深入研究的话，都会面临什么困难，您又有什么建议呢？

许：1996 年，我在一篇文章中曾说，"中国当代翻译理论研究，认识上比西方最起码要迟二十年，在人才的培养和学科的建设上也比西方要落后一大步"①。时过境迁，今非昔比，现在的确需要变换一种思路了。在特殊的历史时期，我们进行理论补课，系统地引进和学习西方译论、译著，虚心地向西方学习，具有历史合理性。如今我们还是需要这种国际视野，还需要向他们学习，尽量在理论上与之保持同步。但如果我们不进行理论创新，没有自己的理论观点与话语体系，永远跟着西方走，是永远不能和西方译界进行平等对话的。翻译理论研究既具有共性，又具有个性，中国

---

①　许钧. 一门正在探索中的科学——与 R. 阿埃瑟朗教授谈翻译研究. 中国翻译，1996(1)：3.

特色翻译理论的提法就在于注重个性，注重对中国传统翻译思想进行系统挖掘与研究，形成自己的话语体系，是我们与西方进行学术交流与对话的重要学术"资本"。张佩瑶的《中国翻译话语英译选集》（*An Anthology of Chinese Discourse on Translation*）在这方面做出了开拓性的贡献。据我所知，吴志杰的《中国传统译论专题研究》已被译为韩文出版，王宏印的《中国传统译论经典诠释——从道安到傅雷》已成功申请到 2016 年国家社科基金中华学术外译项目，等等，这些成果都有利于中国译论"走出去"，与国际同行进行对话。罗新璋、张柏然、潘文国等学者强调的中国特色翻译理论在当下具有战略意义，不管是对中国传统译论的梳理，还是对中国传统文论、哲学资源的转换。我也希望有更多的青年学者参与其中，知己知彼，充分开发自家后院的富矿。就像你所说的，这是一个庞大的、系统的、极具价值的研究工程，同时也是很漫长的，需要十年磨一剑的功夫。青年学者要想在这方面做出自己的贡献，不妨从以下几个步骤着手：首先要系统地学习中国传统文化，包括传统哲学、美学、文论、画论、文字学等学术话语资源，探讨其与翻译的相关性，或对之进行现代转换，使之能够描述或解释相关翻译现象，这方面可以借鉴童庆炳、曹顺庆等对中国传统文论现代转换的做法；其次是对中国传统译论进行深入挖掘、修正与完善，形成系统的研究成果，凸显中国特色，可以进行中西对比，但尽量避免以西律中的做法；最后是把相关成果翻译成外语或直接用外语书写，在重要国际刊物上发表，与同行进行交流、对话，提升中国翻译理论在国际上的话语权。

大多数学习翻译的青年学者古文素养不是太高，对中国传统文化也没有那么熟悉，这也许是从事中国特色翻译理论建设的最大障碍。当然，这可能和中国的教育制度有关。挖掘中国传统译论资源是一个慢工出细活的过程，不能急于求成，要坐得住冷板凳。如果想在中国特色翻译理论方面有所突破，有所建树，没有勇气、没有毅力是不行的。2016 年 12 月，南京大学出版社出版了张柏然和辛红娟合著的《译学研究叩问录——对当下译论研究的新观察与新思考》，作者在前言中强调我国的译论建设当"以本民族的文化和译论资源为依托，古今沟通，中西融通，打造具有中国

特色、中国风格、中国气派的翻译学话语体系"①。建议青年学者好好地读
一读这本书，从中不仅可以找到构建中国特色翻译话语体系的思路、方法
与具体案例，还可以学习作者的问题意识与批评精神。像张柏然这样的
老一辈翻译学者为你们开了好头，指明了方向，希望你们能看得更远，做
得更好。

4 学术热点与自我坚守

冯：学术热点是公众目光聚焦的地方，会随着时代与学科的发展而转
移。国内翻译界目前有两大学术热点值得关注：1）中国文学作品的对外
译介与传播；2）翻译技术、翻译职业以及语言服务行业研究。国内很多翻
译类或外语类期刊还设有相关专栏。很多青年学者也在从事这方面的研
究，取得了较大的成绩。请问青年学者应该如何面对这些学术热点？积
极介入还是冷眼旁观？如果有自己的一亩三分地，哪怕不是那么热门，是
否需要学会坚守？

许：翻译研究有历史与现实两大维度，学术热点的出现都是现实的需
要，或者说由社会现实催发而来的。中国文学作品的对外译介与传播是
在中国文化"走出去"的战略背景下成为学术热点的，国家十分重视，莫言
获诺贝尔文学奖也是一个非常重要的刺激因素。翻译有助于发展文化多
样性，中国文学与文化外译有其独特的价值。翻译学者应该关注重大现
实问题，这是我们义不容辞的责任。中国文学对外译介与传播研究可以
从多个层面、多个角度展开，需要深入探讨的话题还很多很多，我对此十
分关注，还在《小说评论》上专门开辟了《文学译介与传播》栏目，希望更多
的青年学者积极介入进来。刘云虹、高方、胡安江、吴赟、邵璐、孟祥春、王
颖冲、许诗焱、周晓梅、卢巧丹等青年学者已经在这方面取得了一定的成
绩。积极介入切忌人云亦云，随波逐流，要在熟知与把握现状（包括中国

---

① 张柏然，辛红娟. 译学研究叩问录——对当下译论研究的新观察与新思考. 南京：
南京大学出版社，2016：前言 1.

文学对外译介与研究的现状)的基础上寻找新的切入点,或研究某部新出版的作品外译,或对某一话题深入探讨下去,或研究新的传播渠道与传播机制,或对某些偏颇的观点与理念进行批评等。关于中国文学与文化的外译,有学者经常从当下的市场销售与读者接受角度给予负面评价,如对"大中华文库"的批评。针对这样具有战略意义的出版物,这种短视的评价是值得警惕的,如何有效地推动中国文化与文学对外传播更值得我们深思。战略性的任务需要战略性的眼光来审视与思考。

你说的翻译技术与语言服务行业研究也是目前学界的一大热点,《中国翻译》也有《行业研究》与《翻译技术》的栏目,发表了很多诸如本地化、计算机辅助翻译、众包翻译、技术传播、翻译质量评估、语料库翻译、MTI技术课程体系、机器翻译的译后编辑等方面的文章。这一方面反映了社会与翻译行业本身的发展,一方面也是学界关注社会现实的具体表现,很大程度上拓展了翻译研究的对象,丰富了应用翻译研究的内涵。我和周领顺曾合作撰文指出,"我们提倡在研究新技术与翻译的关系以及用语料库研究翻译现象的同时,重视翻译理论的引领和指导作用,让翻译研究在新科技时代,更具文化内涵和人文性,拓展翻译研究的新维度,而不是将翻译的技术变化视作翻译的主流倾向,将翻译工具化,将翻译研究局限在某种技术化的统计与描写范围",或者说"我们在开展翻译研究的时候,不能一味走技术路线,从狭隘的计算机或语料库角度去认识翻译"。[①] 这是就译界整体而言的。就个人而言,如果感兴趣或对计算机有较强的驾驭能力,也不妨深入研究下去,王华树、崔启亮、李梅、徐彬、王少爽、何文忠等学者的探索值得关注。

不同的历史时期有不同的学术热点,有的持续时间长,有的持续时间短,有的会逐渐变成学科的常态研究对象。面对任何翻译研究热点话题,青年学者都要理性面对,不能一味盲从,一方面要积极关注或者主动介入,培养自己的兴趣,另一方面要学会坚守自己的学术阵地或者开拓自己的学术领域,尽量形成自己的学术面貌。

---

① 许钧,周领顺. 当前译学界应该关注的若干倾向. 山东外语教学,2015(4):100,99.

5　实践教学与学术研究

冯：高校有种倾向，重科研，轻教学、轻实践，尤其表现在职称评聘上。这就逼迫很多高校青年翻译教师把科研放在第一位，重视文章发表、项目申请，对翻译实践与教学则没有太大的热情。文学翻译很有趣，也很有挑战性，需要投入大量的精力，但译作在职称评聘时往往又不能作为自己的主要成果，这对想从事文学翻译的青年学者来说无疑是泼了一瓢冷水，使之望而却步。翻译实践有助于翻译教学与科研，三者是相互促进的关系。然而，在当今高校学术评价体制下，又很难实现三者之间的平衡，尤其是广大青年学者。您经常用"三位一体"来形容自己，做翻译、教翻译与研究翻译，并且样样都十分出色。请问您是如何实现三者之间的平衡的？针对翻译实践，您对青年学者又有什么样的期望呢？

许：教师的本职工作在于教书育人，作为翻译教师，教翻译，培养翻译人才是我们的重要使命。我本人非常重视翻译人才的培养，所培养的学生中有两人获全国优秀博士学位论文奖，四人先后入选教育部新世纪优秀人才支持计划，有多位学生获得省级哲学社会科学优秀成果奖一等奖和二等奖，很多学生已成为所在外语学科的学术骨干或业内精英。我觉得选苗子应该从本科生开始，所以非常注重给本科生上课，我一直坚持为本科生每周开两小时的课，也年年指导本科毕业论文，培养他们的研究意识。我发现，如果引导正确，能开阔本科生的视野，激发他们学术探究的积极性，比如我指导的本科生中有多位的毕业论文获得江苏省本科毕业论文一等奖，后来继续攻读硕士与博士，做出了很好的成绩。我观察到，中国高校的外语教师是最辛苦的，尤其是外语学科的青年教师，教学任务本来就比其他学科的教师要重得多，但还要承担同样大的科研压力，这很不正常，很不合理。翻译学是一门实践性很强的学科，严肃的翻译实践应该和翻译研究的成果相提并论。如浙江大学翻译学研究所的郭国良老师翻译了几十部英语文学作品，基本上都是首译，作品来自知名作家，这些翻译成果理应得到科学公正的评价，成为职称评聘的重要依据。我很敬佩像郭国良这样的老师,一直坚守自己热爱的翻译事业,为翻译事业和翻译人才的培养做出了贡献。我曾联合其他教授向国家主管部门建议,希望进一步重视翻译实践的成果,改变高校翻译教师职称评聘中唯论文是尊的倾向。非常可喜的是,郭国良最近被浙江大学破格评为教授。我写过一篇文章,题目为《关于外语学科翻译成果认定的几点意见》,已经发表在《中国翻译》2017 年第 2 期,其中有一些想法,大家可以关注,也可以继续探讨。

翻译实践、翻译教学与翻译研究三者是相辅相成的关系,任何一方面都应该引起外语学科青年教师的重视,不能顾此失彼。我能够较好地实现三者之间的平衡,可能有历史原因,但最主要的还是对翻译始终抱有一腔热情、一份挚爱,愿意为翻译事业贡献自己的力量。相信在不久的将来,翻译实践能力和翻译成果很有可能成为翻译教师考核与评聘的重要指标,这对外语学科广大青年翻译教师来说是一件好事,但我还是认为,翻译实践需要翻译思考,实践与研究的互动非常重要。有丰富的翻译实践做基础,翻译教学才会有切身的体会,也才有可能促进自己的翻译研究。

6 学科对话与资源移植

冯:我们可以从不同的学科视角来研究翻译,为翻译学的发展增添新的活力,如翻译美学、生态翻译学、翻译社会学、翻译心理学、翻译修辞学等。当然,还有更为重要的语言学途径与文化研究途径。目前翻译学在很大程度上是受体学科,将来如果翻译学足够强大的话,肯定也会渗透到其他学科的发展,成为新的供体学科。这便是学科之间的对话。请问从事翻译研究的青年学者如何才能更加有效地从其他学科中汲取资源? 在跨学科资源移植过程中要注意什么问题? 能否对其他学科的理论资源进行改造或类比,从而达到为我所需的目的?

许:翻译学能否成为一门独立的学科,国内十几年前有很大的争论。

张经浩称之为"一个未圆且难圆的梦"①，文章引发了不同的声音。如今看来，这已不是问题。翻译学作为一门独立的学科主要是有自己稳定的研究对象，如翻译的基本问题、翻译史、翻译批评、翻译教学、翻译技术等。但作为一门年轻的学科，研究方法或理论视角往往还需要借鉴其他学科，为翻译学的发展注入新的活力。由于翻译的特殊性，很多哲学家等人文学者也讨论翻译，为翻译研究提供了新的思考。时至今日，翻译学还有成为显学的趋势。在这种学术大环境下，"我们作为翻译研究者，应该具备翻译研究的独立意识，在注意吸收他们对翻译的深刻思考的成果的同时，防止把他们就翻译发表的论说或只言片语当作译学的体系性指南。从 30 多年来翻译研究的情况看，我们从哲学、语言学、文化学、文化社会学甚至人类学等种种学科思潮中吸收了不少养分，但我们发现，在不少情况下，他们对翻译的思考往往是其学科理论研究的副产品，在一定程度上，造成了翻译研究依赖于其他学科的附属性倾向"②。在跨学科移植的过程中，这种翻译研究的独立意识是青年学者需要特别注意的，要围绕翻译活动展开跨学科翻译研究，借来的方法必须贴合翻译研究，为这个领域的问题服务，借来的理论能有效地解释翻译现象，而不是用翻译现象去佐证其他学科的观点。我反对那种为理论而理论、为方法而方法的研究，要以问题为导向，并且面对同一问题，要坚持多角度、多方法的研究原则。其他学科的理论与方法也不是固定不变的，如有必要，也完全可以对之进行完善或改造后应用于翻译研究。当然，也可以进行类比，如胡庚申的生态翻译学用了很多"相似类比"的方法。理论和方法是活的，只要能够解决翻译问题，描述、解释和预测翻译现象，任何理论与方法都是值得探索的。

　　青年学者从事翻译的跨学科研究，除了坚持学科的独立意识与问题导向之外，还需要注意以下两点：一是要吃透其他学科（理论）的精神，充分了解供体学科，切忌浮光掠影地看了一些二手材料就用来研究翻译，这是很忌讳的，也是青年学者很容易犯的毛病。二是要在坚持翻译研究独

---

①　张经浩. 翻译学：一个未圆且难圆的梦. 外语与外语教学，1999(10)：44-48.

②　许钧. 翻译研究之用及其可能的出路. 中国翻译，2012(1)：10.

立性的同时,注意加强与其他学科的对话,尤其是人文学科,形成与其他学科的良性互动,增强翻译学科研究对其他学科的辐射性和影响力,比如完全可以把一些有分量的文章投到其他学科的刊物上,我之前指导的一位翻译学博士后就曾两次在国内权威刊物《历史研究》上发文探讨翻译问题,这是很难得的。

7　阅读思考与写作发表

冯:论文发表可能是青年学者最关心也是最头疼的事。文章显然不是凭空而来的,需要基于大量的阅读与思考。前段时间听浙江大学外国语学院帕斯夸尔(Esther Pascual)的一个学术讲座,其中有一句话我非常欣赏,即"Don't let reading stay in the way of writing"(不要让阅读妨碍了写作)。阅读与思考是必需的,但基于阅读与思考的写作更为重要,很多观点也是在写作过程中蹦出来的。写作更能发现自己的无知,也更能刺激自己的阅读欲望。不要等材料全部具备了,观点完全成熟了再写文章,在写作过程中进一步搜集材料与完善观点是最有效的。文章只要写出来、发出来,只要能对得起自己的学术良心,无论发在什么级别的刊物上,都是值得鼓励与支持的。这是我对阅读思考和写作发表的一些体会与感想,不知是否合理,请您批评指正,也希望您在这方面给我们提些建议,指明方向。

许:青年学者要培养自己对学术研究的兴趣、对学术问题的敏感性,对语言、对文化、对翻译具有深刻的认识。就人文学者而言,大量阅读与思考是第一步,要想有坚实的学术研究基础,这一步是必须迈出的。很多前辈学者指导自己的研究生时不让他们在求学期间发表论文,目的就是要让学生大量阅读、思考与积累,为以后的厚积薄发、走精品学术路线做准备。但在目前的学术体制与环境下,这很难行得通,因为绝大部分高校规定研究生(尤其是博士生)必须发表论文才能毕业,拿到学位,并且还有期刊级别要求。这对学生来说也许是不公平的,或者说是不合理的。但话又说回来,这种强制规定也会在一定程度上促使学生养成写作的好习惯，为进一步的学术发展做准备。针对阅读、写作与发表的关系，我基本上认同你的观点。学术写作是对阅读的总结与升华，也会促使你进一步阅读与思考，使你的知识体系化，我也有这样的体会。我有个习惯，就是经常记东西，记下突然而来的题目，记下所需要的资料及其来源出处，记下自己对之思考的心得体会。经过长年的思考与整理，思路有了，观点有了，材料也齐备了，写起来自然就会得心应手，也会有拼命写下去的冲动，这样，万余字的文章我基本上三五天就写完了。

你说的"学术良心"很重要，公开发表出来的东西要对得起自己，一位真正的学者往往也很看重自己的学术成果。好的学术刊物更有利于扩大文章的影响力，然而，只要是金子，在什么地方发表都会闪光的。写出了的文章如果觉得不满意的话，只要时效性不是特别强，也不妨先放一放，比如放个一两年，随着知识的积累与思考的深入，再回过头来修改的话可能就会有另一番景象。我们不能保证自己写的每一篇文章都是学术精品，所以，在数量的基础上，更要培养精品意识，以质量求发展。青年学者只要具备发现问题的能力，养成写作与投稿的好习惯，再加上精品意识与学术良心，论文数量与质量便会有所保证。我相信这一切都在于一个"勤"字：勤于阅读，勤于观察，勤于思考，勤于交流，勤于写作，勤于修改与提升……

有关学术发表的动机与目的，我有一种感觉，觉得如今的社会，功利心太重。学界也有功利主义的倾向，为了单位考核、为了评职称、为了保住自己的饭碗，逼迫自己阅读、写论文、发文章，一旦目的达到了，写作的动力便不足，评上教授后少写文章甚至不写文章的例子屡见不鲜。我在不同场合说过，读书、思考与写作这三件事，是学者的基本存在方式，一为求真，二为尽职，三为快乐。我们要努力克服功利主义倾向，凭自己的研究兴趣与学术担当，不断追求真理、探索知识的奥秘，为人类知识的进步做出自己的贡献。青年学者在做研究的过程中也不妨经常问一下自己：这一切究竟是为了什么？为了单纯发表带来的利益，还是为了与他人进行学术对话与交流，促进科学研究的发展？前不久，我应邀就国际发表写了一篇文章，题目叫《试论国际发表的动机、价值与途径》，发表在《外语与外语教学》2017 年第 1 期,其中涉及的有关问题,值得进一步思考。

8　理论创新与学术面貌

冯:辜正坤曾说过写文章或著书的三种境界为述、批、创。① 如果只是转述或综述别人的东西,永远也出不了大学问。批评就进了一步,如果在此基础上加以推陈出新的话,便是"创"的境界了。批评意识与创新意识正是大多数青年学者所欠缺的。您也曾说过:"一个人的学术面貌越清晰,就越能在学界脱颖而出。"②清晰的学术面貌与高度的创新意识密不可分,如许渊冲的文学翻译理论、胡庚申的生态翻译学、谢天振的译介学、吕俊的建构主义翻译学、黄忠廉的变译理论、周领顺的译者行为批评等,都表现出较高的创新意识。这些自成一派的翻译理论都是作者推陈出新、长期坚持的结果。您还引用郑板桥的话说,"学者当自树其帜"。您认为应该如何培养青年学者的创新意识? 如何评价整个中国翻译界的创新氛围? 除了创新之外,学术面貌的形成还需哪些因素,长期坚持某一学术领域是否也容易形成自己的学术面貌?

许:问题意识、批评意识与创新意识是密不可分的。针对一个学术问题,如果学界还没有得到很好解决的话,就有可能产生批评意识,有学识、有担当的人便会对之进行认真思考,走向创新之路,所谓"山重水复疑无路,柳暗花明又一村"。如吕俊对已有翻译研究范式的反思与批评,包括语文学范式、结构主义语言学范式、解构主义范式,然后基于实践哲学与交往理性,尝试性地提出了自己的建构主义范式,其中有些问题虽然还没有完全解释清楚,但就其本质来看,也是基于反思与批评的一种理论创新的努力。胡庚申提出的生态范式(生态翻译学)同样如此,具有较强的创新意识。还有你上面提到的许渊冲、谢天振、黄忠廉、周领顺等,都可以说

---

① 辜正坤. 中西诗比较鉴赏与翻译理论. 北京:清华大学出版社,2003:406.
② 黄新炎. 文字·文学·文化·思想——南京大学许钧教授访谈录. 学位与研究生教育,2015(2):65.

是在努力创新。他们勤于思考、长期耕耘,学术面貌就非常清晰。对他们的工作,我一直都很关注,也有过研究、思考与推荐。如果让我评论中国翻译界的创新氛围的话,我认为,目前的态势是良好的,很多成果具有了与国际对话的可能性。然而,创新不是一朝一夕的事,需要丰厚的积累与犀利的眼光。学术研究有"破"才会有"立"。青年学者要培养自己的创新意识,应从问题意识与批判意识的培养做起,在大量阅读、实践与思考的基础上发现已有翻译理论没有解决的问题,寻找突破口和新的理论途径,把握好传统与创新、继承与发展的关系。

我之前也曾经说过,"学术面貌与一个人的长期坚持不懈、有判断力,以及做研究的可持续性是结合在一起的,这种结合除了视野、意识、判断力之外,最后一个层面就是要有思想"①。创新就是见前人所未见,就是有思想,这是个人学术面貌形成的关键因素,也是人文社科的灵魂。我自己也是从文字、文学、文化和思想四个层面来展开翻译研究的。如果长期坚持在某一学术领域耕耘,至少说明你认为这一领域是有价值的,你有自己的判断能力,如果方法得当、视野开阔、思维活跃、成果丰富的话,就会自然而然地形成自己的学术面貌,不管你是研究翻译史、翻译批评,还是研究翻译技术、翻译教学。当然,若有学派意识,能够逐渐形成自己学派的话,领军人物的学术面貌会更加清晰,国内外也不乏其人。最后我想引用清代朴学大师戴震的一句话与广大青年学者共勉:"不以人蔽己,不以己自蔽;不为一时之名,亦不期后世之名。"

---

① 黄新炎. 文字·文学·文化·思想——南京大学许钧教授访谈录. 学位与研究生教育,2015(2):65.

第五辑

翻译与文学论稿　许　钧　著

翻译选择与翻译出版　李景端　著

翻译教育论　仲伟合　著

翻译基本问题探索:关于翻译与翻译研究的对谈　刘云虹　许　钧　著

翻译研究基本问题:回顾与反思　冯全功　著

翻译修辞学与国家对外话语传播　陈小慰　著

跨学科视角下的应用翻译研究　张慧玉　著

中国网络翻译批评研究　王一多　著

中国特色话语翻译与传播研究　吴　赟　编著

异域"心"声:阳明学在西方的译介与传播研究　辛红娟　费周瑛　主编

翻译文学经典的影响与接受——傅译《约翰·克利斯朵夫》研究
　　（修订本）　宋学智　著